REVUE DU DROIT PUBLIC - TOME CENT VINGT-TROIS

s o m m a i r e

Mars - Avril 2007
N° 2

Pages 321 à 640

DOCTRINE

Droit administratif

Droit constitutionnel

DOCTRINE

DROIT ADMINISTRATIF

L'état d'urgence

La loi du 3 avril 1955 entre maturation et dénaturation

par Pascal CAILLE
Docteur en droit
Chargé d'enseignements à l'Université d'Évry-Val d'Essonne

SOMMAIRE

Les temps troublés sont le théâtre du développement des législations restrictives des libertés. À la suite du drame du 11 septembre, le Congrès des États-Unis a, le 26 octobre 2001, voté le *USA* Patriot Act et le *Homeland Security Act* (loi de sécurité intérieure). Le Canada a adopté une loi antiterroriste la même année. Le Royaume-Uni s'est également doté de textes au nombre dequels on trouve, en 2005, le *Prevention of Terrorism Act* permettant au ministre de l'Intérieur de restreindre la liberté des personnes soupçonnées d'être impliquées dans des activités terroristes. La France n'est pas restée inerte (1). Les États se prémunissent ainsi des atteintes à leur sûreté. Plus largement, ils organisent des législations d'exception leur permettant de surmonter des désordres d'une gravité inhabituelle, au nombre desquelles on trouve la loi française du 3 avril 1955 relative à l'état d'urgence (2). Il n'y a là rien de surprenant dès lors que l'État est le dépositaire du maintien de l'ordre public. Le Conseil constitutionnel a eu l'occasion de le rappeler, en énonçant qu'il est du devoir de l'État « *d'assurer le respect des institutions de la République, la continuité de la vie de la Nation et la garantie des droits et libertés des citoyens* » (3). L'État garantit la sécurité des biens et des personnes. Il offre un cadre de permanence et de stabilité propice à l'épanouissement des libertés. À ce titre, il s'oppose irréductiblement aux crises qui le menacent. Celles-ci peuvent bien être légitimes ou non. C'est indifférent. Annonciatrices de pertubations, il est juste de dire que l'État doit

---

(1) Voir, notamment, Frédéric Rolin et Serge Slama, « Les libertés dans l'entonnoir de la législation anti-terroriste », *AJDA* 2006, pp. 975 et s. ; Philippe Chrestia, « La loi du 23 janvier 2006 relative à la lutte contre le terrorisme : premières observations », *D.* 2006, pp. 1409 et s.

(2) Loi n° 55-385 du 4 avril 1955 instituant un état d'urgence et en déclarant l'application en Algérie, *JORF* 7 avril 1955, p. 3479.

(3) Cons. const., déc. n° 85-188 DC du 22 mai 1985, Protocole n° 6 additionnel à la Convention européenne de sauvegarde des Droits de l'homme et des libertés fondamentales concernant l'abolition de la peine de mort, signé par la France le 28 avril 1983, *Rec.* p. 15, *AIJC* 1985, p. 430, note B. Genevois et p. 868, note L. Favoreu.

les combattre car elles s'opposent à sa raison d'être. On a même longtemps prétendu que les circonstances pouvaient distraire les réactions des gouvernants du champ juridique : « *nécessité fait loi* », « *nécessité n'a point de loi* ».

L'idée de nécessité est fort ancienne puisqu'on la trouve exprimée notamment chez Cicéron : « *salus populi suprema lex esto* » (4). Elle traversera les siècles pour trouver son ancrage dans la raison d'État (5). Au nom de celle-ci, le choix des moyens pour l'homme politique n'est alors possible qu'à la condition que l'option ne soit pas incompatible avec l'accroissement de l'État (6). Tout en s'écartant de la raison d'État, la philosophie des lumières entretiendra la légitimité de l'état d'exception en la faisant également reposer sur l'idée de nécessité. Montesquieu admettait qu'il faille « *mettre pour un moment un voile sur la liberté comme l'on cache les statues des dieux* » (7), et pour Rousseau, « *l'inflexibilité des lois, qui les empêche de se plier aux évènements peut, en certains cas, les rendre pernicieuses et causer par elles la perte de l'État dans sa crise (...). En pareil cas, la volonté générale n'est pas douteuse, et il est évident que la première intention du peuple est que l'État ne périsse pas* » (8).

La doctrine publiciste allemande du XIXe siècle se fondera sur la philosophie hegelienne (9) pour légitimer la dérogation aux lois en vigueur. Selon la théorie du « *Nothrecht* », l'État, créateur du droit, ne s'autolimite que pour plus d'efficacité. Mais son intérêt commande également qu'il agisse contre le droit lorsque la sauvegarde de la société est en cause. La réception française de cette théorie ne connut pas un destin favorable. Dans sa majorité, la doctrine française n'admettait pas l'existence d'une théorie juridique de la nécessité. Le principe devait être celui du « *règne de la loi* » (10) que seule peut contrarier « *une supériorité momentanée des faits sur cette grande prévision humaine qu'est la Constitution* » (11). Ainsi, les auteurs n'admettaient l'entorse aux règles de droit que pour autant qu'elle fut comprise comme la résultante d'une doctrine politique (12).

---

(4) « Le salut du peuple est la loi suprême », *De legibus*, III, 3, 8.

(5) Pour une étude complète de la question, F. SAINT-BONNET, *L'état d'exception*, Coll. Leviathan, Paris, PUF, 2001.

(6) F. MEINECKE, *L'idée de la raison d'État dans l'histoire des temps modernes*, Coll. Travaux d'histoire éthico-politique, Genève, Droz, 1973, p. 12.

(7) *De L'esprit des lois*, Livre XII, chapitre XIX.

(8) *Le Contrat social*, Livre IV, Chapitre VI.

(9) La filiation a pu être contestée. Far ex., J. Lamarque, « La théorie de la nécessité et l'article 16 de la Constitution de 1958 », cette *Revue* 1961, pp. 566-567.

(10) G. Jèze, « L'exécutif en temps de guerre », cette *Revue* 1917, p. 421.

(11) J. BARTHÉLÉMY et P. DUEZ, *Traité de droit constitutionnel*, Paris, Dalloz, 1933, p. 240. Également, R. CARRÉ DE MALBERG, *Contribution à la théorie générale de l'État*, tome 1, Paris, Sirey, 1920, p. 619.

(12) J. BARTHÉLÉMY et P. DUEZ, *Traité de droit constitutionnel*, *op. cit.*, pp. 242 et s.

Carl Schmitt combattit cette idée de la disjonction du droit et de la politique. Selon lui, l'ordre juridique est un ordre de valeurs défendu. Cette défense s'accompagne du respect des normes limitatives quand cela est possible. Il importe de s'en extraire toutes les fois où la norme s'oppose à la finalité (13). Sous couvert d'un constat scientifique, Carl Schmitt renouvelait ainsi le discours de la raison d'État. La permanence de la décision, au détriment même de la norme, doit être au service du maintien de l'ordre public. On doit bien admettre que l'analyse restituait le phénomène tel qu'il a existé. Mais la description fidèle d'une pratique éprouvée du pouvoir ne démontre pas la pertinence de la théorie. Et si celle-ci restait porteuse de toutes les dérives, elle est en outre devenue suspecte d'anachronisme. En effet, si le souverain est celui qui décide de la situation exceptionnelle (14), la contradiction éclate puisque la souveraineté nationale appartient au peuple. De plus, une telle théorie, qui érige le rapport de forces en mode de fonctionnement étatique est résolument incompatible avec l'avènement de l'État de droit (15). Sans doute l'État est-il un terrain où prospèrent inévitablement tensions et antagonismes. Cependant, le parti pris assumé ici est celui d'un traitement juridique des rapports sociaux. Le droit n'est plus un moyen au service d'une fin. Il est la fin, en ce qu'il est la traduction concrète de la liberté organisée. Le glissement est ici déterminant. Il s'oppose à ce que « *derrière la déclaration candide que 'l'État doit vivre' se cache le plus souvent la volonté de faire vivre l'État de la manière préférée de ceux qui se servent de la justification de l'état de nécessité* » (16).

Le maintien de l'ordre ne saurait se faire au détriment des droits et libertés car si « *la liberté ne va pas sans l'ordre (...), l'ordre ne vaut rien sans la liberté* » (17). La référence à l'état de nécessité en période exceptionnelle est certainement incontournable. Mais si l'expédient est « *inévitable* », il est aussi « *dangereux* » (18). L'instrumentalisation des faits peut être arbitraire. Elle peut être une solution de facilité pour les gouvernants. Elle peut porter une atteinte excessive à des droits, et cette régression du droit (19) s'opère dans des moments qui, précisément, nécessitent une limitation des pouvoirs des

---

(13) C. SCHMITT, *La notion de politique*, [1932], Paris, Calmann-Lévy, 1972.

(14) C. SCHMITT, *Théologie politique*, [1922], Paris, Gallimard, 1988, p. 15.

(15) B. CONSTANT, *Cours de politique constitutionnelle*, 2e éd., Paris, Guillaumin, 1872, p. 377. Pour l'appréhension doctrinale de l'État de droit à partir du XXe siècle, laquelle abonde en ce sens, M.-J. REDOR, *De l'État légal à l'État de droit : l'évolution des conceptions de la doctrine publiciste française : 1879-1914*, Coll. Droit public positif, Paris, PUAM, 1992.

(16) H. KELSEN, *Traité de la science de l'État*, p. 157, cité par Geneviève CAMUS, *L'état de nécessité en démocratie*, coll. Bibl. const. sc. pol., Paris, LGDJ, 1965, p. 45.

(17) ALAIN, *Propos sur les pouvoirs*.

(18) G. Braibant, « L'État face aux crises », *Pouvoirs* 1979, p. 8.

(19) *Ibid.*, p. 6.

gouvernants (20). Car, paradoxe, la crise renforce l'État en même temps qu'elle le perturbe. Le risque est alors celui de laisser les gouvernants « *prendre prétexte des crises pour bafouer les libertés au nom de la nécessité* » (21).

L'exemple des États-Unis atteste de la possibilité — sinon de l'obligation — de limiter les prérogatives des pouvoirs constitués en temps de crise. On se souvient des sanctions de la Cour suprême aux compétences que le Président s'était reconnues en raison de circonstances exceptionnelles. Pour la juridiction américaine, dans sa décision *Ex parte Milligan* de 1866, « *aucune doctrine recélant des conséquences plus pernicieuses ne fut jamais inventée par l'esprit humain que celle qui permettrait que l'une quelconque des dispositions constitutionnelles soit suspendue en raison d'une nécessité gouvernementale. Une telle doctrine conduit directement à l'anarchie et au despotisme et la théorie de la nécessité sur laquelle elle est fondée est inexacte* » (22). L'énoncé sera renouvelé en 1952, alors que le Président Truman soutenait que les pouvoirs inhérents à sa fonction étaient renforcés par l'urgence. Dans cette affaire, la grève nationale des ouvriers de l'aciérie avait éclaté durant la guerre de Corée, et le Président des États-Unis ordonna la réquisition des usines aux fins de permettre la fabrication d'armes et de munitions. Informé de la situation, le Congrès resta passif. Par voie d'appels successifs, la Cour suprême statua et invalida l'argumentation du pouvoir exécutif : les pouvoirs du Président ne pouvaient avoir leur origine que dans une loi ou dans la Constitution (23). Dans son opinion individuelle, le juge Jackson considérait que l'existence de pouvoirs de crise en dehors de la loi serait potentiellement liberticide : « *un tel pouvoir soit n'a pas de commencement, soit n'a pas de fin. S'il existe, il n'a besoin de se plier à aucune restriction légale. Je ne redoute pas qu'il nous plonge immédiatement dans la dictature, mais c'est en tout cas un pas dans la mauvaise direction* » (24). Cette idée n'était pas absente dans la doctrine française, puisqu'on la trouvait exprimée chez le doyen Léon Duguit : « *si l'on fait une seule exception au principe de légalité matérielle, on ne sait pas où cela peut conduire et, si certaines circonstances se présentent, on peut facilement arriver au despotisme* » (25).

Ainsi, parce que l'ordre public doit être maintenu, mais puisque les pouvoirs ne peuvent être exceptionnellement étendus qu'aux termes de la Constitution

---

(20) P.-L. Frier, « Les législations d'exception », *Pouvoirs* 1979, p. 33 ; J. RIVERO et H. MOUTOUH, *Libertés publiques*, tome 2, 7e éd., coll. Thémis, Paris, PUF, 2003, p. 71.

(21) G. BRAIBANT, *op. cit.*, p. 9.

(22) 1866, *Ex parte Milligan*, cité par André Tunc, « Les pouvoirs du Président des États-Unis et l'arrêt relatif à la saisie des aciéries », *RIDC* 1952, p. 739.

(23) 1952, *Youngstowmn Steel & Tube Co. v. Sawyer.*

(24) *In* É. ZOLLER, *Grands arrêts de la Cour Suprême des États-Unis*, coll. Droit fondamental, Paris, PUF, 2000, p. 594.

(25) L. DUGUIT, *Traité de droit constitutionnel*, tome III, p. 738.

et de la loi, les législations d'exception s'imposent dans les démocraties modernes. Ces législations ne peuvent certes tout prévoir, dès lors qu'elles sont destinées à prévoir l'imprévisible. Cependant, les vertus leur étant assignées sont essentielles. Elles offrent la possibilité d'organiser un régime juridique exceptionnel qui, en raison du contexte ayant présidé à leur adoption, ménage rationnellement les droits et libertés tout en alertant les citoyens sur l'étendue des limitations qui pourront leur être opposées (26). Pour cette raison, il est permis de dire que ces lois sont sources d'ordonnancement et de stabilisation pour des périodes qui se caractérisent précisément par le désordre et la confusion (27).

Non seulement les législations d'exception s'adressent-elles aux citoyens, mais elles sont également destinées à limiter les pouvoirs des pouvoirs constitués. Ceux-ci sont alors enfermés dans un cadre juridique qui, pour imparfait qu'il peut être, participe de la volonté de permettre la résolution des crises sans grever à l'excès les libertés et les droits fondamentaux. Loin d'évincer les juridictions, qui restent chargées de contrôler les actes adoptés sur le fondement de ces lois, le cadre juridique d'exception concoure en outre à la limitation du rôle créateur du juge. La réaction peut ainsi — elle doit l'être — proportionnée aux atteintes à l'ordre public. Cette limitation est aujourd'hui renforcée par le droit international et conventionnel. La Convention européenne de sauvegarde des droits de l'homme et des libertés fondamentales stipule, en son article 15, § 1, qu'un État membre peut suspendre la garantie des droits que ce texte protège, « *en cas de guerre ou en cas d'autre danger public menaçant la vie de la nation* ». Toutefois, cette clause dérogatoire est « *d'autant plus lourde de menaces pour les droits de l'homme que c'est dans ces périodes exceptionnelles que les droits de l'homme sont les plus menacés* » (28). C'est la raison pour laquelle les droits mentionnés aux articles 2, 3, 4, § 1 et 7 de la Convention ne peuvent jamais être suspendus. C'est encore pour cette raison que le recours à la clause dérogatoire passe par le respect d'une procédure et par une interprétation stricte de son champ d'application permettant d'aménager la conciliation entre les impératifs d'ordre et de garantie des droits. On trouve une stipulation similaire à l'article 4 du Pacte international relatif aux droits civils et politiques du 16 décembre 1966.

Dans une société pacifiée, si les crises demeurent, elles deviennent plus rares et souvent moins intenses. En conséquence, les discussions sur l'organisation de régimes d'exception se font moins nombreuses. L'existence de ces

---

(26) J. Barthélémy, « Notes sur le droit public en temps de guerre », cette *Revue* 1915, p. 136.

(27) G. CAMUS, *L'état de nécessité en démocratie, op. cit.*, p. 204 ; P. LEROY, *L'organisation constitutionnelle et les crises*, coll. Bibl. const. sc. pol., Paris, LGDJ, 1966, p. 42.

(28) F. SUDRE, *Droit européen et international des droits de l'homme*, 7e éd., coll. Droit fondamental, Paris, PUF, 2005, p. 223.

régimes n'est plus une source sensible d'inquiétudes. On propose même de supprimer l'article 16 de la Constitution (29) comme si les circonstances les plus gravement exceptionnelles n'ont plus vocation à ressurgir (30). Et c'est dans un tel contexte que les heurts de l'automne 2005 ont ranimé la controverse. La problématique a néanmoins muté. La pertinence du régime prévu par la loi du 3 avril 1955 n'était pas tant en cause que le bien-fondé de sa mise en œuvre. En sorte que si, hier, l'état d'urgence a démontré son indispensable existence (I), l'état d'urgence aujourd'hui témoigne de son inadéquation à la modernité (II). C'est dès lors la satisfaction de l'exigence de cohérence que suggère l'état d'urgence demain (III).

I. — La pertinence de l'état d'urgence hier

La loi du 3 avril 1955 est parmi les dernières législations d'exception adoptées en droit français. Tradition d'une histoire émaillée d'insurrections civiles, de conflits armés internes ou externes, ces législations ont jusqu'alors satisfait la préoccupation traditionnelle de l'ordre (A) à laquelle la loi de 1955 ne dérogera pas (B).

A. — *La préoccupation traditionnelle de l'ordre avant la loi du 3 avril 1955*

Au prix des libertés publiques et des droits garantis, les législations d'exception ont constamment eu pour ambition la sauvegarde de l'ordre. Démonstration de ce que la loi était moins adoptée pour préserver les droits des citoyens que pour assurer la pérennité de l'État, l'application de la législation d'exception sera en certaines circonstances écartée par le juge administratif. Ainsi, la loi pour l'ordre (1) cèdera, et l'ordre de s'inscrire contre la loi (2).

1. *Les législations d'exception : la loi pour l'ordre*

Contemporain de la Révolution française de 1789, le recours aux mesures d'exception était à la mesure du péril menaçant le nouvel ordre institutionnel. Sans prétendre à l'exhaustivité, il est permis de mentionner les deux lois du 11 août 1792 chargeant les municipalités de la « police de la sûreté géné-

(29) Voir, par ex., l'article 8 du *projet de loi constitutionnelle portant révision de la Constitution du 4 octobre 1958 et relatif à l'organisation des pouvoirs publics* présenté au Sénat le 10 mars 1993.

(30) Une telle réforme n'a toutefois pas été jugée opportune par le Conseil d'État : *EDCE* n° 45, Paris, La Documentation française, 1994, p. 140.

rale » (31), et sur la réparation des faits de guerre (32). On peut encore retenir le décret du 26 août de la même année, qui menaçait de mort quiconque parlerait de se rendre (33). En dépit de leur nombre important sur une période relativement courte, cette première catégorie de législations « *dans* » l'état d'exception, ne prospéra pas (34). Adoptées dans l'agitation du moment, en sorte que la passion devait triompher de la raison, et procédant de l'impérieuse nécessité pour l'État de surmonter le péril par tous les moyens, ces législations faisaient primer l'efficacité au détriment de la constitutionnalité et ce, indépendammment de la puissance plus ou moins avérée du légicentrisme.

Disposition d'un type plus radical encore, l'article 92 de la Constitution du 22 frimaire an VIII avait également pu, par prévision, autoriser les mesures d'exception. Aux termes de ce dernier, « *dans les cas de révolte à main armée, ou de troubles menaçant la sûreté de l'État, la loi* [pouvait] *suspendre, dans les lieux et pour le temps qu'elle* [déterminait], *l'empire de la Constitution. Cette suspension* [pouvait] *être provisoirement déclarée dans les mêmes cas, par un arrêté du Gouvernement, le Corps législatif étant en vacance, pourvu que ce Corps soit convoqué au plus court terme par un article du même arrêté* ». Cette clause d'habilitation concédée par le pouvoir constituant ne fit pas école. Non seulement fallait-il admettre que le caractère autoritaire de la Constitution du Ier Empire n'y contribuait pas. Mais l'interprétation abusive qui sera faite de l'article 14 de la Charte constitutionnelle du 8 juin 1814 par Charles X, laquelle entraîna la chute de la Restauration, donnera la certitude aux constituants ultérieurs que la Constitution ne devait jamais être suspendue, quelles que pouvaient être les circonstances.

Ainsi l'article 51 de la Constitution du 4 novembre 1848 disposera-t-il que le président de la République ne pouvait « *suspendre, en aucune manière, l'empire de la Constitution et des lois* ». Le principe souffrait cependant un tempérament puisque la Constitution pouvait habiliter le législateur à adopter des lois qui, dans des circonstances exceptionnelles, en restreindraient la vigueur. Les travaux présidant à l'adoption de la loi du 9 août 1849 sur l'état de siège (35) — dont l'adoption était elle-même prévue à l'article 106 de la Constitution — ont été révélateurs de la difficulté à concilier le droit d'adopter certaines législations d'exception et l'obligation de sauvegarder la Constitution. En admettant que les tribunaux militaires devaient être compétents en certaines circonstances pour connaître des crimes et délits, l'Assemblée nationale consacrait l'éventualité d'une juridiction d'exception, s'inscrivant en cela contre la

---

(31) *Rec. Duv.*, p. 348.

(32) *Rec. Duv.*, p. 350.

(33) *Rec. Duv.*, p. 425.

(34) La distinction des législations « *dans* » et « *pour* » l'état d'exception est empruntée au professeur SAINT-BONNET *in L'État d'exception, op. cit.*, spéc., pp. 360 et s.

(35) *Rec. Duv.*, p. 268.

lettre de l'article 4 de la Constitution aux termes duquel « *nul ne* [serait] *distrait de ses juges naturels* ». Sans doute le défaut d'un contrôle juridictionnel de conformité des lois à la Constitution, sur lequel s'adossait le légicentrisme en même temps qu'il le légitimait, réduisait l'obstacle pour le législateur. Mais, bien que l'on ait pu lier le développement du phénomène des législations de crise — « *pour* » l'état d'exception, donc — au « *progrès du constitutionnalisme moderne* » (36), c'est en dehors des textes constitutionnels que ces législations devaient trouver leur fondement.

L'État devait être doté des moyens de faire face aux évènements mettant en péril son existence ou, à tout le moins, sa continuité constitutionnelle. Les restrictions aux libertés publiques et les atteintes aux droits fondamentaux restaient ainsi fondées sur des considérations que l'on voudra jusnaturalistes ou politiques. La jurisprudence administrative relative aux circonstances exceptionnelles a conforté cette analyse.

2. *La jurisprudence des cironstances exceptionnelles : l'ordre contre la loi*

La notion de circonstances exceptionnelles est apparue au début du XXe siècle. Elle fut initialement employée pour justifier l'interventionnisme municipal aux fins de pallier le défaut ou l'insuffisance de l'initiative privée dans certains domaines (37), avant que l'expression ne soit abandonnée dans ces hypothèses au profit de celle de « *circonstances particulières* » (38). Elle trouvera en revanche un terrain propice à son développement au cours de la première guerre mondiale. Cette notion est présentée comme « *la condition de la non-application du régime juridique normal et par conséquent comme la condition d'application d'un régime juridique d'exception* » (39). À s'en tenir à une telle définition, elle ne devrait trouver à s'appliquer qu'en l'absence de législation d'exception, non seulement mise en œuvre, mais également applicable. En effet, la circonstance qu'une législation d'exception reste inappliquée autorise à penser que l'organe compétent, le législateur par hypothèse, a manifesté sa volonté de maintenir en vigueur le cadre juridique normal. Dans le cas contraire, c'est bien le curseur de la légalité normale qui est déplacé (40) et

---

(36) J. Barthélémy, « Notes de droit public sur le droit public en temps de guerre », *op. cit.*, p. 136.

(37) Voir, notamment, CE, 1er février 1901, *Descroix, S.* 1901, 3, p. 41, concl. J. Romieu et note M. Hauriou ; CE, 29 mars 1901, *Casanova, S.* 1901, 3, p. 73, note M. Hauriou.

(38) CE, 13 juillet 1928, *Burgeat, Rec.* p. 897.

(39) L. Nizard, *La jurisprudence administrative des circonstances exceptionnelles et la légalité*, coll. Bibl. dr. pub., Paris, LGDJ, 1962, pp. 5-6.

(40) *Ibid.*

non le degré tolérable d'atteinte à cette légalité qui est aggravé. Le Conseil d'État n'a cependant pas fait sienne cette interprétation.

Se livrant, dans sa décision *Delmotte et Senmartin* du 6 août 1915 (41), à une interprétation extensive de la loi de 1849 sur l'état de siège alors mise en œuvre, la Haute juridiction avait déjà pu ajouter à la loi. Le pouvoir d'interprétation est certes inhérent à la fonction de juger. Cependant, une interprétation par trop extensive de la légalité du moment conduit à douter de l'intérêt d'une législation d'exception. En raison des risques d'arbitraire que les circonstances présidant à la mise en œuvre de ce type de législations emportent, et en raison des atteintes aux droits et libertés que ces lois supposent, on ne saurait en effet appliquer un traitement différent de celui reconnu à l'interprétation de la loi pénale. Ces deux types de loi méritent d'être invariablement d'interprétation stricte (42).

Et pourtant, non seulement le juge administratif se livrera à une interprétation large de la loi, mais il ira encore plus loin dans sa décision *Heyriès* de 1918 (43). Le Conseil d'État s'adossait sur l'article 3 de la loi constitutionnelle du 25 février 1875 pour justifier que le président de la République ait pu signer un décret suspendant l'application de l'article 65 de la loi du 22 avril 1905 relatif à la communication du dossier en cas de sanction disciplinaire. Mais ce montage juridique trahissait tout autant l'embarras de la Haute Assemblée qui procédait de ce que le décret était assurément illégal et, conformément à la répartition constitutionnelle des compétences, contraire à la Constitution. Le doyen Maurice Hauriou accueillait pourtant favorablement cette solution tout en admettant que le Conseil d'État était obligé de recourir à l'interprétation du texte constitutionnel dans un sens propice à la légalité du décret attaqué.

L'interprétation constructive à laquelle le maître de Toulouse faisait référence n'était pas autre chose qu'une contorsion des principes constitutionnels. Déjà avait-il pu considérer que « *les conditions nécessaires de l'État (...) sont plus fondamentales encore que les règles positives de la Constitution écrites* » (44). En se référant à un droit à la « *légitime défense de l'État* », et même en tempérant ce principe en faisant valoir que le juge devait « *analyser scrupuleusement toutes les variétés de force majeure* » (45), il s'inscrivait dans une logique adoptée par le Conseil d'État. Cette tendance se trouvait résumée par le commissaire du gouvernement Hellbronner pour qui, « *dans les sociétés organisées, au-dessus des intérêts individuels, au-dessus des intérêts collectifs les plus sérieux, il y a l'intérêt général, le droit supérieur pour*

---

(41) CE, 6 août 1915, *Delmotte et Senmartin*, *Rec.* p. 278, *S.* 1916, 3, p. 9, concl. Corneille et note M. Hauriou.

(42) En ce sens également, R. Drago, « L'état d'urgence et les libertés publiques », cette *Revue* 1955, p. 672.

(43) CE, 28 juin 1918, *Heyriès*, *Rec.* p. 651, *S.* 1922, 3, p. 49, note M. Hauriou.

(44) M. Hauriou, note sous CE, 7 août 1909, *Winkell et Rosier, S.* 1909, 3, p. 145.

(45) M. Hauriou, note sous CE, 28 juin 1918, *Heyriès*, préc.

une nation d'assurer son existence, et de défendre son indépendance et sa sécurité » (46). Si l'on veut bien admettre la légitimité des préoccupations ainsi définies, on rappellera que « *droit et nécessité sont deux termes qui s'excluent en ce sens que la nécessité, si elle suffit à justifier en fait le recours à des moyens improvisés, ne suffit pas à leur conférer la correction et la valeur des moyens légaux* » (47). Aussi la conclusion s'impose-t-elle que l'application de la théorie des circonstances exceptionnelles est une forme juridictionnalisée des *bills d'indemnité* (48). À cet égard, certains auteurs contemporains de ces décisions n'avaient pas manqué de critiquer vigoureusement cette complicité de la juridiction administrative à une théorie qui restait en réalité politique (49).

En réduisant la force contraignante des législations d'exception existantes aux fins de satisfaire des intérêts qu'elle voulait supérieurs, la jurisprudence administrative entretenait une confusion du droit et de la politique. Cette jurisprudence était néfaste à la cohérence de l'ordre juridique. Elle était également porteuse d'arbitraire en ce qu'elle réfutait l'idée que l'organisation d'un cadre juridique des circonstances exceptionnelles par la loi devait contribuer à la conciliation de l'efficacité et de la garantie des droits. L'ordre devait primer la liberté, l'ordre devait parfois s'inscrire contre la loi, renouvellement de l'adage suivant lequel « *nécessité fait loi* ».

B. — *Le renouvellement de la sauvegarde de l'ordre par la loi du 3 avril 1955*

À suivre la jurisprudence administrative du début du XXe siècle, la mise en œuvre de législations d'exception ne fait pas obstacle à ce que les autorités administratives excèdent leur champ de compétence ponctuellement élargi ou les pouvoirs dont ils disposent. Cependant, cette lecture du droit confronté aux circonstances n'était guère satisfaisante. L'application d'une législation d'exception a précisément pour objet de rendre, non pas normales les circonstances, mais légales les décisions administratives qui ne le seraient pas d'ordinaire. L'adoption de la loi du 11 juillet 1938 sur l'organisation de la Nation en temps de guerre (50) est bien le signe de ce que, même dans les situations les plus périlleuses que sont les périodes de guerre, les autorités administratives

---

(46) Concl. sur CE, 18 juillet 1913, *Syndicat national des chemins de fer de France et des colonies*, *Rec.* p. 875.

(47) R. CARRÉ DE MALBERG, *Contribution à la théorie générale de l'État*, tome 1, *op. cit.*, p. 620. *Contra*, J. RAICIU, *Légalité et nécessité*, Paris, Loviton, 1933, p. 252.

(48) *Contra*, A. MATHIOT, « La théorie des circonstances exceptionnelles » *in Études offertes à Achille Mestre*, Paris, Sirey, 1956, p. 428.

(49) J. BARTHÉLÉMY et P. DUEZ, *Traité de droit constitutionnel*, *op. cit.*, p. 244.

(50) Loi du 11 juillet 1938 relative à l'organisation générale de la Nation en temps de guerre, *JORF,* 13 juillet 1938, p. 8330.

doivent rester soumises au droit écrit (51). La jurisprudence des circonstances exceptionnelles ne saurait, si l'on veut bien même la comprendre, s'appliquer que dans le silence de la loi. Tel est encore le sens de la loi du 3 avril 1955 sur l'état d'urgence (1), dont le destin (2) témoigne de la volonté de conserver une législation limitant le pouvoir d'appréciation des juridictions administratives.

1. *Le sens de la loi de 1955*

Concomittante à l'aggravation des évènements en Algérie, l'adoption de la loi du 3 avril 1955 présentait les caractères de la loi « *dans* » l'état d'exception, au moins dans sa branche organisant l'état d'urgence en Algérie (52). L'adoption d'une telle loi ne surprend pas si l'on admet qu'elle procédait du souci d'instituer un régime juridique qui, tout en autorisant des effets similaires à ceux de l'état de siège, s'en distingue en n'emportant pas par principe le dessaisissement de la compétence des autorités civiles.

Toutefois, cette aggravation des pouvoirs de police autorise des atteintes sérieuses aux libertés les plus fondamentales. Ainsi, l'état d'urgence qui, aux termes de l'article premier de la loi, pouvait être déclaré « *sur tout ou partie du territoire métropolitain, de l'Algérie ou des départements d'outre-mer, soit en cas de péril imminent résultant d'atteintes graves à l'ordre public, soit en cas d'événements présentant par leur nature et leur gravité, le caractère de calamité publique* », donnait notamment au préfet le pouvoir d'interdire la circulation des personnes ou des véhicules dans les lieux et aux heures fixés par arrêté ; d'instituer selon les mêmes modalités des zones où le séjour des personnes serait réglementé ; d'interdire le séjour dans tout ou partie du département des personnes cherchant à entraver l'action des pouvoirs publics. À ces pouvoirs de restreindre la liberté d'aller et venir prévus à l'article 5, s'ajoutaient ceux prévus à l'article 6 aux termes duquel le ministre de l'Intérieur dans tous les cas et, en Algérie, le gouverneur général, pouvaient assigner à résidence toute personne « *dont l'activité s'avère dangereuse pour la sécurité et l'ordre publics* » sur les territoires sur lesquels l'état d'urgence était mis en œuvre. En application de l'article 11, la loi déclarant l'état d'urgence pouvait, par disposition expresse, autoriser les perquisitions à domicile de jour comme de nuit et habiliter les autorités administratives compétentes à restreindre la liberté de la presse. Enfin, sans que la liste des effets de l'état d'urgence soit ici exhaustive, un décret pris sur rapport des ministres de la Justice et de la Défense nationale pouvait autoriser la juridiction militaire à se saisir des crimes ou délits qui leur étaient connexes.

---

(51) M. Waline, note sous CE, 7 janvier 1955, *Andriamiseza*, cette *Revue* 1955, p. 711.

(52) Voir, A. HEYMANN-DOAT, *Les libertés publiques et la guerre d'Algérie*, coll. Bibl. dr. pub., Paris, LGDJ, 1972.

La confrontation des effets de l'état de siège et de l'état d'urgence tend à montrer que ceux de la loi du 3 avril 1955 sont plus restrictifs des libertés que ceux prévus par la loi du 9 août 1849 modifiée (53). Aussi certaines garanties ont-elles été organisées. Conformément à l'article 2, l'institution de l'état d'urgence ne pouvait être décidée que par le Parlement. Selon l'article 7, les décisions d'interdiction de séjour ou d'assignation à résidence pouvaient faire l'objet de demandes de retrait, soumises à une commission consultative *ad hoc*, et étaient également susceptibles de recours pour excès de pouvoir devant les tribunaux administratifs, assorti d'un pouvoir d'interjeter appel devant le Conseil d'État. Disposition superfétatoire si l'on se rappelle de la décision *Dame Lamotte* de 1950 (54) mais compréhensible si l'on considère que le législateur entendait préciser que les circonstances exceptionnelles ne sauraient priver les destinataires de ces mesures de leur droit à un recours juridictionnel, et lier ainsi l'interprétation juridictionnelle du texte appliqué.

Tout en procédant à une forme de « *codification* » (55) de la jurisprudence administrative des circonstances exceptionnelles, le législateur adoptait là, « *en faisant abstraction des régimes autoritaires, le texte le plus sévère que la France ait jamais connu* » (56). Ce texte emportait deux conséquences. D'une part, il devait réaffirmer le cantonnement de la jurisprudence administrative des circonstances exceptionnelles aux cas ignorés de la loi. D'autre part, il limitait d'autant la protection juridictionnelle en étendant les compétences et le pouvoir discrétionnaire des autorités administratives. La loi restait ainsi l'instrument déterminant de la protection de l'ordre. Et dans un système consacrant encore le légicentrisme, en l'absence d'un contrôle de constitutionnalité efficace, les doutes formulés sur la conformité de la loi du 3 avril 1955 à la Constitution (57) ne pouvaient présenter qu'un intérêt théorique. La question se posera différemment dès lors que fut adoptée la Constitution de la Ve République.

2. *Le destin de la loi de 1955*

La Constitution du 4 octobre 1958 réserve un sort particulier aux circonstances exceptionnelles. Érigé en matière constitutionnelle depuis la révision constitutionnelle de 1954, l'état de siège y est repris à l'article 36. L'article 16, « *Constitution de réserve* » (58) consentie par le pouvoir constituant au prési-

(53) Pour une démonstration, Roland Drago, « L'état d'urgence et les libertés publiques », *op. cit.*, pp. 670 et s.

(54) CE, Ass., 17 février 1950, *ministre de l'Agriculture c/ Dame Lamotte*, *Rec.* p. 110, cette *Revue* 1951, p. 478, concl. J. Delvolvé et note M. Waline.

(55) R. Drago, « L'état d'urgence et les libertés publiques », *op. cit.*, p. 696.

(56) *Ibid.*, p. 704.

(57) *Ibid.*, pp. 697 et s.

(58) O. Beaud, « Le souverain », *Pouvoirs* 1993, p. 44.

dent de la République, est une innovation. L'article 89 al. 4 réserve également le cas de la menace de l'intégrité du territoire, posant ainsi une limite à la révision de la Constitution. L'état d'urgence est cependant resté ignoré de la Constitution. L'organisation constitutionnelle des circonstances exceptionnelles pouvait laisser croire en l'abrogation implicite de la loi du 3 avril 1955, hypothèse que la modification du texte par l'ordonnance du 15 avril 1960 (59) ou sa mise en œuvre notamment par le décret du 22 avril 1961 (60) ne suffisaient pas à infirmer.

L'adoption de la loi prorogeant l'état d'urgence en Nouvelle-Calédonie a été l'occasion pour le Conseil constitutionnel de livrer son interprétation du silence de la Constitution. Les auteurs de la saisine soutenaient que la loi du 3 avril 1955 avait été implicitement abrogée. Par sa décision du 25 janvier 1985 (61), le Conseil constitutionnel a énoncé que, « *en vertu de l'article 34 de la Constitution la loi fixe les règles concernant les garanties fondamentales accordées aux citoyens pour l'exercice des libertés publiques ; que dans le cadre de cette mission, il appartient au législateur d'opérer la conciliation nécessaire entre le respect des libertés et la sauvegarde de l'ordre public sans lequel l'exercice des libertés ne saurait être assuré* ». La référence à l'objectif de valeur constitutionnelle de la sauvegarde de l'ordre public n'était pas innovante (62). Sans être inadmissible, l'argument de l'habilitation implicite restait néanmoins douteux, en s'adaptant mal au cadre de la rigidité constitutionnelle assortie d'un véritable contrôle de conformité des lois à la Constitution. Sans doute peut-on admettre que l'ordre public, dans les temps ordinaires, peut être appréhendé comme une norme d'habilitation (63). Cependant, eu égard aux atteintes aux droits et libertés fondamentaux qu'elle autorise — atteintes dont on rappelle qu'elles sont plus contraignantes que celles de l'état de siège prévu par la Constitution — la mise en œuvre de l'état d'urgence doit s'analyser comme une suspension partielle de la Constitution. La référence au maintien de l'ordre public qui reste en droit positif un objectif de valeur constitutionnelle, pour atténuer la force des principes contenus dans les textes

---

(59) Ordonnance n° 60-372 du 15 avril 1960 modifiant certaines dispositions de la loi n° 55-385 du 3 avril 1955 instituant un état d'urgence, *JORF,* 17 avril 1960, p. 3584.

(60) Décret n° 61-395 du 22 avril 1961 portant déclaration de l'état d'urgence, *JORF,* 23 avril 1961, p. 3843.

(61) Cons. const., déc. n° 85-187 DC du 25 janvier 1985, Loi relative à l'état d'urgence en Nouvelle-Calédonie et dépendances, *Rec.* p. 43, *AJDA* 1985, p. 362, note P. Wachsmann, *JCP* 1985, II, n° 20356, note C. Franck, *AIJC* 1985, p. 400, note B. Genevois, *D.* 1985, p. 361, note F. Luchaire, cette *Revue* 1986, p. 395, note L. Favoreu.

(62) Notamment, Cons. const., déc. n° 82-141 DC du 27 juillet 1982, Loi sur la communication audiovisuelle, *Rec.* p. 48, cette *Revue* 1983, p. 333, note L. Favoreu, *Rev. adm.* 1983, p. 36, note R. Etien.

(63) En ce sens, É. PICARD, *La notion de police administrative*, tome 2, coll. Bibl. Dr. pub., Paris, LGDJ, 1984, p. 551.

à valeur constitutionnelle, n'affecte pas en elle-même l'économie générale de la Constitution. Toutefois, elle s'inscrit à rebours du processus d'élévation du niveau de protection des droits fondamentaux, recul d'autant plus grave que, « *même réservée aux périodes de crise grave, l'institution fait, à l'arbitraire, une place redoutable* » (64).

Conformément à l'article 62 de la Constitution, cette décision s'impose aux autorités administratives et judiciaires. A ce titre, et quels que soient les doutes quant à son bien-fondé (65), elle invite à prendre acte du maintien de la loi du 3 avril 1955 dans le droit positif. Aussi l'état d'urgence a-t-il pu être institué durant l'automne 2005, pour rétablir l'ordre public affecté par les émeutes dans les banlieues.

II. — LES CARENCES DE L'ÉTAT D'URGENCE AUJOURD'HUI

L'institution de l'état d'urgence au cours de l'automne 2005 a renouvelé la réflexion sur son régime. Le 8 novembre 2005, le président de la République signa un décret emportant déclaration de l'état d'urgence sur l'ensemble du territoire métropolitain (66). Un second décret pris par le Premier ministre en fera application (67). Conformément à la loi du 3 avril 1955 modifiée, une loi du 18 novembre (68) prorogera l'état d'urgence pour une durée de trois mois.

Si les troubles rencontrés présentaient incontestablement les caractères de l'anormalité, leur degré de gravité restait vraisemblablement en deçà de ceux qui avaient jusqu'alors fondé la mise en œuvre de la loi de 1955. Au surplus, les atteintes à l'ordre public et à la continuité des services publics lors des évènements de mai 1968 n'avaient pas entraîné une telle réaction. Aussi la pertinence du recours à un tel texte pouvait-elle être discutée. Le Conseil d'État sera ainsi saisi de plusieurs recours pour excès de pouvoir, assortis de référés suspension, contre les décrets du 8 novembre 2005. Le Conseil constitutionnel, en revanche, n'a pas été invité à contrôler la conformité de la loi de prorogation à la Constitution. Cette loi avait autorisé le président de la République à en anticiper la fin. Et le Conseil d'État sera de nouveau

---

(64) J. RIVERO et H. MOUTOUH, *Libertés publiques*, tome 2, *op. cit.*, p. 71.

(65) Voir P. Wachsmann, note sous Cons. const., déc. n° 85-187 DC du 25 janvier 1985, Loi relative à l'état d'urgence en Nouvelle-Calédonie et dépendances, préc., p. 364.

(66) Décret n° 2005-1386 du 8 novembre 2005 portant application de la loi n° 55-385 du 3 avril 1955, *JORF*, 9 novembre 2005, p. 17593.

(67) Décret n° 2005-1387 du 8 novembre 2005 relatif à l'application de la loi n° 55-385 du 3 avril 1955, *JORF*, 9 novembre 2005, p. 17593.

(68) Loi n° 2005-1425 du 18 novembre 2005 prorogeant l'application de la loi n° 55-385 du 3 avril 1955, *JORF*, 19 novembre 2005, p. 18025.

saisi sur le fondement de l'article L. 521-2 du Code de justice administrative, aux fins d'enjoindre le président de la République de mettre un terme au régime d'exception alors en vigueur.

Ces discussions contentieuses devant le juge administratif seront l'occasion de tirer de nouveaux enseignements, qui tendent à démontrer que par son interprétation de la loi du 3 avril 1955 (A), et par son occultation du droit conventionnel (B), le juge administratif n'opère pas un contrôle autorisant un juste équilibre entre les exigences du rétablissement de l'ordre public et la protection des libertés publiques et des droits fondamentaux.

A. — *L'interprétation de la loi du 3 avril 1955 par le juge administratif*

L'application d'une législation d'exception comme celle du 3 avril 1955 doit rester cantonnée aux périodes de troubles graves, satisfaisant ainsi le principe du droit public suivant lequel la liberté est la règle et la restriction l'exception. Dès lors, le contrôle juridictionnel s'avère être — ou devrait être — déterminant en ce qu'il conditionne la mise en œuvre (1) et la fin de l'état d'urgence (2).

1. *Le juge administratif et la mise en œuvre de l'état d'urgence*

La contestation devant la juridiction administrative des décrets du 8 novembre 2005 s'appuyait sur des moyens qui présentaient cette filiation commune de traiter de la question de la proportionnalité de la décision d'institution de l'état d'urgence aux circonstances. Car la question se pose moins de savoir si le juge opère un véritable contrôle sur les actes pris sur le fondement desdits décrets (69) que de rechercher si la faculté de mettre en œuvre ce régime était effectivement limitée aux circonstances prévues et pour un champ géographique pertinent. Dès lors que cette mise en œuvre emporte un déplacement du curseur de la légalité, il devient nécessaire que la décision — administrative — de mise en œuvre ne soit pas laissée à la discrétion du président de la République. C'est en ce sens que le juge administratif, en référé comme au fond, admettra de contrôler la légalité du décret d'institution, en sorte que

---

(69) Il convient cependant de souligner que dans son ordonnance rendue le 14 novembre 2005, le juge des référés saisi sur le fondement de l'article L. 521-1 du Code de justice administrative procèdera à une forme de réserve d'interprétation constructive, en énonçant que l'abrogation de l'article 10 du Code d'instruction criminelle par la loi du 4 janvier 1993 n'a pas eu pour effet de soustraire les autorités administratives disposant de pouvoirs accrus en matière de perquisitions, du contrôle de l'autorité judiciaire.

ce dernier n'est pas considéré comme un acte de gouvernement, contrairement à ce qui est de la mise en œuvre de l'article 16 de la Constitution (70).

Les requérants faisaient valoir que la loi du 3 avril 1955 n'avait pas été adoptée pour ce type de circonstances. En outre, la réponse à l'agitation aurait été disproportionnée en ce que, d'une part, l'application de l'état d'urgence à l'ensemble du territoire métropolitain excédait le cadre géographique utile à la résolution de la crise et, d'autre part, l'atteinte aux droits et libertés ainsi rendue possible excédait ce qui était matériellement nécessaire.

Par son ordonnance du 14 novembre 2005 (71), le président de la section du contentieux a rejeté la demande de suspension. Considérant que « *le président de la République dispose d'un pouvoir d'appréciation étendu lorsqu'il décide de déclarer l'état d'urgence* », le juge des référés a estimé qu'aucun des moyens soulevés n'était propre à faire naître un doute sérieux sur la légalité de la décision attaquée. On mesure le retentissement qu'aurait eu une décision de suspension d'un tel décret, décret dont la dimension politique ne saurait être négligée. Et l'on peut comprendre la difficulté pour le juge, statuant en référé, de s'opposer à la volonté du président de la République. Il est admissible qu'en tant que « *juge de l'évidence* » (72) — avec tout ce que la notion d'évidence offre de virtualités — le juge de la suspension se soit abstenu de neutraliser provisoirement les effets de la volonté de la plus haute autorité administrative en de telles circonstances. L'importance de la décision au fond s'avérait dès lors accrue.

La décision de non-lieu partiel à statuer rendue par l'Assemblée du Conseil d'État le 24 mars 2006 (73) est décevante à cet égard. Contrairement aux conclusions du commissaire du gouvernement Marie-Hélène Mitjavile, la Haute juridiction a considéré que la loi de prorogation de l'état d'urgence a eu pour effet de ratifier le décret d'institution du 8 novembre 2005. La discussion contentieuse sur ce décret n'était ainsi plus permise. Un tel raisonnement, qui s'inspire du régime des ordonnances tel qu'il résulte de l'article 38 de la Constitution, n'emporte pas la conviction, à un triple titre :

— d'abord, les contours de l'interprétation de la loi du 3 avril 1955 restent elliptiques. En se fondant sur « *les caractéristiques propres au régime défini* » par ce texte, le juge administratif surprend autant par la motivation succincte

---

(70) CE, Ass., 2 mars 1962, *Rubin de Servens*, *Rec.* p. 143, cette *Revue* 1962, p. 294, concl. Henry, *AJDA* 1962, p. 214, chron. J.-M. Galabert et M. Gentot, *D.* 1962, p. 109, chron. G. Morange, cette *Revue* 1962, p. 288, note G. Berlia, *JCP* 1962, I, 1711, chron. J. Lamarque.

(71) CE, ord., 14 novembre 2005, *Rolin*, req. n° 286835, *AJDA* 2006, p. 501, note P. Chrestia.

(72) O. GOHIN, *Contentieux administratif*, 4e éd., coll. Manuels, Paris, Litec, 2005, p. 255.

(73) CE, Ass., 24 mars 2006, *Rolin et Boisvert*, req. n° 286834, *AJDA* 2006, p. 1033, note C. Landais et F. Lenica, *RFDA* 2006, p. 651, note P. Terneyre.

qui l'a conduit à cette conclusion que par la liberté d'interprétation du texte de 1955 à laquelle il s'est livré ;

— ensuite, la loi du 3 avril 1955 modifiée précise, contrairement à la formulation de l'article 38 de la Constitution, que la loi « *proroge* » l'état d'urgence, et n'indique pas qu'elle ratifie la décision du président de la République. Au demeurant, dans le cadre des ordonnances de l'article 38, il est arrivé que le législateur ne fasse que « *valider* » et non ratifier l'ordonnance (74). Ce faisant, il démontrait la portée de la différence terminologique. Et si cette différence terminologique ne suffit pas à évincer la thèse du non-lieu à statuer en l'espèce, elle contribue cependant à l'amoindrir ;

— enfin, la solution du juge administratif conduit à introduire des incohérences dans le régime de la mise en œuvre de l'état d'urgence. On a pu lire qu'« *il était difficile (...) de mesurer les conséquences concrètes qu'aurait pu recevoir une éventuelle annulation de la déclaration d'état d'urgence alors que la loi prolongeant ce dernier serait encore en vigueur* » (75). Or, tel n'était d'abord pas le cas en l'espèce. En outre, et si l'on veut bien s'adonner à l'exercice d'abstraction proposé, et si l'on s'emploie à déterminer la solution qui doit s'imposer par principe, rien ne permet d'affirmer que celle dégagée par le juge administratif soit la plus sensée. Supposer, ainsi que cela a été fait, que la censure du décret peut conduire le cas échéant à priver de base juridique l'intervention du législateur n'est pas convaincant. En effet, le législateur a déjà eu l'occasion de voter l'état d'urgence alors que le délai de douze jours au-delà duquel son intervention était nécessaire avait expiré (76). En rétablissant ainsi l'état d'urgence, le Parlement offrait un précédent attestant que le décret portant état d'urgence ne pouvait être considéré comme une base juridique indispensable à la régularité d'une éventuelle loi. Au surplus, voici bien une situation particulière du droit que celle qui consisterait à ce que le législateur lie sa compétence ultérieure en imposant l'intervention préalable du président de la République.

Suivant l'idée que les législations d'exception doivent être strictement interprétées, on ne saurait donc admettre que la loi de prorogation emporte les effets qu'on lui a reconnus. Sans doute doit-on préférer l'idée que des considérations d'opportunité ont induit cette solution, le juge administratif ayant été sensible à l'argument suivant lequel la solution inverse aurait eu « *toutes les chances de ne déboucher concrètement que sur un insoluble*

(74) Voir, par ex., la loi n° 96-1093 du 16 décembre 1996 relative à l'emploi dans la fonction publique et à diverses mesures d'ordre statutaire, *JORF*, 17 décembre 1997, p. 18512, art. 86.

(75) C. Landais et F. Lenica, note sous CE, Ass., 24 mars 2006, *Rolin et Boisvert*, préc., p. 1035.

(76) Loi n° 85-96 du 25 janvier 1985 relative à l'état d'urgence en Nouvelle-Calédonie et dépendances, *JORF*, 26 janvier 1985, p. 1087.

conflit avec le législateur » (77). Mais alors, on fera grief au Conseil d'État d'avoir réintroduit une dimension politique dans un champ qui, par le progrès de l'État de droit, se réduit à une appréhension juridique de la gestion par les textes des situations de crise. Corrélativement, on regrettera l'ordonnancement juridique tel qu'il résulte de la modification de la loi par l'ordonnance du 15 avril 1960 précitée. Car, en définitive, par le jeu de la fiction de la ratification et par cela même que le contrôle de constitutionnalité des lois ordinaires reste facultatif, la mise en œuvre de l'état d'urgence a bénéficié de fait d'une immunité de juridiction alors qu'il engage gravement les libertés publiques et les droits fondamentaux.

2. *Le juge administratif et la fin de l'état d'urgence*

La gravité des effets de l'état d'urgence n'est plus à démontrer. Aussi, non seulement sa mise en œuvre doit-elle être matériellement et géographiquement proportionnée, mais elle doit encore l'être dans le temps. L'hypothèse d'une application dans le temps excédant le délai nécessaire à la résorption de la crise n'est pas une hypothèse d'école, si l'on se souvient que la durée de l'application de l'article 16 de la Constitution en 1961 avait pu susciter de sévères critiques (78). En donnant compétence au président de la République pour mettre un terme à l'état d'urgence avant l'expiration du délai légal, la loi du 18 novembre 2005 autorisait, le cas échéant, l'intervention du juge des référés sur le fondement de l'article L. 521-2 du Code de justice administrative. À cet égard, on soulignera une autre imperfection de ce cadre juridique si l'on considère que dans le silence de la loi, les effets de l'état d'urgence se seraient nécessairement maintenus au-delà de ce que les circonstances l'eurent exigé.

Par son ordonnance du 9 décembre 2005 (79), le juge des référés a d'abord considéré que la demande à titre principal était irrecevable, en ce qu'elle consistait à suspendre l'état d'urgence ou, à défaut, d'enjoindre le président de la République à mettre fin à l'état d'urgence dans un délai de trois jours. Il était ici fait application des dispositions de l'article L. 511-1 du Code de justice administrative aux termes duquel les mesures ordonnées ne peuvent avoir des effets identiques en tous points à ceux procédant d'un jugement annulant une décision administrative (80).

---

(77) C. Landais et F. Lenica, note sous CE, Ass., 24 mars 2006, *Rolin et Boisvert*, préc., p. 1035.

(78) F. Saint-Bonnet, « Réflexions sur l'article 16 et l'état d'exception », cette *Revue* 1998, pp. 1710-1711.

(79) CE, ord., 9 décembre 2005, *Allouache et autres*, req. n° 287777.

(80) CE, ord., 1er mars 2001, *Paturel*, req. n° 230794 ; CE, ord., 10 avril 2001, *Merzouk*, req. n° 232308.

Le juge acceptait cependant de statuer sur les conclusions développées à titre subsidiaire visant à ordonner au président de la République de procéder à un réexamen des circonstances de fait et de droit afin de déterminer si l'état d'urgence devait être maintenu. Le juge énoncera à cet égard que « *le silence de la loi sur les conditions de mise en œuvre de la faculté ainsi reconnue au président de la République ne saurait être interprété, eu égard à la circonstance qu'un régime de pouvoirs exceptionnels a des effets qui dans un État de droit sont par nature limités dans le temps et dans l'espace, comme faisant échapper ses modalités de mise en œuvre à tout contrôle de la part du juge de la légalité* ». Toutefois, pour bienvenue que la référence à l'État de droit et à ses conséquences a pu être, le juge retiendra l'argument du gouvernement selon lequel le risque d'un nouvel embrasement se maintenait à l'approche des fêtes du nouvel an. Les conclusions des demandeurs furent rejetées. L'examen *in concreto* révélait que « *les conditions dans lesquelles se sont développées les violences urbaines à partir du 27 octobre, de la soudaineté de leur propagation, (...) l'éventualité de leur recrudescence à l'occasion des rassemblements sur la voie publique lors des fêtes de fin d'année et (...) l'impératif de prévention inhérent à tout régime de police administrative* » induisaient cette solution.

Celle-ci mérite cependant la critique. Le régime découlant de la mise en œuvre de la loi du 3 avril 1955 ne saurait être confondu avec les régimes de police administrative de droit commun. Ces derniers peuvent assurément être organisés à titre préventif. En revanche, les effets de la loi sur l'état d'urgence trahissent sa singularité. La circonstance que le législateur ait rendu le président de la République compétent pour mettre un terme à l'état d'urgence avant l'expiration du délai atteste de la nécessité de maintenir un tel régime pour autant que la situation coïncide avec les conditions de mise en œuvre. Au surplus, ainsi que le soulignait déjà Robert Badinter devant le Sénat, lors de la discussion présidant à la prorogation de l'état d'urgence, « *si la situation* [devait s'aggraver], *il suffirait d'une heure, deux heures au plus, pour que le Conseil des ministres règle la question à nouveau pour douze jours* » (81). Le maintien de l'état d'urgence, dès lors qu'il n'était plus indispensable, devenait gravement et illégalement attentatoire aux droits et libertés, en sorte que le juge aurait pu — aurait dû — donner satisfaction aux requérants.

B. — *L'occultation du droit conventionnel par le juge administratif*

Le droit conventionnel réserve le cas des circonstances exceptionnelles. S'il admet des dérogations aux stipulations, celles-ci doivent s'opérer conformément aux prescriptions formelles et conformément aux limites matérielles posées. À cet égard, s'il est permis de dire que les exigences formelles (1)

(81) Séance du 16 novembre 2005.

ont été satisfaites, il apparaît cependant que l'interprétation des stipulations par le juge administratif aboutit à l'occultation des textes, par le non-respect des conditions matérielles (2).

1. *Les exigences formelles*

Suivant l'article 4, § 3 du Pacte international relatif aux droits civils et politiques, l'institution de l'état d'urgence suppose que le Secrétaire général de l'Organisation des Nations Unies soit tenu informé des motifs et de l'étendue des dérogations. Ce dernier diffuse alors l'information à l'ensemble des États parties. L'observation générale n° 29 sur l'article 4, adoptée le 24 juillet 2001 lors de la 1 950e session du Comité des droits de l'homme (82), rappelle l'importance à ses yeux de cette notification et la nécessité de ce que celle-ci soit contemporaine de la mise en œuvre du régime d'exception et qu'elle contienne l'ensemble des motifs ayant déterminé cette solution.

La Convention européenne de sauvegarde des droits de l'homme et des libertés fondamentales retient un mécanisme similaire. Aux termes de son article 15, § 3, « *toute Haute Partie contractante qui exerce ce droit de dérogation tient le Secrétaire Général du Conseil de l'Europe pleinement informé des mesures prises et des motifs qui les ont inspirées* ». La notification dont il est fait traitement ici est une condition impérative de la régularité de l'institution d'un état d'exception. En outre, la dérogation est limitée au territoire mentionné dans la notification faite par l'État (83).

Pour imposées qu'elles sont, ces exigences procédurales restent limitées dans leurs effets. S'agissant du Comité des droits de l'homme, ses constatations ne présentent que l'autorité de la chose constatée (84). La Cour européenne des droits de l'homme a pu admettre, pour sa part, que la circonstance que la notification au Secrétaire général du Conseil de l'Europe soit postérieure de douze jours à l'entrée en vigueur de la législation d'exception, dans les faits de l'espèce, n'entraînait pas la condamnation de l'État (85).

Sans minimiser la portée de ces mesures d'information, on ne saurait ignorer qu'elles ne contribuent qu'indirectement à limiter le risque d'arbitraire. Dès lors, s'il convient de veiller à ce que ces mesures d'ordre formel soient accomplies, il serait discutable de concentrer l'examen sur la régularité procédurale de la mise en œuvre de l'état d'urgence. C'est donc au regard des

---

(82) CCPR/C/21/Rev.1/Add.11, 31 août 2001.

(83) CEDH, req. n° 87/1996/67/897-902, 26 novembre 1997, *Sakik et autres c/ Turquie*, *Rec.* 1997-VII, p. 2625.

(84) F. SUDRE, *Droit européen et international des droits de l'homme*, *op. cit.*, pp. 654 et s.

(85) CEDH, req. n° 332/57, 1er juillet 1961, *Lawless c/ République d'Irlande*, Série A, n° 3, § 47.

conditions conventionnelles matérielles que le contrôle juridictionnel s'avère primordial.

2. *Les conditions matérielles*

L'ordonnance du 9 décembre 2005 précitée a révélé « *qu'eu égard à l'office du juge des référés, un moyen tiré de la contrariété de la loi à des engagements internationaux n'est pas, en l'absence d'une décision juridictionnelle ayant statué en ce sens, rendue soit par le juge saisi au principal, soit par le juge compétent à titre préjudiciel, susceptible d'être pris en considération* ». Il s'agissait ici de la réitération d'un principe éprouvé (86), dont on soutiendra qu'il n'a pas vocation à perdurer. En effet, le juge du référé liberté a accepté d'interpréter, à titre provisoire, des dispositions du droit communautaire dérivé (87). Dès lors qu'on peut préjuger d'une extension prochaine du principe à l'interprétation des stipulations de la Convention européenne des droits de l'homme, on pourra regretter que l'amorce du revirement de jurisprudence n'ait pas été opérée auparavant. Une telle solution était d'autant plus regrettable, en privant le juge des référés de la possibilité de statuer en tenant compte du principe formulé par la Commission européenne des droits de l'homme selon lequel la dérogation aux droits et libertés garantis par la Convention ne saurait perdurer après la disparition des circonstances exceptionnelles (88).

En l'absence d'une prise en compte du droit conventionnel par le juge des référés, le contrôle de la conventionnalité de la mise en œuvre de l'état d'urgence devait encore une fois s'opérer au fond. Le juge administratif ayant estimé que la loi avait ratifié le décret contesté, ce contrôle de conventionnalité était rendu d'autant plus nécessaire. Dans sa décision du 24 mars 2006 précitée, le Conseil d'État a considéré que la mise en œuvre de l'état d'urgence n'était pas contraire aux stipulations de la Convention européenne de sauvegarde des droits de l'homme et des libertés fondamentales. Une telle solution est critiquable. Elle l'est d'abord en raison du caractère gravement sibyllin de sa motivation. Elle l'est encore — et surtout — par l'application discutable des stipulations de la Convention européenne.

La « *prééminence du droit* » dont le juge de Strasbourg s'est montré soucieux de maintenir l'effectivité, fait obstacle à ce que les pouvoirs publics des États membres soient laissés totalement libres de l'interprétation à donner à l'article 15 de la Convention. Les conditions matérielles à la dérogation doivent

---

(86) CE, 30 décembre 2002, *ministre de l'Aménagement du Territoire et de l'Environnement c/ Carminati*, *AJDA*, 26 mai 2003, p. 1065, note O. Le Bot. Voir également, T.-X. Girardot, « Le retour de la loi écran devant le juge des référés », *AJDA*, 16 octobre 2006, pp. 1875 et s.

(87) CE, Ord., 18 octobre 2006, *Mme Djabrailova, épouse Mutsulkhanova*, *AJDA*, 11 décembre 2006, p. 2352, note M. Gautier.

(88) CEDH, req. n° 214/65, 22 janvier 1960, *De Becker c/ Belgique*, § 271.

être réunies, la Cour ayant eu l'occasion d'en préciser les contours (89). Suivant en cela la rédaction de l'article 15 de la Convention, l'atteinte aux droits et libertés garantis doit être destinée à répondre à la menace pesant sur la vie de la Nation. Elle doit être strictement proportionnée aux circonstances, et ne pas être en contradiction avec les autres obligations découlant du droit international.

La dernière condition posée ne semblait pas être affectée par la mise en œuvre de l'état d'urgence. En revanche, s'agissant des deux premières, un examen s'impose. Concernant l'existence d'un danger mettant en péril la vie de la Nation, la Cour européenne des droits de l'homme reconnaît une marge d'appréciation importante à l'État (90). C'est principalement sur le terrain de la proportionnalité des dérogations que la discussion s'ouvre une nouvelle fois. Déjà le Comité des droits de l'homme a-t-il pu rappeler que le principe de l'étendue géographique des dérogations est un des paramètres de la stricte application de l'article 4 du Pacte international relatif aux droits civils et politiques (91). La jurisprudence de la Cour européenne des droits de l'homme s'inscrit également dans le sens de la limitation des pouvoirs publics.

La décision *Association Ekin contre France* du 17 juillet 2001 (92) renseigne sur le raisonnement tenu par le juge de Strasbourg. Elle autorise en outre l'analogie. On retiendra ici que la Cour européenne considérait que l'atteinte à l'article 10 de la Convention sur le fondement de la loi du 29 juillet 1881 sur la liberté de la presse était d'une gravité justifiant « *de la part de la Cour l'examen le plus scrupuleux* ». En outre, la Cour constatait que le contrôle du juge national sur les actes pris en application de cette loi était jusqu'à la décision du Conseil d'État de 1997 (93), un contrôle restreint. La difficulté d'obtenir le sursis à exécution des décisions contestées était également soulignée. Et la circonstance que la compétence du ministre dans ce domaine s'étend à l'ensemble du territoire était prise en considération. Pour toutes ces raisons, la Cour a estimé que l'ingérence à laquelle avait donné lieu l'application de cette loi ne pouvait être considérée comme « *nécessaire dans une société démocratique* ». La transposition du raisonnement est ici permise. On notera que le contrôle du juge administratif sur les actes d'application de la

---

(89) CEDH, req. n° 332/57, 1er juillet 1961, *Lawless c/ République d'Irlande*, préc.

(90) F. Sudre, *Droit européen et international des droits de l'homme*, *op. cit.*, pp. 224 et s.

(91) Obs. n° 29, pt 4.

(92) CEDH, 17 juillet 2001, *Association Ekin c/ France*, *RTDH* 2002, p. 685, note P. de Fontbressin, *AJDA* 2002, p. 52, note F. Julien-Laferrière, *LPA*, 22 février 2002, n° 39, p. 12, note L. Pech.

(93) CE, Sect., 9 juillet 1997, *Association Ekin*, *Rec.* p. 300, *RFDA* 1997, p. 1284, concl. M. Denis-Linton et note B. Pacteau, *AJDA* 1998, p. 374, note M.-F. Verdier, *D.* 1998, p. 317, note E. Dreyer, cette *Revue* 1998, p. 539, notes P. Wachsmann et S. Rabiller, *LPA*, 14 novembre 1997, n° 137, p. 19, note E. Tamion, *RUDH* 1997, p. 169, chron. D. Rouget.

législation d'exception est un contrôle réduit à l'erreur manifeste d'appréciation (94). En outre, le champ d'application du décret d'institution et de la loi prorogeant ce dernier a pu excéder ce qui était strictement nécessaire, en appliquant un régime d'exception à des territoires non affectés par les troubles. Enfin, au regard de ce qui a été précédemment observé, la suspension de l'état d'urgence est réduite à l'hypothèse d'école. On se doit donc de douter de la conventionnalité de la mise en œuvre de l'état d'urgence en 2005.

L'état d'urgence aujourd'hui montre ses limites. Si, hier, le juge administratif accordait une importance excessive à l'ordre en minimisant les effets des législations d'exception, c'est la même préoccupation qui le conduit aujourd'hui à minimiser son contrôle sur la mise en œuvre d'une législation d'exception. Or, à admettre même l'argument de l'ordre public en tant que norme de nécessité, celui-ci ne vaut que pour autant qu'il s'adosse à « *un contrôle juridictionnel bien assis* » (95), ce dont on doit bien douter ici. En effet, si, dans la lignée de la décision *Benjamin* de 1933, le juge administratif exerce traditionnellement un contrôle particulièrement rigoureux sur les mesures de police, son contrôle sur les actes pris sous l'état d'urgence reste limité. Et, dès lors, si l'on continue à soutenir que l'existence du régime juridique de l'état d'urgence est préférable à la vacuité du droit, c'est à la condition que des perfectionnements soient opérés. Ces perfectionnements ne peuvent porter sur l'appréhension de la loi par le juge. C'est donc sur la loi elle-même qu'il est nécessaire de porter l'examen, le régime organisé révélant des incohérences dont il convient de faire l'économie.

III. — LA COHÉRENCE DE L'ÉTAT D'URGENCE DEMAIN

L'état d'urgence hier a montré qu'une législation d'exception de ce type est préférable à la validation juridictionnelle postérieure. L'état d'urgence aujourd'hui démontre que le contrôle juridictionnel, s'il ne doit pas se substituer à l'intervention législative, reste une impérieuse nécessité car l'existence d'une législation d'exception ne doit pas autoriser toutes les dérogations au droit commun. Précisément, le contrôle exercé sur l'institution de l'état d'urgence en 2005 est resté insuffisant. Il l'a été devant le juge administratif en raison de la marge d'appréciation laissée au président de la République et, plus largement, par les considérations d'opportunité qui ont induit sa jurisprudence. Le contrôle du juge constitutionnel a été encore moins satisfaisant, celui-ci n'ayant pas été saisi aux fins de contrôler la conformité de la loi de prorogation à la Constitution. Cet état de fait procède en réalité du défaut de cohérence

(94) CE, 25 juillet 1985, *Dagostini, Rec.* p. 226, *AJDA* 1985, p. 559, concl. Lasserre. Pour une application contemporaine, CAA Nancy, 4 août 2006, *M. Djoussou*, req. n° 06NC00417.

(95) É. PICARD, *La notion de police administrative*, tome 2, *op. cit.*, p. 551.

dont souffre l'économie générale de l'état d'urgence tel qu'il résulte de la loi du 3 avril 1955 et des modifications qu'elle a subies. Non seulement l'état d'urgence, comme toute législation d'exception, doit être une matière constitutionnelle (A), mais encore le contrôle de son institution doit-il être réorganisé (B).

A. — *La nécessaire constitutionnalisation de l'état d'urgence*

L'état d'urgence est un régime organisé par le législateur. En cela, un fondement textuel est donné aux restrictions aux droits et libertés en raison des circonstances. La question reste cependant posée de la juste situation de ce fondement dans l'ordonnancement juridique. Cette interrogation se nourrit au demeurant de la constitutionnalisation de l'état de siège en 1954 et de son maintien à l'article 36 de la Constitution du 4 octobre 1958. Au vrai, si la compétence du législateur dans ce domaine reste admissible, la matière devrait être organisée par la Constitution. Au demeurant, le projet de loi constitutionnelle relatif à l'organisation des pouvoirs publics du 10 mars 1993 prévoyait, dans son article 16, l'inscription de l'état d'urgence à l'article 36 de la Constitution, opérant ainsi une unification des régimes juridiques de l'état d'urgence et de l'état de siège.

L'article 16 de la déclaration des droits de l'homme et du citoyen fait de la garantie des droits l'une des fonctions de la Constitution. En tant qu'il autorise précisément des atteintes sérieuses à des droits fondamentaux, l'état d'urgence relève du domaine des matières que la Constitution a vocation à organiser. On peut bien admettre que le pouvoir constituant n'est pas en mesure, au moment d'adopter la Constitution, d'apprécier toutes les situations pouvant représenter un péril national justifiant un régime juridique d'exception. Ceci explique au demeurant que les textes prévoyant ces situations sont fatalement contraints à une marge d'imprécision (96). La Constitution finlandaire dispose ainsi, en son article 16a que, « *en cas d'aggression armée contre la Finlande ou en cas de situation exceptionnelle d'une gravité similaire, la loi peut imposer aux droits fondamentaux des restrictions provisoires* ». L'article 77 de la Constitution italienne prévoit, quant à lui, que « *dans des cas extraordinaires de nécessité et d'urgence* », le Gouvernement peut recourir sans autorisation aux décrets-lois.

L'exemple de la loi fondamentale allemande atteste avec encore plus d'accuité de la possibilité de régir avec précision la matière. Organisé aux articles 115a à 115l de la Loi fondamentale, l'état de défense permet une dérogation au droit commun en cas « *d'aggression armée* » en cours ou imminente. À cette fin, ces dispositions autorisent notamment l'élargissement des compétences législatives de la Fédération et organisent une procédure législative d'urgence.

---

(96) P. Leroy, *L'organisation constitutionnelle et les crises*, *op. cit.*, p. 68.

Des limitations à l'aggravation des peines privatives de libertés sont prévues et, en toute hypothèse, la pérennisation du statut et de l'exercice des missions de la Cour constitutionnelle fédérale est assurée. L'article 91 de la Loi fondamentale régit la situation d'« *état de crise intérieure* » destiné à répondre à un « *danger menaçant l'existence ou l'ordre constitutionnel libéral et démocratique de la Fédération ou d'un Land* ». Il résulte de la disposition citée que dans cette circonstance, les forces de police de la Fédération et des différents Länder peuvent être requis pour éliminer le danger.

L'article 19 de la Constitution du Portugal prévoît, pour sa part, l'existence de l'état de siège et de l'état d'urgence. Ceux-ci « *ne peuvent être déclarés, sur la totalité ou sur une partie du territoire national, que dans les cas d'agression effective ou imminente par des forces étrangères, de grave menace ou de perturbation de l'ordre constitutionnel démocratique ou de calamité publique* ». L'alinéa 3 de l'article 19 opère une gradation entre ces deux états d'exception, en précisant que l'état d'urgence est déclaré « *quand les faits (...) présentent un degré de gravité moindre. Il ne peut provoquer la suspension que de quelques droits, libertés et garanties susceptibles d'être suspendus* ». En outre, le choix, la déclaration et l'exécution de l'état de siège et de l'état d'urgence, « *doivent respecter le principe de la proportionnalité* ». Leur mise en œuvre « *est dûment motivée et énonce les droits, libertés et les garanties dont l'exercice est suspendu* ». Sauf cas de guerre, la période de mise en œuvre de l'état d'exception ne saurait excéder quinze jours, « *sans préjudice des éventuelles prorogations pour une période limitée et de la même façon* ».

Non seulement le pouvoir constituant peut organiser le régime d'exception, mais il peut encore donner compétence au législateur pour en préciser les modalités d'application, à l'instar de la Constitution française du 4 novembre 1848 et l'état de siège. L'article 103 de la Constitution des Pays-Bas dispose ainsi que « *la loi détermine les cas dans lesquels l'état d'exception, à désigner comme tel par la loi, peut être proclamé par décret royal aux fins du maintien de la sécurité extérieure ou intérieure ; elle en règle les conséquences* ». L'article 116, § 1 de la Constitution espagnole énonce également qu'« *une loi organique réglemente les états d'alerte, d'urgence et de siège, ainsi que les compétences et les restrictions correspondantes* ». L'article 88 de la Constitution russe prévoît encore que le Président de la Fédération, « *dans les circonstances et selon les modalités prévues par la loi constitutionnelle fédérale, introduit l'état d'urgence* » (97).

Si cette habilitation offre un cadre protecteur moins important, parce que moins précis, que les exemples précédemment cités, elle a au moins le mérite de conserver la cohérence de l'édifice normatif. En effet, on ne peut se satisfaire de l'interprétation donnée par le Conseil constitutionnel de l'article 34 de la Constitution. La référence à une habilitation implicite de la Constitution se présente moins comme une déduction logique et irréfutable que comme

(97) Le même dispositif est organisé à l'article 87, s'agissant de l'état de siège.

la manifestation de la préoccupation du juge constitutionnel de ne pas censurer le recours à une législation d'exception existante alors que la crise était effectivement ouverte. La stratégie du juge ne saurait rendre ici parfaitement cohérent un système qui ne l'est pas.

En outre, il est nécessaire de replacer les législations d'exception dans le schéma initié par la rigidité constitutionnelle. Celle-ci suppose que toute révision du texte constitutionnel respecte une procédure spécifiquement organisée à cet effet. Il ne fait pas de doute qu'une rigidité excessive ou inadaptée est susceptible, au moment d'un péril, d'entraîner la chute du régime pour peu que les formes soient respectées (98). Et si les formes sont ignorées, et si donc la Constitution est suspendue à l'initiative des organes constitués, c'est le principe de la rigidité qui aura été méprisé, ce qui renouvellerait la victoire de l'état de nécessité sur le droit de l'exception. L'organisation en temps normal d'un régime constitutionnel d'exception passe ainsi pour être le moyen de régler la difficulté. Les modalités sont de deux ordres puisqu'il ne s'agit alors pas seulement d'octroyer des pouvoirs et des compétences qui dérogent au droit commun. Il peut également s'agir de poser des limites irréductibles à l'action des pouvoirs publics. Ainsi l'article 1er de la Section IX de la Constitution américaine prévoit-il que « *le privilège de l'habeas corpus ne pourra jamais être suspendu, à moins que le salut public ne l'exige, dans le cas de rébellion ou d'invasion* ».

Dans les deux hypothèses, les lois qui organisent les régimes juridiques d'exception interviennent dans des matières constitutionnelles. De plus, pour reprendre l'exemple de la loi du 3 avril 1955, elle dicte notamment au législateur la procédure à suivre. Dès lors, cette loi répond aux critères de la loi organique (99). Or, l'une des caractéristiques de la loi organique est d'être expressément prévue par la Constitution. En conséquence, l'habilitation ne saurait être ici implicite.

B. — *La nécessaire réorganisation du contrôle de l'état d'urgence*

En tant qu'elle opère un déplacement de la légalité, l'institution de l'état d'urgence doit s'accompagner d'un contrôle. En raison du constat déjà formulé sur l'étendue et l'efficacité du contrôle juridictionnel actuel, il y a lieu de considérer que celui-ci est perfectible par sa systématisation (1). Dans l'hypothèse où les réticences à un contrôle juridictionnel systématique devaient

(98) G. CAMUS, *L'état de nécessité en démocratie*, *op. cit.*, p. 131.

(99) Loi dont on rappellera qu'elle se définit comme une loi matériellement constitutionnelle et qui se place à une échelon intermédiaire entre la Constitution et la loi ordinaire : F. HAMON et M. TROPER, *Droit constitutionnel*, 29e éd., coll. Manuel, Paris, LGDJ, 2005, p. 49.

triompher, au moins doit-on admettre l'instauration d'une procédure consultative obligatoire (2).

1. *La systématisation du contrôle juridictionnel de l'état d'urgence*

On ne saurait se suffire de ce que les décisions administratives prises sous l'état d'urgence font l'objet d'un contrôle juridictionnel, dès lors que leur légalité sera appréciée en fonction d'une légalité qui n'est pas la légalité ordinaire. Indispensable, un tel contrôle est insuffisant. L'institution même de l'état d'urgence est une décision qui, pour la préservation des libertés publiques et des droits fondamentaux, doit être contrôlée.

On ne réfutera pas ici l'idée que ce contrôle existe à l'heure actuelle. Cependant, il n'offre pas les qualités d'un contrôle suffisant. Ainsi que cela a été vu précédemment, le juge administratif opère un contrôle résolument réduit en accordant au président de la République une très importante marge d'appréciation. Surtout, ce contrôle devient impossible lorsque le législateur intervient pour proroger le régime de l'état d'urgence. Cet état de la jurisprudence est d'autant plus regrettable que le juge constitutionnel n'est pas obligatoirement saisi aux fins de contrôler la conformité de la loi de prorogation à la Constitution.

Le principe de cohérence commande une redéfinition du rôle du juge dans ce type de circonstances. La redéfinition passe d'abord par l'instauration d'un examen juridictionnel obligatoire. L'argument selon lequel celui-ci ne serait pas opportun en ce qu'il freinerait l'action au moment où les faits justifient la célérité reste sans portée. Le professeur Philippe Terneyre soulignait à juste titre que la décision rendue par le Conseil constitutionnel en 1985 l'avait été le jour même du vote de la loi sans pour autant souffrir d'un déficit de qualité (100). En outre, l'existence du contrôle facultatif atteste de ce que l'argument n'a pas été jugé pertinent, ni par le pouvoir constituant, ni par le juge constitutionnel. Inscrire les lois instituant l'état d'urgence au nombre des lois obligatoirement soumises au juge concourrait à limiter la dimension politique de la saisine. La question s'est posée de savoir si, « *en cas de nécessité, le Conseil constitutionnel n'est pas amené à examiner les lois d'exception à la sauvette et, surtout, à pratiquer une sorte d'autocensure du fait de la nécessité' de rendre une décision de conformité pour permettre aux autorités compétentes de traiter rapidement cet état de crise et assurer ainsi la continuité de l'État* » (101). L'existence d'un contrôle obligatoire

(100) P. TERNEYRE, « Les adaptations aux circonstances du principe de constitutionnalité » *in Droit constitutionnel et droits de l'homme*, coll. Droit public positif, Paris, PUAM, 1987, p. 192.

(101) *Ibidem*.

n'ayant de sens que s'il joue un rôle effectif, le juge constitutionnel pourrait trouver la légitimité suffisante.

On peut recevoir l'argument de l'efficacité pour justifier du maintien de l'institution de l'état d'urgence par décret en Conseil des ministres. Toutefois, le contrôle du Conseil constitutionnel doit s'étendre à cette décision. La compétence du Conseil constitutionnel a déjà été reconnue s'agissant du contrôle de l'excès de pouvoir des lois de pays (102). En outre, le juge constitutionnel est également compétent pour connaître de la régularité des décrets du président de la République relatifs à l'organisation des opérations référendaires (103). Au surplus, dès lors qu'il est en principe souverain (104), rien ne s'oppose à ce que le pouvoir constituant en décide ainsi. Car il s'agit bien là de satisfaire le principe de cohérence. En effet, la modification en 1960 de la loi du 3 avril 1955 était mue par la considération selon laquelle le pouvoir exécutif était plus prompt que le pouvoir législatif à réagir à ces situations imprévues. Rien cependant n'autorise à penser qu'une telle modification ait nécessairement fondé la substitution d'un contrôle *a posteriori* au contrôle *a priori* existant depuis l'adoption de la nouvelle Constitution. L'hypothèse contraire conduirait à amoindrir la protection des droits et de la hiérarchie des normes pour une durée qui peut s'étendre jusqu'à douze jours. Sauf à redouter l'improbable intention malveillante du président de la République lors de la signature de l'ordonnance de 1960 précitée, il y a lieu de conclure que les effets de la modification entrent ici au nombre des simples effets indésirables.

L'instauration d'un contrôle opéré par une juridiction unique, le Conseil constitutionnel, serait non seulement source d'unification de la jurisprudence en la matière, mais également un facteur d'efficacité. En effet, la réticence du Conseil d'État lors de son contrôle en avril 2005 témoigne de la difficulté qui est la sienne à censurer ce type de décision présidentielle. La tentation pour le juge administratif était assurément de déporter le contrôle sur les actes pris sur le fondement de la loi mise en œuvre. Mais alors, le mal était fait en ce que la légalité exceptionnelle devait servir de fondement, alors même qu'elle pouvait être inutile. Et, sauf à considérer que le juge administratif

---

(102) Conformément à la loi organique n° 99-209 du 19 mars 1999 relative à la Nouvelle-Calédonie, *JORF,* 21 mars 1999, p. 4197.

(103) Loi organique n° 58-1067 du 7 novembre 1958 portant sur le Conseil constitutionnel, *JORF,* 9 novembre 1958, p. 10129, art. 49 et 50. Sur ce point, Cons. const., déc. du 25 juillet 2000, *Stéphane Hauchemaille, Rec.* p. 117, *LPA,* 11 janvier 2001, n° 8, p. 13, note P. Jan et n° 153, p. 20, chron. J.-E. Schoetll, *Dr. adm.* 2000, n° 10 p. 4, note B. Maligner.

(104) Cons. const., déc. n° 2003-469 DC du 26 mars 2003, Loi constitutionnelle relative à l'organisation décentralisée de la République, *Rec.* p. 293, *LPA,* 6 juin 2003, n° 113, p. 7, note O. Gohin et 19 décembre 2003, n° 188, p. 7, note M. Verpeaux, cette *Revue* 2003, p. 671, note J.-P. Camby et p. 725, note D. Maillard Desgrées du Loû, *AJDA* 2003, pp. 753 et 1099, note H. Moutouh.

aurait eu recours à ce qui aurait été alors la « théorie des circonstances normales », les atteintes excessives aux droits auraient été jugées légales. Lors des débats devant le Sénat, le ministre de la Justice indiquait précisément qu'un des intérêts de l'état d'urgence était d'autoriser les peines privatives de libertés en cas de violation des « couvre-feux » (105). Selon le garde des sceaux, l'effet dissuasif des décisions administratives était ainsi accru. Or, s'il ne s'agit pas de juger de la pertinence du raisonnement, il convient cependant de rappeler que la mise en œuvre d'une législation d'exception n'est pas une commodité donnée à l'administration. Elle reste un moyen de résoudre ce qui ne peut pas l'être autrement.

Le contrôle juridictionnel obligatoire de l'institution de l'état d'urgence s'avère être une nécessité. À supposer qu'il ne faille pas retenir cette idée, au moins faut-il alors admettre une procédure de consultation préalable du Conseil constitutionnel.

2. *L'instauration d'une procédure de consultation lors de l'institution de l'état d'urgence*

L'article 16 de la Constitution prévoit la consultation obligatoire préalable du Premier ministre, des présidents des assemblées, et du Conseil constitutionnel. Alors que les faits susceptibles d'entraîner une telle réaction sont jugés plus graves que ceux justifiant l'état d'urgence, le pouvoir constituant a pris soin d'organiser une telle procédure. Sans doute la dérogation à la Constitution est-elle plus importante dans cette hypothèse, qui justifie cette consultation. Mais elle atteste également que la gravité du péril n'est pas un obstacle à ce que celle-ci soit mise en œuvre.

En raison de l'importance des effets de l'état d'urgence, dont on rappelle encore qu'ils peuvent être plus graves que ceux de l'état de siège, il ne serait pas inutile d'appliquer le principe de la consultation du Conseil constitutionnel dans cette hypothèse. Il s'agit là d'une alternative au contrôle juridictionnel obligatoire, la conjugaison des deux n'ayant aucun sens. Cependant, à défaut, la consultation pour avis du Conseil constitutionnel, faisant l'objet d'une publication, aurait le mérite de la transparence. De surcroît, le principe démocratique s'en trouverait renforcé.

Pour préférable qu'elle est à l'application en toute hypothèse de la théorie des circonstances exceptionnelles, la mise en œuvre de l'état d'urgence est loin d'offrir aujourd'hui toutes les garanties que l'on est en droit d'attendre. Non seulement ce régime juridique reste indifférent dans son application au droit conventionnel, mais encore représente-t-il, par son incapacité à se moderniser, une régression de l'État de droit. Certains ajustements pourraient concourir à rendre nettement plus cohérente et, en définitive, satisfaisante, cette

---

(105) Séance du 16 novembre 2005.

législation d'exception. À défaut, c'est bien à la tentation de sa banalisation que les gouvernants pourraient céder. Ce serait oublier que « *l'État ne meurt pas, ne se dissout pas, ne fait pas faillite* » (106) et que, par conséquent, la préoccupation de l'ordre ne peut tout justifier. Le sentiment de qui observe l'état d'urgence aujourd'hui est celui de la propension à l'emploi de dispositions textuelles organisées en d'autres temps et pour d'autres types de circonstances. Le souci de l'efficacité confine finalement à celui de la facilité. Déjà pouvait-on reprocher le recours abusif à la pratique des ordonnances organisée à l'article 38 de la Constitution (107). Il est temps de s'inquiéter de la propension contemporaine à la systématisation de l'inversion du principe et de l'exception.

Pascal CAILLE
Docteur en droit
Chargé d'enseignements à l'Université d'Évry-Val d'Essonne

(106) G. Braibant, « L'État face aux crises », *op. cit.*, p. 7.
(107) P. Delvolvé, « L'été des ordonnances », *RFDA* 2005, pp. 909 et s., spéc. p. 917.

DOCTRINE

DROIT ADMINISTRATIF

La Charte européenne des droits de l'homme dans la ville : un exemple d'acte « pré-juridique »

par Christophe CHABROT
Maître de conférences de Droit public
Université Lumière Lyon 2, Faculté de Droit et Science politique

SOMMAIRE

Les chartes administratives ne peuvent plus laisser indifférent. Se multipliant, utilisées tant par les administrations centrales, déconcentrées ou décentralisées que par les personnes privées en charge d'un service public, commençant à susciter des éléments de jurisprudence, elles ne sauraient être regardées comme un simple effet de mode ou un futile changement d'appellation de documents administratifs classiques. Pour autant, leur diversité semble empêcher toute étude générale. La *Charte de la déconcentration* se révèle être un décret réglementaire (1), les *chartes de la qualité de la réglementation* sont des instructions ministérielles (2) quand les *chartes urbaines* sont de véritables conventions (3). Dès lors, si de très nombreuses chartes ne paraissent revêtir aucune valeur juridique effective, comme la *Charte Marianne*, d'autres chartes peuvent susciter de véritables contentieux, comme celles adoptées par arrêtés ministériels (4) ou préfectoraux (5).

C'est donc bien au cas par cas que doivent s'apprécier ces textes. Il semble néanmoins possible d'établir une division essentielle entre les chartes qui ne sont que l'appellation médiatique d'un acte juridique classique dont la valeur ne fait pas de doute, telle la charte de la déconcentration, de celles dont la nature juridique et les effets de droit semblent plus aléatoires, voire nuls, et qui constituent pourtant l'essentiel des chartes considérées. Celles-ci interrogent plus directement la science juridique, et sont d'ailleurs à rapprocher des « actions administratives informelles » (6), de ces autres actes produits par l'administration telles certaines recommandations et autres textes internes ou guides de l'usager, dont l'utilisation croissante ne peut être passée sous silence, mais qui ne trouvent pas toujours place dans l'agencement normatif classique qui distingue avant tout les actes juridiques et les actes non juridiques.

La Charte européenne des droits de l'homme dans la ville présente de nombreuses particularités qui permettent d'aborder les aspects essentiels de la question. Cette charte a été adoptée le 18 mai 2000 à Saint-Denis, à l'initiative d'une quarantaine de villes de différents pays d'Europe oeuvrant ensemble depuis 1998 sur le projet (7). Aujourd'hui, la liste des signataires

---

(1) Décret n° 92-604 du 1er juillet 1992 portant Charte de la déconcentration (*JO* du 4 juillet 1992, p. 8898) reprenant les dispositions de la loi d'orientation n° 92-125 du 6 février 1992 relative à l'administration territoriale de la République.

(2) Selon la circulaire du 30 septembre 2003 (*JO*, 2 octobre p. 16824) : « *Ce document constituera le cadre donné par le ministre à ses services afin que ceux-ci prennent effectivement en compte dans leurs travaux le souci de qualité de la réglementation... il conviendra donc d'y faire figurer un ensemble de prescriptions et de bonnes pratiques pour l'élaboration des textes, leur rédaction et leur publication* ».

(3) Voir ainsi la *charte urbaine* signée entre l'Assemblée de Corse et la ville de Bastia (délibération du Conseil municipal n° 04.2005-36 du 7 avril 2005), et prévoyant des engagements réciproques entre les deux collectivités.

(4) Cas des *chartes des parcs naturels régionaux* par exemple (art. L. 333-1, C. env.).

(5) Comme la *charte d'aménagement de la Durance* adoptée le 10 janvier 1995 par un arrêté inter-préfectoral de trois préfets. V. CE, 30 juillet 1997, *Union juridique Rhône-Méditerranée*, req. n° 177442, inédit au *Lebon*.

(6) V. Y. GAUDEMET, *Traité de droit administratif*, tome 1, LGDJ, 16e ed. 2001, p. 642 et, du même, « Les actions administratives informelles », *Revue internationale de droit comparé*, 1994-2, p. 645-654.

(7) Cette charte est consultable sur Internet à l'adresse : http://www.droitshumains.org/Europe/Charte_des_DH.htm.

ne cesse de s'allonger, réunissant près de 350 villes de tout le continent européen. Sur la base de cette charte sont organisées des conférences régulières, dont celles de Venise en 2002, de Nuremberg en 2004, et de Lyon en décembre 2006.

Cette charte se présente de façon assez classique pour un tel document. Son préambule rappelle l'importance sociale et politique de la ville, présente les valeurs qu'elle promeut, fait diverses références à des textes internationaux relatifs aux droits de l'homme et aux principes de l'autonomie locale, et annonce l'engagement des villes signataires. Le dispositif de la charte se divise ensuite en cinq parties, regroupant des articles développés par thèmes. La première partie comporte les « dispositions générales » qui encadrent l'affirmation d'un droit à la ville (8), la deuxième partie fait état de « droits civils et politiques de la citoyenneté locale » (9), la partie 3, la plus importante, regroupe quant à elle les « droits économiques, sociaux, culturels et environnementaux de proximité » (10) tandis qu'une quatrième partie comporte « les droits relatifs à l'administration démocratique locale » concernant les services publics (art. 23) et la transparence de l'action administrative (art. 24). Enfin, une partie 5 incite les villes signataires à développer dans la mesure du possible des « mécanismes de garantie des droits de l'homme de proximité », à la fois humains, procéduraux et financiers (11).

Une trentaine de villes (dont Lille, Marseille, Bordeaux, Strasbourg ou Lyon) et d'établissements de coopération locale français ont déjà signé et adopté cette charte. Ceci oblige à considérer ce document sous un angle plus juridique que sociologique. Au-delà des avancées proposées en matière de

(8) Cette première partie affirme ainsi le principe d'égalité des droits (art. 2), le droit à la liberté culturelle, linguistique et religieuse (art. 3) et la recherche de la protection des citoyens les plus vulnérables (art. 4), mais aussi le devoir de solidarité (art. 5), en encourageant à la coopération internationale avec les collectivités de pays en voie de développement (art. 6) et en rappelant l'importance du principe de subsidiarité (art. 7).

(9) Cette partie regroupe pêle-mêle le droit à la participation politique y compris des résidents étrangers (art. 8), d'association et de manifestation (art. 9), ou le droit à l'information (art. 11), ainsi que la protection de la vie privée et familiale déclinée sous forme de soutien au logement ou de respect des choix personnels en matière sentimentale, politique, religieuse ou éducative (art. 10).

(10) Droit aux services publics (art. 12), à l'éducation (art. 13), au travail (art. 14), à la culture (art. 15), au logement (art. 16), à la santé (art. 17), à un environnement sain (art. 18), à un urbanisme harmonieux (art. 19), et droit à une circulation tranquille dans la ville (art. 20) ou droit aux loisirs (art. 21), complétés par un droit des consommateurs que développeront les instances municipales (art. 22).

(11) Accès au droit et à la Justice, notamment par le développement d'une justice locale (art. 25), formation d'une police de proximité de qualité (art. 26), instauration de mécanismes de prévention des conflits (art. 27) dotés des moyens financiers nécessaires (art. 28).

droits de l'homme et de pouvoir local, c'est bien en effet le problème de l'effectivité en droit de cette charte qui surgit. Couvrant des domaines très divers de la vie locale, elle est susceptible d'être directement invoquée pour contrôler l'action d'une municipalité qui ne respecterait pas les engagements pris. C'est d'ailleurs l'objectif même de ce document, dont les dispositions finales affirment la valeur contraignante en précisant que « *les villes signataires reconnaissent le caractère de droit impératif général des droits énoncés dans cette Charte et... s'engagent à rejeter ou à dénoncer tout acte juridique, en particulier tout contrat municipal, dont les conséquences entraveraient les droits reconnus ou seraient contraire à leur réalisation* ».

Néanmoins l'affirmation reste de principe, et les promoteurs de la charte eux-mêmes reconnaissent son manque d'effectivité. Il est en effet difficile d'assimiler ce document à un acte juridique doté d'un effet direct invocable devant un juge (I). Toutefois, il possède des qualités propres permettant d'envisager la reconnaissance d'une nouvelle catégorie d'actes administratifs : les actes « pré-juridiques ». Ces actes, parmi lesquels il faudrait inclure nombre d'autres chartes nationales notamment, sont ainsi appelés à produire certains effets de droit et de fait, tout en restant en dehors de la catégorie classique des actes juridiques (II). La Charte européenne des droits de l'homme dans la ville fait ici office de référence, mais les horizons juridiques qu'elle ouvre semblent pouvoir être étendus à de nombreux autres documents dont l'inventaire reste encore à faire.

I. — La Charte, acte non juridique

Si une charte peut être un « *document définissant solennellement des droits et devoirs* » (12), elle n'est pas pour autant une catégorie d'actes ou de documents administratifs. Au contraire, ce terme s'applique à des textes administratifs très divers que la doctrine a du mal à organiser dans une typologie rationnelle (13), et dont la normativité reste très variable. La question de cette

(12) Du latin *Charta* : papier écrit, du grec χαρτη signifiant feuille de papyrus ou de papier. In G. Cornu, *Vocabulaire juridique*, éd. PUF Quadrige, 3e édition 2002. Selon R. Rouquette, « *ce mot sert surtout à la désignation d'actes... souvent plus symboliques que juridiques et dont la probabilité d'être efficace est faible* », in *Dictionnaire du droit administratif*, Le Moniteur, 2002, p. 132.

(13) V. toutefois G. Koubi, « La notion de "charte" : fragilisation de la règle de droit ? », *in* J. Clam et G. Martin, *Les transformations de la régulation juridique*, LGDJ, 1998, p. 175, et les sept critères de distinction proposés, mais non utilisés, pour classer les chartes étudiées. De la même, voir également *Les circulaires administratives*, Economica, coll. Corpus Essais, 2003, et notamment pp. 72 à 79. Plus généralement, se référer à l'essai d'approche globale de V. Blehaut-Dubois, « À l'"école des chartes" », *AJDA* 2004 p. 2431, ou à l'analyse de J. Rivero, « État de droit, état du droit » *in L'État de droit, Mélanges G. Braibant,* Dalloz 1996, p. 609 et s.

normativité se pose directement pour la Charte européenne des droits de l'homme dans la ville, qui comporte dans ses dispositions l'affirmation de son caractère prescriptif. Ce simple énoncé ne suffit pas en soi. Il s'agit donc de vérifier si tant par sa nature (A) que par son contenu (B) cette charte possède ou non la qualité d'acte juridique faisant grief.

A. — *Une nature juridique ambiguë*

La nature d'un acte découle le plus souvent de son origine. En ce qui concerne les chartes, la question se pose sous un angle particulier. En effet, elles sont soit un acte elles-mêmes soit un document rattaché à un acte, comme la *charte du patient médicalisé* (14). Cette distinction n'est pas vaine, dans la mesure où la valeur juridique d'un document annexé n'est pas toujours la même que celle de l'acte de rattachement. Certes, le Conseil d'État, qui refuse de reconnaître la même valeur juridique que la loi aux documents qui lui sont annexés (15), accepte de prendre en compte les documents attachés à un acte administratif pour dire le droit (16). Mais légalement, le statut de ces annexes n'est pas précisé et dépend finalement de la qualité du lien de rattachement, apprécié par le juge (17). Ainsi, une charte type annexée à un acte juridique mais renvoyant aux destinataires le soin de la compléter ou de la réécrire ne pourra pas se prévaloir de l'autorité juridique de l'acte initial, et sa valeur dépendra finalement de celle de l'acte final de rattachement, comme en ce qui concerne les *chartes des thèses* prévues par l'arrêté du 3 septembre 1998 (18) mais adoptées ensuite au niveau des universités.

---

(14) Annexée à la circulaire ministérielle n° 95-22 du 6 mai 1995, et rappelée par l'arrêté du 7 janvier 1997 relatif au contenu du livret d'accueil des établissements de santé, *JO* du 11 janvier 1997 p. 496, et par l'Ordonnance n° 96-346 du 24 avril 1996 portant réforme de l'hospitalisation, article 1er.

(15) V. deux décisions d'Assemblée du CE, du 5 mars 1999, *Confédération nationale des groupes autonomes de l'enseignement public*, req. n° 132023, *Rec.* 40 (« *le rapport annexé à celle-ci n'est pas revêtu de la valeur normative qui s'attache aux dispositions de la loi* ») et *M. Rouquette, Mme Lipietz et autres*, req. n° 194658 et 196116, *Rec.* 37, *AJDA* 1999, p. 420, chron. F. Raynaud et P. Fombeur.

(16) V. par exemple CE, 29 juin 2001, *Soc. Civ. Immob. Vetricella*, (req. n° 208015, *Tables Lebon* p. 857) par laquelle le Conseil d'État reconnaît au schéma d'aménagement de la Corse, annexé à un décret du 7 février 1992 qui l'approuve, une valeur juridique le rendant opposable aux demandes de permis de construire. Dans sa décision du 27 janvier 1995 *Association Île-de-France Environnement*, (req. n° 137989, *Rec.* 43) le Conseil d'État précise : « *en signant le décret attaqué, le Premier ministre a par là même adopté les documents graphiques tels qu'ils avaient été préalablement préparés pour être joints à la minute dudit décret* ».

(17) V. G. KOUBI, *Les circulaires administratives*, *op. cit.*, p. 109.

(18) Cet arrêté relatif à la charte des thèses (*JO* du 11 septembre 1998, p. 13867) comprend ainsi en annexe une charte type mais prévoit dans son article 2 qu'elle « *peut être précisée et complétée par l'établissement dans le respect des principes*

La Charte européenne des droits de l'homme dans la ville est à ce titre assez originale. Élaborée au niveau européen par une réunion de villes, elle n'est pas pour autant un acte international. Le réseau qui a présidé à son adoption n'est pas en effet une organisation internationale dotée de la personnalité juridique, et n'est pas non plus intégré dans une telle organisation (19). Les villes ne sont pas plus reconnues en droit international qui considère avant tout les États. Le document proposé à signature en 2000 n'est donc qu'un texte sans valeur juridique dans l'ordre international. Par ailleurs, en signant cette charte, les villes n'adhèrent pas à un organisme, ne s'engagent pas à des obligations particulières envers les autres villes signataires ni envers une organisation, et finalement ne se soumettent à l'autorité d'aucune institution ni d'aucun juge. Ni traité, ni acte international unilatéral, cette charte est un simple texte de référence dénué de toute autorité juridique, adopté par des personnes inconnues du droit international, et proposant des engagements en dehors de toute sanction.

Ce n'est donc qu'indirectement que ce texte accède à l'existence juridique, par la délibération de la ville s'engageant à respecter la charte et qui la transforme alors en acte local. En l'approuvant expressément, le conseil municipal devient en quelque sorte co-auteur de ce texte qu'il accepte de faire sien et d'introduire dans son système normatif. Même si la charte n'est pas toujours directement reportée en annexe de la délibération municipale, le renvoi explicite à ce texte dans les visas et dans le dispositif de la délibération montre bien que cette charte est le fondement même de la décision, qu'elle n'est pas un simple document explicatif. Selon la jurisprudence déjà signalée, elle obtient donc par là la même valeur juridique que la délibération elle-même. Comme cette délibération ne demande pas le consentement des administrés pour s'appliquer et qu'elle n'a pas les caractéristiques d'une convention, elle pourra être assimilée, le cas échéant, à un acte unilatéral. Document européen sans valeur, la charte rattachée à une délibération locale peut donc néanmoins prétendre à son insertion dans la hiérarchie des normes nationales. Encore faut-il qu'elle soit légale.

Ce point ne saurait être remis en question. Renforcée par la loi du 6 février 1992 relative à l'administration territoriale de la République et notamment

---

qu'elle fixe ». Dès lors une charte des thèses, acte unilatéral bien que signé par le doctorant, est assimilée à la délibération des conseils d'administration de chaque université et non à l'arrêté qui la prévoit (arrêts CE du 21 décembre 2001, *M. Perbal*, req. n° 220997, *Rec.* 666, et du 20 mars 2000, *MM. Mayer et Richer*, req. n° 202295, inédit au *Lebon*). V. également P. RONGERE, *Le procédé de l'acte type*, LGDJ, Bibl. de Droit public, t.84, 1968.

(19) À la différence donc de la Charte urbaine de 1992 proposée par le Congrès des pouvoirs locaux et régionaux d'Europe, intégré au sein du Conseil de l'Europe, ou de la Charte européenne de l'autonomie locale de ce même Conseil, finalement ratifiée par la France par une loi du 10 juillet 2006.

par son article 131, la coopération décentralisée permet aux collectivités locales françaises de signer des conventions avec d'autres collectivités infra étatiques, et *a fortiori* des documents de rang inférieur, « *dans les limites de leurs compétences et dans le respect des engagements internationaux de la France* » (20), sous le contrôle du représentant de l'État à qui sont transmis ces actes. Plus de 3 250 collectivités sont aujourd'hui engagées dans de telles conventions, selon la Commission nationale de la coopération décentralisée.

Or, la présente charte s'inscrit bien dans le cadre des affaires et des compétences des communes et de leur intérêt local délimité notamment par l'article L. 1111-2 du Code général des collectivités territoriales (CGCT), en ayant pour objectif de promouvoir la qualité de vie des habitants et concernant en partie la gestion des services publics municipaux. De plus, ne conduisant pas à passer une convention avec un État, interdite par l'article L. 1115-5 du CGCT, ni sans doute à heurter la politique internationale de la France ou les sujétions de la défense nationale, cette charte ne paraît pas contraire à des dispositions de droit interne risquant de mettre en cause son existence. Même le principe de subsidiarité énoncé à l'article 7 de la Charte, et qui pourrait contrevenir au principe d'indivisibilité de la République, est désormais implicite dans le nouvel article 72, al. 2 de la Constitution. De même, le référendum municipal encouragé par l'article 8, § 3 est aujourd'hui reconnu avec valeur prescriptive par l'article 72-1 de la Constitution (21). Quant au droit de suffrage et d'éligibilité des étrangers, après deux ans de résidence, il ne constitue qu'un horizon possible que les villes « *encouragent* », et non une prescription contraire à l'article 3 de la Constitution et à la jurisprudence du Conseil constitutionnel pour ce qui est des étrangers non communautaires (22).

Il en est de même de l'organisation d'une « *justice municipale* » chargée de « *résoudre en équité les conflits opposant les citoyens des villes et l'administration municipale* » selon l'article 25, ou de la création d'un Ombudsman municipal imaginée par l'article 27. Ces structures ne sont pas rendues obliga-

---

(20) Actuel art. L. 1112-1, CGCT, et circulaire des ministères de l'Intérieur et des Affaires étrangères du 20 avril 2001. À noter : selon l'avis du Conseil d'État, n° 356381 du 25 octobre 1994, ces conventions internationales n'ont pas la qualité d'engagements internationaux au sens du titre VI de la Constitution. Sur la question, voir la thèse de B. DOLEZ, *Coopération décentralisée et souveraineté de l'État,* Université Lille 2, 471 p., notamment p. 225 et s., ou, de C. Autexier, « Les relations des collectivités locales : l'action extérieure des collectivités locales françaises dans le cadre européen », *Juris-classeur Dalloz,* Collectivités locales, tome 4, 4405 et suiv.

(21) V. la loi organique n° 2003-705 du 1er août 2003 relative au référendum local, *JO* du 2 août 2003, p. 13218.

(22) Pour une critique de l'interdiction, mal fondée juridiquement, du droit de vote et d'éligibilité des étrangers non communautaires, voir « Démocratie et décentralisation : un couple platonique ? », C. Chabrot, *Rev. Civitas et Europa*, n° 11 spécial, p. 1, et notamment p. 15 et s.

toires (23) et correspondent du reste, vocabulaire excepté, à d'autres structures administratives que peuvent mettre en place les autorités locales soucieuses de l'écoute des concitoyens, comme les bureaux de réclamation ou les médiateurs et autres conciliateurs municipaux. Pour parer d'ailleurs aux risques d'illégalité selon les États, le Cinquièmement des « Dispositions additionnelles » de la charte admet que les assemblées locales approuvant ce document puissent émettre des réserves sur certains articles qui entreraient en contrariété avec la législation nationale. Mais aucun conseil municipal français n'a produit de telles réserves, car aucun article de la Charte ne paraît entrer directement en contradiction avec le droit national français.

Ainsi, cette charte rédigée et ouverte à signature au niveau européen mais adoptée par délibération municipale est bien finalement un acte local répondant aux critères de légalité sur la forme comme sur le fond. Pour autant, cet acte possède-t-il les caractéristiques nécessaires à sa qualification de juridique ?

B. — *Une valeur juridique incertaine*

La nature juridique d'un acte ne se déduit pas de son effectivité ni de sa sanction, aléatoires, mais de son impérativité et des contraintes qu'il énonce légalement dans la hiérarchie des normes (24). Ce caractère impératif qui caractérise la règle de droit (25) suppose que ses prescriptions soient formulées avec suffisamment de précision pour qu'elles soient dotées d'un effet direct, c'est-à-dire qu'elles créent des obligations certaines que le juge serait à même de faire respecter dans le cadre d'un recours. Le conseil, l'avis, la recommandation vague ou la description ne sauraient être du droit. En ce sens, la volonté de l'auteur de bien en faire une règle de droit doit clairement ressortir de la formulation de l'acte.

Pour que l'application de cette norme puisse de plus être contestée devant le juge, il faut que cette norme soit un acte décisoire faisant grief, et que ce grief revête un degré d'intérêt suffisant. En effet, selon l'adage *de minimis non curat praetor*, le juge ne saurait être saisi d'affaires mineures. Les circulaires qui n'ajoutent pas au droit, les directives discrétionnaires ou les mesures de police internes ou de type disciplinaire sont ainsi, en principe, des mesures

---

(23) La « *justice municipale* » de l'article 25 est créée « *le cas échéant* », tout comme l'Ombudsman municipal existant dans d'autres États et dont la création est encouragée dans le respect des dispositions nationales.

(24) V. D. de BECHILLON, *Qu'est-ce qu'une règle de Droit ?*, éd. Odile Jacob 1997, p. 61 et 177.

(25) V. l'évolution jurisprudentielle relative aux circulaires impératives consacrée par l'arrêt CE, 18 décembre 2002, *Mme Duvignères*, et le commentaire de G. Koubi, in « Distinguer l'impératif "du règlementaire" au sein des circulaires interprétatives », cette *Revue* 2-2004, p. 499 et s., et notamment p. 505 ou 530.

d'ordre intérieur échappant au contrôle du juge (26). Néanmoins, elles peuvent être soumises à un contrôle juridictionnel dès lors qu'elles modifient la situation juridique des intéressés ou affectent leurs droits, notamment lorsque ceux-ci sont particulièrement protégés (27).

Selon ces différents critères, la Charte des droits de l'homme dans la ville n'est pas à proprement parler une règle de droit. La volonté des auteurs de lui conférer ce caractère est pourtant notable. En indiquant que les villes ont décidé « *d'assumer les engagements* » prévus (préambule), en précisant que « *les municipalités intègrent à leur réglementation municipale avec valeur contraignante les principes et règles proposés par la Charte* » et en reconnaissant « *le caractère de droit impératif des droits énoncés* » (Dispositions finales), ou en formulant la plupart de ces droits à l'indicatif (28), les villes signataires semblent bien vouloir instaurer de nouvelles règles juridiques. Mais cette volonté connaît ses prudentes limites. Notamment, la formulation même des droits reconnus par cette Charte n'est pas suffisante pour en faire un acte juridique, et ceci pour plusieurs raisons.

Certains des « droits » reconnus aux habitants sont tout d'abord trop imprécis pour déboucher sur des prescriptions juridiques. Par exemple, lorsque la Charte énonce que « *les pouvoirs locaux encouragent la vie associative* » (art.9 § 2), « *développent des politiques actives pour veiller à l'intégrité physique des membres des familles et encouragent la disparition de la maltraitance au sein de celle-ci* », ou « *créent les conditions pour que les enfants puissent bénéficier d'une enfance heureuse* » (art.10, § 3 et 6), ces assertions fondées sur des verbes aussi vagues (« *encouragent* », « *favorisent* », « *développent* », « *contribuent* », « *facilitent* ») ne sauraient impliquer une action spécifique des autorités dont les administrés pourraient contester la carence devant le juge. Même lorsque le texte prévoit que « *les villes signataires encouragent l'élargissement du droit de suffrage et d'éligibilité dans le domaine municipal à tous les citoyens majeurs non nationaux, après une période de deux ans*

---

(26) V. l'article devenu classique de R.-E. Charlier, « Circulaires, instructions de service et autres prétendues mesures d'ordre intérieur administratives », *JCP* 1954, I-1169.

(27) V. les deux décisions de principe CE Ass., 17 février 1995, *Marie* et *Hardouin*, *Rec.* 83, *RFDA* 1995 p. 353, concl. P. Frydmann, et *LPA*, 28 avril 1995, n° 51, p. 11 note G. Vlachos, ou l'arrêt CE, 2 novembre 1992, *Kherouaa et autres, Rec.* 389, ainsi que TA Strasbourg, 12 octobre 2004, M. *Zarebski*, req. n° 0204316, relative à un règlement de lycée trop sévère, *AJDA,* 14 mars 2005, p. 561. Sur la question, se reporter au *Contentieux administratif*, de C. DEBBASCH et J.-C. RICCI, Dalloz, coll. Précis Droit public, 8e éd. 2001, p. 743 et s.

(28) Rappelons qu'en France, selon le point 1.1.1.3 de la circulaire du 30 janvier 1997 relative aux règles d'élaboration, de signature et de publication des textes au Journal officiel (*JO* du 1er février 1997, p. 1720) « *le présent a valeur impérative* ». Le futur peut également jouer ce rôle prescriptif, annonçant la situation rendue obligatoire qu'il anticipe (« *se doteront* »).

de résidence dans la ville » (art. 8, § 2), le maire ne se retrouve pas pour autant obligé de participer par exemple au scrutin consultatif organisé annuellement sur la question par le collectif *Votation citoyenne* (29).

De même, certaines obligations plus concrètes sont facilement remplies par l'action habituelle des collectivités. Le droit à l'information de l'article 11 de la Charte (30) complété par l'article 24, § 2 (31) est satisfait par la tenue des recueils des actes imposée par l'article L. 2122.29 du Code général des collectivités territoriales, ou, par les journaux d'information municipale et autres divers journaux locaux. Les suppléments d'obligation à la charge des pouvoirs publics (« *ils développent l'apprentissage des technologies informatiques* ») et l'aspect radical du droit proclamé (« *les citoyens sont en droit d'être informés de tout ce qui concerne la vie... locale* ») ne paraissent pas entraîner de devoirs réels que le juge pourrait imposer. En pratique, la diffusion d'informations minimales par le biais de panneaux d'affichage, ou les facilités d'accès à Internet que permet de fait l'agglomération urbaine pour les opérateurs de télécommunication peuvent suffire à satisfaire les exigences de la Charte, et un administré ne pourrait arguer de certaines insuffisances pour obtenir réparation. Il en va de même pour le droit à l'éducation de l'article 13 (32) ou le droit à la culture de l'article 15 (33) et le droit à la santé de l'article 17 ou le droit aux loisirs de l'article 21, que l'activité minimale des autorités municipales suffit à combler.

Par ailleurs, la plupart des principes énoncés par la Charte se révèlent, en France, assez superfétatoires, déjà reconnus par le droit national ou européen et répondant à des obligations consacrées mises à la charge des autorités locales. Le principe de non discrimination de l'article 2 (34) correspond au

---

(29) Le maire de Lyon, pourtant signataire de la Charte, a ainsi décliné tout engagement officiel de la ville dans l'organisation du vote des 17-18 octobre 2006.

(30) « 1. *Les citoyens des villes sont en droit d'être informés de tout ce qui concerne la vie sociale, économique, culturelle et administrative locale. Les seules limites en sont le respect de la vie privée des personnes, et la protection de l'enfance et de la jeunesse.* 2. *Les pouvoirs locaux garantissent aux citoyens une circulation de l'information générale accessible, efficace et transparente...* ».

(31) « *Les citoyens ont droit à une copie des actes administratifs de l'administration locale les concernant* ».

(32) « *Les autorités municipales facilitent l'accès à l'éducation élémentaire des enfants... Elles encouragent la formation pour adulte... contribuent à l'élévation du niveau de citoyenneté par des pédagogies éducatives, en particulier en ce qui concerne la lutte contre le sexisme, le racisme, la xénophobie et la discrimination* ».

(33) « *Les autorités locales, en coopération avec les associations culturelles et le secteur privé, encouragent le développement de la vie culturelle urbaine dans le respect de la diversité. Des espaces publics propices aux activités culturelles et sociales sont mis à disposition des citoyens des villes dans des conditions égales pour tous* ».

(34) « *Les droits énoncés dans cette Charte sont reconnus à toutes les personnes vivant dans les villes signataires, indépendamment de leur nationalité... Ces droits sont garantis par les autorités municipales, sans aucune discrimination tenant à l'origine, la*

principe d'égalité devant la loi consacré par les diverses juridictions nationales ou par le traité instituant la Communauté européenne (art. 12 et 13) et par la Convention européenne des droits de l'Homme (art. 14). Il en va de même pour le droit d'association, de réunion et de manifestation de l'article 9, § 1 (35), pour les dispositions relatives à la protection de la vie privée et familiale de l'article 10, et dans une certaine mesure pour le droit à l'environnement sain de l'article 18 § 1 (36) repris aujourd'hui par l'article 1er de la Charte de l'environnement constitutionnalisée en 2005 (37). Également, l'accueil des nomades prévu par l'article 16 § 3 est aujourd'hui réglementé par loi nº 2000-614 du 5 juillet 2000 relative à l'accueil et à l'habitat des gens du voyage, qui impose l'adoption de schémas pour l'accueil et l'habitat des gens du voyage garantissant un accueil satisfaisant les conditions de la dignité humaine. Plus récemment, l'obligation d'intégration des personnes handicapées dans la ville et d'accessibilité des transports publics proclamée par l'article 4 a été reprise par la loi nº 2005-102 du 11 février 2005 pour l'égalité des droits et des chances, la participation et la citoyenneté des personnes handicapées, et s'impose donc aujourd'hui aux collectivités locales et à certaines personnes privées en vertu du droit national (38). Tous ces droits peuvent alors être invoqués par les administrés sur une base juridique beaucoup plus certaine et effective que la Charte.

De même, lorsque l'article 14, § 3 précise que « *les villes signataires s'engagent à ne signer aucun contrat municipal sans y introduire des clauses de rejet du travail des enfants et une clause de refus du travail illégal* », il faut rappeler que l'interdiction du travail des enfants ou du travail illégal

---

couleur, l'âge, le sexe ou l'option sexuelle, la langue, la religion, l'opinion politique, l'origine ethnique, nationale ou sociale, ou les revenus ».

(35) « *Le droit d'association, de réunion et de manifestation sont garantis à tous dans la ville* ».

(36) « *Les citoyens des villes ont droit à un environnement sain dans la recherche de la compatibilité entre développement économique et équilibre environnemental durable* ».

(37) Voir la Loi Constitutionnelle du 28 février 2005, *JO* du 2 mars 2005 p. 3697, et les décisions du Conseil constitutionnel du 24 mars 2005 *MM. Hauchemaille et Meyet* (notam. le considérant 7) et nº 2005-514 DC du 28 avril 2005 sur la Loi relative à la création du registre national français (notam. son considérant 38). Sur la première application de cette charte par le juge administratif, voir l'annulation de l'autorisation préfectorale du « teknival » de Marigny par l'ordonnance du TA de Châlons-en-Champagne du 29 avril 2005, *Conservatoire du patrimoine naturel et autres*, req. nº 0500828, 0500829 et 0500830.

(38) V. notamment le nouvel art. L. 111-7-3, C. urb. sur l'accessibilité des établissements recevant du public, et les art. 45 et 46 de la loi établissant un schéma directeur d'accessibilité des services et les conditions pour que cette accessibilité, en particulier des transports publics, soit réalisée.

existe déjà en droit français (39). La non-inscription d'une telle clause formelle dans un contrat municipal ne saurait d'ailleurs pas plus conduire à l'annulation du contrat, car ne touchant pas au contenu essentiel de l'acte.

Enfin, certains articles de la Charte peuvent potentiellement contrevenir au droit national sans pour autant que puisse s'en déduire une quelconque responsabilité des autorités municipales empêchées d'en appliquer les prescriptions. Ainsi, l'article 12 prévoit que « *les villes signataires s'opposent à la commercialisation des services personnels d'aide sociale* ». Or, il ne relève pas de la compétence des autorités municipales de fixer le régime du droit de l'aide sociale, que le législateur national peut au contraire leur imposer. L'insertion de la Charte comme acte local devant respecter la hiérarchie des normes impose donc aux autorités de la ville de se soumettre aux prescriptions nationales, si d'aventure celles-ci avaient pour objectif une telle commercialisation. Le juge ne pourrait satisfaire la demande d'un administré s'opposant à cette commercialisation et revendiquant la Charte à l'appui de son recours ; il écartera tout naturellement la Charte au profit de la norme supérieure qu'elle doit respecter. D'ailleurs, la formulation même de cet article le vide pratiquement de son effet utile : le verbe « *s'opposent* » ne définit pas une obligation juridique spéciale et permet par exemple de s'acquitter de cet engagement par voie de simple avis ou de vœu voté par le conseil municipal, ou par un discours officiel manifestant la désapprobation à la politique ainsi menée. Nulle obligation de résultat n'étant imposée ici, toute contrariété éventuelle avec une norme nationale reste secondaire et de surcroît détachable de l'ensemble du texte, ce qui ne saurait conduire à l'annulation ni de la Charte ni d'un acte d'exécution ou d'inexécution.

Sans vouloir remplacer le juge dans son travail d'interprétation « authentique » qu'il est finalement le seul à pouvoir réaliser (40), il faut donc constater qu'*a priori* la plupart des dispositions de la charte ne procure pas de droits directement utilisables par les habitants des villes. Prescriptions trop vagues, redondantes ou éventuellement illégales, ces « droits » ne peuvent être utilement invoqués, bien qu'ils soient parfois énoncés de façon impérative. Ces dispositions ne faisant pas grief, ou n'ajoutant pas au droit déjà existant, elles ne sauraient non plus conduire à l'annulation de la délibération municipale

---

(39) V. l'art. L. 211-1 du Code du travail posant le principe de l'interdiction du travail des enfants de moins de 16 ans en France, et les diverses conventions internationales signées par la France (Convention n° 138 de l'OIT de 1973, Charte sociale de 1961, ou Convention européenne sur l'exercice des droits des enfants de 1996).

(40) V. généralement sur la question le tome 39, *Le procès*, Archives de Philosophie du Droit, 1994, et notamment l'article de J. Hilaire, « Jugement et jurisprudence », p. 181-190, ou D. de Bechillon, « L'ordre de la hiérarchie des normes et la théorie réaliste de l'interprétation », *Revue de la Recherche Juridique* 1994-1, p. 247, et la « Réplique » donnée p. 268.

d'approbation ni engager la responsabilité de la ville, en l'absence d'une illégalité ou d'une faute caractérisée (41).

Pour autant, cette Charte européenne des droits de l'homme dans la ville ne saurait être rangée dans une catégorie d'actes « inutiles » en droit, qui participeraient au brouillage de la normativité actuelle. En effet, sous certains aspects, elle remplit les conditions nécessaires à sa reconnaissance comme acte « pré-juridique ».

II. — La Charte, acte « pré-juridique »

La multiplication des chartes et autres actes informels pousse soit à dénier à ces textes toute valeur juridique, soit à leur trouver une place propre dans l'agencement normatif. En tout état de cause, la réalité de ces documents ne peut plus être niée, même si quelques auteurs peuvent en regretter l'existence (42). Leur faible juridicité oblige toutefois à une approche prudente. Sans vouloir les assimiler à de véritables actes juridiques, il faut bien remarquer, à l'instar de la Charte européenne des droits de l'homme dans la ville, que ces textes peuvent parfois avoir des conséquences de droit bien réelles (A), et qu'ils permettent de combler un vide en contraignant des pratiques même en dehors de sanctions juridiques avérées (B). La combinaison de ces divers aspects permet alors de les ranger dans une nouvelle catégorie d'actes s'intercalant entre les actes juridiques et les simples documents non normatifs.

A. — *De réelles conséquences en droit*

Certaines chartes ont obtenu un véritable label juridique leur permettant d'être invoquées directement devant une juridiction, comme la *charte du contribuable vérifié* (43). Certes, la jurisprudence relative à cette charte montre bien les réticences du juge à imposer à l'administration fiscale un texte de

---

(41) Si le Conseil d'État admet la possibilité d'engager la responsabilité d'une autorité publique ayant adopté un acte ne faisant pas grief (CE Sect., 31 mars 2003, SA *Laboratoires pharmaceutiques Bergaderm*, req. n° 188833, *RFDA* 2003 p. 11.85 concl. D. Chauvaux, *AJDA* 2003, p. 935, chron. F. Donnat et D. Casas), c'est sous la condition que celui-ci, un avis en l'occurrence, ait été constitutif d'une faute.

(42) Pour une virulente critique de ces chartes qui « *contribuent à la dégénération de la norme juridique* » voir G. Koubi, « La notion de "charte" : fragilisation de la règle de droit ? », *op. cit.,* notamment p. 179 et 180.

(43) La loi du 8 juillet 1987 modifiant l'article L. 10 au Livre des procédures fiscales prévoit ainsi que « *les dispositions contenues dans la charte* [des droits et obligations du contribuable vérifié remise avant l'engagement d'une des vérifications prévues aux articles L. 12 et L. 13 du Livre des procédures fiscales] *sont opposables à l'administration* ».

rang mineur (44). Mais ceci permet de conclure qu'un tel texte n'est pas toujours nul en droit. Dans un domaine voisin, les *chartes des parcs naturels régionaux* sont conçues par le juge administratif comme insusceptibles de produire des effets par elles-mêmes. Mais elles impliquent, pour leur mise en œuvre, l'adoption de conventions d'application qui sont considérées, elles, comme de véritables actes juridiques (45). Les actes dérivés inspirés d'une charte étant donc reconnus comme des normes de droit, celle-ci obtient par là, d'une certaine manière, une sorte de juridicité à rebours.

La Charte européenne des droits de l'homme dans la ville peut elle aussi s'inscrire dans un processus normatif sans posséder elle-même une valeur juridique consacrée, et ce sous trois aspects principaux. Elle est en effet une source d'inspiration directe dans l'organisation de l'administration locale, elle peut servir de référence dans l'adoption de normes plus générales, et elle peut enfin modeler le fonctionnement interne des services municipaux.

La Charte peut susciter en premier lieu la création d'organismes ou de bureaux municipaux spécifiques destinées à satisfaire les principes consacrés. Par exemple, l'article 23 de la Charte précise que « *les administrations locales se doteront d'instruments d'évaluation de leur action municipale et tiendront compte des résultats* » en matière de gestion des services publics. De même, l'article 27, § 2, conforté par le point 4 des Dispositions finales, demande aux villes signataires de créer une commission de suivi de l'application de la Charte. Les municipalités seront donc amenées à créer de telles commissions, mais aussi des structures de coopération avec les villes d'États du tiers-monde avec lesquelles les échanges sont encouragés (art. 6), des caisses d'aides sociales en matière de logement, de soutien aux familles les plus démunies et des services d'assistance à l'enfance et à la vieillesse (art. 10, § 2), ou encore des lieux de rencontre entre l'offre et la demande de travail ou de requalification des travailleurs (art. 14, § 2), voire d'apprentissage de l'informatique et d'Internet (art. 11, § 2), par exemple.

---

(44) Pour une analyse de cette jurisprudence et notamment de l'arrêt CE, 10 novembre 2000, *Milhau*, req. n° 204805, *Rec.* 512, *BDCF* 2/01 n° 29, voir par exemple la chronique de J. Maia, « La "charte des droits et obligations du contribuable vérifié", son utilité et son opposabilité », *RJF* 4/01 p. 295, ou de P. Guillet, « L'administration peut-elle librement modifier la charte des droits et obligations du contribuable vérifié », *FR Lefebvre* 40/03, p. 10, et plus généralement « L'évolution de la charte du contribuable vérifié » de C. Charles, *BF* 3/05, Étude, p. 181, ou J. Meurant, « Une innovation en droit fiscal : la charte du contribuable vérifié », *LPA*, 4 janvier 1989, p. 10 et s.

(45) V. l'article L. 333-1 du C. env. et l'arrêt CE, 27 février 2004, *Centre régional de la propriété foncière de Lorraine-Alsace*, req. n° 198124, et le commentaire de J.-P. Brouant et Y. Jegouzo, « Statut et portée des "projets de territoire" : l'exemple de la charte de parc naturel régional », *AJDA* 2004, p. 1256 et s.

De tels services ne sont pas imposés par la loi, mais résultent de la volonté propre de la ville engagée par la Charte. Ces engagements unilatéraux des municipalités sont encadrés par une jurisprudence bien connue. Les autorités locales ont en effet l'habitude de mettre à leur charge des obligations bénéficiant à leurs administrés. C'est le cas par exemple des aides sociales ou des primes créées spontanément par une collectivité territoriale au profit d'une catégorie de personnes, comme les revenus minimum étudiants ou les allocations de congé parental, ou des services publics facultatifs instaurés par des municipalités en dehors de toute obligation légale, telles les garderies d'enfants ou les conservatoires de musique. Ces aides ou services décidés unilatéralement par l'autorité et en toute opportunité, lorsque bien sûr elles ne résultent pas d'une obligation légale, posent à leur égard des obligations notamment financières qui ne leur incombaient pas naturellement. Cette auto-contrainte produit alors des droits au profit des administrés bénéficiaires, qui sont fondés à en demander le respect à partir de la publication et entrée en vigueur de l'acte, comme pour tout autre norme juridique.

Le régime de ces obligations volontaires a donné lieu à un contentieux permettant d'en fixer les limites. Outre le fait que la décision doit être prise par des autorités idoines, les charges qu'endosse l'administration doivent correspondre à une compétence de son ressort (46), et doivent respecter la hiérarchie des normes et notamment certains principes comme celui de l'égalité des bénéficiaires (47). Il faut noter que la commune, si elle s'engage unilatéralement, peut également en déduire des obligations pesant sur les administrés bénéficiaires. Ceux-ci peuvent ainsi être mis à contribution, dans la mesure où cette participation n'est pas supérieure au coût du service créé volontairement (48). Le contentieux de ces aides ou services facultatifs relève alors du juge administratif de droit commun (49).

Toutefois, les droits des administrés sont eux-mêmes encadrés. S'ils peuvent en effet réclamer l'application d'une obligation volontaire rendue publique,

---

(46) Sur la légalité d'une allocation logement d'une commune aux familles défavorisées, voir l'arrêt CE, 29 juin 2001, *Cne de Mons-en-Baroeul* n° 193716, *Rec.* 298, *AJDA* 2002 p. 42 note Y. Jegouzo, ou *RGCT* 2001, n° 18, p. 906, note J.-P. Negrin.

(47) Sur l'interdiction de l'attribution d'une aide selon la nationalité ou l'inscription au rôle des contribuables de la commune, v. respectivement CE, 30 juin 1989, *Ville de Paris et Bureau d'aide sociale de Paris*, req. n° 78113, *Rec.* 157 (allocation de congé parental d'éducation), et CE, 11 décembre 1996, *CCAS de Saint-André-les-Vergers*, req. n° 164865, *Rec.* 481, *LPA*, 24 mars 1997, concl. J.-C. Bonichot (revenu minimum étudiant). Sur l'autorisation de frais d'inscription différenciés à un conservatoire de musique, v. notamment CE, 29 décembre 1997, *Cne de Nanterre*, req. n° 157500, *S.* 29.12.1997, chron. T. X. Girardot et F. Raynaud, et *AJDA* 1998, p. 102.

(48) CE, 6 mai 1996, *Mme Gilama*, req. n° 148042, inédit au Lebon, sur la contribution à une garderie d'enfant.

(49) CE, 28 avril 2004, *Mme X*, req. n° 259214, *Tables Lebon,* sur le contentieux d'une aide sociale facultative échappant par là même à la compétence des commissions départementales d'aide sociale.

ils ne peuvent pas pour autant réclamer que l'autorité s'oblige volontairement. S'il existe bien un *droit de*, il ne saurait y avoir un *droit à*, qui entrerait en contradiction avec le principe d'opportunité de la décision administrative. Dès lors que l'aide ou le service n'est que facultatif, il relève de la seule discrétion de l'autorité d'y souscrire ou non, cette compétence n'étant pas liée. En l'occurrence, si des administrés pourraient le cas échéant demander l'application de la Charte européenne des droits de l'homme dans la ville lorsque celle-ci a été approuvée par leur conseil municipal, ils ne sauraient imposer à leur commune d'y adhérer. Le recours contre le refus de la ville d'approuver la Charte, ou contre le silence gardé sur cette requête, ne pourrait aboutir à la condamnation de la municipalité.

Adoptée, la Charte peut donc entraîner la création de services municipaux. Mais il faut également reconnaître ici certaines limites. Par exemple, toute demande visant à obtenir la création des commissions envisagées par la Charte des droits de l'homme dans la ville aurait peu de chances d'aboutir : ces commissions n'ayant qu'un rôle d'évaluation, de proposition, d'avis ou d'étude sans valeur obligatoire, sous peine d'ailleurs d'illégalité, l'intérêt à agir d'un administré demandant leur création reste faible et ne saurait obliger le juge à statuer pour imposer une telle création. À l'inverse, un contribuable qui contesterait une action municipale onéreuse réalisée sur la base d'un article de la charte verrait son recours traité selon une jurisprudence connue, relative à l'intérêt local des dépenses municipales (50). Avec ou sans référence à la Charte, le juge reste libre dans son appréciation de l'opportunité de telles dépenses par rapport à l'intérêt local, et la délibération municipale d'approbation de la Charte ne saurait s'imposer à lui pour l'obliger à les accepter en l'absence de toute valeur juridique reconnue à ce texte et du fait de l'imprécision de ses dispositions.

Enfin, les administrés ne disposent pas d'un droit au maintien de cette obligation facultative. Par analogie avec le principe de mutabilité des services publics, les usagers qui se trouvent en situation subordonnée, et non contractuelle, ne peuvent en réclamer le maintien et s'opposer à la suppression ou abrogation de l'obligation (51). Ils ne peuvent pas plus obtenir par voie de recours l'adaptation de l'obligation aux évolutions (52), ni la prise d'une décision spécifique appliquant ces engagements, du fait de la liberté de choix de l'autorité locale.

---

(50) Sur l'acceptation d'un voyage en Guadeloupe payé par une municipalité à ses enfants au nom de l'intérêt local d'ouverture culturelle des habitants de ce village enclavé du Massif central, voir CE, 7 juillet 2004, *Cne de Celloux*, req. n° 254165.

(51) CE Sect, 27 janvier 1961, *Vannier, Rec.* 60, concl. J. Kahn, *AJ* 1961, p. 74, chron. J.-M. Galabert et M. Gentot, et CE Sect, 18 mars 1977, *Chambre de commerce de La Rochelle, Rec.* 153, concl. J. Massot. V. *Droit administratif*, de G. VEDEL et P. DELVOLVÉ, *op. cit.*, p. 313 et s.

(52) V. *Droit administratif général*, tome 1, de R. CHAPUS, Montchrestien 15e éd., 2001, p. 604 et s.

En second lieu, cette charte peut servir de source d'inspiration pour l'adoption de normes et la menée de politiques locales mais aussi nationales. Cela a été le cas pour d'autres chartes : la *Charte pour l'accueil des personnes handicapées dans les structures de vacances et de loisir* a été ainsi invoquée pour soutenir un amendement à la loi du 11 février 2005 et a donné lieu à diverses mesures d'application de la part du ministère de la jeunesse et des sports (53). La *Charte du maintien des services publics en milieu rural* du 30 novembre 2004 a donné lieu, elle, à des mesures d'application expérimentales justement reprises dans la loi du 23 février 2005 relative au développement des territoires ruraux, comme dans son article 106, par exemple. Ainsi, même non dotée d'effet juridique, une charte peut servir dans le processus de création des règles de droit (54).

En ce qui concerne la Charte des droits de l'homme dans la ville, l'engagement pour les municipalités d'œuvrer pour fournir un logement sûr et décent aux sans-abris, aux femmes soumises à violence ou désirant sortir de la prostitution (art. 16, § 2), de procéder au recyclage des déchets (art. 18, § 2) (55), et même le droit de vote et d'éligibilité reconnu aux étrangers résidents pour les élections locales (art. 8, § 2) ou l'affirmation d'un « droit aux loisirs » (art. 21) sont autant de points pouvant faire l'objet de projets législatifs à venir et tirant donc leur source, le cas échéant, de la Charte. Il faut bien sûr ici aussi relativiser l'impact réel de cette charte, du fait de la liberté reconnue au législateur national. Si le référendum local décisoire prévu par l'article 8, § 3 a bien pu être repris dans la révision de la Constitution du 28 mars 2003 (nouvel art. 72-1), cette révision a par ailleurs définitivement écarté l'hypothèse d'une participation des étrangers non communautaires aux scrutins municipaux, le droit de pétition ou de consultation locale étant désormais réservé aux seuls « électeurs », français ou ressortissants communautaires, même dans des matières n'ayant aucun rapport avec la Souveraineté.

---

(53) V. *JO* Débats AN, séance du 9 juin 2004 après-midi, amendement 448 soutenu par le député D. Paul, et *JO* Sénat du 4 avril 2002, p. 982, Question n° 36732 Bilan de l'application de la charte de déontologie pour l'accueil des personnes handicapées dans les structures de vacances et de loisirs non spécialisées, et sa réponse.

(54) Rappelons en parallèle que le CE cite régulièrement la Charte des Droits fondamentaux de l'Union européenne dans les visas de ses décisions (CE, 5 janvier 2005, *Mlle Francine Y.*, req. n° 257341), ou s'y réfère « *en tout état de cause* » (CE, 27 février 2004, *M. Mohamed X*, req. n° 259239, inédit), ce qui inscrit bien cette Charte comme source de raisonnement en droit, bien qu'il affirme simultanément qu'elle n'a pourtant aucune valeur juridique.

(55) À l'heure actuelle, et selon les lois n° 75-633 du 15 juillet 1975 relative à l'élimination des déchets et à la récupération des matériaux et n° 92-646 du 13 juillet 1992 relative à l'élimination des déchets ainsi qu'aux installations classées pour la protection de l'environnement, le recyclage des déchets est seulement encouragé et non rendu obligatoire. V. *La Revue Parlementaire, Le recyclage : une démarche citoyenne aujourd'hui, un devoir demain, in* Dossier Spécial Salon Pollutec 2004, décembre 2004.

Enfin et en troisième lieu, cette Charte peut encadrer le fonctionnement même des services administratifs de la ville. Elle n'a pas bien sûr la forme d'une directive ou d'une instruction de service, mais en remplit d'une certaine façon les fonctions. Posant, à côté des droits des citoyens, des modèles de conduite des autorités publiques pour les inciter au dialogue, à l'ouverture culturelle ou à la transparence démocratique, ce document peut bel et bien obliger l'ensemble du personnel municipal (56). Cette affirmation doit toutefois être tempérée. En effet, les dispositions de cette Charte ne semblent pas pouvoir être directement invoquées par un supérieur hiérarchique à l'encontre des agents d'exécution. Car selon son préambule et son article 1er, ce texte s'adresse avant tout aux « autorités municipales », c'est-à-dire aux personnes investies du pouvoir de commandement et de décision et non à leurs subordonnés. De plus, ces obligations sont souvent trop imprécises pour constituer à elles seules des ordres et imposer des comportements précis. Enfin, considérée le cas échéant comme une mesure d'ordre intérieur, cette charte n'affecte aucunement la situation juridique protégée des fonctionnaires, et ne paraît pas susceptible d'intéresser en cela le juge administratif. Toutefois, si cette charte est diffusée à l'intérieur des services et fait l'objet d'une publicité suffisante, appuyée par une volonté clairement exprimée par les autorités supérieures de devoir s'y conformer, elle est à même de jouer un rôle prescriptif que tout agent public devra alors respecter sous peine de sanction disciplinaire ou dans le simple cadre de sa notation, et ceci même en dehors du contrôle du juge.

On le voit, la signature et adoption de cette charte au niveau municipal n'est pas vaine et peut déboucher sur des conséquences juridiques réelles. Mais cette juridicité directe ou indirecte ne doit pas faire oublier un autre aspect, peut-être même caractéristique, des actes pré-juridiques : celui de la contrainte des comportements même en dehors de sanctions.

B. — *De possibles conséquences en fait*

La Charte européenne des droits de l'homme dans la ville fait partie de ces textes qui peuvent orienter par l'incitation et la persuasion les conduites et les comportements, sans pour autant recourir à l'arsenal des sanctions prévues par les actes dits juridiques. En cela elle n'est pas un simple document annexe sans influence, même si elle ne dispose pas du soutien du juge pour

---

(56) Plusieurs contraintes peuvent se déduire directement de la Charte, à la charge des agents publics : rejeter toute discrimination sociale, ne pas créer des ghettos et soutenir les populations les plus vulnérables (art. 4), ouvrir la coopération internationale aux citoyens (art. 6), encourager l'usage de référendums locaux (art. 8, § 3), la vie associative (art. 9), des activités culturelles respectant la diversité (art. 15), protéger l'environnement (art. 18), favoriser la médiation sociale (art. 27), etc.

assurer son effectivité. Cette marque spécifique des actes dits pré-juridiques, plus proche de la « gouvernance » administrative que d'un gouvernement classique, permet alors d'atteindre les objectifs des actes juridiques par leur simple formulation.

Certains auteurs ont souligné l'absence de lien systématique entre norme et sanction, à partir du moment où la règle est insérée dans un ordre juridique étatique (57). Ainsi, même si une charte n'est pas revêtue d'une normativité suffisante en terme d'impérativité, elle reste une règle de conduite énoncée par une autorité légale et amenant ses destinataires à se conformer à sa volonté, le cas échéant par crainte d'une éventuelle sanction même si celle-ci n'est pas précisée, ou sur la base de la conviction suscitée par le texte. En ce sens, elle influe bien directement sur les agissements à la fois de l'autorité publique qui prescrit que du public destinataire, et tend donc à satisfaire les mêmes objectifs que ceux de la catégorie des normes juridiques. Cette contrainte informelle pourra de plus donner lieu par la suite à l'instauration d'une coutume, source de droit, ou être reprise par de véritables actes normatifs ultérieurs.

L'apparition de ce « soft law », de ce droit sans contrainte, n'est pas récente, et n'est pas étrangère à notre système juridique. Il a par exemple fallu attendre près de deux cents ans pour que la Déclaration des droits de l'homme et du citoyen obtienne officiellement valeur juridique, bien qu'elle ait influencé durant tout ce temps là une longue pratique politique et administrative. Mais c'est surtout depuis une décennie que l'administration française a recours à un éventail nouveau d'actions administratives informelles, théorisées notamment par les Prs Fujita et Gaudemet (58). Les avantages de ce type de textes sont réels : ne faisant pas grief, ils sont insusceptibles de recours devant le juge, ce qui diminue d'autant le risque pour l'administration. Adoptés selon une procédure allégée, ils permettent de plus de présenter l'administration comme un pouvoir partenaire sortant de son rôle de gendarme, ce qui correspond à la nouvelle tendance du « management public », tout en obtenant de réels résultats vis-à-vis des objectifs recherchés. L'incitation ou la persuasion qui remplacent ici la prescription peuvent, parfois, aussi bien garantir l'efficacité du commandement.

Certaines chartes s'insèrent tout à fait dans le cadre de cette normativité incitative, et comblent même opportunément un vide juridique. Ainsi, les chartes d'implantation des relais de téléphonie mobile, signées entre les élus

(57) V. ainsi D. de BECHILLON, *Qu'est-ce qu'une règle de Droit ?, op. cit.*, p. 59 et s., 131 et s. et 250 et s.

(58) Le Pr Fujita distingue trois sous-catégories au sein de ces actions informelles : celle des actes contraignants s'adressant aux agents publics, celle des actes non contraignants s'adressant à ces mêmes agents, et celle des actes non contraignants s'adressant aux administrés. V. Y. Gaudemet, « Les actions administratives informelles », *op. cit.*, p. 646.

et les opérateurs de téléphonie, assurent une régulation notable en la matière même si leur utilisation devant le juge reste encore à confirmer. En effet, si l'absence de nocivité scientifiquement prouvée de ces relais empêche les autorités publiques d'adopter des mesures juridiques contraignantes et conduit à annuler les arrêtés municipaux les interdisant (59), de telles chartes permettent néanmoins d'encadrer, pour le moins, leur implantation souvent contestée par les populations. De même, en droit privé et en droit communautaire, les chartes de déontologie et autres codes de bonne conduite viennent organiser des pratiques que le droit ne prend pas toujours sous son emprise (60).

La Charte européenne des droits de l'homme dans la ville offre quant à elle quelques particularités par rapport à ces autres chartes pré-juridiques. Elle ne se présente pas en effet comme un document cherchant à obliger d'une manière ou d'une autre le comportement des administrés mais s'adresse au contraire à l'administration qui a elle-même décidé d'y souscrire. Elle élargit finalement les destinataires de ce pouvoir verbal d'influence aux propres autorités publiques qui énoncent ces textes. Elle reconnaît ainsi aux administrés des droits bien plus que des devoirs. En ce sens, elle se distingue des recommandations et autres avis ou plans, modèles et normes de référence, qui composent notamment la catégorie des actions informelles en France. C'est donc avant tout la conduite des autorités administratives que cette charte va pouvoir conditionner, y compris en l'absence de sanctions directes ou indirectes. Ce n'est que dans un second temps que cette influence pourra s'étendre aux partenaires de ces autorités, aux destinataires de leurs actes, par diffusion d'une culture et d'une pratique que cette charte implique, ou par la publicité donnée aux droits énoncés et que les administrés vont progressivement revendiquer et pousser à mettre en œuvre.

Mais ce scénario d'influence informelle repose alors sur un élément essentiel : la volonté de l'administration de se soumettre loyalement aux obligations qu'elle s'impose, ce qui produit deux sortes de désagréments. D'une part,

---

(59) Voir sur la question la décision n° 02LY02333 de la CAA de Lyon du 17 juin 2004, *Commune de Dijon*, qui annule, au vu d'études diverses et des recommandations du Conseil de l'Union européenne, l'arrêté d'un maire adopté au nom du principe de précaution et qui interdisait toute implantation de relais de téléphonie mobile autour des écoles, crèches et établissements hospitaliers de la ville. Le Conseil d'État aura la même analyse dans son arrêt du 30 juillet 2003, *Association Priartem* (n° 241992 inédit au *Lebon*).

(60) V. D. BERRA, « Analyses juridiques des chartes éthiques », in *Éthique économique : fondements, chartes juridiques, justice*, Actes du colloque d'Aix-en-Provence, 6-7 juillet 1995, Librairie de l'Université d'Aix-en-Provence, coll. Éthique et déontologie, p. 133-144, ou de S. MERCIER, *L'Éthique dans les entreprises*, éd. La Découverte, coll. Repères 2004. En droit communautaire, voir également la Charte européenne de la sécurité routière, ou les renvois de la Commission à une autorégulation des opérateurs socio-économiques pour organiser un domaine sans l'intervention d'une norme communautaire, comme en matière de lobbying ou environnementale.

cette volonté peut être défaillante dans l'application des engagements et dans la menée de politiques concrétisant les droits reconnus. Or le juge, classiquement chargé de garantir le respect de tels droits, a justement ici une compétence très incertaine voire nulle, et pourra difficilement contraindre un tel défaut de volonté. Et même lorsque la Charte précise dans son point 3 des Dispositions finales que les villes « *s'engagent à rejeter ou dénoncer tout acte juridique, en particulier tout contrat municipal, dont les conséquences entraveraient les droits reconnus ou seraient contraire à leur réalisation* », selon une formulation pouvant faire croire à son effectivité juridique, seul le juge éventuellement saisi en cas d'espèce pourra valider ou non la valeur prescriptive de cette disposition. Cette incertitude ne vient donc pas renforcer le principe de sécurité juridique dont nos sociétés complexes ont pourtant de plus en plus besoin (61). D'autres mécanismes peuvent alors être institués pour améliorer la protection de la Charte, tel le réseau des villes signataires et la tenue de conférences régulières assurant un contrôle médiatique et collectif des engagements, avec un échange des expériences encadrant par le regard de tous la pratique de chacun. Mais cette solution reste toujours imparfaite.

L'autre désagrément résulte d'un affaiblissement de la protection des personnes. Si la force de la Charte réside dans la seule volonté de l'administration signataire, en dehors de tout contrôle du juge, les agents publics éventuellement jaugés au regard de cette charte ne disposent plus d'un recours juridique contre un usage abusif de ce texte à leur encontre. C'est d'ailleurs en général la critique émise contre ces actes pré-juridiques : contraignant par la persuasion et par l'incitation, ils peuvent conduire à intérioriser des pratiques voulues par l'administration, parfois même sur la base d'une croyance en des sanctions potentielles même si celles-ci ne sont pas formulées, sans qu'aucun juge ne vienne protéger la liberté individuelle et anéantir ce pouvoir de contrainte non juridique qui se situe en deçà de sa compétence. Tout acte informel met ainsi en place une apparence de pouvoir, un simulacre du commandement que peu d'administrés sont à même de contester au nom de la réalité de leurs droits. Pour protéger les administrés ou agents contre ces éventuels abus ou tromperies, il a pu être proposé de contrôler l'administration sous l'angle de la responsabilité quasi-délictuelle en considérant ces actions informelles comme des faits juridiques, à défaut d'en être des actes (62). De même, il est possible que le juge requalifie un acte informel ou pré-juridique, ou certaines de ses dispositions ayant une conséquence en droit, en acte juridique faisant grief tombant sous le coup d'un contrôle juridictionnel adapté (63).

---

(61) Voir le rapport public 2006 du Conseil d'État et son dossier *Sécurité juridique et complexité du droit.*

(62) V. Y. Gaudemet, « Les actions informelles... », *op. cit.*, p. 654.

(63) CE, 5 mai 1976, *Confédération nationale des groupes autonomes de l'enseignement public, AJ* 1977.392, note SS, en ce qui concerne les circulaires ministérielles assimilées à un arrêté. Sur la question, voir également *Droit Administratif* (t. 1) de G. VEDEL et P. DELVOLVÉ, PUF coll. Thémis Droit Public, 12e éd. 1992, p. 257 et s.

Mais ici aussi la solution est imparfaite, la saisine du juge ne pouvant résulter que d'une faute caractérisée par action ou par omission de l'administration, et elle reste inopérante pour contrôler les contraintes intériorisées par les administrés ne donnant pas lieu à recours.

Acte ne faisant pas grief mais suscitant lui-même des normes juridiques concrètes, source d'inspiration pour l'action des autorités publiques, pouvant modifier les conduites des agents publics comme des administrés malgré l'absence de contrôle juridictionnel, la Charte européenne des droits de l'homme dans la ville semble donc présenter des traits communs avec d'autres actes pour former avec eux une nouvelle catégorie d'actes dits pré-juridiques, s'intercalant entre les actes effectivement juridiques et les simples documents de travail de l'administration (64). Il serait bien sûr nécessaire de parfaire l'étude de ces actes en tant que catégorie, afin d'en extraire les caractéristiques stables de leur définition (65). En tout état de cause, l'adoption de tels documents en dehors de toute sanction du juge, ou du moins selon une juridicité non systématique, peut constituer ce que certains auteurs appellent un « arrière-plan du langage normatif » (66) participant à la production du droit.

Il reste que l'intégration de cette charte, comme d'autres chartes reconnaissant pareillement des droits aux administrés (67), dans notre système juridique ne peut plus être réfutée mais au contraire organisée. Il serait vain de vouloir stopper un phénomène prenant une telle ampleur. À l'inverse, il serait sans doute inutile d'exiger que ce genre d'actes revête une normativité plus affirmée. Car devenue acte juridique, la charte des droits de l'homme dans la ville

---

(64) Sur la notion de « document administratif », se référer à l'article 1er de la loi n° 78-753 du 17 juillet 1978, modifiée, portant diverses mesures d'amélioration des relations entre l'administration et le public et diverses dispositions d'ordre administratif, social et fiscal : « *Sont considérés comme documents administratifs... les documents élaborés ou détenus par l'État, les collectivités territoriales ainsi que par les autres personnes de droit public ou les personnes de droit privé chargées de la gestion d'un service public, dans le cadre de leur mission de service public. Constituent de tels documents notamment les dossiers, rapports, études, comptes rendus, procès-verbaux, statistiques, directives, instructions, circulaires, notes et réponses ministérielles, correspondances, avis, prévisions et décisions.* », *JO*, 18 juillet 1978, p. 2851.

(65) Selon G. Cornu, une catégorie représente « *dans un ensemble un groupe distinctif d'éléments présentant des caractères semblables* », in *Vocabulaire juridique*, PUF-Quadrige, 2002, p. 132. Pour une étude plus complète relative à la création des catégories juridiques, V. « Les catégories en droit administratif » de S. Theron, *Revue de la Recherche Juridique-Droit prospectif*, 2005-4, volume 2, p. 2399-2420.

(66) D. de Bechillon, *op. cit.*, p. 176. Sur ce thème, voir également la *Théorie des contraintes juridiques*, de V. CHAMPEIL-DESPLATS, C. GRZEGORCZYK et M. TROPER, LGDJ, 2005.

(67) Citons par exemple dans un domaine voisin la Charte européenne des femmes dans la cité, de 1994, ou à la Charte des droits et libertés de la personne accueillie (arrêté du 8 septembre 2003, *JO* du 9 octobre).

jouerait-elle encore son rôle incitatif, et serait-elle même encore... une « charte » ? Acte *secundum legem* ou *praeter legem* reposant aujourd'hui sur la bonne volonté de l'administration qui avait voulu s'affranchir par ces textes du contrôle du juge, cette Charte renvoie néanmoins à ce même juge appelé à dire au cas par cas le droit et le non droit de ce texte, ou à inventer de nouvelles formes de contrôle pour ces actes pré-juridiques et leur réserver finalement une place dans la hiérarchie des normes.

Christophe CHABROT

Maître de conférences de Droit public
Université Lumière Lyon 2, Faculté de Droit et Science politique

DOCTRINE

DROIT ADMINISTRATIF

La personnalité contentieuse des autorités administratives indépendantes

par Clément CHAUVET
Doctorant — Université Paris II (Panthéon-Assas)

SOMMAIRE

Il est des points, en droit administratif, qu'aujourd'hui il n'est plus d'usage de discuter. Un de ceux-ci est que l'État est une personne morale, *« personnification juridique de la Nation »* selon Esmein (1), *« une unité organisée, une*

(1) ESMEIN, *Éléments de droit constitutionnel français et comparé*, Paris, Sirey, 5e éd., 1909, p. 1.

personne » pour Laband (2) et depuis la magistrale étude de Bertrand Delcros, le sentiment anciennement exprimé par Léon Michoud, parmi tant d'autres, est confirmé : l'État est une personne juridique unique, composée d'une grande variété de services dépourvus de la personnalité juridique (3). Tout logiquement, cette réflexion s'organise en relevant d'abord que la personnalité morale de l'État suppose un patrimoine, puis que certains services non personnalisés — assemblées parlementaires, ministères, organismes de l'État exerçant une activité industrielle et commerciale — sont dotés d'une marge d'autonomie, en particulier, mais pas exclusivement, dans leur capacité d'ester en justice. Cette approche omettait un élément qui allait être sujet à débat dans les années suivantes à propos des autorités administratives indépendantes (AAI).

Institutions aujourd'hui reconnues et appréciées, les AAI restent d'insolites objets d'étude. Alors que la doctrine et la jurisprudence semblaient, depuis quelques années, avoir réussi à faire émerger des critères d'identification de la catégorie (4) — une AAI devant ainsi, schématiquement, être une autorité (disposant du pouvoir de prendre des actes décisoires), administrative (ne disposant pas de personnalité juridique propre), indépendante (d'un point de vue fonctionnel et juridique) — les constantes inventions législatives sont venues troubler les esprits avec l'apparition d'une *« autorité publique indépendante dotée de la personnalité morale »* (5). À vrai dire, avant la loi du 1er août 2003, la question de la personnalité morale des AAI faisait débat. Le Conseil d'État qualifia ainsi *« après hésitation »* le Conseil des Marchés Financiers, *« autorité professionnelle »* dotée de la personnalité morale, d'AAI (6) et il faut d'ailleurs admettre que la tendance semble être à la multiplication des institutions personnalisées, sans toutefois que cette formule ne remplace totalement l'ancienne (7). Le schéma institutionnel tend donc à une coexistence entre AAI et Autorités publiques indépendantes.

---

(2) LABAND, *Le droit public de l'Empire allemand*, éd. française, 1900, t. 1, p. 101.

(3) B. DELCROS, *L'unité de la personnalité juridique de l'État*, Paris, LGDJ, 1976, p. 9 et suiv. Nous renvoyons à ce passage pour l'évolution doctrinale vers cette position.

(4) V. par exemple : Y. GAUDEMET, *Traité de droit administratif*, t. 1, Paris, LGDJ, 2001, p. 77 et suiv.

(5) L'Autorité des marchés financiers (art. L 621-1 du Code monétaire et financier) que la doctrine ne sait trop comment classer. Voir S. Traoré, « Les autorités administratives indépendantes dotées de la personnalité morale : vers une réintégration institutionnelle de la catégorie juridique ? », *DA*, août-septembre 2004, p. 16.

(6) Conseil d'État, *Rapport public 2001, Les autorités administratives indépendantes, EDCE*, n° 52, 2001, p. 305. À noter, le louable effort de recensement de ces autorités. Dans son dernier rapport, le Conseil d'État reste critique sur l'opportunité de personnaliser les AAI. Conseil d'État, *Rapport public 2006, Sécurité juridique et complexité du droit, EDCE*, n° 57, 2006, p. 57.

(7) V. par exemple le statut de l'Agence Française de Lutte contre le Dopage, art. 2, loi du 5 avril 2006. V. aussi, avec des propositions tendant à limiter l'attribution de la personnalité morale, le rapport de M. le sénateur P. Gelard, *Les autorités administratives indépendantes : évaluation d'un objet juridique non identifié (tome 1), Office parlemen-*

La théorie « classique » reste toutefois celle de l'absence de personnalité morale (8), de l'insertion dans l'État de ces autorités qui, parce qu'elles restent cependant en dehors de la hiérarchie administrative, ont un régime juridique particulier. Celui de la responsabilité, amplement étudié, en est une illustration, puisqu'en l'absence de personnalité morale propre (9), il n'est pas de patrimoine propre. Cependant une autre conséquence de ce défaut de personnalité morale propre est restée peu étudiée (10). En effet, l'attribution de la personnalité morale à une institution la dote de la capacité d'ester en justice (11). Corrélativement, une institution non dotée de la personnalité morale ne peut ester en justice en tant que telle sauf texte l'y habilitant et lui permettant d'agir au nom de la personne morale dont elle fait partie.

Toutefois si par principe la représentation de l'État est confiée au ministre intéressé (12), les AAI ne sont pas traitées sur le plan contentieux comme n'importe quel service de l'État étant donné qu'elles peuvent avoir une position procédurale spéciale parfois sans texte les habilitant explicitement. Cela leur permet d'apparaitre comme telles à l'instance, indépendamment des règles habituelles de représentation de l'État en justice. Cette position procédurale est variable selon l'institution en cause mais aussi selon l'ordre juridictionnel compétent car aucun statut uniforme des AAI n'existe et ne règle la question (13).

---

taire d'évaluation de la législation, n° 404 (2005-2006), en particulier, p. 65 et s. Les annexes de ce rapport (tome 2) contiennent une très complète étude de Mme le Professeur M.-A. Frison-Roche qui relève, en particulier, *« l'efficacité processuelle »* de l'attribution de la personnalité morale aux AAI (p. 60).

(8) Y. Gaudemet, *op. cit.*, p. 80 ; R. CHAPUS, *Droit administratif général*, t. 1, Paris, Montchrestien, 15e éd., 2001, p. 229.

(9) Il faut noter que le législateur a cru bon de conférer la personnalité morale à la Commission de Régulation de l'Énergie par la loi 2004-1485 art. 117 avant de lui retirer par la loi 2005-781 art. 103... faute de l'avoir dotée de ressources propres ; V. le rapport de M. H. Revol, sénateur, n° 294 (2004-2005), p. 101.

(10) Tout au plus peut on noter quelques passages dans les manuels, V. Y. Gaudemet et R. Chapus, *op. cit.* Une étude plus substantielle est faite par M. COLLET, *Le contrôle juridictionnel des actes des autorités administratives indépendantes*, Paris, LGDJ, 2003, p. 304 et suiv.

(11) F. LINDITCH, *Recherche sur la personnalité morale en droit administratif*, Paris, LGDJ, 1997, p. 219.

(12) Avec la notable exception de l'Agent judiciaire du Trésor pour les litiges pécuniaires relevant du juge judiciaire (loi du 3 avril 1955, art. 38), mais aussi avec des solutions spéciales pour ce qui concerne les assemblées parlementaires, représentées par leur président (ordonnance du 17 novembre 1958, art. 8), ou encore les services civils déconcentrés représentés en défense par les Préfets devant les tribunaux administratifs (art. R. 431-10, al. 1er, C. just. adm.), avec des exceptions dans l'exception. Le principe de compétence du « ministre intéressé » figure à l'article R. 431-9, C. just. adm.

(13) Le rapport précité de l'Office Parlementaire d'Évaluation de la Législation, lorsqu'il évoque la mise en place d'un statut commun des AAI, ne mentionne pas l'action en justice (p. 84).

La « personnalité contentieuse » serait donc l'aptitude d'une AAI à avoir une position procédurale spécifique, indépendante de la personne morale qu'est l'État, et découlant d'un texte ou de sa nature même. Cette personnalité contentieuse se décline de manière variable, selon les institutions ou l'ordre de juridiction statuant sur la question, d'une personnalité limitée par une forme de spécialité contentieuse (14) jusqu'à une « pleine personnalité contentieuse », c'est-à-dire une complète capacité d'ester en justice, en demande comme en défense, y compris dans l'exercice des voies de recours. Cette compétence permettrait même à l'AAI d'agir dans un contentieux l'opposant à une autre institution de l'État, hors d'un lien direct avec les missions spécifiquement attribuées à l'autorité administrative indépendante (15). L'autorité peut former un recours juridictionnel, déposer des conclusions en demande comme en défense, y compris reconventionnelles, interjeter appel ou encore se pourvoir en cassation. Elles disposent alors de l'ensemble des prérogatives de partie et son indépendance ne s'arrête pas aux marches du Palais de Justice.

Il faut toutefois relever une divergence de jurisprudence dans la manière dont les ordres juridictionnels accueillent dans le prétoire les AAI. Ainsi, si les juges judiciaires s'en tiennent au droit commun de la capacité d'ester en justice, les juges administratifs ont une conception basée sur la nature de l'AAI pour lui reconnaitre tous les attributs contentieux de la personne morale et la qualité de partie à l'instance, avec toutes les conséquences qui en découlent. L'aboutissement à des résultats différents n'est — nous le verrons — que la traduction technique de conceptions théoriques opposées.

L'AAI peut donc disposer de la capacité d'ester en justice qui est parfois rattachée à la qualité de personne morale et si M. Hauriou estimait que *« du moment qu'un service public a été admis à ester en justice pour défendre ses prérogatives, c'est que celles-ci lui sont propres, qu'elles constituent pour lui des droits dont il jouit et par suite qu'il a une personnalité »* (16) juridique ou que certains ont pu parler à propos des ministères de *« rudiments de la personnalité »* (17), se pose davantage la question de l'unité de l'État en tant que personne morale plutôt que celle — en principe résolue — de la personnalité morale des AAI.

---

(14) Seront toutefois exclues de l'étude les « actions attitrées » c'est-à-dire attribuées spécifiquement par un texte à une autorité administrative pour faire respecter une décision ou un type de décision qui n'est pas exécutoire par lui-même.

(15) Par exemple, la Commission des opérations de bourse a pu contester son assujettissement à la taxe d'habitation.

(16) M. Hauriou, note sous CE, 3 février 1899, *Joly*, *Sirey*, 1899, III, p. 121. Cette citation devra, *infra*, être réfutée.

(17) J.-M. et J.-B. AUBY, *Institutions administratives*, Paris, Dalloz, 1991, p. 17. On peut également faire référence à la notion de *« semi-personnalité »* mise en avant par MM. Ph. MALAURIE et L. AYNÈS, *Droit civil, les personnes, les incapacités*, Paris, Cujas, 1992, p. 144. Ou encore à une *« personnification juridique partielle »*, J. MOREAU, *Droit administratif*, Paris, PUF, 1989, p. 55.

Si la conception judiciaire en la matière est plus restrictive que celle du Palais-Royal, cette divergence n'est que la révélation de logiques juridiques différentes (1) qui posent le problème commun de l'unité de la personne morale étatique (2).

I. — INDÉPENDANCE ET DUALISME JURIDICTIONNEL

Sous-tendues par l'adaptation de méthodes théoriques contradictoires de reconnaissance de la personnalité morale (A), les positions respectives des deux ordres de juridiction ont des conséquences divergentes quand à l'étendue de la capacité d'ester en justice des AAI (B).

A. — *Fiction ou réalité : les méthodes divergentes des juges*

La méthode du juge judiciaire est simple et pourrait se résumer en une formule : personnalité juridique ou texte spécial. La Cour d'appel de Paris et la Cour de cassation, juges d'attribution de certaines AAI (18), ont pu développer une conception autonome de ce qu'est le régime contentieux des AAI. Dans un arrêt de sa Chambre commerciale en date du 26 octobre 1993 (19), la Cour de cassation pose un modèle d'appréciation de cette capacité en se basant sur l'exemple fourni par la Commission des opérations de bourse (COB). Le juge de cassation s'intéresse ici à la recevabilité d'un pourvoi formé par l'AAI contre un arrêt de la Cour d'appel et énonce qu'*« attendu que la COB n'a pas de personnalité juridique ; que, par ailleurs, aucun texte particulier ne l'autorise à se pourvoir en cassation d'un arrêt de la Cour d'appel de Paris [...] qu'elle-même étant ainsi dépourvue de capacité, le pourvoi qu'elle a formé est nul »* (20).

Le raisonnement est ainsi posé et se fait en deux temps. Tout d'abord, la personnalité juridique donne *ipso facto* la capacité d'ester en justice, ce qui,

(18) V. à ce propos Conseil constitutionnel, Déc. 86-224 DC, *Conseil de la concurrence, RFDA* 1987, p. 287, note B. Genevois, cette *Revue* 1987, p. 1381, note Y. Gaudemet. V. aussi P. DELVOLVÉ, « La Cour d'appel de Paris, juridiction administrative », *Études offertes à Jean-Marie Auby*, Paris, Dalloz, 1992, p. 47.

(19) Com., 26 octobre 1993, *Consorts Rezzonico et autres c/ Mizon ès qual. et autres, D.* 1994, p. 237, note N. Decoopman, *D.* 1995, p. 195, note I. Bon-Garcin.

(20) Principe confirmé par la suite. Par exemple, Cass. com., 15 mars 1994, *Mme Escher c/ Agent judiciaire du Trésor et autre, D.* 1995, p. 195, note I. Bon-Garcin, *Bull. Joly Bourse*, mai-juin 1994, p. 269, note T. Bonneau : *« Attendu que la Commission des opérations de bourse n'a pas de personnalité juridique ; que par ailleurs, aucun texte ne l'autorise à défendre dans une instance tendant à l'annulation de ses décisions et à l'indemnisation des conséquences dommageables de celles-ci ; qu'il s'ensuit que le pourvoi formé par Mme Escher n'est pas recevable en ce qu'il est dirigé contre cette Commission »*.

par principe, est exclu pour les AAI (21). Ensuite, la capacité d'ester en justice ne peut résulter, en l'absence de personnalité juridique, que d'une fiction juridique posée par un texte. En l'absence d'un régime juridique textuel uniforme des AAI, chaque autorité doit donc disposer, de par son texte institutif spécifique, de la capacité d'ester en justice pour pouvoir le faire. L'avantage, non négligeable, de cette méthode déductive de la Cour de cassation est qu'elle ne fait pas entrer en ligne de compte la qualité d'AAI de l'institution en cause, parfois difficile à déterminer. Toute institution administrative se verra appliquer cette formule et par conséquent si l'institution ne répond pas à un des critères, personnalité morale ou texte spécial, elle ne pourra être partie à l'instance. Elle sera donc suppléée par le ministre intéressé dans le contentieux de la légalité (22) et par l'Agent judiciaire du Trésor dans le contentieux indemnitaire (23). Il semble toutefois que le législateur ait pris soin de toujours prévoir, pour les AAI relevant par principe du juge judiciaire pour une part au moins de leur activité, une disposition quant à leur position procédurale. Était en particulier concernée la COB : *« Dans l'accomplissement des missions qui sont confiées à la commission par la présente ordonnance, le président de celle-ci a qualité pour agir au nom de l'État devant toute juridiction à l'exception des juridictions pénales »* (24). Une formulation proche existait pour l'Autorité de régulation des télécommunications (ART) (25) et existe toujours pour la

(21) Sous réserve d'éventuels textes qualifiant une institution d'AAI tout en lui conférant la personnalité morale. V. à ce propos les affres de la reconnaissance de la personnalité morale à la CRE évoquée *supra*. En effet, pour reconnaitre la personnalité morale, le juge judiciaire se base sur la thèse dite de la réalité technique en affirmant que *« la personnalité civile n'est pas une création de la loi ; elle appartient, en principe à tout groupement pourvu d'une possibilité d'expression collective pour la défense d'intérêts licites, dignes, par suite, d'être juridiquement reconnus et protégés »* ce qui exclut la possibilité de reconnaitre, sans texte, la personne fondatrice que pourrait être une AAI. V. Cass. civ. 2e, 28 janvier 1954, *D.* 1954, p. 217, note G. Levasseur.

(22) Même s'il n'y a pas de principe jurisprudentiel général en la matière. P. MOUDOUDOU *Recherche sur la représentation des personnes publiques en justice en droit français*, th. Tours, 1994, p. 326 et s.

(23) En application de l'article 38 de la loi du 3 avril 1955 qui lui donne compétence pour les instances judiciaires ayant pour objet de faire déclarer l'État créancier ou débiteur.

(24) Ordonnance du 18 septembre 1975 mod. À noter que l'exclusion des juridictions pénales résulte du principe *non bis in idem* : CC, 89-260 DC du 28 juillet 1989, Commission des opérations de bourse, *Pouvoirs*, n° 52, 1990, p. 188, note P. Avril et J. Gicquel, *RFDA* 1989, p. 671, note B. Genevois. Pour une application positive de la capacité d'ester en justice d'une AAI devant le juge judiciaire, Cass. Ass. plén., 5 février 1999, *COB c/ Oury, Bull. civ.*, n° 1, p. 1, *Gaz. Pal.* 2000, n° 287, p. 20, note E. Rusquec.

(25) Article L. 36-12 du Code des postes et télécommunications tel que résultant de la loi du 26 juillet 1996 : « Pour l'accomplissement des missions qui sont confiées à l'Autorité de régulation des télécommunications, le président de l'autorité a qualité pour agir en justice ». Le Code des postes et des communications électroniques (art.

CRE (26). Le Conseil de la concurrence, pour sa part, ne dispose que de la faculté de présenter des observations (27) que l'on ne peut assimiler à la personnalité contentieuse car cette possibilité ne confère pas qualité de partie (28) avec les conséquences qui y sont attachées. Reste alors que l'État, indépendamment de l'AAI, sera représenté par le ministre (29) ou plus fréquemment par l'Agent judiciaire du Trésor (30).

Ainsi, dans la reconnaissance de la capacité d'ester en justice des AAI, le juge judiciaire semble donc s'en remettre intégralement à une adaptation de la théorie de la fiction. Si le texte ne prévoit rien (ni personnalité morale, ni capacité d'ester en justice), l'AAI ne peut ester en justice (31). Ainsi, Léon Michoud (32) rappelait le système de la fiction tel que conçu chez Savigny (33), *« le législateur* suppose, *en vue d'un intérêt général, une personne fictive qu'il traite partiellement comme si elle était réelle »* mais cette personne fictive n'est qu'un *« être de raison »* (34) ; seul l'homme est une personne réelle et seule une fiction peut expliquer la personnalité juridique de ce qui n'est pas humain. L'auteur continue en précisant que la personnalité morale n'est alors qu'une *«* faveur *accordée par la loi à certains groupements qui lui en paraissent dignes »* (35). Dans une précédente publication, il exposait qu'il s'agit d'un système *« qui considère les êtres moraux comme des êtres entièrement artificiels, de pure création légale »* (36). Source unique de la

---

L. 134) reprend une disposition similaire pour l'Autorité de régulation des communications électroniques et des postes.

(26) Article 30 de la loi du 10 février 2000 : « Pour l'accomplissement des missions qui sont confiées à la Commission de régulation de l'électricité, le président de la commission a qualité pour agir en justice ».

(27) Article 9 et 11 du décret du 19 octobre 1987.

(28) Article 1-1 du décret du 19 octobre 1987.

(29) Cass. com., 27 janvier 1998, *Sté ITM France c/ le ministre de l'Économie et autres, D. Aff.*, 1998, n° 117.

(30) Ainsi, avant que la COB ne dispose de la capacité d'ester en justice, l'Agent judiciaire du Trésor a pu représenter l'État alors que le requérant concluait simplement à la réduction d'une amende : CA Paris (1re ch. COB), 6 avril 1994, *M. Conso c/ AJT,* non publié.

(31) Cette méthode a pour défaut de laisser sans réponse les cas où le texte est peu clair. Ainsi de certaines Autorités qui peuvent « transmettre » un cas à une juridiction, sans toutefois que leur qualité de partie soit affirmée. C'est alors au juge de qualifier l'action.

(32) L. MICHOUD, *La théorie de la personnalité morale*, LGDJ, 1924, rééd. 1998, t.1, p. 16. Les termes « suppose » et, plus loin, « faveur » sont mis en exergue par l'auteur.

(33) SAVIGNY, *Traité de droit romain*, trad. Guenoux, t. 1, p. 314 et s.

(34) AUBRY et RAU, *Cours de droit civil français*, t. 1, 5e éd., 1897, p. 268.

(35) L. Michoud, *op. cit.*, p. 17. Cela ne signifie pas que la théorie de la fiction soit, par construction, restrictive, le texte en question pouvant être particulièrement libéral dans l'attribution de la personnalité morale

(36) L. Michoud, « De la responsabilité de l'État à raison des fautes de ses agents », cette *Revue*, 1895, n° 3, p. 401, n° 4, p. 1, n° 5 p. 251, en particulier n° 3, p. 414.

capacité d'ester en justice, le texte (37) réclamé par le juge judiciaire est l'instrument constitutif de la fiction dont l'État reste le maître, fiction qui porte ici sur la capacité d'ester en justice et non sur la personnalité morale comme telle.

Cette construction théorique (38), si elle est admissible pour les personnes morales de droit privé, voire les personnes publiques « subalternes », est difficilement acceptable lorsqu'est évoqué l'État en ce que cela supposerait que l'État s'accorde à lui même la personnalité mais le raisonnement du juge judiciaire à propos des AAI parait pouvoir être fondé sur cette conception. En effet, l'État, dont la personnification juridique n'est pas à discuter, accorde à une institution une « Grâce » que sa « Nature » ne lui offrait pas : la capacité d'ester en justice (39).

Le juge administratif, pour sa part, a tardé à donner une réponse claire à la question de la position contentieuse des AAI (40). En tant que juge « naturel » de leur contentieux, il resta longtemps dans une certaine imprécision. Sont ainsi évoqués les arguments que *« soutient »* la Commission nationale de l'informatique et des libertés (41) ou ceux qu'avance la Haute autorité de la communication audiovisuelle (42), qualifiés d'ailleurs d'*observations*. La pratique est donc, pour les AAI, celle applicable à toutes institutions ou personnes physiques non parties à l'instance : appelées par le juge, elles vont y participer sans y être parties (43). Puis, avec la mise en œuvre d'une personnalité contentieuse sur une base textuelle (44), le Conseil supérieur de l'audiovisuel va pouvoir exercer une prérogative de partie en interjetant appel d'un jugement de Tribunal administratif (45). Mais c'est par une décision

---

(37) Sans d'ailleurs que soit précisé le niveau normatif requis.

(38) Vivement réfutée par R. SALEILLES, *De la personnalité juridique*, Paris, Rousseau, 1910, (v. notamment 14e, 15e et 16e leçons).

(39) Et sans que cela n'aille jusqu'à la reconnaissance d'une pleine personnalité morale comme il était question dans les débats des théoriciens de la fiction.

(40) Position spécifique à ces institutions, le CE refusant habituellement de reconnaitre la capacité d'ester en justice des institutions non personnalisées. V. R. CHAPUS, *Droit du contentieux administratif*, Montchrestien, 12e éd., 2006, p. 431.

(41) Conclusions P. Dondoux sous CE Ass., 12 mars 1982, *CGT*, *AJDA*, 1982, p. 541.

(42) Conclusions Roux, non publiées, sous CE Ass., 20 mai 1985, *Labbé et Gaudin*, p. 157.

(43) CE, 6 janvier 1961, *Fourcaud*, p. 1151. C'est alors le ministre qui représente l'État. V. par exemple les visas de CE, 6 juillet 1990, *Compagnie diamantaire d'Anvers et Delcourt*, *RFDA* 1991, p. 293, note F. Llorens.

(44) Article 20 de la loi du 30 septembre 1986 mod. : *« pour l'accomplissement des missions qui sont confiées au Conseil supérieur de l'audiovisuel par la présente loi, le président de celui-ci a qualité pour agir en justice au nom de l'État »*.

(45) CAA Paris, 9 juillet 1991, *Conseil supérieur de l'audiovisuel*, non publié.

implicite du 5 novembre 1993 (46) que le Conseil d'État met véritablement en place un régime contentieux unifié des AAI. Ce régime dépasse les textes spéciaux et sectoriels en la matière qui, il faut bien l'avouer, n'ont plus qu'un intérêt essentiellement indicatif (47) pour le juge administratif. Ainsi, alors que la COB ne disposait pas à l'époque d'un texte lui permettant d'ester en justice, la Haute juridiction pose un principe unique tenant à la qualité même d'AAI, et ce contre l'avis de son Commissaire du Gouvernement qui estimait que la COB *« autorité administrative indépendante, ne dispose de la personnalité juridique et n'avait pas qualité pour faire appel »* (48).

Le Conseil d'État admet donc une conception réaliste de la personnalité contentieuse de l'AAI, par cette nature même qui peut lui être conférée par la loi ou bien résulter d'une qualification jurisprudentielle. Exposant la théorie de la réalité de la personne morale, Léon Michoud la conçoit comme n'étant pas une fiction de la loi mais un être *« doué, comme la personne humaine, de la capacité naturelle de vouloir et d'agir »* (49). Le mode de raisonnement du Conseil d'État, s'agissant de la reconnaissance de la personnalité contentieuse est similaire en ce qu'il déduit d'une réalité juridique existante, le principe d'indépendance, une conséquence nécessaire, la capacité d'ester en justice. Ainsi est rompu le monopole classique, sauf texte contraire, de la représentation de l'État devant le juge administratif par le ministre intéressé ou l'un quelconque des ministres intéressés (50). La justification de cette jurisprudence semble devoir être le caractère indépendant de l'AAI qui, pour être complet, doit s'étendre à l'instance. Mais il faut remarquer que cette dérogation est strictement cantonnée au domaine de ces institutions particulières. Deux exemples peuvent être relevés d'organes exerçant des compétences

---

(46) CE, 5 novembre 1993, *COB*, T., p. 944 : *« La Commission des opérations de bourse, autorité administrative indépendante, a qualité pour agir, sans qu'il soit besoin pour le ministre de s'approprier sa requête »*. La décision est disponible *in extenso* sur le site *Légifrance*. Assez bizarrement, il y est fait état d'arguments présentés par le ministre et non par la COB.

(47) Ils sont par exemple relevés, au même titre que la jurisprudence de 1993, dans Conseil d'État, *Rapport public 2001, EDCE*, n° 52, pp. 293 et 298.

(48) Conclusions M. Sanson, non publiées.

(49) L. Michoud, « De la responsabilité de l'État à raison des fautes de ses agents », *op. cit.*, en part. p. 414. V. également, à propos de la théorie de la réalité des personnes morales : O. von GIERKE, *Die Genossenschaftstheorie und die deutsche Rechtsprechung*, Berlin, Weidmann, 1887 ; M. Hauriou, « De la personnalité comme élément de la réalité sociale », *Revue générale du Droit*, 1898, p. 5.

(50) CE, Sect., 13 janvier 1961, *Bestaux*, p. 35. Voir également C. just. adm., art. R. 431-9, R. 811-10 et R. 432-4. Pour une étude complète de la question voir P. Moudoudou, *op. cit.* Léon Michoud (*La théorie de la personnalité morale*, *op. cit.*, p. 304) relevait déjà que l'État est représenté en justice par différents fonctionnaires mais que, à partir du moment où la décision de justice lui est opposable dans son ensemble, il n'est pas question d'une pluralité de personnes morales.

administratives de manière indépendante et auxquels le Conseil d'État n'a pas reconnu de capacité d'ester en justice à défaut de qualification d'AAI. C'était le cas des anciens Conseils de révision, soustraits au pouvoir hiérarchique du ministre des Armées par la loi du 9 juillet 1965, mais dont les décisions, déférées au tribunal administratif étaient attaquées par le ministre et défendues par leurs bénéficiaires. De même, et plus proche de notre temps, en va-t-il du régime contentieux des actes administratifs des Chambres régionales des comptes. Un jugement du Tribunal administratif de Marseille est particulièrement éclairant en ce que c'est le ministre qui défend les observations définitives de la Chambre régionale des comptes à propos de la gestion d'une Société d'économie mixte (51).

Il y a donc une certaine insuffisance dans le raisonnement du Conseil d'État en ce que la notion d'indépendance n'est pas la clé unique de la personnalité contentieuse puisque seule l'AAI en est dotée. Cette conception est donc basée sur une méthode de réalité institutionnelle et peut-être faudrait-il en arriver à un système de réalité fonctionnelle, s'intéressant plus à la manière de prendre l'acte qu'à l'institution qui l'a pris.

Plus encore que de pure logique, les conceptions opposées des deux juridictions suprêmes ont des conséquences pratiques divergentes sur l'étendue de la capacité contentieuse des institutions en cause.

B. — *Spécialité ou plénitude contentieuse : les effets divergents des jurisprudences*

La Cour de cassation, en restant à la stricte application d'un texte spécial, est mécaniquement limitée par les prévisions de celui-ci et ne peut conférer à l'AAI en cause des compétences contentieuses que le texte ne lui donne pas. Toutefois le législateur avait pris garde, pour certaines autorités, de leur conférer une véritable personnalité contentieuse fonctionnelle, expression qu'il faut comprendre comme désignant une capacité d' ester en justice qui s'étend à l'ensemble du contentieux relatif aux missions dont l'autorité a la charge, à la fonction et aux compétences qu'elle exerce selon les textes qui la régisse. Ainsi en était-il de la COB pour laquelle son président pouvait agir au nom de l'État « *dans l'accomplissement des missions qui sont confiées à la*

---

(51) TA Marseille, 1er mars 1995, *Sté SEMICA et Commune de La Ciotat, RFDA* 1996, p. 136 avec les conclusions de G. Ferulla. Le ministre rompt ici avec une habitude contraire consistant à ne pas défendre les actes d'une chambre régionale des comptes qui ne se trouve pas sous son pouvoir hiérarchique (TA Strasbourg, 4 juillet 1985, *Commissaire de la République de la Moselle c/ Président du conseil général de la Moselle, AJDA*, 1985, p. 728). V. aussi à ce propos CE, 10 janvier 1986, *Chambre régionale des comptes d'Île-de-France*, p. 6, *AJDA* 1986, p. 187, obs. critiques J. Moreau.

commission » (52). Les formulations étaient ou sont proches pour les autres autorités textuellement dotées de la personnalité contentieuse. Dès lors il y a là une limite *ratione materiae* ; la capacité d'ester en justice de l'AAI devant le juge judiciaire est tenue, pour ainsi dire, par un principe de spécialité contentieuse.

Cela pose une difficulté car si certaines AAI se sont vues reconnaitre, devant le juge judiciaire, qui est leur juge d'attribution, d'autres statuts procéduraux que celui de partie (53), il n'est pas exclu que des AAI relevant en principe du juge administratif soient attraites devant lui. Plus encore, on peut imaginer des cas spécifiques où l'AAI relevant du juge judiciaire sortirait des limites contentieuses fonctionnelles que lui fixe son texte institutif. Tel serait en effet le cas d'une AAI disposant d'un véhicule qui causerait un dommage (54) ; on pourrait tout aussi bien l'imaginer commettant une voie de fait. Dans ces cas, que l'on peut bien considérer comme de véritables cas d'école, le raisonnement du juge judiciaire l'amènera nécessairement à faire intervenir le ministre ou l'Agent judiciaire du Trésor dans l'instance et l'AAI, première intéressée, ne pourra se faire entendre.

Conditionnée et limitée par la mission de l'AAI, la personnalité contentieuse textuellement accordée est strictement cantonnée au domaine de la légalité. Dès l'instant que l'AAI est un organe dépourvu de personnalité morale et donc de patrimoine propre, l'action en responsabilité dirigée contre elle est par principe irrecevable. C'est donc l'Agent judiciaire du Trésor, sur le fondement de sa compétence pour défendre les deniers de l'État, qui représentera celui-ci dans l'instance judiciaire. Cette conception semble être confirmée par la jurisprudence (55) qui n'hésite pas à accepter la compétence de l'Agent judiciaire du Trésor, au moins aux cotés de l'institution dont l'acte est mis en cause, celle-ci étant sans doute plus à même de défendre sa légalité lorsqu'elle est dotée, par un texte, de la personnalité contentieuse fonctionnelle.

À l'inverse de son homologue judiciaire, le juge administratif reconnait l'AAI comme partie ès qualité. Plus encore, la Haute juridiction administrative ne semble pas limiter le domaine matériel d'action contentieuse de l'institution

(52) Art. 1er de l'ordonnance du 28 septembre 1967 mod.

(53) Ainsi en est-il du Conseil de la concurrence qui dépose de simples observations ou de l'ART qui a pu faire de même dans le cadre de la procédure de règlement de différends. V. CA Paris, 1re ch., Sect. H, 6 avril 2004, *France Télécom*, *DA* 2004, n° 117, note M. Sénac de Monsembernard : « *l'Autorité, qui n'est pas partie à l'instance, peut présenter des observations écrites...* » mais ceci sous la prévision des articles R. 11-2 et R. 11-5 du Code des postes et télécommunications. V. à propos de la CRE, Com., 22 février 2005, *Sinerg, D.* 2005, p. 1835 note P.-A. Jeanneney, *Concurrences*, 2005, n° 2, p. 96, note M. Lombard, *AJDA* 2005, p. 1218, chron. L. Richer, *RLC* 2005 n° 3, p. 107, note M.-A. Frison-Roche.

(54) Loi du 31 décembre 1957 créant un bloc de compétence en la matière.

(55) CA Paris, 14 mai 1997, *Sté Compagnie générale de l'immobilier Georges V et autres c/ Agent judiciaire du Trésor*, *JCP* E, p. 160, note A. Couret.

et, si le juge judiciaire reconnait seulement une personnalité contentieuse fonctionnelle, force est de constater que le juge administratif admet une pleine personnalité contentieuse de l'AAI. C'est ainsi que la Cour administrative d'appel de Paris (56) a pu admettre la demande en première instance de la COB dans le cadre d'un contentieux portant sur la taxe d'habitation, ce qui est bien éloigné de la mission de l'autorité de régulation. Elle considère que la Commission *« qui, bien que ne disposant pas de la personnalité morale, est une autorité administrative indépendante, a qualité pour agir devant la juridiction administrative tant en première instance qu'en appel, sans qu'il soit besoin pour le ministre de s'approprier son action »*. Le Conseil d'État (57) confirmera implicitement cette extension de la personnalité contentieuse au-delà de ce qu'est la fonction de l'AAI, refusant ainsi de partager les vues du juge judiciaire en la matière. On pourrait objecter qu'en l'occurrence, la COB disposait d'une personnification contentieuse textuelle et que cette pleine personnalité contentieuse ne s'appliquerait alors qu'aux AAI auxquelles le législateur a donné une place particulière. Il semble que cet élément n'ait toutefois pas été pris en ligne de compte par le Conseil d'État, son commissaire du Gouvernement lui rappelant l'identité de la solution à appliquer aux différentes AAI (58).

Il faut donc noter que l'existence d'un texte fixant le statut de l'AAI dans l'instance ne semble pas avoir d'influence sur le juge administratif. Ainsi, la Commission de contrôle des campagnes électorales et des financements politiques, qualifiée d'AAI par le Conseil constitutionnel dans ses décisions du 31 juillet 1991 (59), ne dispose pas de statut procédural particulier. Seul l'article L. 52-15 du Code électoral lui permet, en cas de non respect de certaines obligations par le candidat, de saisir le juge de l'élection. Or, le Conseil d'État a précisé, dans un avis contentieux, que la Commission n'est pas alors appelée à présenter des conclusions relatives aux conséquences qui

---

(56) CAA Paris, 2e ch. A, 1er décembre 1998, *Commission des opérations de Bourse, Revue de droit fiscal*, 1999, p. 1285, concl. M. Martel.

(57) CE, Ass., 23 février 2001, *Commission des opérations de Bourse, Revue de droit fiscal*, 2001, p. 836, concl. G. Bachelier.

(58) Conclusions précit., *« Ce que vous jugerez aujourd'hui pour la COB vaudra pour les autres autorités administratives indépendantes placées dans une situation comparable c'est-à-dire non dotées de la personnalité morale car la solution que vous retiendrez sera normalement transposable par exemple aux autorités de régulation chargées d'intervenir dans des secteurs marqués par la fin de monopoles telles l'Autorité de régulation des télécommunications ou la Commission de régulation de l'électricité mais également le cas échéant à des autorités aussi diverses que par exemple le Médiateur de la République, le Médiateur du cinéma ou le Défenseur de l'enfant ou encore la Commission des sondages, la Commission des infractions fiscales... »*.

(59) Décisions 91-1141/1142/1143/1144, *AN Paris (13e circonscription)* du 31 juillet 1991, p. 114.

doivent en être tirées (60) et n'a donc pas qualité de partie dans le cadre de cette compétence (61) mais par une décision *Élections municipales de Tonneins* (62) la Haute juridiction donne qualité de partie à la Commission en admettant qu'elle puisse interjeter appel du jugement du tribunal administratif ainsi saisi. Plus précisément, il estime que *« le ministre de l'Intérieur, au même titre que la Commission, a qualité pour faire appel, au nom de l'État, dudit jugement »*. Deux points sont ici à relever. Tout d'abord, et hors même de l'habilitation textuelle strictement interprétée, l'AAI a ici une compétence contentieuse. Ensuite, ce n'est pas la Commission qui a à proprement dire la qualité de partie mais bien l'État représenté à la fois par la Commission et par le ministre.

Il y a ainsi dans la conception du Conseil d'État une vision matériellement extensive de la personnalité contentieuse des AAI. En l'occurrence, même si un texte vient donner une personnalité contentieuse fonctionnelle, le juge administratif ne le considère que comme surabondant car s'il donne une compétence spécifique dans un certain domaine, celle-ci reste incluse dans la compétence contentieuse générale dont dispose l'AAI de par sa nature même. On peut seulement penser que si un texte législatif faisait défense expresse à une telle institution d'ester en justice dans tel ou tel contentieux, le Conseil d'État s'inclinerait.

La pleine personnalité contentieuse de l'AAI est toutefois à relativiser. En effet, il faut constater que le ministre dispose toujours de l'aspect indemnitaire du contentieux des AAI. Il est affirmé, depuis la décision *Kampmann* du 12 février 1960 (63), que ces autorités *« n'ont ni personnalité juridique, ni patrimoine propre »*. Ainsi, l'action en responsabilité en raison des activités des institutions dépourvues de patrimoine propre doit être dirigée contre l'État même si elles ont obligation de transmettre aux autorités compétentes les demandes dont elles sont incompétemment saisies. Comme le relève le Professeur François Llorens, la COB n'ayant pas de personnalité morale ou de patrimoine, *« les décisions liant le contentieux sont, en effet, prises, non pas par elle, mais par l'autorité compétente de l'État, en l'occurrence le ministre*

---

(60) CE, Avis cont., 29 juillet 1994, *Mme Zohra Piccarreta*, p. 397, *AJDA* 1994, p. 756 : par suite l'acte par lequel la Commission saisit le tribunal administratif ne peut être regardé comme une requête et ne donne pas lieu au paiement du droit de timbre.

(61) Elle ne peut se désister de sa saisine : CE, 30 novembre 1998, *CCFP*, *Gaz. Pal.*, 29-30 déc. 1999, p. 9.

(62) CE, Sect., 26 juillet 1996, *Élections municipales de Tonneins (Lot-et-Garonne), M. Tacco*, p. 307, *RFDA* 1996, p. 1077, ccl. G. Bachelier, *DA* 1996, n° 481, note B. Maligner.

(63) CE, Sect., 2 février 1960, *Kampmann*, p. 107, *AJDA* 1960.I.46, chron. M. Combarnous et J.-M. Galabert. Solution reprise dans CE, 22 juin 1984, *Sté Pierre et Cristal*, T. p. 506.

des Finances » (64). Cette compétence du ministre pour prendre la décision est confirmée par la Cour administrative d'appel de Paris dans son arrêt du 25 janvier 2000 *Kechichian* où l'on remarque, dans une action indemnitaire concernant la fonction administrative de la Commission bancaire, que la décision de rejet du recours administratif n'est pas l'œuvre de l'AAI mais du ministre, qui doit alors en assurer la défense. La Cour sera d'ailleurs soutenue dans cette voie par le Conseil d'État (65). Ceci révèle un risque de contradiction (66) dans une même affaire entre la position qu'adopterait une AAI pour la défense de la légalité d'un de ses actes et celle que choisirait le ministre dans le cadre d'un contentieux indemnitaire à propos des dommages causés par le même acte. Ainsi, même devant le juge administratif qui en a pourtant une conception extensive, la compétence contentieuse de l'AAI se trouve limitée au seul contentieux de la légalité et se heurte donc à la compétence indemnitaire du ministre.

Cette possible opposition entre le ministre et l'AAI, si elle est la conséquence logique du principe d'indépendance, vient questionner le dogme de l'unité de la personnalité morale de l'État.

II. — Indépendance et unité de l'État

La reconnaissance par les textes ou le juge de la qualité de partie à l'AAI permet de relever dans l'instance contentieuse une opposition entre deux institutions de l'exécutif (A) alors que c'est la décision juridictionnelle qui va permettre de préserver l'unité de la personne morale qu'est l'État (B).

A. — *La révélation contentieuse d'une divergence dans l'exécutif*

Traditionnellement, l'unité administrative de l'État est assurée par deux moyens. D'une part, on distingue le principe de répartition des compétences qui, dans sa pureté, prévoit qu'une seule autorité a, en dernier ressort, pouvoir de décision dans une matière déterminée. Bien entendu ce pouvoir de décision administrative suprême ne doit pas être compris comme pouvoir souverain, illimité, en ce qu'il reste borné par le principe de légalité. D'autre part, on

(64) CE, Sect., 6 juillet 1990, *Compagnie diamantaire d'Anvers et Delcourt*, *RFDA* 1991, p. 293, note F. Llorens.

(65) CE, Ass., 30 novembre 2001, *ministre de l'Économie, des Finances et de l'Industrie, DA* 2002, n° 18. Voir aussi, antérieurement, CE, 13 juin 2001, *Verdure*, p. 261 : à propos d'une demande indemnitaire adressée au Conseil supérieur de l'audiovisuel et que celui-ci aurait dû transmettre au ministre compétent.

(66) Ce risque restant marginal dans une telle configuration car il est en principe de l'intérêt de l'AAI comme du ministre de voir l'acte reconnu légal.

trouve le principe hiérarchique qui suppose qu'au sommet d'une pyramide décisionnelle déterminée se trouve une autorité qui dispose, en dernier ressort, de ce pouvoir de décision. Ce pouvoir hiérarchique est un *« lien [...] absolu, à la différence du contrôle existant entre personnes publiques : il permet au supérieur de donner des ordres ; il traduit l'existence d'une obligation de conformité »* (67) par l'usage des pouvoirs d'instruction, d'annulation, de réformation. Il s'exerce tant pour une question de légalité, avant l'intervention du juge, que pour une question d'opportunité, dont le juge ne peut connaitre. Reste que ces moyens d'unification de la volonté au sein de la structure exécutive sont remis en cause par l'existence même des AAI. Entièrement soustraites au pouvoir hiérarchique, intervenant dans des domaines dont les ministres ne sont pas entièrement dessaisis, elles peuvent révéler, au contentieux, une divergence d'appréciation dans l'exécutif, dans l'État.

En effet, la possibilité, pour le ministre, de s'opposer par un recours juridictionnel à un acte d'une AAI est une prérogative qui lui est reconnue par le Conseil constitutionnel. Ainsi, dans leur décision n° 86-217 DC du 18 septembre 1986 (68), les Sages de la rue Montpensier relèvent que, *« dans l'exercice de ses compétences, la Commission nationale de la communication et des libertés sera, à l'instar de toute autorité administrative, soumise à un contrôle de légalité qui pourra être mis en œuvre tant par le Gouvernement, qui est responsable devant le Parlement de l'activité des administrations de l'État, que par toute personne qui y aurait intérêt »*. Cette justification se prolonge par la responsabilité pécuniaire qui peut découler des activités d'une telle institution. Comme il a été vu plus haut, depuis la jurisprudence *Kampmann* (69), les institutions dépourvues de patrimoine propre engagent la responsabilité de l'État. Pour reprendre l'expression du Professeur Jacques Chevallier (70), *« elles sont dépourvues de personnalité morale : elles représentent juridiquement l'État, au nom duquel elles agissent, réglementent, décident, contrôlent ; et l'État est responsable de leurs agissements »*. Il est donc légitime que le ministre dispose de la possibilité de déférer l'acte au contrôle du juge de la légalité avant que ne se réalise un préjudice du fait de cet acte. C'était la solution la plus raisonnable sauf à donner au ministre un pouvoir propre d'annulation de tels actes, ce qui aurait réintroduit le principe hiérarchique et aurait atteint l'indépendance de ces autorités. Or, elles sont *« placées en dehors de la hiérarchie administrative, elles ne reçoivent ni ordres, ni instructions : elles exercent les attributions qui leur sont confiées en toute indépendance et les décisions qu'elles prennent dans le cadre de*

---

(67) Y. GAUDEMET, *Traité de droit administratif*, *op. cit.*, p. 54.

(68) 86-217 DC du 18 septembre 1986, *Liberté de communication*, *Pouvoirs*, n° 41, 1987, p. 204, note P. Avril et J. Gicquel, cette *Revue*, 1989, p. 458, note L. Favoreu.

(69) CE, Sect., 2 février 1960, *Kampmann*, précit.

(70) J. Chevallier, « Réflexions sur l'institution des autorités administratives indépendantes », *JCP* 1986-II-3254.

leur compétence sont dotées de force exécutoire ; les seules limites consistent dans l'obligation qui leur est faite de rendre compte de leurs activités dans un rapport annuel et dans le contrôle exercé par le juge administratif » (71) ou judiciaire.

Ainsi, la dévolution d'un secteur à une AAI ne signifie pas que le ministre « intéressé », c'est-à-dire fonctionnellement compétent (72), soit dessaisi. Il peut signer les recours, les mémoires en défense, et les mémoires en intervention présentés au nom de l'État. C'est ce qui permet ainsi au ministre chargé du commerce et de l'artisanat de déférer au juge une décision de la Commission nationale d'équipement commercial (73). C'est ce qui permet aussi de voir une double compétence contentieuse pour représenter l'État ou plutôt la possibilité que deux institutions puissent représenter l'État (74). Ainsi, il est plus juste de considérer que « l'exécutif spécialisé » n'épuise pas la compétence, au moins sur le plan contentieux, de l'institution généraliste. Il n'est d'ailleurs pas rare de constater que le ministre s'associe aux conclusions de l'AAI.

Déchargée du poids hiérarchique, y compris dans l'instance, l'AAI n'est donc tenue que par le principe de légalité, qu'elle appréciera au moment de l'édiction de son acte et sur lequel on ne pourra agir que par le recours au juge. Il peut donc y avoir une divergence d'appréciation entre institutions non personnalisées de l'État sur la légalité d'un acte, divergence qu'il n'est pas possible de résoudre, au sein de l'exécutif, par la voie des techniques habituelles d'unification de la volonté de la personne morale qu'est l'État. Reste à relever que cette divergence ne peut porter que sur une question de légalité, l'opportunité restant du domaine d'appréciation exclusif de l'AAI. Ainsi, lorsqu'une AAI choisit de prendre une décision en toute légalité, rien ne pourra venir remettre en cause cette volonté (75). Ce ne sont pas alors des droits subjectifs qui peuvent être discutés, une institution non personnalisée n'en disposant pas, mais uniquement un contentieux objectif qui oppose deux institutions de l'État et agissant en son nom unique.

On ne peut donc que nuancer les conclusions sous l'arrêt de la Cour administrative d'appel de Paris du 1er décembre 1998, dans lesquelles le commissaire du Gouvernement explique que, dans l'espèce en cause *« la COB n'intervient pas au nom de l'État mais en tant qu'autorité administrative indépendante, défendant ses intérêts propres [...]. Nous vous proposons donc de juger que la COB est recevable à agir en justice surtout dans un litige*

---

(71) *Idem.*

(72) CE, 13 mars 1961, *ministre des Affaires économiques c/ Veuve Josset*, p. 179.

(73) CE, 22 février 1999, *CCI de Touraine et autres*, *DA* 1999, n° 186 : *« le ministre chargé du Commerce et de l'Artisanat a qualité pour déférer au juge de l'excès de pouvoir une décision de la commission nationale d'équipement commercial »*.

(74) CE, Sect., 26 juillet 1996, *Élections municipales de Tonneins (Lot-et-Garonne), M. Tacco*, précit.

(75) Sauf, bien entendu une modification du bloc de légalité.

qui l'oppose à l'État. Cette question est actuellement réglée puisque l'article 89 de la loi du 2 juillet 1996 [donne] qualité au Président de la COB pour agir au nom de l'État devant toute juridiction à l'exception des juridictions pénales » (76). La COB serait elle « moins » recevable à agir dans un litige qui ne l'opposerait pas à l'État ? Défend-elle réellement ses intérêts propres ? Il faut au contraire considérer qu'elle intervient bien au nom de l'État en vertu des textes et des principes régissant *« l'ordre juridique partiel »* (77) qu'il constitue. Elle défend, plus que des intérêts propres, dont elle ne dispose pas, les intérêts que cet « ordre juridique partiel » lui donne spécifiquement à défendre, hors de tout lien hiérarchique. Reste qu'ici, c'était l'assujettissement de la COB à la taxe d'habitation qui était contesté et que lui refuser la capacité d'ester en justice aurait amené à admettre que c'était le ministre de l'Economie qui devait agir, pour le compte de la COB, organe de l'État... contre lui-même, défendeur à l'instance comme organe représentant l'État. Le débat contentieux relèverait alors de l'absurde ou au moins d'une certaine schizophrénie administrative.

Ainsi, qu'elles soient conjointes ou opposées, l'État peut faire entendre deux voix dans le débat contentieux. Cela signifie en particulier que l'existence d'une personnalité contentieuse de l'AAI ne met pas fin à la compétence contentieuse du ministre, y compris dans la défense des actes de l'AAI. L'État, qui est en charge de l'intérêt général, exprime donc la conception que peut en avoir le ministre mais aussi celle de l'institution indépendante. Toutefois, c'est surtout sur la légalité d'un acte que se pose la question d'un manque d'harmonie dans ce chœur à deux voix. L'autorité indépendante et le ministre intéressé peuvent avoir des appréciations divergentes sur cette question. C'est donc le juge qui tranchera et par sa fonction de juridiction (78), sera l'interprète ultime de la légalité. Pour résumer ce système, dans un conflit entre organes de l'État (l'AAI et le ministre), c'est un autre organe de l'État (le juge) qui appliquant une norme édictée par d'autres organes étatiques ou péri-étatiques (législateur national ou communautaire, constituant...) sera la voix ultime de l'État, de par la capacité de synthèse des volontés ci-dessus relevées. Malgré ce que certains pourraient considérer comme une « cacophonie contentieuse », c'est donc, en fin de processus et de procès, le juge qui donnera la position unique et légale de l'État.

(76) CAA Paris, 1er décembre 1998, *Commission des opérations de Bourse, Revue de Droit Fiscal,* n° 746, concl. M. Martel.

(77) Pour reprendre la construction de Kelsen, rappelée par J.-B. AUBY, *La notion de personne publique en droit administratif*, th., Bordeaux, 1979, pp. 48 et 49.

(78) Au sens étymologique de *jurisdictio*, de *jus dicere* : dire le droit.

B. — *La reconstitution contentieuse de l'unité de la personne morale*

On ressent une certaine gêne face à l'affirmation qu'une seule et même personne morale peut se trouver être à la fois demandeur et défendeur à l'instance contentieuse, gêne accrue par le fait que cette personne morale soit une personne publique. Ainsi, certains ne peuvent considérer, dans une personne morale, qu'une unité de volonté, unité qui ne peut exister si un procès met face à face deux organes de l'État. Pour Marquès di Braga et Camille Lyon (79), non seulement l'État pris comme tel n'est pas doté de la personnalité morale mais chaque département ministériel, pour ce qui le concerne, en est, lui, doté. Ils justifient leur position par la représentation en justice assurée par le ministre placé à la tête de ces départements et par l'existence de patrimoines propres susceptibles de s'accroître par le jeu des libéralités (80). Mais les auteurs vont au-delà encore dans leur appréciation de cette pluralité de personnes morales en estimant que même en l'absence d'une individualité financière, on peut trouver dans un département ministériel une personne morale. Ils auront sans doute trouvé dans un jugement du Tribunal de grande instance de Bourges du 3 mai 1960 un soutien de poids lorsqu'il expose *« que le ministère des Armées et le ministère des Travaux publics constituent des personnes morales de droit public, distinctes, autonomes et indépendantes l'une de l'autre, chacun des ministères dont il s'agit n'ayant aucune autorité réciproque sur l'agent ne dépendant pas de ses services »* (81). M. Hauriou va plus loin et considère qu'il *« y a personnalité morale dans un service public s'il y a jouissance de droits propres au service ; il y a jouissance de droits s'il y a dotation en propriété ou si le service public a été admis à ester en justice pour défendre ses prérogatives »* (82). Cela reviendrait à accorder la personnalité morale aux AAI, comme à d'autres institutions d'ailleurs (83). Cependant la personnalité contentieuse des AAI ne peut être prise

(79) M. Di Braga et C. Lyon, « Comptabilité de fait », *Répertoire du droit administratif Béquet*, t. VII, Paris, Paul Dupont Editeur, 1889, n° 172 et s., p. 11.

(80) Cet aspect patrimonial serait justifié par un projet de décret en Conseil d'État du 6 décembre 1884 autorisant les ministres de la Guerre et de la Marine et des Colonies à accepter, chacun en ce qui le concernait, le legs particulier fait aux armées de terre et de mer.

(81) TGI Bourges, 3 mai 1960, *Beauvais c/ Trésor public, D.* 1960, J, p. 395.

(82) M. Hauriou, note sous CE, 3 février 1899, *Joly*, *Sirey*, 1899, III, p. 121.

(83) CE, 24 juin 1960, *Grand Chancelier de la Légion d'Honneur*, p. 422 : le Grand Chancelier de la Légion d'Honneur a qualité pour exercer les actions ayant pour objet la conservation des biens de l'Ordre alors que le Garde des Sceaux est le seul capable d'exercer les actions relatives au droits et prérogatives des membres de l'Ordre. B. Delcros considère ainsi que le Grand Chancelier dispose d'une véritable personnalité patrimoniale à son profit (B. DELCROS, *L'unité de la personnalité juridique de l'État*, LGDJ 1976, p. 120). Nous préfèrerons pour notre part évoquer une personnalité contentieuse fonctionnelle dont la fonction est justement d'ordre patrimonial.

comme un indice ou comme le critère de la personnalisation juridique de l'institution car elle n'est que le révélateur d'un système d'organisation de la personne morale étatique à l'intérieur de laquelle existent des institutions dotées d'une marge d'autonomie, y compris en matière contentieuse. Pour être une personne morale « parfaite » donc unique (84), l'État doit être en mesure de présenter une volonté unique, de ramener la multitude à l'unité.

Il faut donc aboutir à *« une relative concentration du pouvoir de décision final, qui demeure au sein de l'État »* (85), entre les mains d'un juge disposant de la possibilité d'exprimer la volonté finale de la personne morale (86). Au sein d'un organisme complexe comme l'État, c'est la théorie de l'organe (87) qui permet d'avoir l'approche la mieux adaptée. De manière plus explicite et pour citer M. Delcros (88), *« dans cette théorie, l'organe n'a pas de volonté ni d'intérêt propre, il n'a que des compétences à exercer et celles-ci ne lui confèrent aucun droit particulier ».* Il n'y a donc qu'une seule personne juridique, ici l'État, et *« son organe n'est pas quelque chose qui soit distinct d'elle ; il est une partie d'elle-même dont elle se sert comme la personne physique de la bouche ou de la main ; car l'organisation juridique dont il est le produit appartient à l'essence de la personne morale ; elle est comme son corps juridique, sans laquelle elle est incapable d'exister. Lorsque le maire d'une ville donne mandat à un avoué de plaider pour elle en justice, le maire est un organe, l'avoué un représentant »* (89).

Mais le point le plus important de cette théorie est que, dans le rapport de l'organe avec la personne, *« la conscience et la volonté de son organe, sont dans tous les cas, considérées comme étant sa propre conscience et sa propre volonté* (90), *à cette seule condition que l'organe ait agi en cette qualité et dans les limites de sa compétence »* (91). Plus encore, ce problème de compétence, dans le cadre d'une seule et même personne morale, n'est

---

(84) L. MICHOUD, *La théorie de la personnalité morale*, LGDJ, 3e éd., 1932, t. 1, p. 25 : *« La notion de personnalité publique de l'État peut seule lui conserver son unité ».*

(85) R. HERTZOG, « Les personnes publiques n'ont pas de compétences », *in Mélanges Jean Waline, Gouverner, administrer, juger*, Dalloz, 2002.

(86) Peu importe qu'il soit extérieur à l'exécutif tant qu'il fait partie de la personne morale.

(87) Elle doit son origine à l'école germaniste avec Gierke ou Preuss. En France, il faut notamment relever A. MESTRE, *Les personnes morales et le problème de leur responsabilité pénale*, Paris, Rousseau, 1889, p. 211 et s.

(88) B. DELCROS, *L'unité de la personnalité juridique de l'État, op. cit.*, p. 283.

(89) L. MICHOUD, *La théorie de la personnalité morale, op. cit.*, rééd. 1998, p. 130. Voir aussi G. JELINEK, *L'État moderne et son droit*, Paris, rééd. Panthéon-Assas, 2005, t. 2, p. 248 et suiv. : *« Le représentant et le représenté sont et restent deux ; le groupe et l'organe sont et restent une seule personne ».*

(90) Comprendre : « celle de la personne ».

(91) L. Michoud, *op. cit.*, p. 131.

pas *« susceptible de donner lieu à un recours contentieux ; il est réglé dans le cadre du pouvoir hiérarchique »* (92). En l'absence, pour les AAI, de cette « clé hiérarchique » permettant de trancher les conflits, on trouve ici la légitimation du pouvoir donné au ministre de faire contrôler par le juge la légalité de leurs actes. Si l'organe-AAI dépasse la compétence que lui a donnée un texte, il est tout à fait juste, et même nécessaire, qu'un autre organe, l'organe-ministre, puisse faire sanctionner cette incompétence. À plus forte raison, on pourrait considérer que n'a été donnée à l'AAI que la compétence de prendre des actes légaux et que, s'écartant de cette légalité de référence, elle en vient, en commettant une illégalité, à violer sa compétence.

Un autre point soulevé par Léon Michoud est la relation entre les organes de l'État. Il estime qu'entre *« plusieurs organes d'une même personne morale et notamment de l'État, il peut y avoir des difficultés de compétence, mais point de droits subjectifs s'opposant les uns aux autres »* ce qui explique la nature objective du contentieux pouvant naître entre le ministre et l'autorité indépendante voire entre différents ministres. En effet, la jurisprudence montre qu'entre départements ministériels mêmes, il peut y avoir une divergence qui se résout devant le juge. Ainsi, dès 1822, le Conseil d'État admet l'introduction d'une instance *« par un pourvoi du ministère de l'Intérieur contre la décision du ministre de la Guerre »* (93). Dans un cas proche, Alibert souligne que *« c'est plus qu'un litige entre frères ennemis, c'est l'État qui se fait un procès à lui-même »* (94) mais il corrige cette étrangeté en remarquant que cela s'explique si l'on isole le recours pour excès de pouvoir de toute notion de patrimoine et de personnalité civile. Il convient simplement d'ajouter que, plus qu'une question de recours en excès pouvoir, c'est lorsqu'une question de simple légalité (95) se pose que le contentieux entre organes de l'État s'admet.

De plus, comme le remarque M. Placide Moudoudou (96), *« le recours d'un ministre contre l'acte d'un autre ministre [...] doit être regardé comme un acte interne, c'est-à-dire comme un acte entrant dans l'organisation « intérieure » de l'État »* (97). L'État, *via* le juge, tranche en effet lui-même la question de la légalité de ses propres actes. Le juge, organe de l'État, peut donc aussi opérer le contrôle de la légalité de l'acte d'une AAI, également organe de l'État, y compris à la demande d'un ministre, lui aussi organe de

(92) B. KORNPROBST, *La notion de partie et le recours pour excès de pouvoir*, Paris, LGDJ 1959, p. 170.

(93) CE, 21 juillet 1822, *ministre de l'Intérieur c/ ministre de la Guerre*, p. 164.

(94) Alibert, note sous CE, 2 novembre 1934, *ministre de l'Intérieur, S.* 1935, III, p. 105.

(95) Pour tout dire, un contentieux objectif.

(96) P. Moudoulou, *op. cit.*, p. 81.

(97) Cela n'empêche pas Monsieur Francis Lamy d'estimer que dans de telles affaires, *« l'État est schizophrène, deux ministres ont produit des mémoires au soutien de thèses radicalement opposées »*, conclusions sur CE, Sect., 23 mai 2001, *ADEPAL*, *CJEG*, 2001, p. 474.

l'État. Cela explique d'ailleurs la « spécialité contentieuse » des AAI qui peut aussi se concevoir pour les autres organes de l'État, tel le « ministre intéressé ». En effet, la compétence (98) dont dispose un organe circonscrit son champ d'intervention, y compris pour ce qui est de sa capacité à ester en justice (99). C'est donc sur l'étendue de cette compétence que la question est déplacée et que perdure l'opposition entre la Cour de cassation, qui ne l'admet que dans la mesure où un texte la prévoit, et le Conseil d'État, qui a élaboré un véritable statut contentieux extensif de l'AAI.

Ainsi, l'existence de plusieurs voix contentieuses dans l'État et d'un organe tranchant ultimement ce contentieux traduit sans doute moins une divergence entre organes qu'un mode d'élaboration de la volonté de la personne morale. Il n'y a donc qu'une seule « voix » de la personne morale, celle du juge qui prend en compte, en plus de sa propre interprétation basée uniquement sur le droit, celle des différents organes : ministres, autorités administratives indépendantes, mais également les *jurislateurs* (100) qui fixent les compétences, moyens et domaines d'intervention des autres organes (101), éventuellement en toute opportunité. Cela était déjà bien expliqué par Léon Michoud lorsqu'il écrivait que *« ce que l'on considère comme la volonté de l'être moral c'est, au fond, celle d'un ou de plusieurs de ses représentants. Que l'on désigne ces représentants sous le nom d'*organes*, nous y consentons, mais à condition qu'on se rende bien compte de la différence entre ces organes et ceux de l'être physique. Dans celui-ci, ce n'est pas l'organe, c'est la personne même qui a en elle la volonté et l'intelligence ; l'organe n'est que son instrument passif. Dans la personne morale, c'est exactement l'inverse : ce n'est pas la personne, c'est l'organe qui veut et qui agit... »*, et lorsqu'il aboutit *« à dire que la personne morale a non une volonté* naturelle *mais une volonté* légale » (102).

---

(98) Sur l'usage de ce terme voir R. Hertzog, « Les personnes publiques n'ont pas de compétences », *op. cit.*, p. 240 : *« [La compétence] est la capacité accordée à certains individus, seuls ou en réunion, de prendre, en tant qu'organes d'une personne morale, des décisions reconnues par l'ordre juridique et imputables à la personne morale dont ces individus expriment la volonté et les intérêts ».*

(99) L. MICHOUD, *La théorie de la personnalité morale*, LGDJ, 3e éd., 1932, t. 1, p. 147 : *« Il n'y a alors entre ces divers organes un partage d'attributions : chacun représente la personne morale dans un cercle déterminé et, en dehors de ce cercle, perd la qualité d'organe. Ce cercle d'action s'appelle la compétence ».*

(100) Barbarisme qu'il faut excuser.

(101) Voir à ce propos J. Chevallier, « Réflexions sur l'institution des autorités administratives indépendantes », *op. cit.* : *« De manière générale le juge administratif apparaît de plus en plus comme une instance intégrative de substitution, la nouvelle force centripète d'unification appelée à compenser le développement de tendances centrifuges au sein de l'administration ».*

(102) L. Michoud, « De la responsabilité de l'État à raison des fautes de ses agents », *cette Revue*, 1895, en particulier pp. 416 et 417. Les termes « organes », « naturelle » et « légale » sont mis en exergue par l'auteur.

Les explications qui précèdent n'ont sans doute qu'un objectif un peu dérisoire. Alors que depuis bien longtemps *« on voit naître des institutions dont la structure est un défi aux constructions juridiques contemporaines »* (103), il faut bien constater que le juge et le législateur, tendent à rechercher avant tout une efficacité pratique marquée par des solutions pragmatiques. Cet objectif, essentiellement opérationnel, apparait souvent en contradiction avec le désir de pureté des constructions juridiques souvent manifesté par la doctrine. Mais il faut bien alors que celle-ci *« révise ses idées générales et intègre l'existence de ces monstres dans une nouvelle explication de l'ordre social »* (104). Ainsi peut-on trouver dans des conceptions théoriques anciennes, parfois méconnues, les justifications à certaines originalités actuelles.

Clément CHAUVET
Doctorant — Université Paris II (Panthéon-Assas)

(103) B. Chenot, *L'organisation économique de l'État*, Paris, Dalloz, 1965, p. 101.
(104) *Idem.*

DOCTRINE

DROIT ADMINISTRATIF

Ultime recours contre l'inexécution d'un acte administratif : le référé judiciaire ?

par Manuel GROS

Professeur à la Faculté des sciences politiques de Lille 2
IRDP (1)

SOMMAIRE

Universitaires, magistrats et praticiens se félicitent ces derniers temps à juste titre de l'efficience ou à tout le moins de l'amélioration des voies d'exécution des jugements et arrêts de la juridiction administrative.

Mais il existe une question préalable à celle de l'exécution des décisions de justice administrative, celle de l'exécution des décisions administratives elles-mêmes. Cette question préalable, personne ne se la pose.

---

(1) Institut de recherche en droit public de l'Université de Lille 2.

Car c'est un lieu commun de dire que l'acte administratif s'exécute lui-même, parce qu'il est exécutoire. C'est le fameux « privilège du préalable » énoncé par Hauriou et repris depuis comme litanie par tous.

L'assertion d'une exécution allant de soi relève de la fiction, à raison du refus relatif des auxiliaires « naturels » d'exécution de l'acte administratif, amenant paradoxalement le juge judiciaire à jouer un rôle de substitut.

I. — La fiction de l'exécution spontanée de l'acte administratif

Comme annoncé, l'exécution spontanée a été consacrée en doctrine par Maurice Hauriou qui rappelait que « la décision exécutoire est toute déclaration de volonté (...) dans une forme qui entraîne l'exécution d'office. » (2). Tous les bons auteurs rappellent depuis la caractéristique première de l'acte : celle de s'exécuter. Ainsi le Professeur Chapus évoque même la force (« L'expression (décision exécutoire) signifie que l'Administration peut assurer l'exécution de la décision *manu militari* » (3)) tandis que le Professeur Delvolvé semble même ajouter à ce possible recours à la force une sorte d'exécution en soi : « exécution en obligeant ses destinataires à s'y conformer et [...] comporte déjà l'exécution en entraînant par elle-même, dès son adoption, le résultat qu'elle commande » (4).

De fait, sur un plan juridique, l'obligation de se conformer à un acte trouve un fondement constitutionnel avec l'article 7 de la Déclaration des droits de l'homme et du citoyen de 1789 qui dispose que *« tout citoyen appelé ou saisi en vertu de la loi, doit obéir à l'instant ; il se rend coupable par la résistance »*.

Cette rébellion est même théoriquement pénalement réprimée par l'article 433-6 du Code pénal, qui punit *« le fait d'opposer une résistance violente à une personne dépositaire de l'autorité publique ou chargée d'une mission de service public agissant, dans l'exercice de ses fonctions, pour l'exécution des lois, des ordres de l'autorité publique, des décisions ou mandats de justice. »*

Cette double justification constitutionnelle et pénale du privilège du préalable cache une réalité plus naïve : parce qu'il est exclusif du recours à la contrainte ou à la force publique, le privilège du préalable suppose l'obéissance des destinataires d'un acte.

Le fait n'est pas nouveau, comme le soulevait Jean Romieu, dans ses conclusions sur l'affaire *Société immobilière de Saint-Just,* « si les citoyens n'obtempèrent pas volontairement au commandement qui est obligatoire pour

---

(2) M. Hauriou, *Précis de droit administratif,* 11e édition, p. 358.

(3) R. Chapus, *Droit administratif général,* tome 1, 7e édition, Montchrestien.

(4) P. Delvolvé, « L'acte administratif », *Rép. Contentieux administratif,* Dalloz, n° 43.

eux, comment assurera-t-on l'exécution matérielle des actes de puissance publique ? » (5)

Le privilège du préalable est — comme beaucoup d'autres concepts essentiels — une fiction juridique qui ne vaut que si l'on y croit et qui trouve en effet ses limites dans le refus d'exécution.

Cette difficulté est rarement dénoncée, alors qu'elle semble frapper de plus en plus les autorités publiques en peine d'exécution de leurs actes (6).

Elle touche naturellement les autorités locales décentralisées, dépourvues de moyen direct de coercition. Ainsi d'un maire prenant un arrêté mettant en demeure des personnes privées de quitter un camping sauvage et une habitation légère de loisirs sur propriété privée consentante mais dangereuse et gênante pour le voisinage, et n'arrivant pas à la faire exécuter. Elle peut aussi toucher l'État lui-même : quasiment aucune exécution des arrêtés de reconduite notifiés par voie postale, 33 % d'exécution quand l'arrêté fait suite à une condamnation comme complément de peine de prison, 50 % quand il est consécutif à une interpellation et 62 % d'exécution en matière d'arrêtés d'expulsion. Parfois même, malgré une apparente facilité, l'État et ses partenaires sont désarmés devant un simple refus : un arrêté conjoint d'un Président de Conseil général et d'un Préfet fermant un établissement logeant illégalement des personnes âgées ne peut être exécuté ; comment forcer concrètement l'hébergeant à fermer ?

L'acte ne s'exécutant spontanément que dans la théorie, au niveau de l'effet juridique, l'Administration décisionnelle recherchera, pour éviter la voie de fait, des auxiliaires d'exécution.

II. — LE REFUS RELATIF DES AUXILIAIRES NATURELS D'EXÉCUTION

L'on pourrait penser que les premiers agents d'exécution puissent être les services de la police administrative, c'est-à-dire le garde champêtre en milieu rural ou la police municipale, dans les communes qui en sont dotées. Mais comme on le sait les agents de police administrative ne sont pas habilités à sanctionner ou assurer l'exécution des lois, des règlements ou des dispositions individuelles. Leur fonction s'arrête en effet à une dimension préventive.

En outre et surtout l'autorité de police administrative est incompétente dans notre cas d'espèce : dans l'hypothèse de refus d'exécution par le citoyen d'un acte administratif, l'infraction de l'article 433-6 du Code pénal précitée est

(5) T. confl., 2 déc. 1902, *Rec. CE*, p. 13, *S.* 1904, 3, p. 17, note M. Hauriou.

(6) On citera tout de même un numéro spécial de l'*AJDA*, « Puissance publique ou impuissance publique ? Une réévaluation des pouvoirs et procédures régaliens », n° spécial, 1999 ou un rapport en matière de droit des étrangers : « Mission d'étude des législations de la nationalité et de l'immigration », *La Documentation Française*, 1997, p. 99.

caractérisée et la police administrative prend fin à l'instant. Le critère de « l'infraction déterminée » (7) est incontournable et la police administrative ne peut pas franchir le pas. Certes, dans l'hypothèse de la police nationale, les personnes de police judiciaire et de police administrative étant les mêmes, on pourrait supposer que l'agent de police administrative se transforme pour les besoins de la cause en agent de police judiciaire, l'infraction étant constituée, mais sur quel ordre du Procureur ? En tous les cas s'agissant de la police municipale, la question ne se pose même pas.

La police administrative n'a donc pas les moyens de l'exécution forcée de l'acte administratif.

Le Maire aura alors la tentation de se tourner vers la police judiciaire qui elle a les moyens de cette exécution forcée. Mais ni le Maire, ni le Préfet n'ont la maîtrise de ces services de police judiciaire lorsqu'il s'agit d'attenter à la propriété ou à la liberté ce qui est nécessairement le cas en matière d'exécution forcée d'un acte. En effet, en vertu des articles 12 et suivants du Code pénal, *« La police judiciaire est exercée, sous la direction du procureur de la République, par les officiers, fonctionnaires et agents désignés au présent titre »*, et l'exécution de l'acte administratif passe par le procureur de la République.

Or la pratique révèle que les Procureurs répugnent et surtout sont submergés de ce type de demande d'exécution. Cela ne devrait pas être car l'article R. 610-5 du Code pénal sanctionne *« la violation des interdictions ou le manquement aux obligations édictées par les décrets et arrêtés de police »*. Et cet article ne concerne pas que les manquements aux mesures de police administrative générale. Il est aussi applicable sans qu'il y ait lieu de distinguer selon l'origine des pouvoirs de police (8). D'une manière plus générale encore, l'article R. 433-6 du Code pénal relatif à la résistance violente à l'exécution suffit à justifier l'intervention forcée des services sous l'autorité du Procureur.

Or il n'existe pas réellement — hormis l'hypothèse de la responsabilité de l'État pour faute lourde — de sanction à l'inaction de l'autorité de police judiciaire.

La tentation naturelle de l'Administration sera donc de se tourner vers son juge naturel, à savoir le juge administratif.

III. — Le refus sauf exceptions du juge administratif

Conformément à une jurisprudence ancienne mais confirmée, l'Administration n'a pas la possibilité de renoncer au privilège du préalable et de saisir le juge pour qu'il prononce à sa place des mesures d'exécution qu'elle pourrait

(7) R. Chapus, *Droit administratif général,* tome 1, Montchrestien, 5e éd., p. 505.
(8) Cass. crim., 14 mars 1989, *Bull. crim.*, n° 127, *CJEG* 1990, p. 17, note P. Roman.

elle-même édicter (9). Dans cette logique, un maire ne peut par exemple pas solliciter l'expulsion par le juge administratif d'occupants sans titre du domaine public alors que ses attributions au titre de la police administrative lui permettent de garantir l'ordre public « Considérant que (...), il appartenait au maire de Castres, chargé de la police municipale, de prendre toutes les mesures nécessaires pour garantir la sécurité et la salubrité et le bon ordre de l'aire de stationnement qu'il a créée, notamment en expulsant les contrevenants » (10). Il existe il est vrai des exceptions à cette interdiction, en matière de protection du domaine public (11), en matière de péril ordinaire (12), ou le recouvrement forcé de créance, à certaines conditions (13).

En tous les cas, la relative lenteur du juge administratif dans une procédure de fond enlèverait toute efficience à la saisine de la formation collégiale pour obtenir l'exécution d'un acte administratif.

Plus efficient pourrait être le référé « mesures utiles », en application de l'article L. 521-3 du Code de justice administrative, ou « en cas d'urgence et sur simple requête qui sera recevable même en l'absence de décision administrative préalable, le juge des référés peut ordonner toutes autres mesures utiles sans faire obstacle à l'exécution d'aucune décision administrative ».

Sur le principe et sous certaines conditions, cette procédure peut être utilisée pour assurer l'exécution d'un acte. Il en est ainsi pour des décisions d'un établissement public industriel et commercial, en l'absence de dispositions législatives ou réglementaires lui conférant une force exécutoire (14) ou pour

---

(9) CE, 30 mai 1913, *préfet Eure, Rec. CE*, p. 583, *S.* 1915, 3, p. 9, note M. Hauriou. CE, sect., 13 juill. 1956, *OPHLM dpt Seine, Rec. CE*, p. 338.

(10) CE, 20 janv. 1989, *Cne Castres*, *Juris-Data,* n° 1989-640543, *Dr. adm.* 1989, comm. n° 126.

(11) « L'autorité administrative ne peut, sauf urgence ou en application de textes législatifs particuliers l'y habilitant, agir d'office pour prendre ou reprendre possession d'une parcelle du domaine public sans avoir, au préalable, obtenu du juge compétent une décision enjoignant à l'occupant de vider les lieux » (T. confl., 24 févr. 1992, *Couach, Rec. CE,* p. 479, *AJDA* 1992, p. 327, chron. Maugüé et Schwartz, *JCP* G 1993, II, 21984, note Lavialle, *LPA,* 26 juin 1992, p. 31, chron. Célérier.) Même position du Conseil d'État (CE, 11 mars 1998, *min. Int. c/ Auger, JCP* G 1998, IV, p. 118).

(12) En ce domaine le Maire ne peut utiliser ses pouvoirs de police générale (CE, 26 sept 2001, *Westerloppe, Juris-Data,* n° 2001-062921).

(13) En principe, une personne publique ne peut pas saisir le juge des référés pour demander la provision d'une créance qui n'est pas « sérieusement contestable » (C. just. adm., art. R. 541-1). Il en va autrement si une personne publique ne dispose pas des moyens contraignants de la comptabilité publique (titres exécutoires), le juge des référés peut alors assurer un recouvrement forcé de la créance (CE, ass., 1er mars 1991, *Sté de bourses françaises, RFDA* 1991, p. 628, concl. de Saint-Pulgent, *AJDA* 1991 p. 362, Schwartz et Maugüé, pour le Conseil des bourses de valeurs).

(14) CE, sect., 9 juill. 1997, *Agence nat. pour participation employeurs effort de construction, AJDA* 1997, p. 701, concl. Arrighi de Casanova, *LPA* 1998, n° 32, p. 9, note Trobo, *Gaz. Pal.* 1999, 1, p. 25.

l'expulsion d'occupants sans titre du domaine public (15) ou encore pour expulser d'un local administratif un ancien concessionnaire (16), ou enfin quand la sécurité est en cause (17).

Mais ce sont là à notre sens des situations exceptionnelles liées soit à l'impossibilité pour le demandeur de procéder lui-même à l'exécution, soit au régime spécifique de la domanialité publique, soit encore à raison de la sécurité publique en cause.

Hors ces hypothèses, pour les autorités administratives non dépourvues de réel pouvoir de police, cas quasi-systématique pour les maires par exemple, il existe une condition du référé « mesures utile », c'est qu'outre le fait qu'elle ne doit pas faire obstacle à l'exécution d'une décision administrative, la mesure doit d'abord être « utile ». Or utile elle ne sera pas puisque l'acte administratif s'exécute lui-même (18) !

Le juge des référés administratifs risquera donc le plus souvent de refuser !

IV. — Le juge civil, substitut de l'exécution de l'acte administratif ?

On écartera le juge pénal pour la pratique évoquée en matière de refus de police judiciaire et pour les mêmes causes et mêmes effets relevés à l'égard du juge administratif de fond à raison des délais des instances, sans intérêt en matière d'exécution.

La même objection pourrait être faite à propos du juge civil si ce dernier ne connaissait une procédure d'urgence redoutablement efficace, celle du référé.

Ainsi, paradoxalement, c'est par le biais d'une procédure incidente, celle du référé que le juge civil va pouvoir aider l'Administration.

L'action civile prend en effet parfois la forme d'une action en référé au titre de l'article 809 du Code de procédure civile qui prévoit le prononcé de

(15) CE, ass., 3 mars 1978, *Lecoq, Rec. CE*, p. 116 ; CE, 16 mai 2003, *SARL Icomatex*, req. n° 249880, *Dr. adm.* 2003, comm. 149 ; CE, 26 juin 2002, *Everaert*, req. n° 231807 ; CE, 30 sept. 2002, *Laffrechine*, req. n° 238682 ; CAA Bordeaux, 7 juill. 1998, *Cne Limoges*, req. n° 97BX01926 ; T. confl., 7 juill. 1975, *Debans, Rec. CE*, p. 797 ; T. confl., 28 févr. 1977, *Cne Chamonix*, req. n° 2049.

(16) CE, 19 févr. 1982, *SA Trouville Balnéaire*, req. n° 22888, *Rec. CE*, p. 618 et 713 ; CE, 18 mai 1988, *Sté Les téléphériques du Massif du Mont-Blanc c/ Ville Saint-Gervais, Dr. adm.* 1988, comm. n° 385, *D.* 1989, IR.

(17) Par exemple pour l'évacuation d'un établissement dangereux pour la sécurité des personnes (CE, 28 nov. 1980, *Sté d'exploitation des sous-produits des abattoirs, Dr. adm.* 1981, comm. n° 28, *Rec. CE*, p. 452, *AJDA* 1981, p. 371, concl. Costa).

(18) CE, 20 janv. 1989, *Cne Castres*, préc. ; CAA Lyon, 15 juin 2000, *Cne Portes-les Valences*, req. n° 00LY00441 pour une demande présentée par une commune tendant à l'autoriser à réaliser des travaux qu'elle a le pouvoir de décider elle-même.

mesures conservatoires ou de remise en état pour prévenir un dommage imminent ou faire cesser un trouble manifestement illicite. Cette hypothèse peut se rencontrer, quel que soit le demandeur (19) et semble entrer dans la pratique des administrations qui préfèrent le choix d'une action en référé devant le président du tribunal de grande instance pour imposer par exemple la fermeture d'une exploitation, c'est-à-dire en réalité pour faire exécuter l'acte de fermeture (20).

En résumé, pour reprendre l'exemple de notre arrêté municipal en mal d'exécution, le garde champêtre ne pouvant assurer matériellement (faute de moyens) et juridiquement (faute de compétence en matière de police judiciaire) l'exécution forcée en cas de refus d'exécution, la police judiciaire refusant d'agir, sans ordre du Procureur, le Procureur refusant sans infraction pénale autre que le refus d'exécuter, le Juge administratif refusant faute d'objet, le juge des référés administratifs aussi, faute de mesures « utiles » à raison du caractère exécutoire en soi, seul le juge civil des référés civils acceptera de donner effet à l'acte administratif.

On serait tenté alors de se demander si le Juge judiciaire, en sa forme de juge des référés civils, ne serait pas le juge naturel, ou à tout le moins efficient de l'exécution de l'acte administratif ? Ainsi en toute logique, l'autorité investie d'un pouvoir d'exécution d'office ne devrait pas renoncer à sa prérogative pour opter pour une voie d'exécution juridictionnelle. Pour des raisons touchant à des considérations d'opportunité et de politique locale, elle préfèrera fréquemment solliciter une mesure d'exécution judiciaire et renoncer à une action forcée.

Or ce principe d'une action de l'Administration devant le juge civil aux fins d'exécution d'un acte devrait être normalement écarté au nom du principe de séparation des autorités administratives et judiciaires. On sait que le Conseil d'État donc exige qu'une loi habilite explicitement l'Administration à recourir au juge civil pour exécuter l'un de ses actes (21).

Plus généralement, la règle est l'interdiction absolue, annoncée par l'Edit de Saint Germain de 1641, et affirmée par l'article 13 de la loi des 16 et 24 août 1790. Sa formulation célèbre dans le décret du 16 fructidor an III confirme le principe de séparation en affirmant, dans un article unique, que

---

(19) Cass. civ. 1re, 14 mai 1991, *Bull. civ.* I, nº 158 ; Cass. civ. 1re, 23 févr. 1988, *Bull. civ.* I, nº 49 : injonction sous astreinte à faire cesser la dénaturation d'un site imputable à des travaux de remblaiement irréguliers.

(20) TGI Annecy, 13 août 1996, *préfet Haute-Savoie c/ Mermillod-Anselme*, req. nº 9601737, *Dr. env.* 1997, nº 45, p. 6.

(21) CE, ass., 21 oct. 1994, *Sté Tapis Saint Maclou, Rec. CE*, p. 451, *RFDA* 1995, p. 689, concl. Bonichot, *AJDA* 1994, p. 874, Touvet et Stahl, et pour l'application de l'article L. 221-17 du Code du travail en matière de repos dominical, (Cass. soc., 14 juin 1989, *Sté Ikéa France c/ Union départ. des syndicats CGT de l'Essonne*, *D.* 1989, jurispr. p. 589).

« Défenses itératives sont faites aux tribunaux de connaître des actes d'administration, de quelque espèce qu'ils soient, avec peine de droit ».

Ainsi l'exécution réelle d'un acte administratif passerait parfois par la nécessaire et préalable violation du sacro-saint principe de séparation des autorités administratives et judiciaires.

En d'autres termes, l'efficience *in concreto* d'une mesure de police locale passe parfois par la violation d'un principe constitutionnel (la séparation des autorités) et la négation d'une univocité doctrinale (le privilège du préalable).

La pratique est à ce prix.

Manuel GROS

Professeur à la Faculté
des sciences politiques de Lille 2

DOCTRINE

DROIT CONSTITUTIONNEL

La réforme de la responsabilité du président de la République

par Patrick AUVRET
Professeur à l'Université de Nice-Sophia Antipolis

SOMMAIRE

« *Princeps legibus solutus est.* » La maxime d'Ulpien qui délie le prince des lois ne constitue pas un principe républicain. Le président de la République est un citoyen exerçant temporairement la fonction de chef de l'État. Dès lors, il ne faut pas confondre la protection de la charge dont il est investi et le statut personnel de son titulaire. En outre, si une charge est temporaire, elle doit pouvoir être interrompue. En d'autres termes, la responsabilité personnelle du citoyen, chef de l'État et la destitution du président de la République ne sauraient être des sujets tabous dans un régime démocratique. Néanmoins, les institutions ont besoin d'une certaine stabilité. Le président de la République ne peut être l'objet d'actions judiciaires intempestives. Le chef d'un État parlementaire doit échapper aux effets des flux et reflux majoritaires. Le droit et la pratique ont longtemps erré entre ces objectifs antinomiques.

L'irresponsabilité du chef de l'État est un pilier des systèmes constitutionnels français, à quelques exceptions près (1). Pourtant, les diverses constitutions ont établi un régime d'irresponsabilité qui n'était pas sans limites et dont la nature n'était pas précisée ; au demeurant, cette responsabilité n'a jamais été engagée selon les procédures prévues. À l'étranger, des présidents ont été destitués ou menacés de l'être dans le respect des formes constitutionnelles alors qu'en France, aucun président de la République n'a été jugé et destitué. Par ailleurs, on s'est efforcé, dans notre pays, d'écarter toute cause de responsabilité pénale personnelle.

Le statut pénal du président de la République n'a pas été bouleversé par la Constitution de 1958 (2). Le principe de son irresponsabilité, sous-entendue pénale et politique, a été repris par l'article 68. Pourtant, le renforcement de l'autorité du chef de l'État et la dispense du contreseing ministériel pour un certain nombre de ses actes ont posé la question de son engagement politique. Le général de Gaulle n'a pas hésité à mettre en balance son mandat lors de l'organisation de référendums et a démissionné lorsqu'il a été désavoué. C'est sous la présidence de Monsieur Jacques Chirac que le statut pénal du chef de l'État a connu une évolution notable avec l'adoption, le 19 février 2007, du projet de modification de la Constitution par le Congrès (3). Le nouveau titre X comporte les articles 67 et 68 dont la rédaction a été entièrement refondue. Nous allons les analyser sous l'angle du droit constitutionnel en n'insistant pas sur leurs conséquences en droit pénal.

I. — Le nouvel article 67 de la Constitution

« *Le président de la République n'est pas responsable des actes accomplis en cette qualité, sous réserve des dispositions des articles 53-2 et 68.*

(1) Art. 68, Const. 1848 ; art. 5, Const. 1852.

(2) P. Auvret, « La responsabilité du chef de l'État sous la Ve République », cette *Revue* 1988, p. 77 ; Cl. Emeri, « De l'irresponsabilité présidentielle », *Pouvoirs*, no 41, 1987, p. 140 ; J.-P. Rougeaux, « La Haute Cour de justice sous la Ve République », cette *Revue* 1978, no 4, p. 1019.

(3) Loi constitutionnelle portant modification du titre IX de la Constitution, no 2007-238 du 23 février 2007 (*JO* no 47 du 24 févr. 2007), V. Rapport fait au nom de la Commission des lois constitutionnelles, de la législation et l'administration générale de la République sur le projet de loi constitutionnelle, portant modification du titre IX de la constitution, Assemblée nationale par P. Houillon, XIIe législ., 2006, no 3537. Rapport fait au nom de la Commission des lois constitutionnelles, de la législation, du suffrage universel, du règlement et d'administration générale sur le projet de loi constitutionnelle portant modification du titre IX de la Constitution par J.-J. Hyest, Rapp. Sénat no 194 (2006-2007).

Il ne peut, durant son mandat et devant aucune juridiction ou autorité administrative française, être requis de témoigner non plus que faire l'objet d'une action, d'un acte d'information, d'instruction ou de poursuite. Tout délai de prescription ou de forclusion est suspendu.

Les instances et procédures auxquelles il est fait ainsi obstacle peuvent être reprises ou engagées contre lui à l'expiration d'un délai d'un mois suivant la cessation des fonctions ».

Cette nouvelle disposition constitutionnelle réitère le principe de l'irresponsabilité du président de la République en raison de sa qualité. Elle organise aussi un régime de l'inviolabilité temporaire du chef de l'État.

A. — *Irresponsabilité du fait de la qualité*

La responsabilité du chef de l'État a toujours été placée sous le signe de l'ambiguïté. Il existe deux situations extrêmes. Dans les systèmes monarchiques de droit divin, le roi est inviolable. Il est extérieur au droit. Selon ces principes, sa responsabilité ne saurait être engagée. Étant lui-même à l'origine du droit, il n'est pas soumis à la loi. Son irresponsabilité se traduit par l'adage anglais « *The King can do no wrong* ». La justice est rendue en son nom, il n'est pas justiciable. À l'inverse, l'idéal démocratique fait du président de la République, un simple citoyen investi d'une fonction. Son statut officiel est distinct de sa situation personnelle. S'il peut être irresponsable dans le cadre de ses fonctions, il ne saurait l'être en tant que citoyen. Justiciable comme un autre, ses responsabilités civile et pénale sont susceptibles d'être engagées. Les monarchies parlementaires européennes conservent le caractère inviolable de la personne royale mais celle-ci n'a plus de pouvoir politique. En régime parlementaire républicain, le statut du chef de l'État peut se résumer de la façon suivante. Il est, en principe, politiquement et juridiquement irresponsable dans le cadre de ses fonctions mais non à titre personnel. Son irresponsabilité politique se justifie par son absence de pouvoir effectif que traduit le contreseing ministériel pour tous ses actes officiels. Sa responsabilité pénale et politique du fait de ses fonctions est exceptionnelle. Elle ne peut être envisagée qu'en suivant une procédure constitutionnelle dont la nature reste incertaine, à mi chemin entre le droit pénal et la procédure pénale, d'une part, et le droit politique, d'autre part. Les infractions de droit commun commises par le président de la République de son fait personnel sont détachables de ses fonctions et relèvent de la juridiction ordinaire (4).

La Constitution du 4 octobre 1958 garde initialement le principe de l'irresponsabilité du fait de la fonction. L'ancien article 68 disposait : « *Le président*

---

(4) V. par ex. G. DUGUIT, *Traité de droit constitutionnel*, tome IV, Paris 1924, p. 475.

de la République n'est pas responsable des actes accomplis dans l'exercice de ses fonctions /.../ ». Le nouvel article 67, 1er alinéa, de la Constitution conserve le même schéma. Il y est inscrit « *Le président de la République n'est pas responsable des actes accomplis en cette qualité /.../* ». La formule entend éviter le risque de confusion entre l'exercice de ses fonctions et le temps où le chef de l'État est en fonction. Le premier alinéa prévoit deux exceptions qui visent chacune une situation différente : les articles 53-2 et 68 de la Constitution. L'article 53-2 permet de « *reconnaître la juridiction de la Cour pénale internationale dans les conditions prévues par le traité signé le 18 juillet 1998* ». Conformément aux engagements internationaux de la France, on réserve l'hypothèse d'un crime passible de la Cour pénale internationale dont le président de la République pourrait être l'auteur ou le complice. Le statut de la Cour pénale internationale exclut expressément tout privilège d'irresponsabilité des chefs d'État. La seconde exception renvoie à la responsabilité politique du président de la République qui peut dorénavant faire l'objet d'une destitution dans le cadre d'une procédure d'exception prévue par le nouvel article 68. « *Il s'agit d'instituer un véritable choix entre les poursuites pénales, qui pourront être effectuées après la fin du mandat et la responsabilité politique du président /.../* » (5). Plus précisément, la rédaction du nouvel article 67 incite à penser que la responsabilité judiciaire d'un ancien président de la République ne pourrait jouer que pour les actes commis en cette qualité et qui ont provoqué sa destitution. Autrement dit, son irresponsabilité pénale ou civile du fait de ses fonctions demeure pleine et entière s'il ne fait pas l'objet d'une destitution. Et même dans ce cas, sa responsabilité ne saurait être engagée devant les juridictions pour des faits liés à sa qualité mais n'ayant pas motivé la destitution. Une interprétation plus restrictive encore pourrait être faite de la combinaison des articles 67 et 68. Littéralement, la seule responsabilité, exception au principe d'irresponsabilité, envisagée par l'article 68 est de nature politique. Faut-il en conclure que toute autre responsabilité est exclue notamment devant une juridiction ? La loi organique prévue, *in fine*, par l'article 68, viendra peut-être dissiper ces incertitudes sous le contrôle du Conseil constitutionnel, compétent au titre de l'article 61, 1er alinéa.

B. — *Inviolabilité temporaire du fait de la qualité*

Dans un système démocratique, un chef d'État républicain est responsable des faits personnels, détachables de ses fonctions. Pour autant, la responsabilité n'équivaut pas nécessairement à une soumission immédiate à un juge de droit commun. On peut admettre une inviolabilité temporaire ou certains privilèges de juridiction. Des exemples étrangers existent (6). Dès lors, le principe de

(5) Ph. Houillon, Rapp. préc. note 3, p. 7.
(6) Cf. J.-J. Hyest, Rapp. préc. note 3, p. 24.

la responsabilité personnelle du chef de l'État ne dispense pas de se poser la question du moment où celle-ci est susceptible d'être engagée et de la juridiction compétente pour en connaître (7). Avant 2007, une relative incertitude existait quant à l'engagement de la responsabilité personnelle du chef de l'État en France. Mais l'on enseignait communément que le président de la République est politiquement irresponsable, juridiquement irresponsable dans le cadre de ses fonctions, sauf haute trahison et que, pour le reste, il est un justiciable comme un autre (8). Dans la pratique, la question se posait peu mais on la traitait dans le respect de la fonction présidentielle. En 1974, le Président Valérie Giscard d'Estaing, cité devant le Tribunal correctionnel de Paris, avait accepté de témoigner de son propre chef (9).

À l'occasion de la décision, n° 98-408 DC du 22 janvier 1999 relative au traité portant statut de la Cour pénale internationale, le Conseil constitutionnel s'est prononcé en faveur de la thèse du privilège de juridiction (10). Cette

---

(7) C. BIGAUT, *La responsabilité pénale des hommes politiques*, LGDJ, 1996 ; T. Ablard, « Le statut pénal du chef de l'État », *Revue française de droit constitutionnel*, n° 52, 2002, p. 643 ; G. Carcassonne, « Le statut pénal du chef de l'État, Le point de vue du constitutionnaliste », *Revue pénitentiaire et de droit pénal*, n° 1, mars 2004, p. 141 ; Table-ronde : Immunités constitutionnelles et privilèges de juridiction, Aix-en-Provence, 21 et 22 sept. 2001, in *Annuaire internationale de Justice constitutionnelle*, 2001, t. XVII, Economica et PUAM, 2002.

(8) Par ex., J. Foyer, Haute Cour de Justice, *Rép. Dall. Dr. pén.* n° 34, p. 5. — *contra* G. CARCASSONNE, « Le président de la République française et le juge pénal », in *Mélanges Philippe Ardant, Droit et politique à la croisée des cultures*, LGDJ 1999, p. 276.

(9) Et, sous la IIIe République, le Président Raymond Poincaré n'avait pas craint de témoigner devant le Premier président de la Cour d'appel de Paris, dans le cadre d'une démarche respectant la dignité de sa fonction (*Affaire de l'assassinat du directeur du Figaro par Mme Caillaux en 1914*).

(10) Cf. communiqué de presse du 10 octobre 2000, Cahiers du Conseil constitutionnel, n° 10, p. 7, et note publiée sur le site du Conseil note du CC, http://conseil-constitutionnel.fr/dossier/quarante/notes/resppr.htm — V. not. Ph. Chrestia, « La responsabilité pénale du président de la République dans la décision du Conseil constitutionnel du 22 janvier 1999, à propos d'un *ober dictum* regrettable », *D.* 1999, jurispr. p. 285 ; E. Dezeuze, « Un éclairage nouveau sur le statut pénal du président de la République. Sur la décision 98-408 DC du 22 janv. 1999 du Conseil constitutionnel », *RSC* 1999, p. 497 ; F. Luchaire, « La Cour pénale internationale et la responsabilité du chef de l'État devant le Conseil constitutionnel », cette *Revue* 1999, n° 2, p. 460 ; B. Mathieu et M. Verpeaux, « L'immunité n'est pas l'impunité », *D.* 1999, n° 9, Dern. Act. p. 1 ; P.-H. Prélot, « Le perdreau mort. L'irresponsabilité du président de la République : inviolabilité personnelle, immunité fonctionnelle, privilège de juridiction ? », *D.* 2001, n° 12, chron. p. 949.

immunité juridictionnelle a été recadrée par le Cour de cassation (11). Dans son arrêt d'Assemblée plénière du 10 octobre 2001 (12), la Haute juridiction limite la compétence de la Haute Cour de justice au seul cas de haute trahison. Mais, la Cour de cassation estime qu'il faut prendre en considération la mission confiée au président de la République par la Constitution pour conclure à son inviolabilité temporaire. Les poursuites contre le chef de l'État doivent être suspendues pendant la durée de son mandat. S'agissant du témoignage du président de la République, dont il était question en l'espèce, l'Assemblée plénière a jugé que l'audition était impossible car susceptible de s'accompagner de contrainte et pouvait se retourner contre son auteur.

Le Président Jacques Chirac confia à une Commission, présidée par le professeur Pierre Avril, le soin d'étudier la question (13). La « *Commission Avril* » a ainsi proposé de confirmer l'inviolabilité temporaire du chef de l'État pour les actes n'ayant pas de rapport avec sa fonction (14). Elle a été largement suivie par le Parlement pour l'adoption des 2e et 3e alinéas du nouvel article 67. Le président de la République, chef de l'État, est dispensé de comparaître devant toute juridiction ou autorité administrative françaises. Plus exactement, il ne peut pas être « *requis* » de comparaître. La formule du 2e alinéa du nouvel article 67 est extrêmement large et vise notamment les autorités administratives indépendantes. « *Le champ de l'inviolabilité temporaire [...] couvre à la fois le champ civil et administratif et le champ pénal, la réparation et la punition* » (15).

On a relevé les inconvénients que cette dispense constitutionnelle pouvait occasionner aux plaideurs voulant mettre en cause le président de la République pendant son mandat ou requérir son témoignage. Mais les considérations pragmatiques et politiques l'ont emporté sur les principes de la démocratie et du droit. La forte « *judiciarisation* » à laquelle est désormais soumis tout pouvoir politique y compris la fonction présidentielle, en France comme à l'étranger, a convaincu le pouvoir constituant qu'il fallait préserver le chef de l'État pendant son mandat. De surcroît, les poursuites contre des actes du

---

(11) V. not. L. Favoreu, « La Cour de cassation, le Conseil constitutionnel et la responsabilité pénale du président de la République », *D.* 2001, chron. p. 3365 ; X. Prétot, « Quand la Cour de cassation donne une leçon de droit au Conseil constitutionnel », cette *Revue* 2001, p. 1625 ; D. Chagnollaud, « La Cour de cassation et la responsabilité pénale du chef de l'État ou les dominos constitutionnels », cette *Revue*, 2001, p. 1619.

(12) Arrêt n° 481, concl. R. de Gouttes, *RFDC*, n° 49, 2002, p. 51.

(13) Décret n° 2002-961 du 4 juillet 2002.

(14) Rapport au président de la République, remis le 12 décembre 2002, Doc. franç. Coll. Rapp. off. 2003. AN. — P. Avril, « À propos du statut pénal du chef de l'État, Présentation du rapport de la Commission chargée de mener une réflexion sur le statut pénal du président de la République instituée par le décret du 4 juillet 2002 », cette *Revue*, 2002, p. 1874.

(15) Ph. Houillon, Rapp. préc. note 3, p. 45.

chef de l'État détachables de ses fonctions seront possibles après la fin de son mandat (art. 67, 3e alinéa).

II. — Le nouvel article 68

« Le président de la République ne peut être destitué qu'en cas de manquement à ses devoirs manifestement incompatible avec l'exercice de son mandat. La destitution est prononcée par le Parlement constitué en Haute Cour.

La proposition de réunion de la Haute Cour adoptée par une des assemblées du Parlement est aussitôt transmise à l'autre qui se prononce dans les quinze jours.

La Haute Cour est présidée par le président de l'Assemblée nationale. Elle statue dans un délai d'un mois, à bulletins secrets, sur la destitution. Sa décision est d'effet immédiat.

Les décisions prises en application du présent article le sont à la majorité des deux tiers des membres composant l'assemblée concernée ou la Haute Cour. Toute délégation de vote est interdite. Seuls sont recensés les votes favorables à la proposition de réunion de la Haute Cour ou à la destitution.

Une loi organique fixe les conditions d'application du présent article. »

Le régime de la responsabilité exceptionnelle du président de la République résultant de ce nouvel article de la Constitution diffère notablement de l'ancien système. La cause de la responsabilité est purement politique et la procédure de destitution s'éloigne de l'influence pénale.

A. — *Nature politique de la mise en cause*

La responsabilité politique et la responsabilité pénale ne sont pas de même nature (16). La responsabilité pénale est conditionnée et strictement encadrée par une procédure judiciaire. Elle suppose une procédure et une juridiction au sens de l'article 6 de la Convention européenne des droits de l'homme. La responsabilité civile, bien que plus souple que la responsabilité pénale, repose sur une cause juridique précise, le fait dommageable, et sa sanction appelle normalement l'intervention d'un juge. La responsabilité politique est d'essence différente. Telle qu'elle est organisée dans le régime parlementaire à l'encontre des ministres, elle apparaît comme une responsabilité inconditionnée, mise en jeu devant un organe politique. En d'autres termes, la majorité parlementaire n'a pas à se justifier juridiquement de l'engagement et de l'usage de cette responsabilité. La responsabilité politique est l'illustration d'un désaccord politique, de la possibilité pour un organe politique de démettre

(16) V. not. P. Auvret, *op. cit.* note 2, spéc. p. 97 à 103.

un autre organe politique dans le respect des pouvoirs qui sont conférés par la Constitution mais sans condition de fond strictement déterminée. Le parlementarisme rationalisé depuis le deuxième quart du XXe siècle permet seulement d'encadrer la responsabilité politique par une procédure plus ou moins stricte.

L'ancien article 68 de la Constitution de 1958 visait la responsabilité exceptionnelle du président de la République « *en cas de haute trahison* ». Il s'agit d'une notion à connotation politique ou morale. Dans le cadre de la procédure devant la Haute Cour de Justice sa définition aurait relevé de la compétence de celle-ci (17). « *Est une haute trahison tout acte que la Haute Cour de justice, régulièrement saisie, aura jugé comme tel* » (18). C'est l'imprécision même de la notion qui a conduit à son abandon dans le cadre de la révision constitutionnelle de 2007. La « *Commission Avril* » proposa la formule d'un « *manquement* » du chef de l'État « *à ses devoirs manifestement incompatible avec l'exercice de son mandat* ». Elle est reprise par le premier alinéa du nouvel article 68 et se veut plus précise que la notion de « *haute trahison* ». Cependant, le critère conserve un certain flou. Qu'est-ce qu'un « *manquement manifeste* » ? Comment qualifier les « *devoirs* » du chef de l'État dans « *l'exercice de son mandat* » ? On ne peut espérer une définition juridique de ces termes. Le Conseil constitutionnel, exclu de la procédure du nouvel article 68, sauf novation de la loi organique, ne saurait en donner une définition authentique en raison du principe d'attribution des compétences qui le régit (19). Quant aux juridictions de l'ordre judiciaire, elles n'interviennent, en principe, pas dans la nouvelle procédure. Comme pour la haute trahison, il appartiendra à l'organe chargé de la sanction d'en préciser la nature, au cas par cas. Au vrai, il s'agit dorénavant d'une notion purement politique. Le nouvel article 68 ouvre la voie à une procédure politique et non juridictionnelle.

On peut dès lors se demander si la définition même de « *faute politique* » qualifiée ne vient pas brouiller la notion de « *responsabilité politique* ». Juridiquement, celle-ci dépend davantage d'une procédure que d'une condition de fond. Si le chef de l'État est destitué par un organe politique, c'est en raison de « *sa politique* » ou de son attitude jugée incompatible avec sa fonction. L'appréciation est de nature politique et ne relève pas de la compétence d'un juge. En dernière analyse, la responsabilité politique, inaugurée par l'article 67, est faussement conditionnée. L'appréciation de cette responsabilité dépend uniquement d'un organe politique, comme il se doit dans un système de responsabilité politique. Il n'en résulte pas pour autant que cet organe dispose d'un pouvoir souverain. Il est encadré par un système procédural de nature

---

(17) P. Auvret, *op. cit.* note 2, spéc. p. 86-87.

(18) G. CARCASSONNE, *La Constitution*, Le Seuil, Ponts, 7e éd. 2005, p. 313.

(19) À moins qu'il ne profite d'une occasion qui lui serait offerte dans le cadre de la compétence que lui confère l'article 61.

juridique mais non juridictionnelle. Cet encadrement a donc une importance déterminante.

B. — *Nature politique de la procédure de destitution*

La procédure de sanction de la haute trahison prévue par les anciens articles du titre IX de la Constitution pouvait apparaître hybride mais à forte connotation juridictionnelle. La loi organique accentuait le caractère juridictionnel de la procédure avec notamment une commission d'instruction composée de magistrats de la Cour de cassation et un Ministère public (20). Le système de l'article 68 nouveau de la Constitution se veut politique (21). Il n'écarte cependant pas toutes les ambiguïtés. Le constituant a gardé le terme de « *Haute Cour* » tout en retirant le qualificatif « *de justice* ». Cette appellation est peu judicieuse dans la mesure où elle entretient la confusion entre la responsabilité politique et la responsabilité pénale. La « *Haute Cour* » n'a rien de juridictionnel. Il s'agit en réalité du Congrès du Parlement composé de tous les députés et sénateurs. Comme pour le Congrès de l'article 89, la Haute Cour est présidée par le président de l'Assemblée nationale. L'article 68 met donc en place un mécanisme de nature politique. Pourtant, les débats parlementaires ont permis de poser la question d'un organe chargé de l'instruction ou de l'information que pourrait prévoir la loi organique. Certains parlementaires voudraient le composer de membres de la Cour de cassation. Au contraire, il semble préférable que cet organe, qui devrait plutôt être une commission de nature parlementaire, soit purement politique. Le but de la procédure n'est pas une condamnation mais la destitution du président de la République. La notion d'accusation disparaît du nouvel article 68 de la Constitution.

Le deuxième alinéa dispose : « *La proposition de réunion de la Haute Cour adoptée par une des assemblées du Parlement est aussitôt transmise à l'autre qui se prononce dans les quinze jours.* » Comme pour l'ancien article 68, les deux assemblées du Parlement sont mises sur un pied d'égalité. Mais à la différence de celui-ci le texte révisé organise une procédure politique et non plus d'inspiration pénale. On assiste donc à un renforcement du bicamérisme égalitaire. Cet aspect égalitaire se retrouve dans la phase finale de la procédure de destitution. Le Parlement, constitué en Haute Cour, comprend l'ensemble des députés et des sénateurs. On sait que ceux-ci sont moins nombreux que ceux-là. Les observateurs et une partie de la classe politique ont cependant fait remarquer que l'ensemble de la procédure rend plus difficile la destitution d'un président de droite que celle d'un président de gauche. Le Sénat est, en réalité, réintégré dans un processus de responsabilité politique dont il avait été exclu depuis 1940. Paradoxalement, le président de la République qui

---

(20) LO n° 59-1 du 2 janv. 1959 portant loi organique sur la Haute Cour de Justice
(21) Voir P. Auvret, *op. cit.* note 2, spéc. p. 103 à 109.

n'est pas élu des parlementaires, comme sous les IIIe ou la IVe Républiques, peut être destitué par le Parlement. Toutefois, la destitution doit être acquise à une majorité qualifiée. Les décisions sont prises *« à la majorité des deux tiers des membres composant l'assemblée concernée ou la Haute Cour »*. Ces votes à la majorité des deux tiers apparaissent comme une garantie contre un emballement majoritaire. À défaut d'atteindre le vote des deux tiers des sénateurs, la Haute assemblée dispose de la faculté d'empêcher la destitution.

La destitution du chef de l'État possède une portée bien plus grande que la censure du gouvernement. Néanmoins, la procédure est inspirée de l'article 49 de la Constitution par certains de ces éléments. « *Toute délégation de vote est interdite. Seuls sont recensés les votes favorables à la proposition de réunion de la Haute Cour ou à la destitution* ». Comme pour la procédure de censure, l'indécision profite à l'autorité en place. Certains parlementaires ont souhaité que la future loi organique prévoit que la proposition de réunion de la Haute Cour soit signée par 1/10e des membres de l'assemblée concernée mais que l'inscription de la discussion soit de droit à l'ordre du jour. Cela devrait éviter, à la fois, le risque d'engagement de procédure sans fondement et la faculté de blocage du gouvernement par la maîtrise de l'ordre du jour des assemblées. En revanche, il ne semble pas prévu, pour l'instant, de convoquer le Parlement en dehors de la session ordinaire afin d'examiner une proposition de réunion de la Haute Cour.

La procédure n'est en soi pas contraire à l'esprit d'un régime parlementaire dès lors que la procédure de destitution du chef de l'État est bien distincte de la censure du gouvernement et est enserrée dans une procédure stricte. C'est un moyen pour faire face à des dérives graves du chef de l'État sur le plan personnel ou politique. La destitution apparaît comme la contrepartie de l'irresponsabilité et de l'inviolabilité temporaire. Elle se substitue aux moyens de pression officieux dont disposaient le Parlement sous les trois dernières Républiques, telle « *grève du ministère* ». Mais l'existence de cette procédure est de nature à rendre inconstitutionnelle cette forme de pression politique et, donc, à affaiblir la majorité de l'Assemblée nationale en cas de crise. À l'inverse, on peut estimer qu'elle permet le rééquilibrage des institutions face à un Président politiquement trop puissant.

***

Les effets de la révision sur l'équilibre propre à la Ve République restent à déterminer. Dans la mesure où le pouvoir est toujours lié à la responsabilité, la procédure est de nature à conforter la position du chef de l'État qui est habilité à demeurer en fonction tant qu'il n'a pas été expressément destitué. Elle ne devrait pas bouleverser le fonctionnement actuel de la Ve République, surtout avec un mandat présidentiel de cinq ans. Cette procédure offre l'opportunité de se défaire d'un président s'accrochant à sa fonction en présence d'un scandale de nature personnelle ou d'une impasse politique.

Dès lors que la révision n'a pas retenu l'empêchement du président de la République en cas de vote par les deux assemblées de la réunion de la Haute Cour, comme le proposait le projet de loi constitutionnelle, le conflit peut être porté devant le peuple par le Président lui-même en usant du droit de dissolution. La pratique du droit de dissolution prend une dimension supplémentaire. À la résolution d'une opposition politique, réelle ou potentielle entre le Président et la majorité parlementaire (1981, 1988), la sortie d'une crise politique (1968) ou la volonté d'accélérer la consultation électorale (1997), s'ajoute dorénavant l'issue d'un conflit ouvert entre le Président et le Parlement. Cette hypothèse n'est pas sans évoquer la situation de 1962. On peut également envisager le cas d'un président destitué qui se représente devant les électeurs. Reste à espérer que, dans une atmosphère de crise, le Président ne fasse pas usage de l'article 16 de la Constitution en dépit des quelques limitations que celui-ci prévoit, notamment l'impossibilité d'user du droit de dissolution.

On n'oubliera cependant jamais que face à la force ou à la ruse, le droit sans juge n'est qu'un chiffon de papier.

Patrick AUVRET
Professeur à l'Université de Nice-Sophia Antipolis

DOCTRINE

DROIT CONSTITUTIONNEL

Hiérarchie des normes et hiérarchie des pouvoirs

par Laurent DEPUSSAY
Docteur en droit public
ATER à l'Université d'Évry-Val d'Essonne

SOMMAIRE

Échéance électorale nationale oblige, le spectre de la VIe République réapparaît à l'occasion de la campagne présidentielle de 2007. Les volontés de modification du régime du 4 octobre 1958 semblent cette fois gagner à la fois en profondeur, en intensité et en adeptes. Cette défiance institutionnelle croissante interroge le constitutionnaliste sur ses causes fondamentales. L'objet modeste de cette étude consiste justement à avancer *une* explication possible des défaveurs que suscite progressivement la Ve République.

L'édifice constitutionnel de 1958 est soumis dans son architecture à deux forces agissant contradictoirement. Deux piliers de ce monument exercent sur lui des pressions non pas contraires — qui pourraient finalement assurer l'équilibre de l'ensemble — mais inverses, qui le tiraillent au point de le rendre bancal. D'un côté, la Constitution se fonde sur la théorie de la hiérarchie des normes, comme en atteste le contrôle de constitutionnalité. Ce serait faire injure à la célèbre théorie kelsénienne que de revenir longuement sur sa présentation. Simplement, pour les besoins de notre argument, il faut rappeler que cette théorie prévoit une acception verticale de l'ordonnancement des normes juridiques : « en accord avec le caractère dynamique de l'unité des ordre juridiques, une norme est valable si et parce qu'elle a été créée d'une certaine façon, celle que détermine une autre norme ; cette dernière constitue ainsi le fondement immédiat de la validité de la première » (1).

Cette organisation en cascade des normes juridiques est à concilier avec une autre assise de l'édifice constitutionnel : la séparation des pouvoirs, principe qui, en plus de figurer dans le bloc de constitutionnalité (2) et dans la loi du 3 juin 1958 (3), s'est vu reconnaître par les neuf sages valeur constitutionnelle (4). Or, si la hiérarchie des normes repose, comme son intitulé l'indique, sur la verticalité des rapports entre les règles de droit, la séparation des pouvoirs n'inclut pas forcément ce type de relations entre les organes exécutifs, législatifs et juridictionnels. Sans pouvoir parler d'horizontalité de fait entre les pouvoirs, elle est souvent théoriquement prévue, au sens d'une spécialisation et d'une indépendance organiques et fonctionnelles. Contrairement à la hiérarchie des normes qui suppose que la règle de droit de rang inférieur respecte les règles supérieures, la séparation des pouvoirs n'implique pas en théorie d'inféodation d'un pouvoir à un autre. À s'en tenir au précepte de Montesquieu selon lequel « le pouvoir arrête le pouvoir », on pourrait s'attendre à ce que les pouvoirs politiques se situent sur un pied d'égalité. Les normes juridiques sont seules à s'inscrire dans une organisation pyramidale, à l'exclusion des pouvoirs politiques. Il existe une hiérarchie des normes, alors qu'une hiérarchie des pouvoirs est *a priori* incompatible avec leur séparation.

---

(1) H. KELSEN, *Théorie pure du droit*, trad. Ch. Eisenmann, Bruylant LGDJ, 1999, p. 224.

(2) Article 16 de la Déclaration des Droits de l'Homme de 1789 : *« Toute société dans laquelle la garantie des droits n'est pas assurée, ni la séparation des pouvoirs déterminée, n'a point de Constitution »*.

(3) Article unique, § 2 de la loi du 3 juin 1958 : *« Le pouvoir exécutif et le pouvoir législatif doivent être effectivement séparés de façon que le Gouvernement et le Parlement assument chacun pour sa part et sous sa responsabilité la plénitude de leurs attributions »*.

(4) Décision n° 78-98 DC du 22 novembre 1978, *Rec.* p. 33.

Dans la théorie classique de la séparation des pouvoirs, « si on se représente les fonctions comme hiérarchisées, il est exclu que l'on puisse espérer obtenir un équilibre entre des autorités spécialisées » (5). La superposition des actes juridiques ne s'accompagne pas d'une subordination, même théorique, des pouvoirs. Le seul assujettissement concerne les rapports entre les normes émanant des pouvoirs exécutifs et législatifs, et non entre leurs organes. Si l'organisation des normes juridiques répond à un schéma pyramidal, l'agencement des pouvoirs politiques ferait davantage penser à trois cercles tangents.

Il n'est pas question ici de nier l'effectivité de l'ascendance d'un pouvoir sur un autre. Cette prédominance peut être perçue comme une conséquence à la fois des jeux entre institutions politiques et de la nature des actes juridiques produits par ces pouvoirs, parce qu'il est « absurde de prétendre que l'activité qui consiste à faire des lois pourrait être équivalente à celle qui consiste à les exécuter » (6). La Constitution prévoyant une graduation des différents actes juridiques et la séparation des pouvoirs habilités à les adopter, il faut envisager les effets de la première sur la seconde, et analyser dans quelle mesure cette verticalité des normes pourrait ou non entraîner celle des pouvoirs. Ceci amène à distinguer, au sein des pouvoirs politiques, le rang de la règle juridique de l'organe habilité à l'adopter. En dehors de toute considération liée à la représentation nationale, il n'existe aucune raison pour que le pouvoir législatif soit par essence supérieur au pouvoir exécutif, et réciproquement. *A priori*, seul le caractère représentatif de la souveraineté nationale, confié à l'un des pouvoirs et non à l'autre, serait à même de perpétuer une hiérarchie entre ces pouvoirs. Mais si deux pouvoirs bénéficient de la même légitimité représentative, l'un ne peut être juridiquement inféodé à l'autre. Il faut différencier les relations entre les pouvoirs politiques de celles existant entre les normes qu'ils édictent.

La conciliation de la verticalité des normes juridiques avec l'horizontalité théorique des pouvoirs politiques n'est en rien automatique, on peut même déceler une incompatibilité entre les deux approches. Le pari osé de la Ve République est d'avoir voulu associer Kelsen avec Montesquieu. Cette juxtaposition pose une double difficulté. Comme il vient d'être mentionné, celle-ci se définit d'abord en termes d'adéquation entre la verticalité des normes juridiques et l'horizontalité théorique des pouvoirs politiques. Ensuite, les rapports entre normes et pouvoirs seraient moins complexes si le régime de la Ve République n'avait pas glissé d'une définition organique de la norme juridique à une définition matérielle. Lorsqu'il existe, au sein d'un pouvoir, un déphasage entre l'organe et la norme émise, lorsque le critère matériel d'une règle juridique se substitue à son origine organique, on ne peut que s'interroger sur les interactions entre l'ordonnancement juridique des normes et l'organisation

---

(5) M. TROPER, *Pour une théorie juridique de l'État*, Chapitre XIV : Actualité de la séparation des pouvoirs, PUF, 1994, p. 226.

(6) *Ibid.*

politique des pouvoirs. Les critères de définition de la norme ne sont plus les mêmes que ceux de la distinction entre les pouvoirs. Il existe une difficulté de conciliation entre l'acception organique de la séparation de pouvoirs et la répartition matérielle de l'habilitation normative. La question centrale est de savoir comment concilier l'organisation des pouvoirs politiques avec l'ordonnancement des normes juridiques. Il faut examiner les effets du remodelage du champ de définition des normes juridiques sur les pouvoirs politiques. L'objet de cette étude est d'analyser l'articulation des ordonnancements des pouvoirs politiques avec les normes juridiques. Peut-on établir un parallèle entre l'ordonnancement des règles de droit et celui de leur pouvoir de production ?

Dans un premier temps, il faut relever une évolution depuis la théorie initiale de la séparation des pouvoirs refusant l'existence d'une verticalité entre eux vers l'avènement d'un lien entre la hiérarchie des normes et celle des pouvoirs (I). Mais le passage du critère organique au critère matériel de définition de la norme et l'abandon de la spécialisation des pouvoirs remettent en cause cet alignement, ouvrant la voie à de nouveaux critères de hiérarchisation (II).

I. — L'AVÈNEMENT D'UNE CORRÉLATION ENTRE LA HIÉRARCHIE DES NORMES ET CELLE DES POUVOIRS

À ses origines, la théorie de la séparation des pouvoirs ne s'accompagne pas automatiquement d'une verticalité des pouvoirs (A). Mais la théorie kelsénienne amène à redéfinir cette acception via un alignement de l'organisation des pouvoirs sur la classification des normes juridiques (B).

A. — *L'absence originaire de hiérarchie des pouvoirs dans la théorie de la séparation*

L'acception classique de la séparation des pouvoirs, celle des Lumières, repose sur leur double spécialisation, à la fois organique et fonctionnelle. Organique, dans le sens où l'organisation étatique se répartit entre plusieurs structures ou autorités principales bien distinctes. Si l'on se réfère à Duguit, « les organes sont les individus et les groupes d'individus investis de l'exercice d'un élément déterminé de la souveraineté ou de toute la souveraineté » (7). Fonctionnelle ensuite, puisque chaque organe doit correspondre à une fonction étatique, qu'elle soit législative, exécutive ou juridictionnelle. Montesquieu opère une séparation entre la puissance législative, la puissance exécutrice

(7) L. DUGUIT, *Traité de droit constitutionnel*, tome II, éditions E. de Broccard, Paris, 1928, p. 669.

des choses qui dépendent du droit des gens (puissance exécutrice de l'État), et la puissance exécutrice des choses qui dépendent du droit civil (puissance de juger). Il s'oppose au cumul des pouvoirs entre les mains d'une personne ou d'un organe, que cela concerne les trois pouvoirs (8) ou deux d'entre eux (9). La combinaison de ces deux critères aboutit donc à l'existence de trois organes, ou trois groupes d'organes, assurant chacun l'un des trois pouvoirs étatiques.

L'association est automatique entre le pouvoir étatique et la fonction qu'il assure, via la norme qu'il est habilité à prendre. Demeurent à déterminer les implications organisationnelles de cette théorie. L'existence de ces trois pouvoirs suppose-t-elle une approche hiérarchique ou horizontale entre eux ? L'équilibre est assuré par la faculté d'empêcher dont dispose chaque pouvoir à l'égard de l'autre, que Montesquieu définit comme « le droit de rendre nulle une résolution prise par quelque autre » (10). On peut en déduire que la recherche d'un équilibre passe par une répartition neutralisante des fonctions : « si la puissance exécutrice n'a pas le droit d'arrêter les entreprises du corps législatif, celui-ci sera despotique » (11). La doctrine de la séparation des pouvoirs nécessite une conception égalitaire des fonctions étatiques et des pouvoirs qui les incarnent. L'existence d'une hiérarchie des pouvoirs s'avère incompatible avec leur séparation. Carré de Malberg remarque que cette théorie « a souvent été entendue comme impliquant l'égalité des pouvoirs, et c'est bien ainsi que Montesquieu lui-même semble la présenter » (12).

L'éminent juriste part de ce constat pour fonder en partie sa critique de la séparation des pouvoirs. Cette dernière est selon lui irréalisable dans le sens où l'égalité entre organes étatiques n'est que fictive. Dès lors que chaque organe est spécialisé dans une fonction — à chaque organe un pouvoir particulier — l'égalité entre ces pouvoirs ne peut être obtenue. Chaque organe devient dépendant de sa fonction et, par là même, de la norme qu'il adopte. C'est ici que Montesquieu entre en conflit avec Kelsen. Dès lors que l'on admet l'existence d'une hiérarchie des normes, les règles de rang inférieur devant respecter les règles de rang supérieur, on est obligé de reconnaître une hiérarchie entre les fonctions concernées, et, par répercussion, une verticalité

---

(8) « Tout serait perdu si le même homme, ou le même corps des principaux, ou des nobles, ou du peuple, exerçaient ces trois pouvoirs ». MONTESQUIEU, *De l'Esprit des lois*, tome I, Livre XI, chap. 6, Folio essais, 1995, p. 328.

(9) « Lorsque dans la même personne ou dans le même corps de magistrature la puissance législative est réunie à la puissance exécutive, il n'y point de liberté (...). Il n'y a point encore de liberté si la puissance de juger n'est pas séparée de la puissance législative et de l'exécutrice ». *Ibid.*

(10) *Ibid.*, p. 334.

(11) *Ibid.*, p. 336.

(12) R. CARRÉ DE MALBERG, *Contribution à la théorie générale de l'État*, tome II, chap. IV : *De la séparation des fonctions entre des organes distincts*, Dalloz, 2004, p. 48.

entre les organes institutionnels. C'est là l'argument premier soulevé par Carré de Malberg : « Par la force même des choses, la hiérarchie qui s'établit entre les fonctions, entraîne inévitablement une inégalité correspondante entre les organes » (13).

Carré de Malberg laisse entendre que Montesquieu n'élabore dans sa théorie aucune hiérarchie, ni entre fonctions ni entre organes. Or, Montesquieu reconnaît expressément l'inégalité des fonctions étatiques, plaçant évidemment la puissance législative au dessus de la puissance exécutrice. Il accorde d'ailleurs tant d'importance à cette inégalité des fonctions, qu'il en déduit la nécessité d'une inégalité inverse des moyens d'action entre organes pour rétablir l'équilibre. Si la puissance exécutrice doit avoir la capacité d'arrêter les entreprises du corps législatif, la réciproque n'est pas souhaitable selon Montesquieu : « il ne faut pas que la puissance législative ait réciproquement la faculté d'arrêter la puissance exécutrice » (14). Le théoricien de la séparation des pouvoirs légitime même cette absence de réciprocité par l'infériorité naturelle de la fonction exécutive par rapport à la fonction législative, car « l'exécution ayant ses limites par sa nature, il est inutile de la borner » (15). Il n'est pas assuré que Montesquieu ait soutenu que « l'activité qui consiste à faire des lois pourrait être équivalente à celle qui consiste à les exécuter » (16). Au contraire, il cherche à contrebalancer l'inégalité naturelle entre pouvoirs par une inégalité, en sens inverse, des moyens d'action. Une faculté d'empêcher diminuée reconnue au pouvoir législatif devient la contrepartie indispensable de son infériorité fonctionnelle. L'analyse de Montesquieu s'avère moins stéréotypée que ne laisse penser Carré de Malberg. Montesquieu opère une distinction fondamentale entre fonctions et organes, alors que Carré de Malberg établit entre les deux une correspondance automatique (« la hiérarchie des fonctions provoque et implique fatalement celle des organes » (17)). Cette dissociation est reprise par Duguit : « les pouvoirs ne sont point les organes » (18). S'il est difficile de lutter contre l'inégalité naturelle des fonctions étatiques, on peut au moins tenter de rétablir l'équilibre entre leurs organes. On peut entrevoir dans la pensée de Montesquieu les prémices d'une rationalisation des moyens d'actions réciproques entre pouvoirs politiques. Il appréhende l'instauration de mécanismes institutionnels visant à assurer l'égalité entre les organes, à défaut de pouvoir revenir sur l'inégalité caractérisant les fonctions.

Carré de Malberg réfute cette idée en affirmant que « la supériorité de la loi ne serait qu'un vain mot, si l'autorité exécutive était libre d'exécuter les

---

(13) *Ibid.*, p. 49.
(14) Montesquieu, *op. cit.*, p. 336.
(15) *Ibid.*
(16) M. Troper, *op. cit.*, p. 226.
(17) R. Carré de Malberg, *op. cit.*, p. 50.
(18) L. Duguit, *op. cit.*, p. 669.

lois à sa guise » (19). Or, il s'agit là de deux considérations distinctes, et Carré de Malberg envisage le fond de l'acte normatif là où Montesquieu considère sa forme. Michel Troper rejoint la position de Carré de Malberg, estimant que le pouvoir exécutif est traditionnellement inféodé au pouvoir législatif, puisque « le pouvoir exécutif ne consiste qu'à exécuter matériellement la loi » (20), et d'en déduire que « Montesquieu n'a donc pas voulu la séparation des pouvoirs » (21). Affirmer que Montesquieu n'a pas voulu la séparation des pouvoirs en raison du caractère subordonné de la fonction exécutive, c'est ramener la notion de pouvoir à sa seule acception normative. On pourrait utilement admettre que la notion de pouvoir englobe à la fois les volets fonctionnel et organique. L'existence d'une inégalité par nature entre fonctions de l'État ne présuppose ni l'inégalité des organes ni des pouvoirs. La consécration d'une inégalité entre pouvoirs suppose donc une inégalité entre fonctions, qui est permanente dans le cadre de la hiérarchie des normes, doublée d'une inégalité entre organes qui, elle, n'est pas automatique et dépend des jeux institutionnels et politiques.

En outre, la critique de la séparation des pouvoirs fondée sur la limitation matérielle de l'acte exécutif par rapport à l'acte législatif n'est pas systématiquement recevable. Dans un premier temps, cette critique repose sur le postulat d'une compétence générale de la loi. On ne peut tenir rigueur aux théoriciens du XIXe siècle de n'avoir envisagé que ce cas de figure, le domaine de la loi ne recevant à cette époque pas de limitation matérielle. Mais devait-on pour autant penser, lorsque le critère de définition de la loi n'était qu'organique, que l'acte exécutif était, du point de vue matériel, systématiquement inféodé à l'acte législatif ? Reconnaître une compétence générale au législateur, n'est-ce pas en même temps reconnaître de fait une compétence générale au pouvoir exécutif ? Si la loi peut intervenir en tout domaine, cela signifie que des décrets d'application peuvent être pris également en tout domaine. Plus la loi étend son champ d'investigation, plus elle accroît les matières dans lesquelles le pouvoir exécutif peut intervenir. Il est paradoxal d'expliquer les limites matérielles du pouvoir exécutif par le fait que le pouvoir législatif, de son côté, n'en connaît pas. Si le pouvoir législatif est infini, le pouvoir exécutif devient, lui aussi, infini. En outre, ce n'est pas parce que la loi peut traiter de tout sujet que c'est toujours effectivement le cas. Cela paraît même impossible. L'exécutif est certes dépendant de la volonté du législateur, du choix fait par celui-ci d'intervenir dans tel ou tel domaine, mais le législateur est finalement aussi dépendant que l'exécutif de sa propre action. C'est au législateur de découvrir de nouveaux domaines d'intervention, de puiser dans la vie sociale de nouveaux champs d'investigation législative. Les lois ne se votent pas

---

(19) *Ibid.*, p. 51.
(20) M. Troper, *op. cit.*, p. 227.
(21) *Ibid.*

d'elles-mêmes, mais nécessitent la volonté et l'action des parlementaires. Ces derniers sont donc aussi dépendants que l'exécutif de leurs propres initiatives.

B. — *L'alignement des pouvoirs sur le rang de la norme*

Carré de Malberg fonde sa critique de l'égalité des pouvoirs sur un second argument. C'est l'unité de l'État qui est, selon lui, compromise par la théorie de la séparation des pouvoirs telle que la prévoit Montesquieu, et qui s'apparente à une division des pouvoirs et de la souveraineté (22). Cette critique n'est pas irréfutable. Tout d'abord, elle ne concerne que les acceptions les plus poussées de la séparation des pouvoirs, dont il n'est pas certain qu'elles soient défendues par Montesquieu. Carré de Malberg décèle dans la théorie de Montesquieu un amalgame automatique entre séparation et division des pouvoirs, agissant sur l'éminent juriste tel un allergène : « La séparation des pouvoirs quant [aux fonctions] et pareillement quant à leurs titulaires, ne serait acceptable qu'à la condition de n'être aucunement une séparation » (23). Mais le modèle de Montesquieu est plus nuancé : la séparation n'est nullement teintée d'hermétisme entre les pouvoirs. Le corps législatif se compose de deux parties, dont chacune enchaîne l'autre par sa faculté d'empêcher. Qui plus est, ces deux organes « seront liées par la puissance exécutrice, qui le sera elle même par la législative » (24). Certes, Montesquieu attribue chaque fonction étatique à des organe ou groupe d'organes bien distincts : la puissance législative ne doit nullement intervenir dans la fonction de l'exécutif, sous peine de voir ce dernier disparaître. Mais, de son côté, la puissance exécutive interfère dans le domaine législatif par sa faculté d'empêcher. Montesquieu ne prévoit nullement une division des pouvoirs étatiques, mais plutôt leur collaboration. Fondant son analyse sur la pratique britannique, il rappelle que le parlement exerce sur l'exécutif un contrôle permanent. On peut déduire, avec Duguit, que « jamais Montesquieu n'a exposé une théorie de la séparation des pouvoirs impliquant une séparation absolue des organes exerçant la fonction législative et la fonction exécutive » (25). Nulle part dans l'Esprit des lois ne figure le principe selon lequel les organes investis des fonctions étatiques seraient

(22) « La séparation des pouvoirs, telle que l'a entendue Montesquieu, est irréalisable, parce que, en exigeant que chaque fonction matérielle de puissance étatique soit remise en totalité à un organe ou à un groupe d'autorités spécial, indépendant, agissant librement, souverainement même, dans sa sphère propre de compétence, et constituant ainsi organiquement un pouvoir égal aux deux autres, la théorie de Montesquieu implique une division des pouvoirs, qui non seulement paralyserait la puissance de l'État, mais encore ruinerait son unité ». R. Carré de Malberg, *op. cit.*, p. 110.

(23) *Ibid.*

(24) Montesquieu, *op. cit.*, p. 339.

(25) L. Duguit, *op. cit.*, p. 665.

investis, de façon indépendante, d'une part de la souveraineté. La séparation des pouvoirs procède d'une répartition des différentes fonctions entre plusieurs organes, non d'une division de la souveraineté en plusieurs éléments.

Le parallèle que Carré de Malberg établit entre la verticalité des organes et l'impossible séparation des pouvoirs qui les incarnent souffre certaines contradictions et critiques. Comme il vient d'être mentionné, il n'est pas vérifié que la notion de séparation des pouvoirs entraîne systématiquement l'inégalité théorique des pouvoirs. Jugeant que la séparation des pouvoirs contient en elle-même l'inégalité des pouvoirs, Carré de Malberg en déduit l'émergence d'un « organe suprême » parmi ceux qui agissent souverainement dans leur sphère de compétence propre. La souveraineté de cet organe est dans un premier temps contestable, et Carré de Malberg en convient lui-même en affirmant que « la séparation des pouvoirs ne s'établit donc qu'en-dessous du peuple » (26). Il est donc exclu qu'un organe puisse s'en attribuer pleinement l'exercice. Mais la séparation des pouvoirs et l'unité de l'État demeurent à concilier. Lorsque Duguit considère qu'une « dernière conséquence résulte logiquement de l'indivisibilité de la souveraineté, c'est l'impossibilité de créer une séparation de pouvoirs » (27), il associe la séparation à une *division* des pouvoirs. Seul l'État est dépositaire de la souveraineté, et l'existence de plusieurs pouvoirs confiés à des organes particuliers n'emporte aucune division de la souveraineté, qui appartient à la nation. Proclamer la division de la souveraineté entre les pouvoirs procède du non-sens, la séparation des pouvoirs n'impliquant qu'une diversité de participation des organes à l'activité générale de l'État.

L'association automatique entre l'inégalité des pouvoirs, via la théorie de l'organe suprême, et le respect de l'unité de l'État, fondant l'impossibilité d'une séparation des pouvoirs, est contestable. Carré de Malberg précise que l'État nécessite, « pour la réalisation de son unité, un organe prééminent, dont la volonté domine celle des organes concurrents, soit en tant que rien ne pourra se faire dans l'État sans sa volonté, soit, en tout cas, que rien ne pourra s'y faire contre sa volonté » (28). Peu de temps avant lui, Jellinek développe déjà cette idée. Tout en soulignant que la nécessité d'une volonté unique de l'État ne saurait reposer sur un seul organe (29), il affirme que

(26) R. Carré de Malberg, *op. cit.*, p. 54.

(27) L. Duguit, *op. cit.*, p. 121.

(28) R. Carré de Malberg, *op. cit.*, p. 111.

(29) « Il nous faut à présent insister d'une façon toute particulière sur l'opposition qui se manifeste entre la manière juridique et la manière politique d'envisager la question. De ce que, politiquement, l'État doit voir son unité reproduite dans l'unité d'un organe supérieur unique, parce que c'est là la meilleure d'écarter les conflits intérieurs, on a souvent déduit, à tort, cette proposition que, juridiquement, tout le pouvoir de l'État doit être concentré dans un seul organe ». G. JELLINEK, *L'État moderne et son droit*, Deuxième partie, *Théorie juridique de l'État*, Éditions Panthéon-Assas, 2005, p. 234.

« chaque État a besoin d'un organe supérieur » (30) auquel appartienne le pouvoir de décider souverainement. Cependant, en quoi l'unité de l'État serait-elle davantage mise à mal par l'égalité des pouvoirs que par leur inégalité ? Un organe prééminent menace davantage l'indivisibilité de la souveraineté nationale que plusieurs pouvoirs situés sur un pied d'égalité, qui se limitent et se pondèrent réciproquement. En ce qui concerne l'unité de l'État, il est possible de renvoyer dos-à-dos Carré de Malberg et Montesquieu. Alors que le premier revendique l'inégalité des pouvoirs, afin que le plus puissant assure l'unité de l'État, le second répond que « ces trois puissances devraient former un repos ou une inaction. Mais comme, par le mouvement nécessaire des choses, elles sont contraintes d'aller, elles seront forcées d'aller de concert » (31). L'unité de l'État peut autant être réalisée au moyen de pouvoirs horizontaux que verticaux. La souveraineté résidant dans la nation et étant exercée par sa personnification juridique, l'État, on peut considérer les trois pouvoirs principaux comme ses coïndivisaires perpétuels ou, à la plaisante manière de Duguit, comme les composantes de la sainte trinité (32). De sorte que l'exercice d'une partie de la souveraineté par un pouvoir ne s'apparente pas à sa détention et ne saurait, dans un cadre démocratique, aboutir à sa confiscation ni à une rupture de l'unité de l'État. Cette dernière est moins tributaire du nombre de pouvoirs et de leur agencement, que de l'unité de l'ordre juridique, qui « résulte de la connexion entre éléments qui découle du fait que la validité d'une norme qui est créée conformément à une autre norme repose sur celle-ci » (33).

Les notions de verticalité et d'horizontalité des pouvoirs pourraient dépendre plus pertinemment des rapports qu'entretiennent les normes juridiques. Il faut s'interroger sur la possibilité d'un lien, immédiat ou non, entre le rang d'une norme dans la pyramide et l'éventuelle hiérarchie des pouvoirs. La place d'un pouvoir dans l'organisation étatique est-elle fonction de l'habilitation qu'il reçoit de la Constitution à voter telle ou telle norme juridique ? Cela reviendrait à dire que la *valeur organique* résulterait de la forme de l'acte normatif, si l'on s'en tient à l'acception traditionnelle de la norme juridique. Il n'est donc pas question d'analyser les effets de la norme sur ceux à qui elle s'adresse,

---

(30) *Ibid.*, p. 239.

(31) Montesquieu, *op. cit.*, p. 339.

(32) « L'esprit rapproche spontanément cette théorie de la trinité politique de la théorie théologique de la trinité divine. La même conception et la même manière de raisonner sont à la base de l'une et de l'autre. La divinité est une et indivisible. Ses attributs forment autant de personnes distinctes, également divines. Mais la divinité reste une et indivisible dans sa substance, malgré l'existence de trois personnes divines. De même la souveraineté est une et indivisible ; ses attributs forment trois personnes distinctes également souveraines. Ils ont chacun des pouvoirs souverains. Cependant il n'y a qu'une seule et indivisible souveraineté malgré l'existence de trois pouvoirs souverains », L. Duguit, *op. cit.*, p. 669.

(33) H. Kelsen, *op. cit.*, p. 224.

mais sur ceux qui l'adoptent. Pour les besoins de notre argument, il faut situer ces réflexions dans le cadre d'une séparation classique des pouvoirs, où critères organique, formel et fonctionnel sont clairement établis. Dans cette configuration institutionnelle, le parlement est seul habilité à adopter des actes normatifs de valeur légale, l'exécutif seul habilité à prendre des mesures d'exécution de la loi par des mesures infralégales, et le juge à donner une interprétation des règles juridiques opposables aux sujets de droit et organes institutionnels. Dans ce cas de figure, il est vrai que la séparation des pouvoirs porte « non pas sur les *fonctions matérielles*, mais sur les *degrés de puissance formelle* » (34). En revanche, affirmer que « cette séparation n'est pas une séparation des fonctions » (35) est contestable : ce n'est pas parce que les trois pouvoirs peuvent déterminer des règles de même contenu (correspondance matérielle) qu'il n'existe pas de séparation des fonctions. De même, il n'est pas certain que l'on puisse déduire, comme le fait Carré de Malberg, que cette répartition aboutit à une gradation *et non* à une séparation des pouvoirs. L'opposition frontale entre les deux notions est gênante, la séparation des pouvoirs pouvant tout à fait s'accommoder de leur gradation. Pour cette fois, Carré de Malberg semble se faire une conception de la séparation des pouvoirs plus stricte que Montesquieu.

Dans cette comparaison entre le rang de la norme adoptée et la place du pouvoir habilité à la voter, la doctrine s'accorde à désigner l'organe législatif comme pouvoir supérieur de l'État. C'est certainement Locke qui, le premier, instaure une hiérarchie entre les pouvoirs séparés (36), et identifie le pouvoir législatif comme le principal : « Dans un État formé (...) il n'y a qu'un pouvoir suprême, qui est le pouvoir législatif, auquel tous les autres doivent être subordonnés » (37). L'idée existe en filigrane chez Rousseau et Montesquieu. Bien qu'opposé à l'idée de séparation des pouvoirs, qu'il considère comme un tour de gobelets rappelant ceux des « charlatans du Japon » (38), Rousseau souligne que « les droits qu'on prend pour des parties de cette souveraineté lui sont tous subordonnés, et supposent toujours des volontés suprêmes dont ces droits ne donnent que l'exécution » (39). Si, contrairement à Rousseau, on admet l'hypothèse d'une transmission non seulement du pouvoir mais aussi de la volonté, le représentant de la volonté générale devient alors l'organe suprême de l'État, auprès duquel les autres pouvoirs ne sont « que des émana-

---

(34) R. Carré de Malberg, *op. cit.*, p. 113.

(35) *Ibid.*

(36) Rappelons que Locke distingue dans sa théorie les pouvoirs législatif, exécutif et confédératif.

(37) J. LOCKE, *Du gouvernement civil*, chapitre XII, édition française, Amsterdam, 1691, p. 190.

(38) J.-J. ROUSSEAU, *Le contrat social*, livre II, chap. II, Le livre de poche, coll. classiques de la philosophie, 1996, p. 62.

(39) *Ibid.*, p. 63.

tions » (40). L'expérience avortée de la Constitution de 1793, dont on sait combien elle doit à Rousseau, est une illustration de cette fiction juridique. Dans son article 65, la souveraineté une et indivisible est représentée dans sa totalité par le corps législatif. Quant à Montesquieu, il sous-entend la supériorité par nature de la puissance législative sur la puissance exécutrice dès lors que « l'exécution ayant ses limites par sa nature, il est inutile [pour la puissance législative] de la borner » (41). Jellinek, à son tour, affirme clairement que dans un système de démocratie représentative un des organes de l'État doit être l'organe suprême : « c'est l'organe législatif, car à lui seul appartient le pouvoir de décision suprême » (42). Raymond Carré de Malberg confirme cette analyse, estimant que « dans cette hiérarchie des pouvoirs et des autorités, le Corps législatif possède la puissance la plus haute » (43).

Au-delà de l'identité de conclusions, une similitude réunit ces auteurs, instaurant une corrélation entre *le rang de la norme* et *la valeur organique.* Les auteurs opèrent souvent une distinction entre pouvoirs législatif et exécutif sur le fondement extrêmement flou de leur « nature ». Ainsi, Carré de Malberg justifie la différence entre ces deux pouvoirs par le fait que « l'un est d'une essence plus haute que l'autre » (44). L'auteur établit un lien direct entre la valeur d'une règle juridique et la puissance du pouvoir habilité à l'adopter. C'est parce que la loi est une source du droit dont la force est supérieure à celle du règlement que l'organe législatif et, à travers lui, le pouvoir du même nom dominent le pouvoir exécutif. La supériorité de la règle législative emporte la subordination du règlement à la loi. La forme des actes juridiques devient le principal critère de classification des pouvoir politiques. En d'autres termes, Carré de Malberg affirme que la loi a une portée statutaire que ne possède pas le règlement : « le trait distinctif du droit législatif, c'est d'être un droit statutaire » (45). De son côté, Jellinek opère une distinction entre organes immédiats (46) et organes médiats qui n'explique pas, dans un premier temps, sa hiérarchisation des pouvoirs. En effet, les organes immédiats existent autant au sein du pouvoir législatif que du pouvoir exécutif. Certes, « quand en dehors de l'organe immédiat, il n'y a que des organes médiats, c'est naturelle-

(40) *Ibid.*

(41) Montesquieu, *op. cit.*, p. 336.

(42) G. Jellinek, *op. cit.*, p. 242.

(43) R. Carré de Malberg, *op. cit.*, p. 114.

(44) *Ibid.*, tome I, Titre II, chap. 1er : *La fonction législative*, p. 336.

(45) *Ibid.*, p. 337.

(46) « Des organes de cette sorte s'appellent immédiats, parce que leur qualité d'organe résulte immédiatement de la constitution du groupe même ; cela signifie que, de quelque façon que ces organes aient été établis, ils ne sont obligés à l'égard de personne, en leur qualité d'organe, si ce n'est de l'État lui-même. Ils ont leur situation immédiatement engagée dans l'organisation du groupe, en sorte que le groupe ne peut intervenir que par leur intermédiaire », G. Jellinek, *op. cit.*, p. 226.

ment l'organe immédiat qui sert d'organe suprême » (47). Toutefois, la distinction entre organes immédiats et médiats n'entraîne qu'une hiérarchie des organes au sein d'un même pouvoir. Pour opérer une classification entre les pouvoirs, Jellinek s'en remet au critère incertain du « pouvoir de décision suprême », à qui il appartient de décider des changements de l'ordre juridique.

Il est possible de rapprocher cette analyse de la hiérarchie kelsénienne. Du point de vue normatif, la capacité de décider des changements de l'ordre juridique appartient à l'organe habilité à adopter la règle juridique située le plus haut dans la pyramide des normes, puisque de son sort dépend celui des autres règles. Si bien qu'une analyse *normativiste* de la théorie jellinékienne de l'organe suprême conduit à une hiérarchisation des pouvoirs en fonction de la valeur juridique des règles qu'ils adoptent. Comme chez Carré de Malberg, la verticalité des pouvoirs est chez Jellinek fonction de la hiérarchie des normes. Les deux auteurs construisent une théorie de la séparation des pouvoirs fondée sur une inégalité des autorités les incarnant et dépendant de la valeur de l'acte normatif qu'ils sont habilités à prendre. La théorie kelsénienne de la hiérarchie des normes complète, sous cet angle, la verticalité de la séparation des pouvoirs développée par Jellinek et Carré de Malberg. On peut dire qu'avec Kelsen apparaît la possibilité d'une lecture normativiste de la séparation des pouvoirs, et non plus seulement organiciste. La *nature* des pouvoirs développée par Jellinek, source de leur classification verticale, trouve son écho dans le *rang* de la norme au sein de la pyramide. Les fonctions législatives et réglementaires se départagent donc moyennant un élément formel. La forme de l'acte juridique prime la puissance du pouvoir ou de l'organe. En retour, la notion de séparation des pouvoirs s'avère indispensable en entretenant une distinction entre les valeurs des normes juridiques : « seules, la diversité et la séparation des autorités législative et administrative impriment à la règle posée par voie de législation ce caractère statutaire qui est le trait distinctif de la règle-loi » (48).

La notion d'organe suprême est extrêmement intéressante en ce qu'elle fait glisser le débat sur l'horizontalité des pouvoirs du domaine de la théorie juridique vers celui de la pratique politique. D'un point de vue purement théorique, l'incompatibilité entre la séparation et l'égalité des pouvoirs n'est pas assurée. Il est du moins contestable de revendiquer une automaticité juridique entre séparation et inégalité des pouvoirs. Mais la pratique institutionnelle n'a jamais validé la thèse de l'égalité des pouvoirs, du moins en France. Carré de Malberg opère là une distinction fondamentale par rapport aux autres juristes du XIXe siècle qui décrivaient « un système politique, au terme d'une même analyse, sans distinguer les rapports juridiques des rapports de force » (49). La prééminence d'un organe ne repose pas sur la confusion ou

(47) *Ibid.*, p. 241.
(48) R. Carré de Malberg, *op. cit.*, p. 349.
(49) M. Troper, *op. cit.*, p. 230.

l'accumulation des pouvoirs à son profit, mais sur une « puissance prépondérante » (50). Le terme de puissance, de connotation plus politique que juridique, sort le débat sur l'égalité des pouvoirs du terrain purement théorique. S'ensuit inévitablement une transformation des critères de hiérarchisation des pouvoirs.

II. — La réorganisation des pouvoirs à travers une reformulation de la hiérarchie des normes

La seule théorie de la pyramide des normes ne suffit plus aujourd'hui à expliquer la verticalité des pouvoirs. Au contraire, l'agencement des pouvoirs se désolidarise de la théorie traditionnelle de la hiérarchie des normes, de nouveaux critères de répartition faisant surface (A). On est en droit de s'interroger sur la pérennité de la hiérarchie des normes comme explication de l'articulation entre les pouvoirs. Il faut envisager l'éventualité d'un renversement de situation : la hiérarchie des pouvoirs ne dépendrait plus de la hiérarchie des normes mais, au contraire, l'organiserait (B).

A. — *La modification des critères de hiérarchisation des normes*

Le XXe siècle, particulièrement depuis l'avènement de la Ve République, est celui de la déconnexion entre le rang de la norme juridique et celui de son pouvoir d'origine. L'organisation verticale des pouvoirs politiques est moins tributaire de la hiérarchie des normes. Il n'est qu'à constater la prééminence du pouvoir exécutif dans le régime de 1958 pour s'en apercevoir. Ce régime, plus que les précédents, est tiraillé entre une organisation verticale des pouvoirs répondant principalement à des critères d'ordre politique, et une hiérarchie des normes répondant à un ordonnancement juridique. Or, si la verticalité régit à la fois les pouvoirs et les règles de droit, elle ne coïncide nullement entre les deux. Alors que la norme réglementaire est encore présentée comme inférieure à la norme légale, le pouvoir exécutif domine largement le pouvoir législatif. On assiste par là même à une désunion entre le rang de la règle de droit et celui de son organe de production. À la dévalorisation des organes législatifs par rapport à la loi correspond une survalorisation des organes exécutifs par rapport au règlement.

Ce décalage pourrait ne pas être gênant s'il ne remettait finalement en cause la qualité de la loi comme expression de la volonté générale. Plutôt, elle remet en cause l'organe habilité à la voter. Alors que la loi, expression de la volonté générale, conserve théoriquement sa prééminence sur le règlement, l'organe votant la loi joue quant à lui un rôle très secondaire dans le jeu

(50) R. Carré de Malberg, *op. cit.*, tome II, chap. IV, p. 58.

institutionnel et même, pourrait-on dire, dans le vote de la loi. Se pose donc la question cruciale de la coupure et de l'éloignement croissant entre l'organe de vote de la loi et la valeur de la loi elle-même. En d'autres termes, la Ve République est l'aboutissement d'une évolution institutionnelle conduisant à la dissociation entre les modes d'expression et de représentation de la volonté générale. L'expression de la volonté générale, incarnée par la loi, est disjointe de sa représentation, incarnée par le parlement. L'expression et la représentation de la volonté générale n'ont plus le même sens, et la Ve République souffre d'une forme de schizophrénie constitutionnelle. On peut y voir son principal talon d'Achille.

La dissociation des valeurs normative et organique souligne aussi la difficile adéquation entre l'unité de la souveraineté et la séparation des pouvoirs. La notion même de pouvoir est complexifiée lorsque la norme supérieure est votée par un organe de puissance moindre. La théorie de l'organe suprême de Carré de Malberg ou Jellinek est dépassée. L'un comme l'autre définissent, dans un système démocratique, le pouvoir législatif comme organe suprême, au nom de la *nature* de l'acte législatif. Ne reste aujourd'hui de cette théorie que la prééminence de la nature de l'acte normatif légal, au détriment du pouvoir législatif en tant que tel. La distinction, au sein du *pouvoir* législatif, entre la *norme* et son *organe* de production est plus criante que jamais. Le décalage croissant entre la valeur de la loi et la place du parlement permet de mieux appréhender la dualité de la notion de pouvoir, *à la fois* normativiste et organiciste. En dépit de la pratique des décrets-lois, les IIIe et IVe Républiques assuraient une correspondance — un peu trop nette — entre le statut de la loi et la puissance des organes législatifs, que la Ve République abandonne complètement. Sous ce régime, la valeur du pouvoir n'est plus indexée à celle de la norme.

Deux causes majeures expliquent vraisemblablement cette rupture. La principale est relative à l'acception *normativiste* des pouvoirs politiques, et concerne le remodelage du champ de définition de la loi. La Ve République a remplacé le critère organique de la loi par un critère matériel. La répartition des domaines d'intervention de la loi et du règlement entre les articles 34 et 37 de la Constitution aboutit à une situation dans laquelle la loi ne peut plus tout régir. On pourrait en déduire que la « portée statutaire » de la loi, chère à Carré de Malberg, est atteinte. Pourtant, en vertu de la Déclaration de 1789, « la loi est l'expression de la volonté générale » (51). La Ve République est paradoxale, reconnaissant et limitant à la fois l'expression de la volonté générale. Le régime de 1958 tente de faire naître l'idée d'un gouvernement représentatif de la volonté générale. Mais, dans un premier temps, cette conception de la représentation est incompatible avec le mode de désignation du gouvernement, non élu par le peuple. Ensuite, quitte à admettre la qualité

(51) Article 6 de la Déclaration des droits de l'homme et du citoyen du 26 août 1789.

représentative du gouvernement, cette dernière n'expliquerait nullement la prédominance du pouvoir exécutif sur le pouvoir législatif. La théorie de l'organe suprême, hostile au dualisme égalitaire d'organes concurrents au nom de l'unité étatique, n'est vérifiée qu'en surface : un organe est bien prédominant, mais la justification de cette domination par la nature du pouvoir est absente. En délimitant matériellement le champ de la loi, l'article 34 de la Constitution a finalement porté davantage atteinte à l'organe qu'à la norme elle-même. Le législateur n'a plus l'exclusivité de l'adoption des textes à valeur législative, l'article 11 permettant de recourir au référendum législatif, malgré un usage très limité. Plus encore que l'article 38 qui exige la ratification des ordonnances par le législateur pour que celles-ci acquièrent valeur légale, l'article 11 déconnecte, au sein du pouvoir législatif, la norme de son organe de production, affaiblissant ce dernier.

Dans l'autre sens, la limitation du champ d'intervention de la loi ouvre un espace réservé au règlement. La perception que se font Montesquieu (52), Carré de Malberg (53) ou Jellinek (54) du pouvoir exécutif comme doté d'une puissance inférieure à celle du pouvoir législatif, est dépassée. L'acception formelle de la norme est aujourd'hui insuffisante pour expliquer les rapports hiérarchiques des pouvoirs. La création d'une réserve matérielle au profit du pouvoir exécutif met fin au monopole de la forme comme critère de définition de la norme et d'organisation des pouvoirs. Le critère matériel se substitue donc au critère formel à la fois dans la définition de la norme elle-même et dans la hiérarchie des pouvoirs. Sans être devenu indépendant de la norme qu'il est habilité à adopter, le rapport du pouvoir à cette dernière est modifié. Plutôt que s'aligner sur le rang de la norme, le pouvoir est indexé à la matière de la norme. En d'autres termes, la puissance d'un pouvoir devient, entre autres,

---

(52) « Mais il ne faut pas que la puissance législative ait réciproquement la faculté d'arrêter la puissance exécutrice. Car, l'exécution ayant ses limites par sa nature, il est inutile de la borner ; outre que la puissance exécutrice s'exerce toujours sur des choses momentanées », Montesquieu, *op. cit.*, p. 336.

(53) « Dans cette hiérarchie des pouvoirs et des autorités, le Corps législatif possède la puissance la plus haute. Il statue d'une façon initiale : notamment, il crée le droit librement. Les règles qu'il édicte, constituent l'ordre juridique supérieur et statutaire de l'État, et, par conséquent, lient tous les organes ou autorités étatiques autres que l'organe législatif lui-même », R. Carré de Malberg, *op. cit.*, tome II, chap. IV, p. 114.

(54) « À mesure que la législation se développe, un changement se produit, pourtant, dans la condition primitive de l'administration. La législation prend notamment une place toujours plus grande. Mais elle n'agit pas seulement dans un sens limitatif ; elle arrive plutôt à exercer une sorte de maîtrise sur les autres fonctions. Cela saute aux yeux pour l'activité judiciaire, dont l'objet est la réalisation du droit. Mais même l'administration, pour une bonne part, se trouve subordonnée à la législation en sorte que, dans une situation normale, à un certain degré de développement de l'État, l'administration tombe dans la dépendance de la législation », G. Jellinek, *op. cit.*, p. 322.

fonction des compétences matérielles de la norme. La hiérarchie formelle des règles juridiques est remplacée par leur hiérarchie matérielle. Dans une sorte de capitalisation normative, la hiérarchie des règles de droit devient fonction de leur étendue matérielle. La verticalité des normes ne s'opère plus seulement selon la forme de leur adoption, mais aussi — et surtout — selon leur compétence matérielle. Plus une norme régit un nombre important de domaines et plus sa place dans la hiérarchie est élevée. Par ricochet, le pouvoir concerné devient tributaire de la définition matérielle de la norme. La verticalité des pouvoirs est donc toujours fonction de celle des règles juridiques, mais les critères discriminants ont varié. Plus une norme peut intervenir dans un nombre important de domaines, et plus le pouvoir concerné se situe haut dans sa hiérarchie.

Une analyse de la répartition des compétences entre la loi et le règlement aide à comprendre la prépondérance du pouvoir exécutif dans nos institutions. Concernant la loi, l'article 34 de la Constitution délimite matériellement son domaine d'intervention, malgré les réserves formulées précédemment. De son côté, l'article 21 de la Constitution accorde le pouvoir réglementaire au Premier ministre. Cette prérogative est double, concernant les règlements autonomes et les règlements d'application d'une loi. Les premiers sont négativement délimités comme concernant les matières autres que celles qui sont du domaine de la loi. Les décrets d'application accroissent l'intervention gouvernementale, couvrant les mêmes domaines que la loi. Même si les décrets d'application sont liés par le contenu des textes à valeur législative, ils permettent, ajoutés aux règlements autonomes, au pouvoir réglementaire d'intervenir en toute matière, alors que le pouvoir législatif est à la fois limité matériellement et concurrencé organiquement. Alors que les parlementaires n'interviennent que dans les matières énumérées dans l'article 34, le gouvernement intervient en tout domaine, que ce soit de façon autonome ou en application d'une loi. Le gouvernement bénéficie désormais d'un champ normatif autonome et, de fait, d'une compétence générale autrefois reconnue à la loi. Se voit confirmée l'analyse de Michel Troper : « le pouvoir exécutif ne peut être un contrepoids au législatif que s'il exerce des compétences extérieures à la fonction exécutive » (55). L'omnipotence du pouvoir exécutif s'explique par l'omniprésence de la norme réglementaire.

La seconde cause, complémentaire à la première, concerne l'acception *organiciste* des pouvoirs politiques, elle-même relative au mode d'élection des organes législatifs et exécutifs. Nul besoin de développer longuement une évolution institutionnelle connue de tous. Simplement, la désignation sous les IIIe et IVe Républiques du président de la République par les chambres constituait indéniablement une inféodation organique du pouvoir exécutif au pouvoir législatif, transformant par ailleurs le cabinet ministériel en « comité

---

(55) M. Troper, *op. cit.*, p. 232.

du Parlement (56) ». La qualité d'organe suprême pouvait difficilement être contestée aux chambres, particulièrement en raison de l'ascendant politique que constituaient d'un côté leur élection par le peuple et, de l'autre, leur capacité juridique à nommer et réélire le Président. C'est le critère de la légitimité démocratique qui emporte ici l'échelonnement des pouvoirs. L'exercice général des prérogatives de souveraineté étatique ne s'effectue pas de façon homogène par les pouvoirs, mais dépend d'un organe hiérarchiquement supérieur du fait de son mode d'élection. La Ve République, surtout depuis la révision référendaire de 1962, réorganise l'agencement des pouvoirs via l'élection du président de la République au suffrage universel. L'Assemblée nationale et Chef d'État bénéficient désormais de la même légitimité démocratique, mais le pouvoir législatif est affaibli par sa division organique et la carence de légitimité de la chambre haute, désignée au suffrage indirect. Qui plus est, la désignation du président de la République au suffrage universel lui permet d'arracher, en période de fait majoritaire, la nomination du gouvernement au pouvoir législatif. Sous les régimes antérieurs, les ministères se rattachaient par leur origine autant aux pouvoirs législatif qu'exécutif. À partir de 1958 et sauf périodes de cohabitation, les ministres bénéficient d'une indépendance organique vis-à-vis du parlement, renforcée par des conditions de responsabilité politique réduites devant lui. L'incorporation organique totale du gouvernement dans la sphère du pouvoir exécutif participe de la suprématie de ce dernier dans le fonctionnement du régime actuel. L'accumulation des causes matérielle et organique explique en grande partie l'avènement de l'exécutif comme *pouvoir* suprême, l'appellation d'organe suprême étant désormais insuffisante. La métaphore anthropomorphique du XVIIIe siècle « où l'on se représentait l'État ou la société comme un corps, dans lequel la tête, le pouvoir législatif, commande et, le bras, le pouvoir exécutif, ne fait qu'accomplir les actes matériels exigés par cette volonté » (57), est désormais inversée. La double évolution, organique et matérielle, de la verticalité des pouvoirs pourrait ne pas s'arrêter là, et oblige à s'interroger sur la pérennité de la séparation des pouvoirs et de la hiérarchie des normes.

B. — *Vers une substitution de la hiérarchie des pouvoirs à la hiérarchie des normes ?*

Les transformations substantielles des notions de séparation des pouvoirs et de hiérarchie des normes affectent automatiquement leur lien de dépendance. Elles pourraient inverser les rapports entre normes et pouvoirs. Si l'on pouvait, de manière classique, définir la puissance d'un pouvoir *en fonction* de la valeur normative des actes qu'il était habilité à prendre, une analyse moderne

(56) R. Carré de Malberg, *op. cit.*, tome II, chap. IV, p. 71.
(57) M. Troper, *op. cit.*, p. 227.

tend à montrer que c'est aujourd'hui la puissance du pouvoir qui définit le rang de la norme dans sa hiérarchie. En d'autres termes, la verticalité des pouvoirs établie par les jeux institutionnels détermine actuellement la portée juridique des normes adoptées par eux.

À considérer la redéfinition des normes de droit, qui se traduit par le passage du critère organique au critère matériel, on déduit une redéfinition de leur classement. Il a été montré que l'acception formelle d'une règle de droit s'efface devant son volet matériel : une norme ne se détermine plus par l'organe qui l'émet mais par la matière qui la concerne. Si bien que la distinction entre la loi et le règlement autonome ne s'effectue plus systématiquement sur un plan vertical, mais aussi horizontal. Le règlement autonome sort la norme exécutive de sa propre nature, en la délogeant de son carcan statutaire de pur acte d'exécution. La norme exécutive devient à son tour, au même titre que la loi, *originairement* créatrice de droit. Autrement dit, l'acte exécutif se libère de sa tutelle légale pour créer un droit originel, en application d'une compétence qu'il ne tient que du pouvoir constituant. Le règlement autonome entretient le même rapport que la loi vis-à-vis du pouvoir constituant. Il n'est plus question d'établir une hiérarchie entre la loi et le règlement autonome, dès lors que ceux-ci portent sur des matières distinctes. En revanche, cette subordination subsiste concernant les règlements d'application.

Faut-il en déduire, à la manière de Duguit, qu'il « n'y a pas plus de pouvoir exécutif qu'il n'y a de pouvoir législatif » (58) ? Le propos est à nuancer. L'auteur avait déjà remarqué que « les règlements sont des lois matérielles » (59). Il est vrai que les matières réglementaires se diversifient, à tel point que la règlementation dépasse en étendue la législation. Il n'est plus envisageable de maintenir sous la Ve République l'idée d'une hiérarchie des normes telle que la prévoit Kelsen. Cela procèderait d'une confusion entre les aspects matériel et formel de la norme juridique. Définir matériellement la loi et le règlement, c'est définir sur quelles matières les autorités compétentes peuvent édicter une disposition générale. Dans le cas où le règlement n'entre pas dans la logique d'application d'une loi, les conséquences juridiques sur le droit objectif sont les mêmes qu'elles émanent de la loi ou du règlement. Dans les deux cas, l'ordonnancement juridique est modifié par une norme à caractère général. Le règlement autonome est bien une loi au sens *matériel.* On pourrait rétorquer que la loi conserve une valeur supraréglementaire, puisqu'un règlement ne saurait contredire une loi. Mais cette position n'est valable qu'en ce qui concerne les règlements d'application, le règlement autonome portant sur les matières autres que celles réservées à la loi.

Pour autant, il n'est pas certain que l'on puisse en conclure l'inexistence des pouvoirs législatif et réglementaire. Duguit commet ici l'erreur inverse à celle que commettent ceux qu'il critique. S'il reproche aux juristes de son

(58) L. Duguit, *op. cit.,* p. 688.
(59) *Ibid.,* p. 209.

époque de ne penser les pouvoirs qu'en termes formels, il ne les envisage lui-même que du point de vue matériel. Or, le volet organique des pouvoirs a toujours une signification. Même sous la Ve République, l'Assemblée nationale bénéficie d'une légitimité que ne peut pas revendiquer le Gouvernement : l'élection au suffrage universel direct. Il s'agit d'un critère assez fondamental pour ne pas être écarté de la définition des pouvoirs politiques. Il faut insister sur ce point : un pouvoir se caractérise par ses aspects formels *et* matériels.

Cela étant, faut-il déduire de leur qualité de norme générale qu'il n'existe plus de hiérarchie entre la loi et le règlement autonome ? On pourrait le penser au premier abord, dès lors qu'ils portent sur des matières distinctes, et que la complémentarité horizontale entre la loi et le règlement autonome émerge à côté de la complémentarité verticale traditionnelle entre la loi et le règlement d'application. Mais on ne peut parler que d'égalité intrinsèque entre les deux normes. De ce point de vue, l'absence de contrôle de constitutionnalité du règlement autonome constitue d'ailleurs un non-sens, voire un danger, mais il s'agit ici d'un débat dépassant les limites de cette étude. En revanche, il n'est pas certain que l'on puisse parler d'égalité extrinsèque de la loi et du règlement autonome, dans le rapport qu'ils entretiennent avec leur pouvoir d'origine. Il semble bien aujourd'hui que ce soit le pouvoir politique qui détermine la puissance de la norme qu'il adopte, non plus l'inverse. Les normes juridiques se définissant principalement d'un point de vue matériel, c'est désormais en considération de l'étendue des domaines qui les saisit que l'on apprécie leur portée.

Ceci pose la question de la détermination des domaines d'intervention de la loi et du règlement autonome. Une analyse trop rapide en attribuerait la capacité au seul pouvoir constituant. Mais l'usage, consacré par la jurisprudence du Conseil constitutionnel, ne s'oppose nullement à ce qu'un règlement intervienne dans une matière appartenant au domaine légal, ni à ce qu'une loi intervienne dans le domaine réglementaire. Le partage des domaines respectifs d'intervention résulte pour l'essentiel de la pratique gouvernementale et parlementaire, sous l'arbitrage des juges. Compétences légales et réglementaires font l'objet d'un ajustage empirique par leurs pouvoirs réciproques. Le parlement, qui possède en théorie une compétence d'attribution, peut parfaitement voter des dispositions matériellement réglementaires dès lors que le gouvernement n'oppose ni l'article 37, alinéa 2 relatif à la délégalisation, ni l'article 41 alinéa 2 sur l'irrecevabilité. Ces textes bénéficient d'une présomption de caractère législatif dès lors qu'ils sont votés par le parlement, montrant au passage que le critère organique de la loi n'est pas abandonné. À l'inverse, la compétence réglementaire s'est considérablement étendue dans les matières législatives. La répartition des compétences entre les pouvoirs législatif et réglementaire n'étant pas d'ordre public, il revient à ces pouvoirs de délimiter, protéger ou étendre leurs domaines d'intervention. La différence de puissance des normes légales et réglementaires se situant désormais davantage sur un plan horizontal (les différences d'étendue tendant à se substituer aux différences de portée), on en déduit que ce sont les pouvoirs politiques qui définissent désormais la puissance normative. C'est essentiellement la verticalité des pouvoirs politiques qui emporte celle des normes juridiques. Si l'on peut élaborer une « théorie juridique de l'État » (60), il faut aussi considérer, en sens inverse, une définition politique des normes juridiques.

Il revient donc à chaque pouvoir de se découvrir de nouveaux domaines de compétences, ou d'actualiser les anciens, et de les investir juridiquement par le biais de la norme. Les traités internationaux se prêtent tout à fait à cette confrontation normative des pouvoirs. S'il revient au pouvoir exécutif, particulièrement au président de la République, de les négocier et les ratifier (61), celui-ci doit composer avec le pouvoir législatif qui, dans un grand nombre de cas, doit les approuver par le biais d'une loi (62). Les traités internationaux constituent donc indirectement un terrain juridique de lutte ou d'entente entre pouvoirs politiques, de façon aiguë lorsqu'ils modifient des dispositions de nature législative. Ceci est très intéressant dans le sens où la séparation des pouvoirs ne s'effectue pas simplement par confrontation entre normes législatives et réglementaires, mais aussi par le biais de règles de droit dont l'adoption suppose leur consentement mutuel.

La puissance d'un pouvoir dépend donc principalement de sa capacité à se créer de nouveaux champs normatifs. Ce faisant, les pouvoirs législatif et exécutif se rapprochent du comportement des membres du pouvoir judiciaire, ou juridictionnel. Les juges, qu'il s'agisse de ceux du Conseil d'État ou du Conseil constitutionnel, procèdent par découverte et reconnaissance de principes juridiques qui viennent s'inscrire dans la hiérarchie des normes. On ne peut plus affirmer comme Montesquieu que « la puissance de juger, si terrible parmi les hommes, n'étant attachée ni à un certain état, ni à une certaine profession, devient, pour ainsi dire, invisible et nulle » (63). La puissance du pouvoir juridictionnel devient elle aussi tributaire de sa capacité à élaborer des principes et à les inclure dans l'ordonnancement juridique. La création du droit devient le principal mode d'organisation des trois pouvoirs. On peut alors affirmer l'existence d'un cercle vicieux dans lequel la verticalité des pouvoirs politiques configure la portée des règles juridiques qui, en retour, confirment l'organisation des pouvoirs politiques.

---

(60) M. Troper, *op. cit.*

(61) Article 52 de la Constitution du 4 octobre 1958.

(62) Article 53 de la Constitution du 4 octobre 1958 : « *Les traités de paix, les traités de commerce, les traités ou accords relatifs à l'organisation internationale, ceux qui engagent les finances de l'État, ceux qui modifient des dispositions de nature législative, ceux qui sont relatifs à l'état des personnes, ceux qui portent cession, échange ou adjonction de territoire, ne peuvent être ratifiés ou approuvés qu'en vertu d'une loi.*

Ils ne prennent effet qu'après avoir été ratifiés ou approuvés (...) ».

(63) Montesquieu, *op. cit.*, p. 330.

Sous la Ve République, la séparation des pouvoirs s'accommode d'une prééminence de fait du pouvoir exécutif, tant dans le domaine du règlement que dans celui de la loi elle-même, aboutissant à une production normative dominante. Le pouvoir exécutif est prépondérant et, en son sein, le président de la République constitue l'organe suprême. Malgré son caractère républicain, le régime de 1958 est tout de même excessivement proche, du point de vue de la verticalité des pouvoirs, du modèle de la monarchie limitée : « Même lorsqu'il s'y mêle des éléments démocratiques, la monarchie limitée garde pour caractère essentiel d'être une forme de gouvernement dans laquelle le chef de l'État est le centre de toute la vie et de toue la puissance étatiques. Sans doute, le monarque n'exerce plus ici, comme dans le cas de la monarchie absolue, la puissance intérieure de l'État : du moins, il ne peut l'exercer qu'avec le concours d'autres organes qui ne relèvent point de lui, et notamment il ne peut légiférer que moyennant le consentement préalable donné à la loi par une assemblée élue. Mais il n'en reste pas moins l'organe central et principal de l'État » (64).

⁂

Pour conclure, la théorie de la séparation des pouvoirs s'est transformée au fil des régimes politiques, passant d'une acception horizontale à une organisation verticale. Cette configuration elle-même repose sur de nouveaux critères discriminants. Elle se justifie dans un premier temps par la *nature* des pouvoirs, sans que soit opérée en leur sein de réelle distinction entre critères organique et matériel. On s'aperçoit par la suite que l'agencement des pouvoirs devient tributaire de la valeur de la norme qu'ils sont habilités à prendre. Dans ce cas de figure, la verticalité des pouvoirs se calque sur la hiérarchie des normes. Mais le passage d'une définition organique à une conception matérielle des normes juridiques va profondément modifier l'articulation de la séparation des pouvoirs avec la hiérarchie des normes. La verticalité des pouvoirs s'émancipe peu à peu de la hiérarchie des normes traditionnelle. L'affrontement horizontal entre la loi et le règlement autonome oblige chaque pouvoir à se créer de nouveaux domaines normatifs. Désormais, une logique accumulatrice des champs d'intervention préside à la hiérarchisation des règles juridiques. La mutation des critères hiérarchiques des normes de droit emporte une redéfinition des rapports verticaux entre les pouvoirs. S'ensuit une inversion du lien entre les normes et leur pouvoir de production. Ce n'est plus la valeur normative qui dicte la valeur organique et, à travers elle, celle du pouvoir concerné. Désormais, c'est la puissance du pouvoir qui conditionne la valeur effective de la norme juridique. Mais, après tout, ce renversement du jeu entre normes et pouvoirs est perceptible dès les origines de la Ve République. Il faut se projeter dans un autre type de séparation des pouvoirs, qui oppose

(64) R. Carré de Malberg, *op. cit.*, tome II, chap. IV, p. 64.

le pouvoir constituant aux pouvoirs constitués. L'influence exercée par le général De Gaulle sur la rédaction de la Constitution de 1958 montre que le pouvoir (constituant) confère sa puissance à la norme juridique (la Constitution). De façon plus globale, la Constitution, en tant que norme juridique, demeure liée à son pouvoir d'origine, le peuple souverain, qui, de son côté, ne saurait indéfiniment être tenu par elle, puisqu'il est distinct des pouvoirs constitués et les domine. Le principe de souveraineté nationale, n'admettant la souveraineté absolue d'aucun pouvoir à lui seul, sépare le pouvoir constituant des pouvoirs constitués. Mais tous s'inscrivent dans une approche *constructiviste* de la teneur, mais aussi et surtout de la valeur de la norme juridique.

Laurent DEPUSSAY
Docteur en droit public
ATER à l'Université d'Évry-Val d'Essonne

DOCTRINE

DROIT CONSTITUTIONNEL

La République française, une et indivisible ?

par Tatiana GRÜNDLER
Docteur en droit
ATER en Droit public à l'Université du Littoral Côte d'Opale

SOMMAIRE

L'article premier de la Constitution de 1958 dispose que *« la France est une République indivisible, laïque, démocratique et sociale (...). Son organisation est décentralisée »* (1). Cette disposition qui ouvre le texte constitutionnel résume exactement la situation française en rappelant sa fidélité au principe d'indivisibilité et, simultanément, en soulignant la réalité de l'organisation administrative depuis plus de deux décennies. Rompant avec la tradition juridique, le principe d'unité de la République n'y est en revanche pas repris.

Les deux principes d'unité et d'indivisibilité sont apparus de manière concomitante, lors de la Révolution française (2). Jusqu'en 1792, associés à la monarchie, ils expriment avant tout le rejet du fédéralisme. Rapidement, pourtant, cette formule a été rattachée à la République. Alors que la Première République est proclamée, la crainte d'une division du pays émerge, car cette forme de gouvernement est associée aux États-Unis et, donc, au fédéralisme. C'est pourquoi, la Convention prend soin d'affirmer l'unité et l'indivisibilité de la République qu'elle instaure. Ces deux principes ont ensuite connu une évolution parallèle, se trouvant consacrés par les textes fondateurs de 1795, 1799 et 1848.

Entre les constitutions révolutionnaires et la IIe République, la République a disparu et, avec elle, la formule classique. En effet, ni les textes impériaux ni les chartes monarchiques ne reprennent ces principes. Pourtant, de manière assez paradoxale, cette période semble correspondre à un enracinement de l'indivisibilité et de l'unité, dans la mesure où Bonaparte a défendu l'unité politique dont il avait besoin pour achever l'unification française. En outre, le silence des lois constitutionnelles de 1875 doit être relativisé par deux éléments : les conditions d'élaboration de ces textes qui sont perçus comme provisoires, dans l'attente d'une véritable constitution, et le fait que ces lois, si elles ne consacrent pas l'indivisibilité, envisagent ses principales implications territoriales (3).

La véritable rupture dans ce parcours similaire de l'unité et de l'indivisibilité date en réalité de 1946. À partir de la IVe République, les deux notions empruntent des voies quelque peu différentes. La Constitution de 1946 a en effet tenté un compromis. Elle tient compte des préoccupations unitaires en rappelant, dans son article 1er, consacré à la République, son caractère indivisible et réserve son titre X aux collectivités territoriales en reprenant la formule classique. La dissociation ainsi amorcée est achevée dans le texte de 1958 qui ne se réfère plus au caractère unitaire de la République.

Cette absence de l'unité au sein des principes constitutionnels écrits ne convainc toutefois pas l'ensemble de la doctrine de sa disparition du droit positif. En effet, si certains auteurs prennent acte de ce silence et l'expliquent

---

(1) Rédaction issue de la révision constitutionnelle du 28 mars 2003.

(2) Article 1er du Titre II de la Constitution du 3 septembre 1791.

(3) Article 8, alinéa 2, de la loi constitutionnelle du 16 juillet 1875 sur les rapports des pouvoirs publics.

par la volonté de ne plus forcer la réalité des choses (4), d'autres estiment que l'unité conserve une existence positive. Ainsi, partant de l'idée que l'unité et l'indivisibilité de la République constituent une seule et même règle, Roland Debbasch en déduit logiquement que l'unité n'a pas disparu de notre système juridique : le silence sur l'unité ne serait qu'un oubli — le constituant de 1958 n'aurait fait que reprendre dans l'article 2 de la Constitution (devenu, depuis, l'article 1er) l'article 1er du texte de 1946 puis, parvenu au titre relatif aux collectivités territoriales, il n'aurait pas jugé utile d'évoquer, de manière quelque peu redondante, la République française « une et indivisible » — et un oubli sans conséquence, au vu de la signification des deux notions d'unité et d'indivisibilité : « L'indivisibilité est l'essence même de l'unité, le signe de son effectivité et de sa durée. Le caractère indivisible de la République est la garantie du maintien et de la permanence de son unité, la projection de cette dernière dans l'avenir » (5). Autrement dit, l'unité serait la finalité et l'indivisibilité le moyen de l'atteindre (6). En conséquence, la République est une — ce qui correspond à une description de la réalité, un fait — et l'indivisibilité constitue la garantie de cette unité. Elle a donc un aspect plus normatif qui justifierait sa présence dans le texte constitutionnel et pourrait expliquer l'absence du premier principe. Le constat ne paraît pas indispensable, alors que les moyens de le maintenir sont essentiels. De plus, il peut sembler peu judicieux de consacrer deux principes difficiles à distinguer. Dans le sens commun, il est effectivement très délicat, voire impossible, de différencier ces deux termes (7). Et du point de vue juridique, la distinction ne s'avère pas plus aisée si l'on se réfère au contexte historique de leur consécration : le rejet du fédéralisme par les révolutionnaires.

Les principes d'unité et d'indivisibilité, apparus ensemble et participant à une même idée (à l'origine, celle de l'intégrité du territoire), connaissent aujourd'hui des évolutions distinctes. La séparation, qui s'est amorcée par leur statut différent au regard du texte constitutionnel, s'étend à leur signification et

---

(4) Cette réalité correspond pour Th. Michalon à la grande diversité des collectivités territoriales et pour M.-N. Fabre aux conséquences de la colonisation en terme de variété des règles applicables. (Th. Michalon, « La République française, une fédération qui s'ignore ? », cette *Revue* 1982, p. 625 ; M.-N. Fabre, « L'unité et l'indivisibilité de la République, Réalité ? Fiction ? », *op. cit.*, p. 603).

(5) R. DEBBASCH, « L'indivisibilité de la République », B. MATHIEU, M. VERPEAUX (Dir.), *La République en droit français*, Economica, PUAM, Collection Droit public, 1996, p. 75.

(6) Pour R. Debbasch, la formule « une et indivisible » exprime donc « deux états d'une même réalité » (*ibid.*, p. 75), idée partagée, malgré ses conclusions différentes sur la présence du principe d'unité en droit positif, par M.-N. Fabre : « L'unité de la République va au-delà de son indivisibilité ou plus exactement celle-ci n'est qu'une tactique pour assurer celle-là » (*op. cit*, p. 614).

(7) L'indivisibilité, du latin *indivisiblete*, et l'unité, issue du latin *unus*, désignent toutes deux le caractère de ce qui ne peut être divisé.

à leur portée juridique. Cette évolution se produit, au demeurant, en sens inverse de celui que la Constitution de 1958 pouvait laisser prévoir. En effet, ce texte, muet sur l'unité et affirmatif quant à l'indivisibilité, permettait de penser que l'indivisibilité garderait sa force alors que l'unité disparaîtrait du droit positif. Pourtant, force est de constater que l'indivisibilité subit des revers importants ; ce principe semble progressivement grignoté, ne devenant par conséquent qu'une limite relative au pouvoir législatif, cependant que l'unité, *a priori* sans valeur supra-législative, réapparaît sous une forme nouvelle et délimite ainsi un cadre d'intervention du législateur dont le Conseil constitutionnel se fait le gardien.

Cette matière a été alimentée par des réformes relatives à la décentralisation menées dans les années 1980 et poursuivies en 2003, par la gestion pragmatique de territoires marqués par un contexte politique instable (Nouvelle-Calédonie, Corse) et par un mouvement de fond, la construction communautaire. L'ensemble de ces évolutions interrogent, en même temps qu'elles en précisent les contours, le principe constitutionnel d'indivisibilité. Alors qu'il constitue une limite de plus en plus souple à l'action législative, au point d'apparaître en déclin (I), le principe d'unicité, qui fait son apparition dans la jurisprudence constitutionnelle, lui redonne un contenu partiel (II).

I. — DÉCLIN D'UN PRINCIPE CONSACRÉ : L'INDIVISIBILITÉ

Après avoir reconnu sa valeur constitutionnelle, le Conseil constitutionnel a progressivement réduit la portée du principe d'indivisibilité inscrit dans le texte de 1958, en admettant la constitutionnalité de nombreuses pratiques législatives susceptibles d'entamer des éléments traditionnellement vus comme des composantes de l'indivisibilité (A). Autre signe de l'affaiblissement de ce principe, l'usage par les neuf sages d'autres principes constitutionnels, tels que l'intégrité du territoire et surtout l'égalité devant la loi, aux côtés de l'indivisibilité, alors qu'autrefois le seul principe d'indivisibilité suffisait à fonder leurs décisions (B). Un principe dont le champ d'application paraît se réduire au fur et à mesure des décisions rendues, et dont la seule invocation ne suffit pas à fonder celles-ci est, à l'évidence, en déclin.

A. — *Un principe au champ d'application restreint*

L'indivisibilité est une notion polysémique et, de ce fait, susceptible de diverses interprétations. On peut admettre néanmoins que l'indivisibilité porte sur trois domaines correspondant eux-mêmes aux trois éléments constitutifs de l'État : le territoire, la souveraineté et le peuple (8). Or, s'agissant d'au

(8) A. ROUX, « L'indivisibilité de la République », B. MATHIEU, M. VERPEAUX (dir.), *La République en droit français*, *op. cit.*, 1996.

moins deux d'entre eux, le territoire et la souveraineté, la portée de l'indivisibilité se réduit. En effet, selon la jurisprudence du Conseil constitutionnel, ce principe ne s'oppose ni à certaines modifications du territoire national, aussi bien dans sa dimension matérielle que juridique (1) ni à des évolutions de nature à entamer le principe de souveraineté, tant au plan externe qu'interne (2), de sorte que certains ont pu se demander s'il n'y avait pas là une pratique constitutionnelle qui serait la violation du principe (9).

1. *L'abandon de l'indivisibilité du territoire*

L'indivisibilité peut s'entendre comme « la proclamation du caractère définitif et intangible de la délimitation du territoire de l'État et de la consistance de la population » (10). C'est donc la définition géographique et démographique de l'État que les constituants auraient voulu préserver grâce à ce principe. Ainsi comprise l'indivisibilité inspire d'ailleurs d'autres dispositions constitutionnelles garantissant l'intégrité du territoire (11). Pourtant, tel qu'il est appliqué, le principe d'indivisibilité ne se confond pas avec l'intégrité territoriale de la République. L'alinéa 2 du Préambule de la Constitution de 1958, tout d'abord, a donné aux territoires d'outre-mer (TOM), en vertu du principe de libre détermination des peuples, le choix d'adhérer ou non aux nouvelles institutions alors mises en place. Sur cette base, la Guinée est devenue indépendante en 1958. Ensuite, l'article 76, combiné à l'article 86, a permis à ces mêmes TOM de choisir, dans un délai de quatre mois, entre devenir un État membre de la Communauté et conserver le statut de TOM. En 1960, douze territoires sont ainsi devenus des États indépendants. Passé ce délai, la République française était logiquement indivisiblement formée. Pour autant, de nombreux scrutins d'autodétermination ont eu lieu et ont abouti à ce que quinze départements et territoires d'outre-mer comptant dix millions d'habitants quittent la République moins de quatre ans après l'approbation massive de la Constitution (12). Plus récemment, en 1987, la Nouvelle-Calédonie a été concernée par de telles consultations et elle le sera de nouveau à l'issue d'une période transitoire située entre 2014 et 2018, comme le prévoit l'accord de Nouméa conclu en 1998.

(9) Th. Michalon, « La République française, une fédération qui s'ignore ? », *op. cit.*, p. 649.

(10) *Ibid.*, p. 648.

(11) Articles 5, 16 et 89 de la Constitution.

(12) Ont ainsi choisi l'indépendance les départements d'Algérie et du Sahara et trois îles du TOM des Comores. À l'inverse, Mayotte, tout comme, provisoirement, la Côte française des Somalis, l'ont refusée.

Le fondement constitutionnel de ces différents scrutins d'autodétermination, mis à part celui concernant l'Algérie (13), a été l'article 53, pourtant silencieux sur la sécession. Ce texte ne s'intéresse en effet qu'aux cessions, échanges et adjonctions à propos desquels les populations intéressées doivent se prononcer. La thèse selon laquelle des sécessions seraient envisageables a cependant été défendue par René Capitant (14). Selon lui, le droit de libre détermination des peuples des TOM n'a pas disparu avec l'expiration du délai de l'option originaire de maintien ou de retrait de la République. Seules les formes de son exercice ont changé puisque reposant, depuis, sur l'article 53, alinéa 3 de la Constitution et non plus l'article 76 devenu caduc, il nécessite la réunion de deux conditions : d'une part, l'adoption par le Parlement d'une loi autorisant la sécession et, d'autre part, le consentement des populations intéressées. À la différence de 1958, ce n'est donc plus à leur initiative que les territoires peuvent éventuellement quitter la République. Cette thèse, qualifiée par certains d'« acrobatie juridique » (15), a reçu consécration jurisprudentielle par la décision du Conseil constitutionnel de 1975 relative à l'autodétermination des Comores. Le juge y affirme que « (...) les dispositions de cet article [53] doivent être interprétées comme étant applicables, non seulement dans l'hypothèse où la France cèderait à un État étranger ou bien acquerrait de celui-ci un territoire, mais aussi dans l'hypothèse où un territoire cesserait d'appartenir à la République pour constituer un État indépendant ou y être rattaché » (16). Par cette décision le juge reconnaît le droit de sécession. Ne relevant aucune inconstitutionnalité, il admet implicitement qu'un tel droit ne porte pas atteinte à l'indivisibilité de la République qui n'implique donc pas l'intangibilité du territoire national. En 1987, à propos de la Nouvelle-Calédonie, le Conseil s'est fondé sur l'alinéa 2 du Préambule, ce qu'il a de nouveau fait en 2000 (17). Il ressort de cette jurisprudence que l'alinéa 2 pose le principe d'autodétermina-

---

(13) C'est le référendum prévu à l'alinéa 11 de la Constitution qui a permis l'indépendance de l'Algérie.

(14) Cela eut lieu lors de l'examen du texte relatif à la consultation de la population de la Côte française des Somalis, en 1966, tandis que René Capitant présidait la commission des lois. En raison des doutes sur le fondement juridique, la loi organisant la consultation ne se référait pas à l'article 53 de la Constitution. (*JO*, AN, débats, 2e séance, 2 décembre 1966, p. 5214).

(15) J.-M. Péridier, *JO*, Sénat, débats, 14 décembre 1966, p. 2458.

(16) Décision n° 75-59 DC du 30 décembre 1975, Loi relative aux conséquences de l'autodétermination des îles des Comores, *Rec.* p. 26, cons. 2.

(17) Décisions n° 87-226 DC du 2 juin 1987, Loi organisant la consultation des populations intéressées de la Nouvelle-Calédonie, *Rec.* p. 34 (cons. 4 et 5), n° 2000-428 DC du 4 mai 2000, Loi organisant une consultation de la population de Mayotte, *Rec.* p. 70 et 2000-435 DC du 7 décembre 2000, Loi d'orientation pour l'outre-mer, *Rec.* p. 164.

tion, découlant de la libre détermination des peuples, tandis que l'article 53, alinéa 3 établit les modalités de mise en œuvre de l'autodétermination.

Une ambiguïté subsiste toutefois quant au champ d'application de ce droit, dans la mesure où le Conseil constitutionnel utilise le terme de « territoire » en prenant soin préciser qu'il n'a pas le même sens que dans l'expression TOM (18). La question s'est alors posée de savoir si des départements pouvaient être concernés par une telle opération. Lors de débats parlementaires relatifs aux consultations des populations de la Côte française des Somalis (1966) et des Comores (1974-1975), d'aucuns ont jugé que la possibilité d'utiliser l'article 53 pour qu'un TOM accède à l'indépendance constituait un précédent susceptible d'être invoqué par un département d'outre-mer, voire même métropolitain (19). Une partie de la doctrine ne semblait pas non plus convaincue par l'argumentation de René Capitant, en ce qu'elle limitait le droit de sécession aux seuls TOM et le refusait aux départements ultra-marins qui n'avaient pas été appelés, en 1958, à manifester leur volonté d'adhérer aux nouvelles institutions (20). Depuis, un certain nombre de décisions ont été rendues sur ce sujet, sans toutefois permettre d'écarter toute incertitude. Dans sa décision de 1987, le Conseil constitutionnel fait référence, à propos du processus d'autodétermination de la Nouvelle-Calédonie, « aux principes de libre détermination des peuples et de libre manifestation de leur volonté spécifiquement prévus pour les territoires d'outre-mer par l'alinéa 2 du préambule ». On peut en déduire *a contrario* que les autres collectivités territoriales de la République en sont exclues. Mais la décision de 1991 relative à la Corse a obscurci les choses en affirmant dans son douzième considérant que la Constitution distingue entre le peuple français et les peuples d'outre-mer auxquels un droit de libre détermination est reconnu (21). Il est à remarquer

---

(18) « Considérant que l'île de Mayotte est un territoire au sens de l'article 53, dernier alinéa, de la Constitution, ce terme n'ayant pas dans cet article la même signification juridique que dans l'expression territoire d'outre-mer telle qu'elle est employée dans la Constitution » (décision n° 75-59 DC, cons. 3).

(19) F. Mitterrand se demandait si la méthode utilisée pour la Côte française des Somalis n'était pas « contagieuse pour les autres territoires et même pour les DOM » (*JO*, Débats, AN, 1966, p. 5220). Et le député de la Réunion, M. Fontaine, s'exprimait ainsi : « Vous aurez décidé que l'article 53 de la Constitution s'applique dans n'importe quel cas de sécession. » (*JO*, Débats, AN, 1974, p. 5168).

(20) J.-C. Maestre, « L'indivisibilité de la République française et l'exercice du droit à l'autodétermination », cette *Revue* 1976, p. 431.

(21) Décision n ° 91-290 DC du 9 mai 1991, Loi portant statut de la collectivité territoriale de Corse, *Rec.* p. 50.

que le Conseil constitutionnel utilise le terme de peuple d'outre-mer alors que l'alinéa 2 du Préambule n'évoque que les territoires d'outre-mer, ce qui semble montrer sa volonté d'étendre la sécession aux départements d'outre-mer et d'en exclure simultanément les départements métropolitains (22).

Le fondement, trouvé par la doctrine et avalisé par le juge, à la pratique des sécessions a néanmoins fait l'objet de critiques. Les premières ont trait au texte constitutionnel et tiennent en deux points : sa lettre, puisque l'article 53 de la Constitution n'évoque pas le cas de la sécession et sa cohérence car, comment intégrer la sécession dans cette disposition consacrée à la ratification de traités et accords internationaux (intitulé du titre VI), alors que, par définition, lorsqu'il y a sécession il n'existe pas encore juridiquement d'État étranger avec lequel la France pourrait conclure un traité international (23) ? Le second type de critiques se fonde sur la volonté du constituant qui ne paraît pas aller dans le sens d'un droit de sécession. L'article 53 de la Constitution de 1958 est une reprise de l'article 27 du précédent texte fondateur, lui-même issu de l'article 8 de la loi constitutionnelle du 16 juillet 1875. Or, la situation historique rendait alors inimaginable toute sécession. Cette idée que l'article 53, al. 3 n'est que la reproduction d'une disposition plus ancienne est confortée par le fait que cet article apparaît dès le 23 juin 1958 dans les travaux constitutionnels, et est ensuite repris sans modification dans les versions successives de l'article 53 et sans que n'ait lieu de débat, que ce soit au sein du Comité consultatif ou du Conseil d'État.

En conséquence, que ce soit la lettre même de la Constitution ou son esprit, force est d'admettre qu'il est difficile de trouver un fondement juridique incontestable à la pratique des scrutins d'autodétermination. La doctrine aujourd'hui dominante (24), contrairement à celle contemporaine des premiers scrutins d'autodétermination, menée par René Capitant, critique donc cette pratique consacrée, depuis, par le juge constitutionnel, soulignant une interprétation audacieuse, à la limite du *contra constitutionem*, et regrette l'absence d'intervention du constituant qui aurait eu le mérite de la clarté et de l'incontestabilité pour un sujet éminemment important.

---

(22) Cette analyse est confortée par la jurisprudence du Conseil constitutionnel rendue à propos des consultations de populations concernées par une évolution statutaire. Le juge a répondu à l'argument selon lequel elles seraient sans fondement constitutionnel que le principe de libre détermination des peuples figurant dans le deuxième alinéa du Préambule en constituait un, précisant que « les autorités (...) sont, dans le cadre de la Constitution, habilitées à consulter les populations d'outre-mer intéressées ».

(23) Voir l'analyse contraire de P. Lampué, « Le régime constitutionnel des territoires d'outre-mer », cette *Revue* 1984, p. 18.

(24) Voir la position différente de F. Luchaire qui, tout en soulignant l'opacité des travaux préparatoires de la Constitution sur ce point, estime qu'ils montrent que ce terme s'oppose au fédéralisme mais, en aucun cas, à la sécession (*La jurisprudence du Conseil constitutionnel*, tome III, 2e éd., 1999, p. 8).

Bien que ce soit sur un fondement juridique discutable, il ressort de la jurisprudence constitutionnelle que l'indivisibilité de la République ne signifie pas l'intangibilité du territoire. Elle n'implique pas non plus une uniformité statutaire, le Conseil constitutionnel confirmant la possibilité pour le législateur de créer une collectivité territoriale à exemplaire unique et l'autorisant à la doter d'un statut spécifique (25). Si certains ont pu craindre une extension de cette diversité (26), quelques années plus tard on constate que les statuts dérogatoires sont restés limités à des cas justifiés par des circonstances locales spécifiques (Corse, Nouvelle-Calédonie). La diversité territoriale se retrouve davantage dans les différentes législations applicables selon les lieux, vidant un peu plus le principe d'indivisibilité, même si les situations entre l'outre-mer et la métropole méritent d'être distinguées.

S'agissant de l'outre-mer, « la politique coloniale de la France a constamment oscillé, selon les époques et les territoires, entre deux orientations opposées : l'une visant à l'assimilation progressive à la métropole, l'autre consacrant la spécificité du territoire et des populations concernées (...). Cette hésitation permanente se retrouve dans la dualité instituée par la Constitution de 1946, confirmée par celle de 1958, qui oppos[ait] les DOM et les TOM » (27) et qui fonde aujourd'hui la différence instituée par les articles 73 et 74 de la Constitution. Depuis la réforme constitutionnelle de 2003, la première de ces dispositions établit l'identité législative pour les DOM et les ROM (régions d'outre-mer), alors que la seconde pose la spécificité législative pour les collectivités d'outre-mer (COM).

Pour les DOM/ROM (Guadeloupe, Guyane, Martinique et Réunion), le principe reste celui de l'identité législative en vertu duquel les lois et règlements y sont applicables de plein droit, sauf mention contraire (28). Des adaptations sont envisageables pour tenir compte de « leurs caractéristiques et contraintes particulières ». Aussi est-il possible de mentionner la non-application d'un texte ou de prévoir des adaptations de ce texte nécessitées par la situation

---

(25) Voir respectivement les décisions n° 82-137 DC du 25 février 1982, Loi relative aux droits et libertés des communes, des départements et des régions, *Rec.* p. 38 et n° 91-290 DC du 9 mai 1991, Loi portant statut de la collectivité territoriale de Corse, *Rec.* p. 50.

(26) P. Mazeaud estimait que tout département pouvait demander un statut particulier sans qu'aucune condition ne soit imposée (*Le Monde*, 12-13 mai 1991, p. 8).

(27) J.-C. Douence, « Le statut constitutionnel des collectivités territoriales d'outre-mer », *RFDA* 1992, p. 463.

(28) L'identité législative participe du principe d'assimilation introduit par la loi de départementalisation du 19 mars 1946 et consacré par la Constitution de la IVe République, à l'article 73, qui disposait que « le régime législatif des départements d'outre-mer est le même que celui des départements métropolitains, sauf exceptions déterminées par la loi ». Auparavant, c'était au contraire la règle de la spécialité qui s'appliquait, dans la logique du régime colonial.

locale. L'idée contenue dans l'article 73 tel qu'il résulte de la révision constitutionnelle de 2003 n'est pas différente de celle qui prévalait auparavant. En revanche, la formulation est substantiellement modifiée. Initialement, le texte évoquait les adaptations « nécessitées » par la situation particulière des DOM. Or, contrôlant cette exigence de nécessité, le Conseil constitutionnel a par exemple jugé en 1984 que le caractère monodépartemental de la région ne rendait pas nécessaire le dessaisissement du département au profit de la région de toute compétence en matière de transports (29). Aujourd'hui, l'article 73 évoque plus souplement les adaptations « tenant aux caractéristiques et contraintes particulières ». Ces adaptations n'ont donc plus à être nécessaires. En outre, alors que le texte originaire mentionnait la « situation particulière » (qui rendait nécessaire l'adaptation), désormais, l'article 73 évoque les *« caractéristiques et contraintes particulières »*. Il semble que cela corresponde à un élargissement du champ matériel de l'adaptation puisque non seulement elle n'a pas à être nécessaire (on peut envisager qu'elle soit simplement utile, opportune, avantageuse) et qu'elle n'a pas à être justifiée par une situation particulière (qui suppose que certains caractères soient réunis), mais simplement destinée à répondre aux traits particuliers qui, forcément, existent pour ces collectivités, ne serait-ce que par leur insularité ou leur éloignement de la métropole. En facilitant les possibilités d'adaptation, le constituant, en 2003, a donc assoupli le principe d'identité législative réaffirmé.

Concernant les COM (30), l'article 74 ne précise pas, contrairement à ce qui était auparavant prévu pour les TOM, le régime qui leur est applicable. Il se contente de renvoyer à la loi organique le soin de définir « les conditions dans lesquelles les lois et règlements y sont applicables de plein droit ». La Constitution n'impose donc ni l'assimilation ni la spécialité législative (31), mais l'article 7 de la loi organique de 2004 sur la Polynésie française précise que, mis à part les textes de souveraineté, le droit national n'est applicable que sur mention expresse en ce sens (32).

Si cette faculté d'instaurer des règles pour certaines parties du territoire n'est prévue par la Constitution que pour l'outre-mer, il ne faudrait pas en déduire que sur le territoire métropolitain, l'uniformité législative est de mise. Le législateur étant compétent pour déterminer le champ d'application territo-

---

(29) Décision n° 84-174 DC du 25 juillet 1984, Loi relative aux compétences des régions de Guadeloupe, de Guyane, de Martinique et de la Réunion, *Rec.* p. 48.

(30) Les collectivités d'outre-mer se définissent par défaut comme les entités d'outremer qui ne sont ni des DOM ni des ROM et correspondent en fait aux anciens TOM tels que la Polynésie française et les îles Wallis et Futuna ainsi que les collectivités à statut particulier créées par la loi comme Saint Pierre et Miquelon et Mayotte.

(31) Cette absence de référence au principe de spécialité « conduit à s'interroger sur son maintien » (Y. GAUDEMET, O. GOHIN, *La République décentralisée*, Panthéon-Assas, 2004, p. 131).

(32) Loi organique n° 2004-192 du 27 février 2004, portant statut d'autonomie de la Polynésie française (*JO*, 2 mars 2004, p. 4183).

riale d'un de ses actes, il peut décider de le limiter à une portion du territoire, ce qui conduit à ce qu'en métropole aussi, il y ait des règles applicables différentes selon les lieux. À ce titre, on peut relever la situation particulière des trois départements alsaciens-mosellan s'agissant du régime des associations et de celui du culte.

En ce qui concerne le reste du territoire métropolitain, il est relativement fréquent de rencontrer des spécificités locales. Comme le relève le Conseil d'État, s'il n'y a pas d'habilitation constitutionnelle pour introduire de telles spécificités, deux ouvertures ont été trouvées (33). La première résulte de la conciliation opérée par le Conseil constitutionnel entre le principe d'égalité et celui de libre administration des collectivités territoriales, conciliation qui permet une autonomie à l'origine d'une certaine diversité. La seconde résulte de l'interprétation que fait le juge du principe d'égalité au terme de laquelle il admet que des traitements différents puissent être apportés à des situations différentes ou pour des raisons d'intérêt général (34). C'est ainsi que le législateur a pu adapter des règles aux conditions particulières de certaines portions de territoire (35). Une telle faculté a été confirmée par le Conseil constitutionnel, dans sa décision du 26 janvier 1995 à propos d'une loi d'aménagement et de développement du territoire : « (...) la circonstance que leur [des directives territoriales d'aménagement] champ d'application soit limité à certaines parties du territoire national répond à la prise en compte de situations différentes et ne saurait par suite méconnaître le principe d'égalité non plus que porter atteinte au principe d'indivisibilité de la République » (36).

Pour la doctrine, il n'y a pas là de réelle contrariété avec le principe constitutionnel d'indivisibilité qui implique seulement l'absence de pouvoir législatif autonome autre que celui du Parlement (37). Pour expliquer une telle compatibilité, les auteurs prennent soin de distinguer entre l'unité, à laquelle se rattacherait l'uniformité législative mais qui a disparu de notre droit, et l'indivisibilité qui n'implique rien de tel (38). Mais, même à suivre

(33) CE, rapport public sur le principe d'égalité, 1996, La Documentation française, Études et documents.

(34) Décision n° 73-51 DC du 27 décembre 1973, Taxation d'office, *Rec.* p. 25 ; CE, 10 mai 1974, *Denoyez et Chorques*, *Lebon*, p. 274.

(35) Loi « Montagne » du 9 janvier 1985, *JO*, 10 janvier 1985, p. 320 ; loi « Littoral » du 3 janvier 1986, *JO*, 4 janvier 1986, p. 2000.

(36) Décision n° 94-358 DC du 26 janvier 1995, cons. 5.

(37) C'est ce qu'exprime par exemple B. Faure quand il écrit que « l'indivisibilité républicaine est plus exactement traduite par le respect de l'unité de la source normative que par l'unité des normes générales ». (B. Faure, « Les relations paradoxales de l'expérimentation et du principe d'égalité. À propos de la décision n° 2004-503 DC du 12 août 2004, Loi relative aux libertés et responsabilités locales », *RFDA* 2004, p. 1154).

(38) L. FAVOREU, L. PHILIP, *Grandes décisions du Conseil constitutionnel*, 8e éd., p. 500 ; M. JOYAU, *De l'autonomie des collectivités territoriales françaises. Essai sur la liberté du pouvoir normatif local*, LGDJ, 1998.

cette analyse, force est de constater que l'indivisibilité perd du terrain puisque la Constitution institue, avec les lois du pays de Nouvelle-Calédonie, un pouvoir normatif autonome. C'est donc une autre implication traditionnelle de l'indivisibilité qui est en cause.

2. *Les atteintes à l'indivisibilité de la souveraineté*

Dans les théories classiques, le concept de souveraineté est intimement lié à celui d'indivisibilité (39). En effet, la souveraineté, entendue comme pouvoir suprême, ne peut être qu'indivisible et absolue (40). À partir des écrits de Bodin, on peut distinguer deux dimensions de la souveraineté : la souveraineté interne, qui place l'État au-dessus de toute autorité présente sur son territoire et la souveraineté externe, en vertu de laquelle l'État ne peut être soumis à aucune entité extérieure. Ainsi comprise, la souveraineté est, dans ses deux composantes, affectée par des évolutions récentes puisque, tant au niveau externe — avec l'Europe — qu'interne — avec les collectivités territoriales —, d'autres sources du pouvoir normatif apparaissent, soulevant la question de l'indivisibilité.

Sur le plan extérieur, le principe d'indivisibilité de la République est en apparence préservé avec la jurisprudence du Conseil constitutionnel qui interdit tout transfert de souveraineté. C'est en 1976, à propos de l'élection des parlementaires européens au suffrage universel direct, que le Conseil a établi cette jurisprudence et qu'il s'est pour la première fois référé au principe d'indivisibilité (41). Mais en différenciant les transferts de souveraineté interdits et les limitations de souveraineté autorisées, puis, en distinguant les transferts de compétence selon qu'ils portent ou non sur les conditions essentielles d'exercice de la souveraineté nationale, il a obscurci les garanties du principe.

Malgré l'apparent respect du principe d'indivisibilité, il existe avec la construction européenne un mouvement de fond et d'ampleur affectant sa signification. En sens inverse, au niveau interne, alors qu'il existe une mise

---

(39) D'ailleurs, la Constitution de 1791 adjoint expressément le qualificatif d'indivisibilité à la souveraineté : « la souveraineté est une, indivisible, inaliénable et imprescriptible (...) » (Titre III, art. 1er).

(40) Une partie de la doctrine établit une distinction entre la souveraineté, au sens de puissance suprême, qui est indivisible, et une souveraineté plus concrète susceptible de divisions. (F. CHALTIEL, *La souveraineté de l'État et l'Union européenne. L'exemple français. Recherches sur la souveraineté de l'État membre*, LGDJ, 2000 ; J. PAGE, *Du partage des compétences au partage de la souveraineté : des territoires d'outre-mer aux « pays d'outre-mer »*, PUAM, collectivités locales, 2001, p. 259).

(41) Décision n° 76-71 DC du 30 décembre 1976, Décision du Conseil des Communautés européennes relative à l'élection de l'Assemblée des Communautés au suffrage universel direct, *Rec.* p. 15, cons. 2 et 5.

en cause évidente du principe d'indivisibilité du fait de l'abandon de l'unité de la source normative, l'entorse à la règle d'indivisibilité ne doit pas être surestimée compte tenu de son champ d'application restreint.

L'indivisibilité rapportée à la souveraineté impose que seules les autorités de l'État disposent du pouvoir normatif initial, entendu comme le pouvoir général, tenu de la Constitution, de faire la loi (42). Or, deux atteintes à cette règle existent avec l'expérimentation introduite en 2003 dans la Constitution et les lois du pays que la Nouvelle-Calédonie peut adopter.

L'article 72 du texte fondateur dispose désormais dans son alinéa 4 que « dans les conditions prévues par la loi organique, et sauf lorsque sont en cause les conditions essentielles d'exercice d'une liberté publique ou d'un droit constitutionnellement garanti, les collectivités territoriales (...) peuvent, lorsque, selon le cas la loi ou le règlement l'a prévu, déroger, à titre expérimental et pour un objet et une durée limités, aux dispositions législatives ou réglementaires qui régissent l'exercice de leurs compétences ». L'intervention du pouvoir constituant a été rendue nécessaire par une décision du Conseil censurant une loi qui mettait en place un dispositif équivalent pour la Corse. Le texte déclaré inconstitutionnel prévoyait que l'assemblée territoriale de Corse puisse demander au Gouvernement que le législateur l'autorise à procéder à des expérimentations comportant éventuellement des dérogations aux règles en vigueur, en vue de l'adoption ultérieure par le législateur de dispositions législatives appropriées. Mais, suivant les parlementaires auteurs de la saisine, qui arguaient d'une violation des principes d'égalité et d'indivisibilité, le juge a déclaré cette disposition contraire à la Constitution. Rappelant qu'en dehors des cas prévus par le texte fondateur il n'appartient qu'au Parlement de prendre des mesures du domaine de la loi, et que le législateur ne saurait déléguer sa compétence dans un cas non prévu par la Constitution (article 38), le Conseil constitutionnel estime qu'« en ouvrant au législateur, fût-ce à titre expérimental, dérogatoire et limité dans le temps, la possibilité d'autoriser la collectivité territoriale de Corse à prendre des mesures relevant du domaine de la loi, la loi déférée est intervenue dans un domaine qui ne relève que de la Constitution » (43). En 2003, le constituant est donc intervenu et a élargi un dispositif initialement prévu pour la seule Corse à l'ensemble des collectivités territoriales.

L'atteinte portée au contenu de l'indivisibilité doit cependant être relativisée dans la mesure où elle est très encadrée. L'expérimentation est soumise d'abord à une condition négative selon laquelle elle ne peut concerner les conditions essentielles d'exercice d'une liberté publique ou d'un droit constitutionnellement garanti et, ensuite, à des conditions positives tenant à son objet et à sa durée (définis dans la loi autorisant l'expérimentation). Surtout, il ne s'agit

---

(42) R. Carré de Malberg, *Contribution à la théorie générale de l'État*, tome 1, Sirey, 1920, rééd. CNRS, 1962, p. 363.

(43) Décision n° 2002-454 DC du 17 janvier 2002, Loi relative à la Corse, cons. 21.

pas d'une dérogation à une règle en vigueur mais d'une expérimentation, l'idée étant de tester une future réforme éventuelle. Ainsi, à l'issue de l'expérimentation, soit la règle particulière n'a pas convaincu et disparaît, soit elle est étendue à l'ensemble des collectivités ayant le même statut. Dans tous les cas de figure, le délai d'expérimentation passé, la même règle s'applique à tous. Les entorses aux principes d'égalité et d'indivisibilité qu'autorise la Constitution ne sont donc que transitoires. D'ailleurs, s'agissant du principe d'indivisibilité, l'atteinte provisoire est modeste. Certes, une collectivité peut déroger à une loi, mais ceci doit préalablement être autorisé par le législateur. Autrement dit, l'unité de la source normative est maintenue. En ce sens, l'indivisibilité de la souveraineté n'est pas, à proprement parler, mise en cause. Mettent davantage à l'épreuve ce principe, les lois du pays qui peuvent être adoptées en Nouvelle-Calédonie.

Des collectivités territoriales sont invitées par la Constitution à participer au pouvoir normatif national. Est ainsi prévue la consultation des assemblées délibérantes des collectivités d'outre-mer avant l'adoption d'une loi organique fixant leur statut (article 74, alinéa 2) ou avant celle d'une loi définissant ou modifiant les modalités d'organisation qui ne ressortent pas du domaine de la loi organique (article 74, alinéa 4). Ces textes issus de la loi constitutionnelle de 2003 sont la reprise, si ce n'est formellement, du moins sur le fond, de l'ancien article 74. La disposition a en effet été réécrite : elle se réfère aux collectivités d'outre-mer et non plus aux TOM qui ont disparu à l'occasion de la révision du texte fondateur ; elle préfère le terme d'assemblée délibérante à celui d'assemblée territoriale intéressée et apporte des précisions sur le contenu de la loi organique (alinéa 2). La portée de cette consultation est cependant limitée comme l'a montré le Conseil constitutionnel qui a souligné que la procédure législative pouvait débuter avant que le Parlement ait connaissance de l'avis de l'assemblée délibérante (44) et que les amendements n'avaient pas à être soumis à cet avis lorsque le texte initial l'avait été (45). L'avis ne lie pas le Parlement ; en revanche, le demander est une obligation. À défaut, si la loi ne concerne que les COM, elle est inconstitutionnelle et si elle ne leur est pas spécifique, son extension aux COM est impossible. Selon Roland Debbasch, avec une telle disposition, « on est aux limites de l'État unitaire, mais on ne sort pas de son cadre » (46).

Il arrive aussi que la loi ordinaire prévoie cette participation des collectivités territoriales au pouvoir normatif comme le fait par exemple la loi du 13 mai

---

(44) Décision n° 82-141 DC du 27 juillet 1982, Loi sur la communication audiovisuelle.

(45) Décision n° 79-104 DC du 23 mai 1979, Loi modifiant les modes d'élection de l'assemblée territoriale et du Conseil de gouvernement du territoire de Nouvelle-Calédonie.

(46) R. Debbasch, « L'indivisibilité de la République », B. MATHIEU, M. VERPEAUX, *La République en droit français*, Economica, *op. cit.*, p. 476.

1991 en organisant la consultation de l'assemblée de Corse sur tout projet de loi ou de décret se rattachant à ses compétences. Le juge constitutionnel a néanmoins fait une interprétation neutralisante du texte législatif en notant qu'une telle consultation « ne saurait avoir une quelconque incidence sur la procédure législative, laquelle relève de la Constitution et des lois organiques (...) et ne saurait en rien limiter le droit d'initiative du Gouvernement en matière législative » (47). Dans le cadre de la décentralisation, les assemblées délibérantes locales peuvent donc être amenées à se prononcer sur des textes législatifs les concernant. Elles participent alors, à titre consultatif, au processus législatif. Mais en aucun cas cela ne met en cause l'unicité du pouvoir normatif en France, à la différence de ce qu'implique l'existence des lois du pays depuis 1998.

Certaines délibérations du Congrès de la Nouvelle-Calédonie ont le caractère de « lois du pays ». D'aucuns estiment qu'il s'agit d'une « surqualification intentionnelle ». En effet, ces actes ne répondent ni à la définition formelle de la loi donnée par la Constitution (l'assemblée délibérante de Nouvelle-Calédonie ne peut être assimilée au Parlement) ni à sa définition matérielle (le champ d'application des lois du pays est restreint aux domaines déterminés par l'article 99 de la loi organique alors que la compétence d'attribution du législateur national en vertu de l'article 34 de la Constitution s'est de fait étendue). En outre, les lois du pays ont un champ d'application territorial par hypothèse réduit au territoire néo-calédonien, tandis que la loi est susceptible de couvrir l'ensemble du territoire national. Enfin, la procédure législative comporte certaines spécificités comme le fait que plusieurs autorités peuvent demander une nouvelle délibération de la loi (le haut commissaire, le gouvernement, le président du congrès, les présidents des assemblées de province ou onze membres du congrès), alors que seul le président de la République peut, en vertu de l'article 10 de la Constitution, le faire à propos d'une loi classique. En conséquence, suivant Félicien Lemaire, on peut dire que c'est une « nouvelle catégorie de loi » (48). Nouvelle, certes, mais il n'en demeure pas moins que ces actes sont des lois du fait de certains traits essentiels qu'ils revêtent. Leur portée est celle de lois comme l'affirme la loi organique, qui précise que les lois du pays de Nouvelle-Calédonie ont « force de loi » (49). Dans la procédure législative il existe aussi des similitudes entre les lois du pays de Nouvelle-Calédonie et les lois nationales, comme la distinction entre les projets et les propositions de lois du pays en fonction de l'autorité qui en a eu l'initiative, la consultation du Conseil d'État (qui n'est ici pas limitée aux

(47) Décision n° 91-290 DC du 9 mai 1991, *op. cit.*, cons. 48.

(48) F. Lemaire, « Les évolutions du principe d'indivisibilité de la République », *Revue de la recherche juridique. Droit prospectif*, 2001-2, vol. 1, p. 756.

(49) Article 107, alinéa 1er de la loi organique du 19 mars 1999 sur la Nouvelle-Calédonie.

seuls projets) et la compétence du Conseil constitutionnel pour connaître, s'il est saisi, de la loi avant sa promulgation (50).

L'atteinte au principe d'indivisibilité que constitue cet abandon de l'unicité du pouvoir normatif initial est réelle : l'« attribution d'un véritable pouvoir législatif à la Nouvelle-Calédonie est en contradiction avec des principes aussi fondamentaux que celui d'indivisibilité de la République énoncé à l'article 1er de la Constitution et d'indivisibilité de la souveraineté qui découle de son article 3 » (51). Une telle entorse est néanmoins mesurée du fait de la non extension du statut de la Nouvelle-Calédonie à d'autres territoires comme on a pu un temps le pressentir, notamment à propos de la Polynésie française. Le premier statut d'autonomie envisagé pour cet ancien TOM s'inspirait en effet largement du modèle calédonien. Finalement, celui issu de la réforme constitutionnelle de 2003 s'en écarte. Certes, la Polynésie française est la seule COM dotée de l'autonomie et, à ce titre, elle peut adopter des lois du pays, mais sous ce contenant identique, le contenu est différent. Les lois du pays de la Polynésie française demeurent des actes administratifs (52). Si leur contrôle fait l'objet d'une procédure spécifique — devant le Conseil d'État et non devant le Tribunal administratif comme pour les actes des autres collectivités territoriales — aucun contrôle par le Conseil constitutionnel n'est organisé. Malgré l'ambiguïté des termes (53), ces actes que les COM dotées de l'autonomie peuvent adopter ne sont pas l'extension de ce dont bénéficie la Nouvelle-Calédonie.

L'entorse au principe d'indivisibilité existe mais elle reste dérogatoire, avec un champ d'application géographique réduit à la seule Nouvelle-Calédonie et limité dans le temps, puisque c'est un dispositif transitoire valable jusqu'à l'indépendance organisée du Caillou.

L'indivisibilité appliquée à la souveraineté connaît aujourd'hui des entorses importantes au plan extérieur, avec le développement d'un pôle de décision communautaire s'ajoutant au national, et avec l'émergence d'un pouvoir législatif autonome. La portée de l'indivisibilité de la République est également réduite lorsqu'elle est rapportée au territoire. Un tel affaiblissement du principe se manifeste en outre par l'utilisation que le juge peut faire de l'égalité en complément de l'indivisibilité ou à sa place.

---

(50) Article 104 de la loi organique.

(51) J. PAGE, *Du partage des compétences au partage de la souveraineté des territoires d'outre-mer aux « pays d'outre-mer »*, *op. cit.*, p. 364.

(52) Décision nº 2004-490 DC du 12 février 2004, Loi organique portant statut d'autonomie de la Polynésie française, cons. 90.

(53) Ambiguïté voulue par certains comme le révèle la demande du sénateur et ancien président de Polynésie française, Gaston Flosse, faite au Sénat de supprimer la mention explicite du caractère administratif des lois du pays dans la loi organique.

B. — *Un principe soutenu par celui d'égalité*

Le principe d'égalité figure dans plusieurs dispositions de nature constitutionnelle dont l'article 1er, aux côtés de l'indivisibilité en tant que finalité de la République. Le lien entre les deux principes va au-delà de leur promiscuité dans le texte fondateur : ces deux principes ont une coexistence qui influe sur leur sens et leur portée. Le principe d'égalité est très souvent invoqué dans les saisines du Conseil constitutionnel et très présent dans la jurisprudence de sorte que l'on a pu parler à son sujet d'une hégémonie, alimentée par la confusion parfois opérée entre l'égalité et des concepts voisins tels que l'indivisibilité. La parenté entre l'indivisibilité et l'égalité explique que celle-ci soit employée en renfort de celle-là (1), ce qui a pour effet de donner un sens particulier à chacune de ces notions (2).

1. *L'association des deux principes*

L'emploi conjoint des deux principes que sont l'indivisibilité et l'égalité sert à imposer une certaine uniformité. Le principe d'égalité est souvent utilisé en renforcement de l'indivisibilité tant par les auteurs de saisine du Conseil constitutionnel que par les juges eux-mêmes, comme si le principe d'indivisibilité, aujourd'hui affaibli, ne suffisait plus à fonder une décision. Déjà, à propos du statut de Polynésie française de 1984, des parlementaires avaient développé devant le Conseil l'analyse selon laquelle l'incompatibilité de fonctions créée par la loi — et sans équivalent en métropole — était contraire aux principes d'égalité et d'indivisibilité (54). De même, au sujet de la loi d'aménagement et de développement du territoire, des députés ont invoqué la violation de ces deux principes dans une formule qui traduit d'ailleurs de manière assez claire le lien existant entre ces concepts : « (...) les directives territoriales d'aménagement méconnaissent les principes d'égalité et d'indivisibilité de la République en ce qu'elles conduisent à faire coexister des régimes juridiques différents sur le territoire selon que ce dernier se trouve ou non couvert par un régime législatif spécial (...) » (55). Il s'agit donc en l'espèce de déterminer si la loi différente selon le territoire constitue une violation de l'indivisibilité du territoire ou de l'égalité devant la loi.

Certes, comme tout requérant souhaitant renforcer ses chances de succès, les parlementaires veillent à multiplier les moyens à l'appui de leur recours et, à ce titre, l'égalité, bien connue des prétoires, est invoquée fréquemment, mais, dans le cas présent, son utilisation est particulièrement justifiée dans la mesure où elle peut avoir un sens proche de l'indivisibilité et une portée

(54) Décision n° 84-177 DC du 30 août 1984, Loi relative au statut du territoire de la Polynésie française, *Rec.* p. 6, cons. 2.

(55) Décision n° 94-358 DC du 26 janvier 1995, Loi d'orientation pour l'aménagement et le développement du territoire, *Rec.* p. 183, cons. 3.

normative plus grande (56). Plus significative encore est la reprise de cette combinaison par le juge qui ne distingue pas toujours nettement les deux principes (57). Il est vrai que le sens de l'égalité et de l'indivisibilité est très proche lorsqu'elles sont appliquées au territoire. Mais il ressort de la jurisprudence constitutionnelle une évolution défavorable au principe d'indivisibilité dans la mesure où le juge préfère désormais fonder ses décisions sur la seule égalité, ce qui n'était pas nécessairement le cas auparavant.

En 1984, dans un cas de déclaration d'inconstitutionnalité, alors que les parlementaires arguaient de la violation des deux principes, le Conseil avait recentré sa décision sur l'indivisibilité. Certes, la non conformité à une seule disposition constitutionnelle suffit à déclarer une loi inconstitutionnelle. Cependant, cette attitude jurisprudentielle semblait refléter une certaine force de l'indivisibilité, à l'époque de la décision. Dans quelques décisions plus récentes, le juge contrôle formellement le respect de l'égalité et de l'indivisibilité, toutes deux invoquées à l'encontre du texte qui lui est soumis, mais fondamentalement, c'est la même justification, à savoir l'existence ou non de situations différentes, qui fonde sa déclaration de constitutionnalité ou non de la loi (58).

Cela révèle une certaine confusion entre les deux notions, au profit de l'égalité. Il est vrai que, pour conclure à la constitutionnalité des dispositions législatives, il doit d'abord examiner, ne serait-ce que formellement, les différents moyens présentés pour les rejeter. Ce n'est néanmoins apparemment pas la seule raison, puisque dans deux décisions relatives au peuple français où il a constaté une contrariété entre le texte soumis à son examen et la Constitution il s'est fondé, de manière assez confuse, à la fois sur l'égalité et l'indivisibilité. Le principe au cœur du raisonnement est alors le principe d'égalité comme si l'indivisibilité était trop fragile pour fonder, à elle seule, les solutions. D'ailleurs, l'exigence de conditions d'exercice uniformes des

---

(56) Décision n° 93-323 DC du 5 août 1993, Loi relative aux contrôles et vérifications d'identité, *JO*, 7 août 1993, p. 11193, cons. 13 : « Considérant que les auteurs de la saisine font valoir que les dispositions (...) méconnaissent les principes d'égalité devant la loi et d'indivisibilité de la République dans la mesure où elles imposent à certaines personnes sans justifications appropriées des contraintes particulières liées à leurs attaches avec certaines parties du territoire français. » Voir aussi décision n° 93-325 DC du 13 août 1993, Maîtrise de l'immigration, *Rec.* p. 224, cons. 65.

(57) Décisions n° 84-177 et 178 DC du 30 août 1984, n° 93-323 DC du 5 août 1993, n° 93-325 DC du 13 août 1993 et n° 94-358 DC du 26 janvier 1995, n° 91-290 DC du 9 mai 1991 (*op. cit.*) et n° 99-412 DC du 15 juin 1999, Charte européenne des langues régionales ou minoritaires, *Rec.* p. 71.

(58) Le Conseil amalgame les deux principes : « (...) la circonstance que leur champ d'application soit limité à certaines parties du territoire national répond à la prise en compte de situations différentes et ne saurait par suite méconnaître le principe d'égalité non plus que porter atteinte au principe d'indivisibilité de la République », (Décision n° 94-358 DC du 26 janvier 1995, cons. 5). Voir aussi la décision n° 93-323 DC, *op. cit.*, cons. 15.

libertés publiques sur l'ensemble du territoire national, qui est liée conceptuellement à l'indivisibilité territoriale, est rattachée dans la jurisprudence du Conseil constitutionnel au principe d'égalité. Ainsi, dans sa décision de 1994 rendue à propos de la loi relative aux conditions d'octroi des aides aux investissements par les collectivités territoriales aux établissements d'enseignement privés, le juge a rappelé que « les dispositions que le législateur édicte ne sauraient conduire à ce que les conditions essentielles d'application d'une loi relative à l'exercice de la liberté d'enseignement dépendent des décisions des collectivités territoriales, et ainsi puissent ne pas être les mêmes sur l'ensemble du territoire » (59).

Le recours au principe d'égalité est donc nécessaire pour imposer cette conséquence, pourtant évidente, de l'indivisibilité. Parfois, l'égalité peut aller jusqu'à conférer un sens nouveau à l'indivisibilité.

2. *Les conséquences de cette association*

Les principes constitutionnels d'indivisibilité et d'égalité s'influencent réciproquement.

L'indivisibilité implique par exemple la recherche d'une égalité réelle sur l'ensemble du territoire afin qu'il forme un ensemble homogène, tout en constituant simultanément une limite à la possibilité d'établir des différences de traitement constitutives d'une division du territoire (règles applicables différentes selon les lieux). La jurisprudence constitutionnelle conclut que lorsqu'il n'existe pas de justification appropriée à l'établissement d'une différence de traitement en fonction du lieu, il y a évidemment une rupture d'égalité (60), mais aussi, consécutivement, une violation du principe d'indivisibilité (61). À l'inverse, des traitements différents des personnes en fonction de leurs attaches à certaines parties du territoire national (les possibilités de contrôle d'identité spécifiques aux zones de desserte de transports internationaux) sont admises lorsqu'elles correspondent à des différences de situation, eu égard à l'objectif poursuivi par le législateur (les zones de desserte sont dans une situation particulière compte tenu des risques spécifiques d'infraction qui y existent, risques que le législateur cherche précisément à prévenir). Dans une telle hypothèse, ils ne méconnaissent, selon le juge, ni le principe d'égalité, ni celui d'indivisibilité (62).

---

(59) Décision n° 93-329 DC, 13 janvier 1994, Loi modifiant et complétant la loi, *Rec.* p. 9, n° 83-663 du 22 juillet 1983 portant dispositions diverses relatives aux rapports entre l'État et les collectivités territoriales, *Rec.* p. 36, cons. 27.

(60) Argument développé par les auteurs de la saisine (décisions n° 84-177 et 178 DC relatives respectivement à la Polynésie française et à la Nouvelle-Calédonie, cons. 2 et 3).

(61) *Ibid.*, cons. 7 et 8.

(62) Décision n° 93-323 DC du 5 août 1993, *op. cit.*, cons. 15, 65 et 66. Voir aussi décision n° 93-323 DC, *op. cit.*

Cette conception géographique de l'égalité, due à l'existence du principe d'indivisibilité, a aussi pour effet, sur le plan conceptuel, de susciter une approche des discriminations positives très différente de celle prévalant dans le pays référent dans ce domaine, les États-Unis. Loin de porter sur les minorités raciales, elles sont, en France, destinées à assurer un rééquilibrage entre les territoires, ce qui est inenvisageable dans un État fédéral.

De par sa place en droit français, l'égalité a tendance, pour sa part, à absorber le principe d'indivisibilité. Les raisons sont multiples. Il y a d'abord la proximité des deux principes au niveau de leur signification, dès lors que l'égalité est envisagée sur le plan territorial. Ils imposent tous deux la même limite à la libre administration des collectivités territoriales et, ce faisant, à la diversité des règles applicables sur le territoire national. C'est pourquoi François Luchaire a pu écrire que certaines dispositions de la Constitution — dont l'indivisibilité — postulent le respect du principe d'égalité (63). Ensuite, l'assise juridique de l'égalité et l'existence d'une jurisprudence fournie à son propos incitent les requérants, comme le juge, à la préférer à l'indivisibilité lorsque leurs implications sont similaires. L'hégémonie (64) de l'égalité ressort aussi de la transposition à l'indivisibilité du raisonnement jurisprudentiel sur les différences de traitement, dégagé à son sujet, comme en témoignent les décisions déjà évoquées s'interrogeant, pour vérifier le respect du principe d'indivisibilité, sur l'existence de justification aux différences de traitement existant entre les territoires. Procédant par analogie, le juge a estimé en 1991 que la disposition selon laquelle la convention Schengen, qui prévoit la suppression des contrôles aux frontières, ne s'applique qu'au territoire européen de la République, n'était pas, compte tenu de la présence de justifications appropriées, contraires au principe d'indivisibilité (65).

Le principe révolutionnaire d'indivisibilité toujours consacré par la Constitution française voit son champ d'application — potentiellement vaste puisqu'il recouvre théoriquement le territoire, la souveraineté et le peuple — se réduire considérablement et durablement dans la jurisprudence constitutionnelle. Que ce soit pour des raisons de politique *post*-coloniale ou pour la construction

---

(63) F. LUCHAIRE, *Le Conseil constitutionnel*, « La jurisprudence », tome 3, Economica, 2e éd., 1998, p. 123.

(64) Cette hégémonie est soulignée par la doctrine au sujet de la jurisprudence constitutionnelle sur l'unicité du peuple français (F. Mélin-Soucramanien, « La République contre Babel. À propos de la décision du Conseil constitutionnel du 15 juin 1999 », cette *Revue* 1999, p. 996). Il est vrai que pour déclarer inconstitutionnelle la référence du législateur au peuple corse, le juge s'est fondé sur l'article 2 de la Constitution, dans une formulation mettant l'accent sur le principe d'égalité présenté comme une finalité de la République (décision n° 31-290 DC du 9 mai 1991, cons. 13).

(65) Décision n° 91-294 DC du 25 juillet 1991, Accord de Schengen, *Rec.* p. 91, cons. 55.

communautaire, le principe est largement entamé, ce que confirme le juge en lui préférant, dès qu'il le peut, le principe d'égalité dont la portée juridique est plus certaine. Cette faiblesse est néanmoins contrebalancée en partie par l'émergence d'un nouveau principe, l'unicité du peuple français, qui permet à l'indivisibilité de recouvrer certaines de ses implications traditionnelles.

II. — RÉSURGENCE D'UN PRINCIPE OUBLIÉ : L'UNITÉ

L'unité de la République ne figure plus, depuis 1958, dans le texte fondateur ; pour autant, elle n'a pas totalement disparu. En effet, elle est encore présente dans le discours politique, dans les écrits de la doctrine et, même, dans la jurisprudence constitutionnelle qui l'applique au peuple français. Le paradoxe ici est fort dans la mesure où la troisième composante traditionnelle de l'indivisibilité, le peuple, est garantie par un principe non écrit, l'unité (A). Néanmoins, cette réapparition du principe d'unité est fragilisée par le contexte actuel, à la fois interne et international, marqué par la reconnaissance des minorités (B).

A. — *La réapparition d'un principe d'unité en droit positif*

C'est un principe d'unité qui est apparu dans la jurisprudence constitutionnelle et non le principe traditionnel d'unité tel qu'on a pu le rencontrer au cours de l'histoire constitutionnelle française, comme le révèle d'ailleurs l'emploi du terme unicité, préféré à celui d'unité (1). Et cette unicité du peuple fait l'objet d'une protection rigoureuse de la part du juge constitutionnel, alors que s'agissant du principe d'indivisibilité de la République, dont personne ne conteste l'existence en droit positif, il admet que de nombreuses atteintes y soient portées (2).

1. *De l'unité de la République à l'unicité du peuple*

En 1792, la proclamation des principes d'unité et d'indivisibilité de la République est conçue comme le moyen d'éviter toute dérive fédéraliste. Pourtant, Buzot soulignait déjà le lien entre l'unité et le peuple, en affirmant que « l'unité n'est point dans le territoire, mais dans les personnes » (66). Aujourd'hui, c'est le Conseil constitutionnel qui s'attache à établir ce lien, en dégageant progressivement le principe d'unité du peuple. Cette reconnaissance a d'abord été implicite et fondée sur le principe d'indivisibilité, entendu

---

(66) Propos cités par R. DEBBASCH, « L'indivisibilité de la République », B. MATHIEU, M. VERPEAUX (dir.), *La République en droit français*, *op. cit.*, p. 64.

comme s'opposant à toute division entre citoyens composant un même corps. À ce titre, la décision de 1976 sur l'élection du Parlement européen a pu être analysée comme ne se rattachant ni à l'indivisibilité du territoire ni à celle de la souveraineté, mais à celle du peuple (67). Partant de l'idée selon laquelle « dans une République indivisible (...), tous [les représentants français] doivent être élus par la nation entière formant une circonscription unique » (68), le découpage de la France en circonscriptions électorales, qui pouvait résulter de l'engagement international, posait problème. Mais, la loi de 1977 a opté pour l'établissement d'une circonscription électorale unique.

En 1982, le Conseil, saisi de la constitutionnalité d'une loi instaurant des quotas électoraux par sexe, a défendu le principe d'un seul peuple au sein de la République. Il s'est fondé sur les articles 3 de la Constitution et 6 de la Déclaration des droits de l'homme et du citoyen pour conclure à l'interdiction constitutionnelle de « toute division par catégories d'électeurs ou des éligibles » (69). Il est à souligner que le principe d'indivisibilité, contrairement à la décision de 1976, n'est pas mentionné par le Conseil. Cependant, le sens de la décision est bien celle de l'unité du corps politique et, en conséquence l'indivisibilité, si ce n'est du peuple, du moins du corps électoral. Depuis, le juge constitutionnel a eu l'occasion d'affirmer à nouveau l'inconstitutionnalité de la parité entre candidats masculins et féminins sur les listes électorales (70). C'est pour cette raison qu'il a été procédé à une révision de la Constitution (71). Certains auteurs la critiquent en soulignant que « cette logique, même couverte par une révision constitutionnelle, reste par définition, contraire au principe de l'unicité du peuple et donc à celui de l'indivisibilité de la République » et introduit une contradiction au sein du texte fondateur (72).

C'est dans la continuité de cette jurisprudence que s'inscrivent les décisions de 1991 sur la Corse et de 1999 sur la Charte des langues régionales ou minoritaires qui consacrent de façon explicite l'idée en germe dans la jurisprudence antérieure : l'unicité du peuple français. L'expression « peuple corse » figurait déjà dans l'exposé des motifs du projet de loi sur la Corse de 1982, mais le Conseil constitutionnel s'en était tenu, à l'époque, au texte de la loi, et avait en conséquence conclu à « l'absence d'atteinte au caractère indivisible

(67) Décision n° 76-71 DC du 30 décembre 1976, *Rec.* p. 15. C'est la question de « l'indivisibilité de la représentation du peuple français qui était en cause et que le Conseil constitutionnel a entendu préserver » (A. ROUX, « L'indivisibilité de la République », B. MATHIEU, M. VERPEAUX, *La République en droit français, op. cit.*, p. 97).

(68) M. Duverger, *Le Monde*, 1er et 2 août 1976.

(69) Décision n° 82-146 DC du 18 novembre 1982, *Rec.* p. 66, cons. 6 et 7.

(70) Décision n° 98-407 DC du 14 janvier 1999, *Rec.* p. 21.

(71) Révision constitutionnelle du 22 juin 1999 complétant l'article 3 de la Constitution par un nouvel alinéa, selon lequel « la loi favorise l'égal accès des femmes et des hommes aux fonctions et aux mandats ».

(72) R. Piastra, *LPA* 2000, n° 3, p. 11.

de la République et à l'intégrité du territoire » (73). Près de dix ans plus tard, en revanche, cette mention du peuple corse figure à la fois dans les motifs du projet et dans le corps du texte. Le Conseil constitutionnel a alors saisi l'occasion d'affirmer que la Constitution « ne connaît que le peuple français composé de tous les citoyens français sans distinction d'origine, de race ou de religion » (74). Le raisonnement tenu par le juge est intéressant. On pouvait légitimement s'attendre à retrouver l'indivisibilité de la République au centre de l'analyse de la Haute instance, même si c'est un concept flou. La formule de « peuple corse » semblait effectivement heurter ce principe qui correspond, dans la jurisprudence du Conseil constitutionnel, à un instrument de préservation du caractère unitaire de l'État. La différenciation instituée par le Parlement, au sein du peuple français, mettait incontestablement à mal le principe d'indivisibilité. Mais les neuf sages se sont placés sur un autre terrain en conjuguant une nouveauté : la reconnaissance de la valeur constitutionnelle du « peuple français », et une tradition : l'application du principe d'égalité devant la loi. Pour montrer que le concept juridique de peuple français a valeur constitutionnelle, ils se fondent sur deux éléments : les textes qui s'y réfèrent (75) et la tradition républicaine, constatant que depuis plus de deux siècles, les constitutions l'évoquent. Le Conseil a poursuivi en citant intégralement l'actuel article 1er de la Constitution, duquel il a tiré la conséquence de l'existence du seul peuple français (76). L'indivisibilité n'est donc pas au cœur de l'argumentation du Conseil constitutionnel, alors même que la saisine invoquait la violation de ce principe. C'est en réalité le principe d'égalité, qui fonde le raisonnement du juge. La doctrine l'explique par le fait que celui-ci devait concilier deux notions contradictoires, l'unicité du peuple français, d'une part, et l'existence de peuples d'outre-mer, d'autre part. Une telle coexistence est possible « dans la mesure où le principe d'égalité, évoqué pour justifier l'unicité du peuple français, est relatif et ne s'applique que dans des situations identiques, ce qui ne saurait être le cas à l'égard de l'organisation particulière des TOM » (77). Le juge constitutionnel rappelle ainsi que le peuple français, un, se distingue des peuples d'outre-mer, multiples, ce qu'il a confirmé plus récemment en ne constatant pas, à propos de la consultation d'une fraction de la population nationale — en l'occurrence la population de Mayotte (TOM

---

(73) Loi nº 82-214 du 2 mars 1982 portant statut particulier de la région Corse (*JO*, 3 mars, p. 748) et décision nº 82-138 DC du 25 février 1982, *Rec.* p. 41.

(74) Décision nº 91-290 DC du 9 mai 1991, *Rec.* p. 50, cons. 13.

(75) La Déclaration des droits de l'homme et du citoyen de 1789 qui mentionne les représentants du peuple ; la Constitution de 1946 qui se réfère dès ses premiers mots au peuple français et la Constitution de 1958 qui distingue le peuple français des peuples d'outre-mer.

(76) Décision nº 91-290 DC, *op. cit.*, cons. 13.

(77) J.-P. Pastorel, « Quelques réflexions à propos d'une récente décision du Conseil constitutionnel sur le statut de la Corse », *Revue de la recherche juridique. Droit prospectif*, 1992, p. 60.

à l'époque), invitée à se prononcer sur son avenir — d'atteinte à l'indivisibilité de la République, pas plus qu'à l'unicité du peuple français (78).

L'analyse des requérants, selon laquelle la loi, en isolant une fraction de la population nationale pour la consulter, identifiait implicitement un peuple mahorais, et constituait de ce fait une méconnaissance des principes d'indivisibilité de la République et d'unicité du peuple français, n'a pas été retenue. Depuis, la révision constitutionnelle de 2003 est intervenue faisant disparaître les TOM ; mais la formule est restée inchangée dans le Préambule. Au demeurant, l'article 72-3, alinéa 1er, tel qu'il est issu de cette révision, dispose que « la République reconnaît, au sein du peuple français, les populations d'outre-mer ». Cette insertion que l'on doit au député de La Réunion, M. René-Paul Victoria, s'inscrit en réalité dans la thématique de l'unicité du peuple français dans une communauté républicaine (79). En effet, par cette disposition, le constituant rappelle que le peuple est un puisqu'il prend soin de souligner que les populations d'outre-mer sont présentes au sein du peuple français. En outre, il ne consacre pas l'existence d'un peuple infra-étatique, mais juste celle d'une population, même si la différence entre les deux réalités visées par ces termes distincts n'est pas claire (80).

L'unicité du peuple français sonne le glas de toute velléité sécessionniste de la Corse. En effet, sans peuple corse, il ne peut être fait application du principe de libre détermination des peuples. Le risque de la formule litigieuse de 1991 était bien là. Le Gouvernement cherchait d'ailleurs à écarter une telle éventualité, en insistant sur le caractère plus symbolique que juridique de cette référence. Mais, le Conseil a fait preuve de fermeté. Le risque paraissait trop important de voir se produire une dislocation de la République, dans la mesure où d'autres régions auraient pu réclamer la même reconnaissance. *Via* le principe d'unicité du peuple français, il a trouvé le moyen d'éviter une division du territoire républicain et, ce faisant, a découvert un nouvel instrument de préservation de la dimension territoriale de la France, conférant ainsi une certaine effectivité à l'indivisibilité, dans sa composante territoriale.

---

(78) Décision n° 2000-428 DC du 4 mai 2000, *Rec.* p. 70, cons. 9 et 10.

(79) J.-P. Thiellay, « Les outre-mers dans la réforme de la Constitution », *AJDA* 2003, p. 565 ; O. Gohin, M. Joyau, « L'évolution institutionnelle de la Polynésie française », *AJDA* 2004, p. 1246.

(80) Selon la ministre de l'outre-mer, Brigitte Girardin, cet amendement participe de l'unicité du peuple en mettant « fin à une interprétation discutable du Préambule de la Constitution, qui distinguait, depuis la décision du Conseil constitutionnel du 9 mai 1991, les « peuples d'outre-mer » du peuple français, alors même que la consécration constitutionnelle de l'existence et de l'unicité du peuple était un apport particulièrement fort de cette décision. Le premier alinéa nouveau de l'article 72-3 a donc pour conséquence de rendre caduque cette jurisprudence. Le peuple français est ainsi constitutionnellement réunifié ». (*JO*, Débats, Sénat, 11 décembre 2002).

L'expression utilisée par le juge est originale. En 1991, le terme d'unicité avait fait une apparition furtive dans la décision du Conseil, dans le considérant qui reprenait les arguments invoqués par les requérants, à l'appui de leur saisine (81). Avec la décision relative à la Charte des langues régionales ou minoritaires, le doute n'est plus permis ; il est désormais certain que le juge reprend à son compte le terme. Dans deux considérants de sa décision, il l'emploie à la place de celui, plus traditionnel, d'unité (82). La façon dont le Conseil constitutionnel introduit le mot « unicité » est significative. Il cite l'article 1er de la Constitution puis, ajoute que « le principe d'unicité du peuple français, dont aucune section ne peut s'attribuer l'exercice de la souveraineté nationale, a valeur constitutionnelle ». Cette formule est à l'évidence une adaptation de l'article 3 de la Constitution qui dispose, dans ses alinéas 2 et 3 que « la souveraineté nationale appartient au peuple qui l'exerce par ses représentants et par la voie du référendum. Aucune section du peuple ni aucun individu ne peut s'en attribuer l'exercice ». En insérant ainsi le nouveau terme dans une des dispositions des plus connues de notre texte fondateur, le juge masque la nouveauté. Aujourd'hui, cette expression d'unicité est véritablement entrée dans l'usage, comme le montrent des saisines plus récentes (83).

Si la plupart du temps, les expressions d'unité ou d'unicité sont indifféremment utilisées, il est difficile de croire à une parfaite synonymie. L'étymologie peut aider à pointer le sens spécifique du mot unicité. Les deux termes ont la même origine latine, *unus*, qui signifie « un ». Mais cette racine commune s'est ensuite divisée en deux branches distinctes avec d'un côté *unicus* et de l'autre *unitas*. *Unicus* a d'abord donné le mot « unique » et, plus tard, celui d'« unicité ». Quant à *unitas*, il a engendré « unité » puis son dérivé « unitaire ». Malgré cette origine différente, certains dictionnaires donnent une définition identique de l'unité et de l'unicité : « caractère de ce qui est unique » (84). Partant de ce constat étymologique, on peut estimer que ces termes recouvrent deux sens quelque peu différents de « un ». L'unicité, dans la mesure où elle est un dérivé de « unique », traduirait l'idée d'un seul peuple donc unique, sur le territoire de la République. L'unité étant, quant à elle, définie comme la qualité de quelque chose qui est un, par opposition à la pluralité, elle désigne davantage le « caractère de ce qui ne peut être divisé ». Ce sens se rapprocherait donc très étroitement de la notion d'indivisibilité de sorte que l'unité de la République aurait les mêmes implications que l'indivisibilité puisqu'elle interdirait la division du tout que forme la République. On en déduit que l'unicité du peuple est plus stricte que la simple unité.

---

(81) Décision n° 91-290 DC du 9 mai 1991, cons. 11, *op. cit.*.

(82) Décision n° 99-412 DC du 15 juin 1999, cons. 5 et 10, *op. cit.*.

(83) Voir par exemple la décision n° 2000-428 DC sur l'organisation d'une consultation à Mayotte.

(84) WARTBURG, *Dictionnaire étymologique*, PUF, 5e éd., 1968 ; Le Robert, *Dictionnaire alphabétique et analogique*, 1984, p. 713, p. 718.

L'unicité semble, en effet, nier l'existence de parties, en l'occurrence, de composantes du peuple français dans la mesure où c'est l'unique peuple du territoire de la République. Cela implique que le peuple ne peut être divisé puisque par définition, il n'a pas de parties. L'unité paraît admettre, quant à elle, qu'il puisse y avoir certaines composantes, mais qu'elles sont réunies au sein d'un tout, indivisible (85). Dans leurs implications, les deux notions se rejoignent donc, mais les raisons ne sont pas les mêmes. Cela expliquerait d'ailleurs que le Conseil constitutionnel se fonde sur l'idée d'unicité et non d'indivisibilité. Ce nouveau principe, garanti par la jurisprudence du Conseil constitutionnel, emporte des conséquences non négligeables.

2. *La protection du principe d'unicité du peuple*

L'effectivité du principe d'unicité du peuple est assurée par la protection que le Conseil constitutionnel offre à ce principe qu'il a dégagé et par le biais de la consécration dans le texte fondateur de la langue française.

Tant en 1991 qu'en 1999, les gouvernements avaient fait preuve d'une certaine prudence, sachant qu'ils touchaient, avec la reconnaissance d'un peuple infra-étatique comme avec les langues régionales ou minoritaires à un point délicat sur le plan constitutionnel. Ils paraissaient conscients du fait que leurs projets comportaient d'éventuels ferments communautaires. C'est pourquoi le législateur, tout en mentionnant le « peuple corse », encadrait étroitement cette reconnaissance, en spécifiant que « la Communauté historique et culturelle vivante que constitue le peuple corse, composante du peuple français [dispose de] droits [qui] s'exercent dans le respect de l'unité nationale ». La spécificité de cette communauté due à l'insularité était soulignée de façon à fermer la porte à d'éventuelles réclamations de la part d'autres régions françaises. En outre, ce peuple ne formait qu'une « composante » du peuple français, préservant ainsi l'unité nationale, d'ailleurs rappelée par le législateur. Enfin, les débats parlementaires auxquels a donné lieu ce projet reflétaient la volonté du Gouvernement d'insister sur la valeur, non pas juridique, mais politique de cette reconnaissance, montrant qu'il s'agissait là seulement d'une commodité de langage. Pourtant, malgré ces précautions, le Conseil constitutionnel a déclaré ce texte non conforme à la Constitution et a fait preuve de fermeté comme lorsqu'il a eu à connaître de la Charte des langues régionales ou minoritaires.

---

(85) Pour F. Mélin-Soucramanien, la différence entre les deux termes repose sur le caractère quantitatif ou qualitatif des notions. Celle d'unicité revêt « une signification plus forte que celle d'unité, en ce sens que l'unité évoquerait seulement la mesure d'une quantité alors que l'unicité exprimerait en outre une qualité ; celle d'un tout ne pouvant être divisé en plusieurs parties ». (« La République contre Babel. À propos de la décision du Conseil constitutionnel n° 99-412 DC du 15 juin 1999 », *op. cit.*).

Dans la déclaration interprétative accompagnant la signature de ce texte par la France, il avait été précisé que « l'emploi du terme « groupes » de locuteurs ne confère pas de droits collectifs pour les locuteurs de langues régionales ou minoritaires » et que « le Gouvernement (...) interprète la Charte dans un sens compatible avec le Préambule de la Constitution, qui (...) ne connaît que le peuple français, composé de tous les citoyens sans distinction d'origine, de race ou de religion ». Le Conseil constitutionnel n'a toutefois pas tenu compte de cette précision, considérant qu'il ne s'agissait pas d'une réserve mais d'une simple interprétation (86). Il a en conséquence conclu à l'incompatibilité des deux textes. Dès lors, un choix s'offrait aux autorités : procéder à une révision constitutionnelle avant la ratification ou renoncer à la ratification du traité — solution qui a été, pour l'heure, retenue —, même si le Conseil n'a pas conclu, comme il le fait habituellement, par l'invitation à procéder à la révision constitutionnelle. D'aucuns expliquent ce silence par l'importance des principes mis en cause par le texte international : les principes d'indivisibilité et d'unicité étant les fondements mêmes de la République, réviser la charte fondamentale sur ces points constituerait une violation de son article 89, alinéa 5, qui exclut toute révision relative à la forme républicaine du Gouvernement. Si cette disposition est traditionnellement vue comme destinée à empêcher tout rétablissement de la monarchie, un courant doctrinal s'attache à étendre la prohibition en considérant que la forme républicaine engloberait des principes tels que le suffrage universel, le régime représentatif, la séparation des pouvoirs et les caractères conférés par la Constitution à la République, à l'article 1er.

Un autre apport de la décision de 1999 est le lien qui y est fait entre les langues et les peuples, la langue française étant vue comme un moyen de préserver l'unicité du peuple. Il est vrai qu'historiquement, la langue a constitué le moyen privilégié pour construire l'unité du peuple français. L'uniformité linguistique a permis de faire émerger une identité nationale, à partir de la fin du XVIe siècle. Pour favoriser le sentiment d'appartenance à une même communauté de populations nouvellement rattachées à la France, François Ier a adopté l'Ordonnance de Villers-Cotterêts qui imposait le français comme langue de l'état civil et des actes officiels. Cette préoccupation d'uniformisation linguistique a par la suite été constante de la Révolution (87) à aujourd'hui (88).

---

(86) Le Conseil ayant considéré que la déclaration française ne constituait pas une réserve au sens de la Convention de Vienne, il a procédé au « contrôle de la constitutionnalité des engagements souscrits par la France indépendamment de cette déclaration » (décision no 99-412 DC du 15 juin 1999, cons. 4).

(87) Voir les propos tenus par l'abbé Grégoire : « pour fondre les citoyens dans la masse nationale (...), il faut l'identité de langage (« Rapport sur la nécessité d'établir l'uniformité de la langue française présenté à la Convention », le 4 juin 1794, *Archives parlementaires*, tome 41).

(88) Dans les périodes agitées, l'identité de la langue est vue comme le moyen d'assurer l'unité nationale. Ainsi, sous la IIIe République, après la réintégration des départements d'Alsace-Moselle, l'uniformisation linguistique devient une préoccupation

La méfiance encore vivace à l'égard de la pluralité linguistique vient du fait que la langue est vue comme le premier marqueur identitaire et « la revendication de sa défense et de son usage est [analysée comme] le premier temps d'une revendication plus politique » (89). Le français est donc la langue officielle, utilisée pour les actes relevant de la sphère publique. Le juge administratif — qui a déclaré irrecevable une requête rédigée en breton — comme son homologue judiciaire (90) veillent au respect de cette règle dans le domaine de la justice. Si la liberté d'expression permet d'utiliser la langue de son choix pour communiquer en privé, les rapports publics nécessitent l'usage du français comme l'ont rappelé, en 2006, les juges du Palais Royal à propos de la Polynésie français (91). Le principe de l'usage public du français a été formalisé dans le texte fondateur lors de la révision constitutionnelle de 1992. À l'origine envisagé pour résister à l'hégémonie de l'anglais, l'article 2 de la Constitution est en pratique utilisé contre les langues régionales dont l'enseignement doit par exemple rester facultatif (92). C'est aussi sur cette disposition que le Conseil d'État a fondé son avis négatif sur la Charte européenne des langues régionales ou minoritaires (93). Le juge constitutionnel retient également cette objection linguistique, aux côtés des principes d'indivisibilité de la République, d'égalité devant la loi et d'unicité du peuple français (94).

---

essentielle comme en témoigne l'arrêté du 18 janvier 1887 qui dispose que « le français sera le seul en usage ».

(89) J.-E. Schoettl, « À propos de la décision du Conseil constitutionnel du 15 juin 1999 », *AJDA* 1999, p. 577.

(90) CE, Sect. 22 novembre 1985, *Quillevère*, *Lebon*, p. 333. La Cour de cassation a rappelé que les actes produits devant elle (Civ. 1re, 17 février 1981) et, plus particulièrement, les pourvois (Crim., 4 mars 1986, *Turkson, Bull. crim.*, p. 214), devaient être rédigés en français.

(91) CE, 29 mars 2006, *Haut commissaire de la République en Polynésie française, M. Fritch*, n° 282335. Le règlement intérieur de l'assemblée de cette collectivité d'outremer autorisait les orateurs à s'exprimer indifféremment en français ou dans une langue polynésienne. Or, selon le juge administratif, cette disposition est contraire à la loi organique du 27 février 2004 qui fait du français la langue officielle de ce territoire du Pacifique. L'article 57 de la loi organique dispose en effet que « le français est la langue officielle de la Polynésie française. Son usage s'impose aux personnes morales de droit public et aux personnes morales de droit privé dans l'exercice d'une mission de service public ».

(92) Décision n° 96-373 DC du 9 avril 1996, Loi organique portant statut d'autonomie de la Polynésie française, *Rec.* p. 43, et décision n° 2001-454 DC du 17 janvier 2002, Loi sur la Corse, *Rec.* p. 70. Dans ces deux décisions, les neufs sages font une réserve d'interprétation sur le caractère facultatif de l'enseignement de la langue tahitienne et de la langue corse dans le cadre de l'horaire normal des écoles.

(93) Avis du CE n° 359461 du 24 septembre 1996, Rapport annuel, 1996, La Documentation française, Études et documents, p. 303.

(94) Respectivement cons. 11 et 10.

La décision de 1999 montre que la langue française, consacrée en tant que langue de la République, peut constituer un rempart supplémentaire contre la division du peuple et, donc, de la République, assurant ainsi une certaine effectivité de l'indivisibilité dans ses implications populationnelles. La jurisprudence française est résolument hostile à toute reconnaissance, même indirecte, de minorités ou communautés. Si cette position paraît, à l'heure actuelle, bien assise en droit interne, il n'est pas certain qu'elle puisse être longtemps maintenue car elle s'oppose aux orientations internationales.

B. — *Le dépassement du principe d'unicité du peuple français ?*

À peine affirmée en jurisprudence, l'unicité du peuple est confrontée à l'apparition dans l'ordre juridique, d'éléments constitutifs d'autres peuples (1). Ce principe est aussi menacé par le droit international particulièrement préoccupé du sort des minorités qui, sans avoir la qualité de peuple, se voient reconnaître des droits éventuellement collectifs (2).

1. *L'unicité compromise par l'émergence de peuples « concurrents »*

Si on entend par peuple non pas simplement les personnes vivant sur un même espace (ce qui correspond à la définition de la population) mais l'ensemble des hommes vivant en société, habitant un territoire déterminé et ayant en commun un certain nombre de coutumes et d'institutions, on constate qu'en Europe les contours d'un tel peuple se dessinent.

À ses origines, la construction communautaire était essentiellement économique ne s'intéressant qu'indirectement aux citoyens. D'ailleurs, même les membres de l'institution représentative des peuples nationaux n'étaient pas élus par les citoyens, mais désignés par les Parlements nationaux, en leur sein. Et s'il est vrai que cette procédure conçue comme transitoire a été remplacée en 1976 par l'élection au suffrage universel direct, les précautions entourant cette évolution étaient destinées à respecter les différents peuples européens. En 1992, pourtant, est introduite dans le Traité de Maastricht la « citoyenneté de l'Union » à laquelle des droits de nature politique sont attachés : le droit de vote et d'éligibilité, aux élections parlementaires européennes ainsi qu'aux élections municipales, de tout citoyen de l'Union, dans l'État membre où il réside même s'il n'en est pas ressortissant. Cette citoyenneté, qui ne remplace pas la citoyenneté nationale mais la complète, y est fortement liée puisque c'est la qualité de citoyen d'un État membre qui confère celle de citoyen de l'Union ; elle s'en distingue aussi en ce que la citoyenneté européenne substitue au critère de la nationalité celui de la résidence (95). Dans les droits attachés à cette nouvelle citoyenneté, il faut prendre la mesure de la différence entre la participation à l'élection des parlementaires européens et à celle des conseillers municipaux. Car dans le premier cas, ce sont des citoyens européens qui participent à une élection européenne, dans le prolongement de ce qui était organisé depuis 1976, alors que dans le second, ce sont des citoyens européens, qui participent à une élection nationale, ce qui est beaucoup plus novateur, même si la portée d'une telle citoyenneté doit être tempérée par le fait qu'elle ne crée pas de nouveaux droits, mais permet simplement de les exercer ailleurs. La consécration d'une citoyenneté européenne à laquelle des droits politiques sont liés participe de la constitution d'un peuple européen, ce dont le Conseil constitutionnel a implicitement pris acte en abandonnant la référence, qui figurait dans sa décision de 1976, à la représentation, au sein du Parlement européen, de chacun des peuples nationaux. En effet, alors qu'à propos de la loi de 1977 relative à l'élection directe des parlementaires européens, le Conseil a pris soin de rappeler que l'Assemblée « demeure composée de représentants de chacun des peuples des États-membres », écartant ainsi toute idée de peuple européen, en 2003, il a estimé que la substitution de huit circonscriptions à la circonscription unique antérieure ne contrevient pas à la Constitution, en particulier, elle n'est pas contraire aux principes d'indivisibilité et d'unicité du peuple français (96).

Si une citoyenneté européenne se construit, d'autres éléments constitutifs d'un peuple européen font aujourd'hui défaut comme le sentiment d'appartenance. S'agissant des peuples néo-calédoniens, dont la reconnaissance accompagne le processus d'indépendance, en revanche, une telle communauté de culture et de tradition est présente.

La reconnaissance d'une citoyenneté néo-calédonienne a nécessité une révision de la Constitution en raison des droits économiques et politiques qui y sont attachés et qui sont de nature à heurter le principe constitutionnel d'unicité du peuple français. Cette citoyenneté, qui doit devenir à terme, en cas d'accession à la pleine souveraineté, une nationalité, fonde une préférence régionale dans le domaine de l'emploi. Afin de tenir compte de l'étroitesse du marché du travail, les citoyens néo-calédoniens sont favorisés. Surtout, sur la base de cette citoyenneté est instituée une division du corps électoral. Le constituant a opéré une rupture du lien traditionnel entre nationalité et citoyenneté, en vertu duquel tout national français est *a priori* citoyen. Désormais, seulement certains nationaux français sont pleinement citoyens en Nouvelle-Calédonie

---

(95) En France, le critère de la citoyenneté étant la nationalité, il a fallu faire précéder la ratification du Traité de Maastricht, prévoyant la participation à des élections nationales des ressortissants communautaires d'un autre État que la France, d'une révision de la Constitution (article 88-3 introduit par la loi constitutionnelle du 25 juin 1992).

(96) Décision n° 2003-468 DC du 3 avril 2003, *Rec.* p. 325, cons. 35.

parce qu'ils sont aussi citoyens néo-calédoniens du fait de leur durée de résidence sur le Caillou ou par le biais de leurs parents (97).

Une telle entorse à l'unicité du peuple français ne s'est toutefois pas renouvelée puisque aucun autre peuple n'a vu son existence reconnue par le constituant. Certes, il a été un temps envisagé de transposer le modèle calédonien à la Polynésie avec le projet de loi constitutionnelle de 1999 prévoyant une citoyenneté polynésienne fondée sur une condition de résidence ou sur des liens particuliers avec ce qui aurait été un pays d'outre-mer (98). Mais le statut de 2004 finalement adopté s'en écarte en accordant des privilèges à la population locale sans toutefois reconnaître l'existence d'une citoyenneté infra nationale. Et cette population locale, destinataire des mesures de préférence, est définie par le seul critère objectif de résidence dans la collectivité d'outre-mer. L'entorse au principe d'unicité paraît donc intimement liée au contexte historique et politique de la Nouvelle-Calédonie, en particulier, au projet d'indépendance mis en place et ne semble pas devoir être étendue à d'autres parties du territoire national. La portée de la dérogation mérite en conséquence d'être nuancée. D'autres menaces pèsent cependant sur la pérennité de ce principe.

2. *L'unicité compromise par le droit des minorités*

Différents textes internationaux reconnaissent l'existence de minorités et de peuples autochtones. La plupart de ces textes sur les minorités consacrent en réalité des droits individuels, alors que des instruments relatifs aux autochtones évoquent les droits du groupe (99). De ce mouvement, la France se situe en

---

(97) Le Conseil constitutionnel faisant une interprétation littérale stricte de la loi organique précise que ce corps électoral n'est pas figé aux électeurs de 1998 et à leurs enfants devenus majeurs, mais « glissant », de sorte qu'il intègre progressivement tous ceux qui atteignent le délai de résidence décennal. La révision constitutionnelle adoptée en février 2007 (loi constitutionnelle n° 2007-237 du 23 février 2007, *JO* 24 février 2007, p. 3354), modifie l'article 77 de la Constitution de façon à neutraliser cette interprétation.

(98) L'article 78 de la loi constitutionnelle de 1999 instaurait une citoyenneté polynésienne toutefois différente de la citoyenneté néo-calédonienne puisque n'y étaient pas attachés des droits de vote spécifiques. Elle devait seulement avoir des effets en matière d'accès à l'emploi, de droit d'établissement pour exercer une activité économique et d'accession à la propriété foncière. De tels privilèges ont été accordés par la révision constitutionnelle de 2003, mais sans référence à une quelconque citoyenneté polynésienne.

(99) Les minorités peuvent être définies comme collectivités de personnes vivant dans un pays ou une localité déterminée, ayant une race, une religion, une langue et des traditions qui leur sont propres et unies (...) dans un sentiment d'identité (Avis consultatif de la Cour permanente de justice du 31 juillet 1930, série B, n° 17, p. 21). Les autochtones sont des « populations qui, liées par une communauté historique avec les sociétés antérieures à l'invasion et avec les sociétés pré-coloniales qui se sont

net retrait. En raison des principes d'indivisibilité de la République et, surtout, d'unicité du peuple, elle se montre rétive à toute forme de reconnaissance de droits aux minorités ou même aux individus appartenant à ces minorités. La question s'est posée à propos des droits linguistiques avec la Charte des langues régionales ou minoritaires déjà évoquée ainsi qu'avec la Convention cadre du Conseil de l'Europe pour la protection des minorités nationales. Or, la France considère que les principes fondamentaux inscrits dans la Constitution interdisant toute discrimination entre citoyens en fonction de leur origine, de leur race ou de leur religion, ils s'opposent à toute reconnaissance de droits exercés collectivement. Le respect des caractéristiques de chaque groupe (religieux, culturel, linguistique ou autre) ne peut dès lors être assuré que par le biais de la protection des individus membres de ces groupes. C'est pourquoi la France ne signe pas (Convention-cadre du Conseil de l'Europe pour la protection des minorités nationales), ne ratifie pas (Charte sur les langues régionales ou minoritaires) ou accompagne de réserves (article 27 du Pacte international des droits civils et politiques (100)) de tels engagements internationaux. Il s'agit d'une position de principe dans les deux sens du terme c'est-à-dire à la fois contredite par la pratique qui se caractérise par une gestion pragmatique des minorités (101) et, à l'inverse, réaffirmée malgré les nombreuses précautions entourant les engagements internationaux en faveur des minorités (102). Par une telle posture, la France risque de s'exclure d'un mouvement important de protection des droits de l'homme, mouvement illustré encore récemment par la reconnaissance dans le projet de Constitution européenne des minorités (103), projet, il est vrai, rejeté par les Français.

*
**

développées sur leurs territoires, se jugent distinctes des autres éléments des sociétés qui dominent à présent sur leurs territoires ou une partie de ces territoires » (E/CN/Sub. 2/1986/7. Add. 4).

(100) « Sur l'article 27 : compte tenu de l'article 2 de la Constitution française, cet article n'a pas lieu de s'appliquer. »

(101) D. Lochak, « Les minorités et le droit public français : du refus des différences à la gestion des différences », A. FENET, G. SOULIER, *Les minorités et leurs droits depuis 1789*, L'Harmattan, 1989, p. 113.

(102) On pense en particulier à la Charte européenne des langues régionales ou minoritaires qui ne conférait pas de droits subjectifs, au sein de laquelle le Gouvernement avait choisi des dispositions qui lui paraissaient compatibles avec le texte constitutionnel. Il avait en outre accompagné sa signature d'une déclaration interprétative précisant le sens du terme « groupe » employé dans la Charte en tant qu'addition de personnes physiques et ne désignant en aucun cas une entité distincte de ceux qui la composent.

(103) Articles II-81 et II-85.

En dégageant le principe d'unicité du peuple français, le Conseil constitutionnel a offert une garantie inattendue à l'indivisibilité de la République. En fait, ce n'est pas l'ensemble de l'indivisibilité qui est ainsi protégé, mais sa composante populationnelle, alors que les autres implications classiques de ce principe républicain sont discutées par le législateur avec l'aval du juge.

Le droit positif se caractérise en ce domaine par un paradoxe résultant du fait qu'un principe, consacré au plus haut niveau de la hiérarchie des normes, ne produit plus les effets qui lui sont traditionnellement attachés, mais les retrouve partiellement par le biais d'un principe que le constituant de 1958 avait oublié. Le juge fait ainsi revivre un principe non écrit dont il se sert pour redonner substance à un principe qu'il ne cesse pourtant, dans sa jurisprudence, d'affaiblir.

Tatiana GRÜNDLER

Docteur en droit,
ATER en Droit public à l'Université du Littoral Côte d'Opale

DOCTRINE

DROIT CONSTITUTIONNEL

Contribution à l'étude juridique du droit des groupes

par Hugues MOUTOUH

Professeur à la Faculté de droit de l'Université Paris Descartes (Centre Maurice Hauriou)

SOMMAIRE

Le droit des groupes ou *group rights*, est un concept qui a fait irruption assez tardivement sur la scène juridique française, dans le courant des années quatre-vingt-dix, au moment où les thèmes de la diversité et du multiculturalisme sont devenus des enjeux majeurs de réflexion pour les sciences humaines et sociales, mais aussi pour les responsables politiques (1).

---

(1) Il ne peut être question, ici, de citer la longue liste des livres et auteurs qui se sont emparés de ce sujet dans les dernières années. On mentionnera seulement, à titre d'exemple : N. ROULAND, S. PIERRÉ-CAPS, J. POUMARÈDE, *Droit des minorités et des peuples autochtones*, PUF, 1996 ; S. MESURE & A. RENAUT, *Alter Ego, les paradoxes de l'identité démocratique*, Aubier, 1999 ; et plus récemment : O. BUI-XUAN, *Le droit public français entre universalisme et différence*, Economica, 2004.

Depuis son apparition, ce concept a fait l'objet d'interprétations diverses et surtout de nombreuses controverses doctrinales. On n'exagèrera pas en disant que le sujet « sent la poudre ». Plus que n'importe quel autre pays au monde, la France manifeste une grande méfiance et une hostilité certaine, non seulement à l'expression de la différence — perçue comme une menace pour l'homogénéité nationale —, mais aussi à l'existence d'entités intermédiaires prenant place entre l'individu et l'État. À cet égard, tout discours relatif à des éventuelles identités collectives est longtemps passé, dans notre pays, pour une pure provocation, voire, carrément, pour un crime de lèse-République. Le postulat de l'homogénéité du corps social exclut, en effet, l'existence de distinctions fondées sur des critères collectifs d'appartenance et impose l'idée qu'il ne peut exister entre les membres de ce corps des différences substantielles, c'est-à-dire irréductiblement liées à l'appartenance à un groupe qui ne se fond pas ou ne parvient pas à se fondre dans le reste de la société. C'est d'ailleurs ce que rappelait le représentant français du groupe de travail des Nations unies chargé d'étudier les droits des personnes appartenant à des minorités nationales en 1991 : « la France ne reconnaît pas sur son territoire, l'existence de groupe dont le particularisme serait fondé sur des critères raciaux, linguistiques et religieux. Les conceptions de la France se fondent sur un principe universel : tous les êtres humains naissent libres et égaux en dignité et en droits. La Constitution française s'en inspire, par laquelle tous les citoyens de la République une et indivisible sont égaux devant la loi » (2).

En fait, le problème n'est pas tant que de telles identités collectives existent en France, mais plutôt qu'elles aient droit de cité, en d'autres termes : qu'elles apparaissent au grand jour. Elles sont tolérées, mais la République mène à leur encontre une véritable politique d'endiguement, de confinement au sein de la sphère privée. L'espace public ne doit avoir affaire qu'à des individus-citoyens dépouillés de tout signe culturel distinctif, comme en témoigne le débat sur l'émancipation des Juifs à l'Assemblée constituante, au mois de septembre 1791 : « Il faut tout refuser aux Juifs comme nation, déclarait alors le duc de Clermont-Tonnerre dans son célèbre discours, et tout accorder aux Juifs comme individus, il faut refuser la protection légale au maintien de prétendues lois de leur corporation judaïque ; il faut qu'ils ne fassent plus dans l'État ni corps politique, ni ordre ; il faut qu'ils soient individuellement citoyens. »

Depuis 1791, cependant, les choses ont considérablement évoluées. De nombreux travaux de doctrine ont montré qu'au-delà du discours républicain universaliste traditionnel selon lequel l'homme avec ses particularités s'efface devant le citoyen, catégorie juridique homogène, la France savait parfaitement tenir compte de certaines différences, qu'elles soient religieuses, culturelles ou ethniques (3). Les exemples sont nombreux et suffisamment connus désor-

(2) ONU, E/CN.4/1991/53, 5 mars 1991, p. 7.

(3) L'une des toutes premières études sur le sujet est celle de D. LOCHAK, « Les minorités et le droit public français. Du refus des différences à la gestion des différen-

mais pour qu'on se contente de les citer brièvement : statut particulier des salariés d'entreprises dites « de tendance », au sens où elles assurent la défense et la promotion de doctrines religieuses ou éthiques ; sort particulier réservé à certaines collectivités d'outre-mer ; statut personnel ou coutumier de l'article 75 de la Constitution, etc.

Cela étant, la « mythologie juridique républicaine », comme l'appelle Norbert Rouland, est encore très vivante dans notre pays et s'oppose à toute consécration officielle des phénomènes minoritaires (4). La décision du 15 juin 1999 du Conseil constitutionnel (5), qui se situe dans le droit fil de la décision du 13 mai 1991 relative au statut de la Corse, est à cet égard très claire. Après avoir rappelée, conformément aux dispositions de l'article 1er de la Constitution, que « la France est une République indivisible » et qu'elle « assure l'égalité devant la loi de tous les citoyens sans distinction d'origine, de race ou de religion », elle précise que « le principe d'unicité du peuple français, dont aucune section ne peut s'attribuer l'exercice de la souveraineté nationale, a également valeur constitutionnelle » et qu'en conséquence, de tels « principes fondamentaux s'opposent à ce que soient reconnus des droits collectifs à quelque groupe que ce soit, défini par une communauté d'origine, de culture, de langue ou de croyance ».

Dans la logique républicaine, de tels droits sont non seulement dangereux pour la cohésion nationale, mais de surcroît inutiles. La Déclaration de 1789 et, plus généralement, la véritable Charte des droits et libertés fondamentaux consacrée par le juge constitutionnel depuis 1971 sont censées résorber, en quelque sorte, le problème des groupes minoritaires. Il n'est nul besoin de prévoir des protections pour d'éventuels groupes, ou de proclamer des droits spéciaux pour leurs membres, dans la mesure où des garanties sont accordées à tous les individus, quels qu'ils soient, sans égard pour leur appartenance à une quelconque communauté.

La chose est donc entendue : la France semble s'opposer à toute consécration constitutionnelle d'un droit des groupes. Une telle affirmation ne nous apprend malheureusement pas grand chose. Certes, elle nous enseigne que notre Loi fondamentale ne reconnaît pas l'existence de communautés infra-étatiques à caractère linguistique, culturel, ethnique ou religieux, et surtout que notre système juridique ne tolèrera jamais de faire de ces collectifs des détenteurs de droits propres, comme le sont, par exemple, de l'autre côté de l'Atlantique, les tribus indiennes ou, plus proche de nous, au-delà des Pyrénées, les commu-

---

ces », *in Les minorités et leurs droits depuis 1789*, (collectif) L'Harmattan, 1989, p. 111-185.

(4) N. ROULAND, *La tradition juridique française et la diversité culturelle*, Droit et Société, 27, 1994, p. 381 et s. ; H. MOUTOUH, *Recherches sur un droit des groupes en droit public français*, thèse, Montesquieu Bordeaux-IV, 1997, inédit.

(5) Récemment rappelée par la décision du 19 novembre 2004 relative au traité établissant une Constitution pour l'Europe (cons. 16).

nautés autonomes catalanes ou basques. Mais à part cela, nous ne savons toujours pas ce qu'est réellement le droit des groupes, véritable objet juridique non identifié.

À cet égard, il faut regretter, non pas que la France ait fait le choix délibéré d'un certain individualisme juridique tout à fait conforme à sa tradition républicaine et libérale, mais simplement que l'anathème lancé par les juges constitutionnels et la grande majorité de la doctrine publiciste à l'encontre du droit des groupes, ait finalement conduit à l'absence d'une réflexion théorique approfondie sur le sujet.

Cet article, qui n'est en rien l'apologie déguisée d'un quelconque communautarisme, a l'ambition de poser quelques bases claires afin de mieux cerner ce droit des groupes. Nous allons voir que si ce concept sent tant la poudre, c'est parce qu'il est aujourd'hui essentiellement utilisé et perçu comme un *concept idéologique*, permettant à ses promoteurs de légitimer certaines aspirations et revendications minoritaires (1). Cette acception, trop militante, n'est toutefois pas satisfaisante. Le droit des groupes mérite effectivement d'être appréhendé plus scientifiquement, en tant que *concept analytique*. Nous verrons qu'il offre alors une nouvelle grille de lecture stimulante pour penser les droits de l'homme (2).

1. — LE DROIT DES GROUPES COMME *CONCEPT IDÉOLOGIQUE*

Bien que la généalogie des concepts ne soit pas une science exacte, dans la mesure où l'on ignore souvent la manière dont les idées peuvent agir sur les idées, on peut dire que le droit des groupes est le fruit d'une rencontre entre deux grands mouvements contestataires issus de l'Amérique du milieu du XXe siècle, mais encore très vivaces aujourd'hui : les *Civil rights*, et les *Cultural and gender studies*.

Le mouvement des *Civil rights* est né dans le courant des années cinquante aux États-Unis, en lien avec la question noire. Il fait référence à la lutte contre les discriminations raciales institutionnelles ou privées dont étaient l'objet, depuis la fin du XIXe siècle, la population afro-américaine, notamment dans les États du sud des États-Unis, comme au Texas, en Louisiane, au Mississippi, dans l'Arkansas ou en Géorgie. Les noirs-américains étaient en effet la cible de comportements ou de législations discriminatoires divers : ségrégation raciale — telle que consacrée par la Cour suprême dans *Plessy v. Ferguson* (163 US 537) de 1896 (6) — ; suppression du droit de vote ; dénégation de certains droits sociaux et économiques ; et plus généralement, soumission à des actes de violence collective tolérés, voire encouragés par les pouvoirs publics.

(6) Pour une traduction française : É. ZOLLER (dir), *Grands arrêts de la Cour Suprême des États-Unis*, PUF, 2000, p. 301.

L'année de naissance que l'on donne traditionnellement à ce mouvement pour l'égalité des droits est 1954, année où la Cour suprême américaine décida de mettre fin à la *Jim Crow Era*, c'est-à-dire à l'ère de ségrégation raciale, par le fameux arrêt *Brown v. Board of education* (387 U.S. 483) (7). Cette date conventionnelle ne doit bien entendu pas faire oublier les actions courageuses et déterminantes qui furent menées dès le début du siècle : on pense plus particulièrement à la fondation, en 1909, par certains leaders noirs et juifs américains (8), de la *National Association for the Advancement of Colored People* (NAACP). Cette association remporta effectivement d'importantes victoires juridiques, que ce soit en faisant pression pour contraindre l'administration Wilson à mettre fin à la discrimination raciale au sein de la fonction publique fédérale, ou en menant des combats judiciaires devant la Cour suprême. C'est ainsi qu'en 1915, la NAACP obtint sa première victoire dans l'arrêt *Guinn and Beal v. United States* (238 US 347), en faisant déclarer inconstitutionnelle la *Grandfather clause* qui avait pour effet de conditionner l'exercice du droit de vote pour les seuls noirs en Oklahoma à la réussite d'un test. De la même façon, cette association obtint deux années plus tard, en 1917, la condamnation d'une réglementation de la ville de Louisville dans le Kentucky qui imposait aux noirs une ségrégation résidentielle (*Buchanan v. Warley,* 245 US 60).

En dépit de ces succès, deux raisons justifient que l'histoire américaine se réfère à l'année 1954 pour célébrer la naissance du mouvement des droits civiques aux États-Unis. La première est juridique : l'arrêt *Brown v. Board of education* se trouve effectivement être le pendant parfait de *Plessy v. Fergusson.* Avec *Brown*, ce n'est pas seulement la ségrégation en milieu scolaire qui s'est vue condamner, mais plus généralement la doctrine ségrégationniste du « *Seperate but equal* ». La seconde raison est liée à la première : légitimés par cette décision de la Cour suprême, les militants pour les droits civiques se sentirent revigorés au point de se lancer à travers tout le pays dans une succession inédite de luttes pacifiques, prenant la forme d'actions de désobéissances civiles, de marches ou d'opérations de boycott pour imposer une déségrégation raciale effective de la société américaine (9).

---

(7) *Ibid,* p. 600.

(8) La communauté juive fut en effet très active dans le combat pour l'égalité raciale des afro-américains : des personnalités comme Julius Rosenwald ou Henry Moskowitz participèrent à la création du NAACP, et au milieux des années soixante, l'un des membres les plus éminents de cette communauté, le Rabbin et professeur de théologie Abraham Joshua Heschel, prit une part active aux marches pour l'égalité aux côtés de Martin Luther King.

(9) Les exemples célèbres de ces mouvements de contestation ne manquent pas. Deux particulièrement fameux eurent lieu dans l'État d'Alabama : en décembre 1955, Rosa Parks, jeune membre du NAACP refusa de s'asseoir parmi les places réservées aux noirs dans les compagnies de bus. Son procès fut suivi du fameux *Montgomery Bus Boycott.* Dix ans plus tard, au mois de mars 1965, plusieurs marches pacifiques,

Cette mobilisation citoyenne fut une réussite, puisqu'en l'espace d'une dizaine d'années, on aboutit à l'adoption de toute une série de textes législatifs fondamentaux ou de décisions judiciaires venant prohiber la discrimination dans des domaines aussi divers que l'emploi, le logement, les droits civils ou le droit de vote : le *Civil Rights Act* de 1964, qui donnait de surcroît le pouvoir aux autorités fédérales d'imposer la déségrégation dans les États fédérés ; le *Voting Rights Act* de 1965 ; la décision *Loving v. Virginia* (388 US 1) de 1967, par laquelle la Cour suprême déclarait contraire à la Constitution l'interdiction des mariages interraciaux (10) ; ou bien encore le *Civil Rights Act* de 1968.

Du point de vue strictement historique, c'est ce dernier texte de 1968, interdisant toute discrimination dans la location, le financement ou la vente de logement, qui est venu conclure ce que l'on appelle le *Civil Rights Movement* aux États-Unis : les afro-américains ont, en effet, définitivement obtenu cette année-là, ce pour quoi ils s'étaient battus sans relâche depuis 1896 : une parfaite égalité devant loi.

Pour autant, le mouvement des droits civiques n'a pas pris vraiment fin à l'aube des années soixante-dix. Il a simplement changé de nature : il s'est pour ainsi dire *essentialisé* en se *décontextualisant.* La libération des noirs américains n'a pas été la fin du mouvement des droits civiques, mais le commencement d'une nouvelle dynamique évolutive d'émancipation de tous les groupes minoritaires qui se retrouvaient ou pensaient être, d'une façon ou d'une autre, dans un rapport défavorable vis-à-vis de la majorité de la population, de ces règles et de ses codes de conduite. Tout laisse penser que cette métamorphose du mouvement des droits civiques en un mouvement beaucoup plus universel de combat pour l'égalité réelle de tous ces groupes et de toutes ces communautés s'est produite aux États-Unis au moment de l'avènement de ce que l'on a appelé, de façon générale, dans les années soixante, la « *Counterculture* » (11). Ce terme désigne un phénomène nouveau de contestation sociale et culturelle, trouvant principalement sa source dans la volonté de certains groupes sociaux de défendre et promouvoir au-devant de la scène publique des valeurs et des normes de comportement opposées

---

dont une emmenée par Martin Luther King lui-même, furent par ailleurs organisées par la communauté noire de cet État, de la ville de Selma à celle de Montgomery.

(10) Seize États furent contraints de changer leur législation suite à cette importante décision de la Cour Suprême.

(11) Il est intéressant de remarquer que cette dynamique évolutive des *Civil rights* s'est produite sur un double plan : à la fois horizontal, en concernant de plus en plus de groupes : amérindiens, hispaniques, femmes, homosexuels, etc., et vertical, en passant d'une classique lutte contre les discriminations à une nouvelle logique d'égalité par le droit, c'est-à-dire de discrimination positive. Sur cette dernière question, voir : G. CALVES, *L'affirmative action dans la jurisprudence de la Cour Suprême des États-Unis*, LGDJ, 1998 ; D. SABBAGH, *L'égalité par le droit, les paradoxes de la discrimination positive aux États-Unis*, Economica 2003.

ou ne correspondant pas à celles promues par la société dans son ensemble. Sur les campus américains, cette demande de reconnaissance s'est exprimée par le biais des fameuses *Cultural and gender studies* qui ont dominé pendant longtemps le champ des sciences humaines et sociales nord-américaines. Ce sont celles-ci qui ont donné l'indispensable légitimité intellectuelle à toutes ces sub-cultures en recherche de visibilité que sont les mouvements féministes, les minorités ethniques ou sexuelles, et leur grille de lecture idéologique du monde social. Ces *Cultural and Gender Studies* ont ainsi directement contribué au renouvellement de l'interprétation des rapports de pouvoir et de domination au sein de la société américaine.

C'est de la rencontre entre le mouvement des droits civiques et cette politique des identités comprises comme autant de nouvelles aires de revendications et de résistance aux normes sociales et culturelles dominantes, qu'est né le droit des groupe, d'abord et avant tout comme concept idéologique, c'est-à-dire comme concept visant à transformer la réalité sociale. Sa particularité est d'inscrire toutes les contestations et les demandes de reconnaissance sur l'horizon infini des droits de l'homme, en s'appropriant même, de façon originale, certains instruments de protection du droit international des minorités reconnu depuis le XIXe siècle, parfois pour le meilleur, mais aussi pour le pire, comme en témoigne le discours violent, raciste et antisémite du *Black nationalism* des années soixante, qui n'hésitait pas à revendiquer pour la communauté afro-américaine un droit à l'autodétermination et au séparatisme territorial aux États-Unis (12).

Du point de vue idéologique, le droit des groupes peut alors être défini comme le droit à la différence et/ou à un traitement préférentiel qui s'applique ou est revendiqué par des groupes que l'on considère en situation minoritaire, parce qu'ils souffrent ou disent souffrir sur le plan juridique, social, économique ou culturel, d'une relation défavorable par rapport à la majorité.

Le droit des groupes et c'est là sa principale force, inclut donc aussi bien la problématique des minorités nationales, — c'est-à-dire des groupes de population non dominants qui possèdent et désirent conserver des traditions ou des caractéristiques ethniques, religieuses ou linguistiques stables et nettement différentes de celles du reste de la population —, que celle des nombreux groupes susceptibles aujourd'hui de bénéficier des politiques de non-discrimination, comme les Noirs aux États-Unis, les femmes, les handicapés, les homosexuels, etc. Dans chacun de ces différents cas, il s'agit d'assurer la protection de personnes qui partagent avec les autres membres d'un groupe une ou plusieurs caractéristiques qui sert de support à leur identité collective tout en les rendant particulièrement vulnérables. Le canadien Rainer Knopff, dans son travail de classification, a répertorié trois catégories génériques

(12) J. T. McCartney, *Black Power Ideologies. An Essay in African-American Political Thought*, Temple Univisersity Press Philadelphia, 1992 ; L. Robel & É. Zoller, *Les États noirs, fédéralisme et question raciale aux États-Unis*, PUF, 2000.

principales de caractères pouvant servir de référence à la mise en œuvre de politiques publiques traduisant soit un simple droit à l'indifférence, soit un véritable droit à être soi-même, c'est-à-dire un droit à la différence : celles des stigmates, des cycles et des styles de vie (13). Les *stigmates* qui définissent la première catégorie, sont l'ensemble des propriétés qui passent naturellement d'une génération à une autre. Ils sont liés à l'origine des membres d'un groupe donné plutôt qu'à leur comportement : race, nationalité, origine ethnique, langue ou religion. La deuxième catégorie, celle des *cycles de vie*, regroupe quant à elle l'ensemble des caractéristiques de nature biologiques, mais qui ne sont pas transmissibles à l'instar des stigmates : Knopff donne l'exemple de l'âge, du sexe, ou encore des handicaps. Enfin, la troisième et dernière catégorie est celle des *styles de vie*. Elle constitue l'ensemble le plus hétérogène en rassemblant les caractéristiques qui relèvent du comportement social ou d'une certaine attitude volontaire des individus : on trouve ici l'orientation sexuelle, les opinions politiques, la condition sociale, etc.

Une telle définition du droit des groupes et les controverses qu'elle suscite ont interpellé essentiellement les sociologues, les spécialistes de sciences politiques ou de philosophie politique. Les questions posées sont ici celles des limites de l'universalisme, de la justice, de l'égalité et de la diversité culturelle, mais aussi de la place de l'Autre dans nos sociétés contemporaines. Toutes ces questions sont considérées, à juste titre, comme fondamentales. Pour autant, elles ne permettent pas d'appréhender vraiment le droit des groupes comme concept juridique. Certes, les questions essentielles des conditions dans lesquelles des droits peuvent effectivement être attribués à des groupes au sein de systèmes juridiques libéraux ne reconnaissant en principe que des individus sont abordées (14). De même, s'interroge-t-on sur la compatibilité entre de tels droits avec les droits de l'homme reconnus à chacun, indifféremment de ses caractéristiques sociales ou culturelles. Mais toutes ces interrogations demeurent incertaines dès lors que l'on ne sait pas précisément ce que sont, du strict point de vue juridique, de tels droits de groupes. Ce défaut d'analyse juridique approfondie contribue à faire évoluer le droit des groupes dans un brouillard conceptuel d'autant plus regrettable que l'on se trouve ici au cœur de la théorie des droits de l'homme.

II. — LE DROIT DES GROUPES COMME *CONCEPT ANALYTIQUE*

En tant que concept analytique, le droit des groupes permet en effet de renouveler la philosophie des droits de l'homme. Celle-ci demeure profondé-

(13) R. KNOPFF (dir), *Human Rights & Social Technology*, Carleton University Press Ottawa, 1990.

(14) À ce sujet : W. KYMLICKA, *La citoyenneté multiculturelle, une théorie libérale du droit des minorités*, La Découverte, 2001.

ment marquée par l'individualisme de 1789 : le seul sujet auquel la Déclaration reconnaisse effectivement des droits, c'est l'Homme, c'est-à-dire l'individu considéré en lui-même et pour lui-même, cet être abstrait né orphelin, resté célibataire et mort sans enfant, comme le disait Renan. Tout au plus, reconnaît-on qu'il peut se trouver engagé dans des situations économiques et sociales multiples, du moment qu'elles sont contingentes : enfant, vieillard, travailleur salarié ou chômeur. La tradition du libéralisme individualiste offre donc une vision simplifiée de la société, en mettant face à face l'individu et l'État. Dans la Déclaration de 1789, aucun groupe, en effet, n'est mentionné, à l'exception de la Nation. Aucune allusion n'est faite à la famille, aux droits de réunion ou d'association. Ce n'est que dans le courant du XXe siècle, que va clairement apparaître l'idée que des groupes particuliers peuvent se voir reconnaître des droits déterminés, notamment à l'après-guerre (15) : le Préambule de 1946, sans aller jusqu'à consacrer, à l'instar de la Constitution italienne (art. 29), des « droits propres » à la famille, la met au même rang que l'individu en ce qui concerne « les conditions nécessaires à leur développement ». D'autres groupes se sont aussi vus reconnaître des droits, notamment ceux qui naissent de la mise en œuvre des grandes libertés collectives : liberté d'association, liberté syndicale, etc. Partout dans le monde, des groupes dits « naturels » sont érigés, d'une façon ou d'une autre, en sujets de droits : collectivités locales, minorités, communautés ou peuples. Et le droit international leur assure une protection, que ce soit à travers d'instruments aussi spécifiques que la Déclaration des Nations unies sur le droit des minorités du 18 décembre 1992, ou par le biais de traités plus généraux, comme le Pacte onusien du 19 décembre 1966 relatif aux droits civils et politiques, dont l'article 27 dispose que : « Dans les États où il existe des minorités ethniques, religieuses ou linguistiques, les personnes appartenant à ces minorités ne peuvent être privées du droit d'avoir en commun avec les autres membres de leur groupe, leur propre vie culturelle, de professer et de pratiquer leur propre religion, ou d'employer leur propre langue ».

L'intérêt de la définition analytique du droit des groupes est de mieux cerner ce concept sur le plan théorique et terminologique, afin, notamment, de le différencier plus nettement de ces autres notions à la fois si proches et si distinctes que sont les droits collectifs ou les droits individuels. En l'état actuel des choses, les rares auteurs qui ont eu le mérite de se pencher sur ce sujet difficile ont choisi d'appréhender le droit des groupes ou, ce qui

---

(15) L'article 5 du projet de Constitution de Vichy du 30 janvier 1944 disposait quant à lui que : « L'État reconnaît les droits des communautés spirituelles, familiales, professionnelles et territoriales au sein desquelles l'homme prend le sens de sa responsabilité sociale et trouve appui pour la défense de ses libertés ». Sur les projets constitutionnels de Vichy, voir : J. BOUGRAB, *Aux origines de la Constitution de la IVe République*, « Nouvelles bibliothèque de thèses », Dalloz, 2002 ; É. LE FLOCH, *Les projets de Constitution de Vichy*, thèse, Faculté de droit de Dijon, 2005, inédit.

revient au même, les droits de groupe, à partir d'une typologie classique, principalement structurée autour de la question des titulaires de ces droits. Deux grilles de lecture alternatives ont le plus souvent été proposées par la doctrine.

La première est la plus systématique. Elle repose sur une nette distinction juridique entre les droits appartenant à des individus et ceux appartenant à des groupes (16). Dans la première catégorie, on trouve, par exemple, la liberté d'opinion ou le droit à la sûreté, tandis qu'on range dans la seconde, le droit à l'existence d'une collectivité, à sa survie, à son développement, ou bien encore le droit à l'autodétermination et à l'autonomie gouvernementale. Cette présentation a pour elle l'avantage de la clarté. Mais son caractère binaire la rend assez peu fonctionnelle, dans la mesure où elle ne permet pas vraiment de rendre compte, avec exactitude, de la réalité. Ainsi, cette classification passe-t-elle complètement à côté de la nature authentique de certains droits comme les droits linguistiques qui sont en apparence, mais en apparence seulement, des droits de nature individuelle. Dans certains contextes, en effet, ils peuvent prendre une dimension fondamentalement communautaire ou groupale, comme l'a très bien compris le Conseil constitutionnel dans sa décision précitée relative à la Charte des langues régionales ou minoritaires de juin 1999 (17). De la même façon, comment appréhender dans toute sa richesse et sa complexité une institution aussi essentielle que la famille, à la fois réseau de relations juridiques interindividuelles, mais aussi groupe saisi et protégé en tant que tel par l'État (18) ?

La seconde grille de lecture proposée par la doctrine est plus nuancée, donc plus réaliste. Elle distingue cette fois entre trois catégories de titulaires de droits : les individus, d'un côté, les entités, de l'autre, et, au milieu, les groupes ou catégories (19). Bien que beaucoup plus utile, cette classification pose toutefois à ses auteurs un certain nombre de problèmes tenant, notamment, à la trop grande perméabilité des catégories présentées. À la réflexion, les droits des entités, c'est-à-dire des personnes morales, s'avèrent plus souvent des « droits relais » qu'autre chose. Bertrand Mathieu et Michel Verpeaux confessent ainsi, s'agissant des droits reconnus aux personnes morales de

(16) Voir notamment : *Les droits de l'homme : droits individuels ou droits collectifs ?,* Actes du colloque de Strasbourg, 13 et 14 mars 1979, LGDJ, 1980.

(17) Voir, notamment : F. Mélin-Soucramanien, « La République et Babel. À propos de la décision du Conseil constitutionnel du 15 juin 1999 », cette *Revue* 1999, p. 985. Reste que le Conseil constitutionnel ne donne aucune précision sur le sens juridique exact desdits droits collectifs de groupe qu'il mentionne pour les déclarer incompatible avec nos principes fondamentaux.

(18) Voir, à cet égard, É. MILLARD, *Famille et droit public. Recherche sur la construction d'un ordre juridique*, LGDJ 1995.

(19) Cette typologie est proposée par B. MATHIEU & M. VERPEAUX, *Contentieux constitutionnel des droits fondamentaux*, LGDJ 2002, p. 434 et s.

droit privé, qu'il s'agit en fait d'une reconnaissance fictive qui a seulement pour véritable objet de protéger des droits appartenant à des individus (20).

Quant aux droits de groupe, dans ce type de classification, ils se distinguent également assez mal des droits de l'individu, en étant, la plupart du temps, assimilés à la simple existence, à côté de droits reconnus à tout homme, de droits particuliers dont les titulaires seraient des catégories de citoyens, comme les femmes ou certaines minorités autochtones d'outre-mer. Mais on ne connaît pas précisément les critères objectifs qui permettent d'exclure de cet ensemble les autres catégories de citoyens titulaires de droits particuliers : vieux travailleurs ou bien encore enfants, par exemple, qui sont par là même renvoyées dans le champ des droits individuels classiques.

Pour clarifier les choses, il faut dépasser le stade du raisonnement intuitif, même si celui-ci permet souvent d'esquisser les contours du concept qui nous retient ici : chacun, y compris le Conseil constitutionnel, sent bien que les premiers groupes concernés par les droits de groupe, ne sont pas de simples catégories juridiques, mais des communautés ayant une existence propre, notamment définies par une même origine, la culture, la langue ou la croyance. Pour tenter de dégager, une bonne fois pour toute, un critère objectif de définition du droit des groupes, il est nécessaire de changer résolument de perspective. Car nous pensons que ce n'est pas par la question classique des titulaires des droits qu'il faut aborder le problème, mais à partir de leur finalité.

Notre hypothèse est qu'un droit doit être compris comme droit de groupe à partir du moment où son but et son objectif réels consistent fondamentalement dans la protection et la préservation du groupe en tant que tel. Cette définition a ceci d'original, qu'elle affirme le caractère essentiellement protéiforme des droits de groupe : pour être considéré comme un droit de groupe, un droit n'a effectivement pas forcément besoin d'être dévolu au groupe lui-même, c'est-à-dire de faire du groupe le titulaire du droit en question. Un droit, bien qu'exercé individuellement, doit également être appréhendé comme un droit de groupe s'il a pour finalité la protection et la survivance du groupe.

Une telle définition nous permet également de distinguer nettement des droits de groupes les droits collectifs. Entre ces deux types de droits, il n'y a pas en effet une différence de degré, mais une véritable différence de nature : le plan sur lequel ils se trouvent n'est simplement pas le même. Les droits collectifs sont seulement des droits qui sont exercés par des individus de façon collective, sachant que le groupe, dans ce cas de figure, est uniquement un moyen et non une finalité : moyen de faire des choses (liberté d'association ou de réunion) ou moyen de parvenir à une meilleure défense des droits de chacun des membres du groupe (liberté syndicale, droit de grève). En revanche, les droits de groupe dont la vraie finalité est la perpétuation du groupe peuvent être détenus et exercés de toutes les façons : individuellement, collectivement ou par le biais du groupe comme entité. Dans les deux premiers cas, on peut

(20) *Ibid.*, p. 458.

reprendre la notion très parlante de « droit relais » développée par Bertrand Mathieu et Michel Verpeaux, mais en l'inversant : ici, on reconnaît fictivement des droits à des individus, sachant que leur véritable objet est de protéger des droits appartenant à des groupes.

Le meilleur exemple d'un droit de groupe exercé individuellement nous est offert par la protection contre le génocide, assurée par diverses conventions internationales (notamment la Convention des Nations unies du 9 décembre 1948) et par l'article 211-1 du Code pénal. Cet article dispose, en effet, que « constitue un génocide le fait en exécution d'un plan concerté tendant à la destruction totale ou partielle d'un groupe national, ethnique, racial ou religieux, ou d'un groupe déterminé à partir de tout autre critère arbitraire, de commettre ou de faire commettre, à l'encontre de membres de ce groupe, l'un des actes suivants : atteinte volontaire à la vie, atteinte grave à l'intégrité physique ou psychique, soumission à des conditions d'existence de nature à entraîner la destruction totale ou partielle du groupe, mesure visant à entraver les naissances, transfert forcé d'enfants ». La finalité de cette disposition du Code pénal vise donc bien la protection et la survie d'un groupe humain déterminé contre toute destruction délibérée et planifiée (21). Pour autant, juridiquement parlant, ce sont bien les individus membres de ce groupe qui font concrètement l'objet d'une protection contre certains actes attentatoire à leur vie ou à leur dignité.

On trouve, dans une même logique, d'autres droits exercés par des individus qui sont en fait de véritables droits de groupe. Le droit canadien reconnaît ainsi aux « peuples autochtones » du Canada certains droits individuels dérogatoires au droit commun, comme des droits de chasse et de pêche dans des espaces où ceux-ci sont en principe interdits ou à l'encontre d'espèces normalement protégées, qui sont uniquement destinés à préserver les traditions et coutumes ancestrales des groupes, pour éviter que ceux-ci ne disparaissent.

Mais on aurait tort de croire que pour exercer de tels droits, il faut forcément appartenir à une tribu amérindienne ou à une communauté culturelle du même genre à l'autre bout du monde. On exerce parfois, individuellement ou collectivement, des droits de groupe, sans s'en rendre compte. Le droit de mener une vie familiale normale, le droit au mariage, les mesures de protection juridique des femmes enceintes, ou bien encore les politiques préférentielles en faveur des mères de famille nombreuse, sont, par exemple,

---

(21) Dans leur commentaire de cet article, F. Desportes et F. Le Gunehec remarquent que le législateur national était allé encore plus loin que les Nations Unies dans la définition des groupes visés : la Convention de 1948 ne mentionne que les groupes nationaux, ethniques, raciaux ou religieux, alors que le Code pénal prévoit également la protection de tout groupe « déterminé à partir de tout autre critère arbitraire », ce qui devrait englober également les malades mentaux ou les homosexuels, par exemple, également victimes de persécutions sous les Nazis : *Droit pénal général*, Economica, 2006, p. 123.

indéniablement, des droits de groupe, au sens où ils visent avant tout à préserver la famille.

Le droit de parler sa langue maternelle, qui s'exerce de façon individuelle autant que collective, doit également être rangé dans la catégorie des droits de groupe si l'on veut en percevoir la véritable nature. En effet, donner le droit à un catalan ou à un québécois, pour ne prendre que ces exemples révélateurs, de parler leur langue, ne revient pas seulement à leur assurer individuellement le droit à la liberté d'expression. C'est pourtant la seule réalité que puisse appréhender la théorie classique des droits de l'homme. Le droit de parler sa langue est essentiellement un droit de groupe, national ou infra-national, parce qu'il permet d'assurer la survivance de ce que les québécois appellent opportunément une « société distincte », autrement dit une communauté de pensée et de culture particulière (22). La notion de langue propre, que l'on retrouve, notamment, dans le dernier Statut d'autonomie de la Catalogne du 18 juin 2006, est à cet égard très significative. On trouve, en effet, affirmé à l'article 6.1 dudit Statut, que : « La langue propre de Catalogne est le catalan ». On pourrait ne pas prêter attention à cette déclaration si l'article suivant (art. 6.2) ne prévoyait pas, à son tour, que le catalan était la langue officielle de la Catalogne, à l'instar d'ailleurs du castillan. La notion de langue propre se différencie donc, ici, de celle de langue officielle. Du reste, il est intéressant de remarquer que l'article 6.1, à la différence de l'article 6.2 relatif à l'usage des langues officielles, ne fait pas des individus les titulaires de droit de cette langue propre, mais l'entité Catalogne seule, au travers de ses institutions (23). Il est ainsi précisé qu'en tant que langue propre, le catalan est « la langue d'usage normal et privilégiée des administrations publiques et des moyens de communication publics de la Catalogne, et est aussi la langue normalement utilisée comme véhicule d'apprentissage dans l'enseignement ».

Enfin, le droit des groupes s'exprime aussi de la façon la plus absolue qui soit, à savoir par toute une série de droits qui sont uniquement attribués au groupe en tant que tel, et qui lui appartiennent en propre. On pense, en premier lieu, au droit à la souveraineté ou à l'autonomie gouvernementale de certaines minorités nationales ou de certains peuples autochtones. Aux États-Unis, par exemple, les tribus indiennes sont reconnues comme de véritables « nations souveraines intérieures » possédant des droits inhérents de gouverner leurs réserves et de créer leurs propres lois. Le Canada, sans reconnaître

---

(22) On pourrait également prendre pour exemple la Belgique, avec ses deux langues principales, le français et le néerlandais, derrière lesquelles se profilent deux véritables nations : la nation belge et la nation flamande. Pour une réflexion générale sur la notion de « société distincte » et la politique de reconnaissance des identités, voir : C. TAYLOR, *Multiculturalism. Différence et démocratie*, Flammarion, 1999.

(23) À ce titre, on pourrait presque classer cette langue propre dans la catégorie des droits de groupe entendus *stricto sensu*, tels qu'ils sont détaillés *infra*.

pour le moment aux peuples autochtones un droit identique à la souveraineté interne, reconnaît à leur profit un certain droit à l'autonomie gouvernementale à l'intérieur de la Constitution.

Les droits fonciers sont un autre exemple de droit de groupe exercé par le groupe lui-même. L'Australie ou le Canada, qui ont été confrontés dans les dernières années à d'importantes revendications foncières de la part de leurs populations autochtones, ont été amenés à reconnaître à côté du droit individuel de propriété classique un véritable droit autochtone de la propriété. C'est ainsi que plusieurs arrêts de la Cour suprême du Canada ont reconnu l'existence historique de droits autochtones sur certaines terres. La Cour suprême mentionne très explicitement la notion de « titre autochtone » fortement dérogatoire aux autres formes de propriété individuelle. Dans une importante décision *Delgamuukw*, rendue en 1997, la Cour précise que le « titre autochtone » est un droit de propriété protégé par la Loi constitutionnelle canadienne (art. 35) qui appartient au groupe et non aux individus ; que les terres visées par ce titre ne peuvent être cédées qu'à la Couronne fédérale et qu'elles ne doivent pas être utilisées pour un usage incompatible avec la nature du lien qui unit le groupe titulaire aux terres en question.

La République française n'agit pas autrement dans ses territoires du pacifique, notamment en Nouvelle-Calédonie. L'évolution foncière y est en effet très comparable à celle de l'Australie, bien que la France se montre beaucoup plus discrète à ce sujet. C'est le seul exemple d'un territoire de la République ayant connu la mise en place de vraies réserves pour les populations autochtones, au moment de sa colonisation. C'est sans doute pour cela que la question de la possession de la terre est au cœur des préoccupations et des revendications locales depuis les années soixante-dix. Les Mélanésiens, comme leurs voisins Aborigènes d'Australie, expriment en effet la volonté de retrouver la terre de leurs ancêtres. Ce désir fort s'explique en grande partie par le lien particulier que ceux-ci entretiennent avec la terre, qui a pour eux une valeur identitaire structurante.

C'est ainsi qu'en l'espace de quelques années, suite à une réforme foncière d'envergure gérée par l'ADRAF, l'agence de développement rural et d'aménagement foncier, une partie importante du domaine foncier a été transférée à des clans kanaks, surtout sur la côte Est de l'île. C'est bien là la particularité du droit foncier mélanésien : parce que la propriété s'apparente pour la population autochtone à un patrimoine collectif, le législateur a été contraint d'inventer, en 1985, le Groupement de droit particulier local. Ce GDPL est une sorte de passerelle entre le monde traditionnel et le monde moderne, puisqu'il permet de reconnaître, en droit français, un droit de propriété groupal, qu'il soit tribal ou clanique. Il jouit en effet de la personnalité morale et son organisation interne, qu'il s'agisse de son fonctionnement, de la tenue des assemblée ou des droits et devoirs de ses membres, est entièrement coutumière. La volonté de désindividualisation du droit foncier traditionnel est tel, d'ailleurs, que le mandataire chargé de représenter le GDPL n'a pas de pouvoirs propres et n'est uniquement chargé que d'accomplir les actes juridiques nécessaires à la vie du groupement (24).

Ainsi présenté, le droit des groupes n'apparaît plus à nos yeux comme un objet juridique non ou mal identifié. En posant la question de la finalité du droit, on arrive à reconnaître les droits de groupes, même là où on ne les attendait pas, et à les différencier des autres. Ce faisant, on s'aperçoit aussi qu'ils n'entretiennent pas entre eux des rapports d'opposition binaire, notamment parce que les droits de groupes peuvent parfois prendre la forme de droits protégeant tout autant l'individu que l'entité à laquelle il appartient. Sans aller jusqu'à affirmer, à l'instar de Will Kymlicka, que les droits des groupes ou des minorités peuvent s'inscrire facilement dans la tradition libérale des droits de l'homme, on dira seulement qu'une réelle complémentarité peut parfois s'établir entre eux. Les groupes sont en effet souvent un élément nécessaire à l'épanouissement des hommes. Toutefois, il ne faut pas oublier qu'ils peuvent aussi s'avérer un danger pour leur liberté, notamment lorsqu'ils se traduisent systématiquement par la majoration de la valeur de la collectivité par rapport aux individus qui la composent. Si les droits des groupes semblent parfois devoir s'imposer à l'État, les droits fondamentaux des individus doivent pouvoir, de la même façon, primer sur ceux des groupes et s'imposer à eux.

Hugues MOUTOUH

Professeur à la Faculté de droit de l'Université Paris Descartes
(Centre Maurice Hauriou)

---

(24) Voir à ce sujet : G. ORFILA, *Le Groupement de droit particulier local*, Droit et culture, 1996, n° 32, p. 129 et s. ; *La Nouvelle Calédonie et le droit*, L'Harmattan, 1998 et M. NAEPELS, *Histoires de terres Kanakes*, Belin, 1998.

DOCTRINE

DROIT COMPARÉ

Le débat sur l'effet horizontal des droits de l'homme au Royaume-Uni depuis l'entrée en vigueur du *Human Rights Act 1998*

par Vanessa BARBÉ
ATER à l'Université Paris II (Panthéon-Assas)

SOMMAIRE

Le *Human Rights Act 1998* est une petite révolution au Royaume-Uni. L'adoption de cette loi permet en effet d'introduire les dispositions de la Convention européenne des droits de l'homme en droit interne. Cette incorporation présente de nombreuses particularités. En premier lieu, la loi d'incorporation n'en est pas tout à fait une. Elle ne se borne pas à indiquer dans un simple article que la Convention européenne des droits de l'homme est incorporée en droit interne. Son titre indique que la loi donne « plus d'effet » (« *further effect* ») aux droits et libertés garantis par la Convention. Cette expression peu claire peut être interprétée comme une volonté de ne pas donner plein effet à la Convention en droit britannique. Cette première impression est confirmée par la section 1re de la loi qui définit les droits introduits en droit interne : il s'agit des droits contenus aux articles 2 à 12 et 14 de la Convention, des articles 1 à 3 (1) du 1er protocole additionnel, des articles 1 et 2 du 6e protocole (2), associés aux articles 16 (3) et 18 (4) de la Convention. Deux articles de la Convention ne sont pas incorporés par le *Human Rights Act*. L'article premier (5) est, selon le Gouvernement, déjà appliqué grâce au *Human Rights Act*, car il permet de garantir les droits de la Convention aux individus appartenant à la juridiction du Royaume-Uni. Toujours selon le Gouvernement, il est inutile d'incorporer l'article 13 (6), car le *Human Rights Act* permet d'invoquer les droits de la Convention et d'obtenir réparation devant les tribunaux britanniques (7).

La section 2 du *Human Rights Act* fait obligation aux tribunaux, lorsqu'ils doivent trancher une question impliquant le droit de la Convention européenne des droits de l'homme, de prendre en compte tout jugement, décision, déclaration ou avis consultatif des organes de Strasbourg. Les arrêts de la cour doivent notamment être une source d'inspiration, qu'ils impliquent le Royaume-Uni ou non (8). Mais il s'agit seulement de les prendre en compte et non de les appliquer à la lettre, et notamment, les arrêts de la Cour ne lient pas les tribunaux britanniques (9).

---

(1) Protection de la propriété, droit à l'instruction et droit à des élections libres.

(2) Abolition de la peine de mort.

(3) Restrictions à l'activité politique des étrangers.

(4) Limitation de l'usage des restrictions aux droits.

(5) Article 1er, CEDH : « *Les Hautes Parties Contractantes reconnaissent à toute personne relevant de leur juridiction les droits et libertés définis au titre I de la présente Convention* ».

(6) Article 13, CEDH : « *Toute personne dont les droits et libertés reconnus dans la présente Convention ont été violés, a droit à l'octroi d'un recours effectif devant une instance nationale, alors même que la violation aurait été commise par des personnes agissant dans l'exercice de leurs fonctions officielles* ».

(7) Le Gouvernement estime que si l'article 13 est inclus dans la liste des droits protégés, les tribunaux risquent d'aller au-delà de la section 8 du *Human Rights Act* qui prévoit la réparation des atteintes aux droits de l'homme. Les juges pourraient créer de nouvelles causes permettant l'obtention d'une réparation, alors que la section 8 est « suffisante et claire ». Voir *Hansard,* HL 583, col. 475 (18 novembre 1997).

(8) Lord Irvine (*Lord Chancellor* du gouvernement Blair à l'époque), *Hansard,* HL 583, col. 511 (18 novembre 1997).

(9) Lord Irvine explique ce choix : « Le projet permet aux tribunaux du Royaume-Uni de se démarquer de la jurisprudence de Strasbourg lorsqu'il est approprié de le faire [...]. Les tribunaux vont souvent traiter des cas qui impliquent des facteurs peut-être spécifiques au Royaume-Uni, et qui les distinguent des cas soulevés devant la

Les sections 3 et 4 du *Human Rights Act* représentent le mécanisme central de l'application de la Convention européenne des droits de l'homme par les tribunaux. La section 3 indique que, dans la mesure du possible, la législation primaire (10) et subordonnée (11) doit être lue et appliquée d'une manière compatible avec les droits de la Convention. Cette obligation n'affecte pas la validité ou l'application de la législation primaire incompatible, et n'affecte pas non plus la validité ou l'application de la législation subordonnée lorsque l'incompatibilité découle de la législation primaire. Ainsi, les tribunaux ne peuvent « casser » ou ignorer une loi. Pour le Gouvernement, cette section « empêche les tribunaux de s'opposer à l'application d'une loi du Parlement qu'ils estiment incompatible avec les droits de la Convention, [et il est souhaitable] que, dans la majeure partie des cas, les tribunaux soient capables d'interpréter les lois conformément à la Convention » (12).

Notons que la section 3 s'inspire clairement du *New Zealand Bill of Rights Act 1990* (13). Néanmoins, la compétence des tribunaux néo-zélandais ne va pas au-delà de ce pouvoir d'interprétation (14). Elle est donc moins étendue que celle des tribunaux britanniques.

En effet, dans les rares cas où une telle interprétation n'est pas possible, la section 4 permet à certains tribunaux (15) de rendre une déclaration d'incom-

---

Cour européenne... C'est important que nos tribunaux disposent de cette compétence discrétionnaire pour aider au développement des droits de l'homme » (*Hansard,* HL 583, col. 514, 18 novembre 1997 et HL 484, col. 1270, 19 janvier 1998).

(10) Il s'agit des lois du Parlement, et la section 21 du *Human Rights Act* y inclut les mesures de la *Church Assembly,* celles du Synode de l'Église anglicane et certaines ordonnances royales délibérées en Conseil privé (*orders in Council*).

(11) La législation subordonnée (dite aussi déléguée ou indirecte) peut être définie comme les normes adoptées par d'autres autorités que le Parlement, comme le gouvernement, en vertu d'une loi parlementaire. Il s'agit des *bye-laws* (règlements), des *Statutory Instruments* (élaborés par le gouvernement dans le cadre imposé par le Parlement), des *orders* (ordonnances) ou des *orders in Council* (ordonnances délibérées en Conseil privé). La section 21 du *Human Rights Act* inclut les *orders in Council* qui ne sont pas compris dans la législation primaire et les lois du Parlement d'Écosse et de l'Assemblée d'Irlande du Nord.

(12) *Hansard,* HL 584, col. 1294 (19 janvier 1998) et HC, 306, col. 780 (16 février 1998).

(13) Voir notamment : Lord Anthony LESTER OF HERNE HILL, *Parliamentary Scrutiny of Legislation under the Human Rights Act 1998,* Victoria University of Wellington Law Review, 2002, p. 1.

(14) *Hansard,* 583, col. 533 (18 novembre 1997). Source : J. COOPER, A. MARSHALL-WILLIAMS, *Legislating for Human Rights : The Parliamentary Debates on the Human Rights Bill,* Hart Publishing, 2000, p. 47.

(15) Les tribunaux les plus élevés dans la hiérarchie : la Chambre des Lords, le Comité judiciaire du Conseil privé de la Reine, la Cour d'appel des Cours martiales, en Écosse la Haute Cour de Justice, en Angleterre et au Pays de Galles la Haute Cour ou la Cour d'appel.

patibilité. Celle-ci incite le Gouvernement et le Parlement à changer la loi. Mais il ne s'agit pas d'une obligation, et les pouvoirs publics peuvent décider de laisser la loi en l'état. La déclaration n'affecte pas la validité de la loi. Dans des circonstances limitées, un ministre peut prendre un *remedial order* (16), ou clause « Henri VIII » en référence aux ordonnances royales permettant de modifier une loi du Parlement. Mais cette procédure est volontairement fastidieuse pour limiter le nombre de ces *remedial orders*.

Ainsi, la section 4 ne va pas aussi loin que la Charte canadienne des droits et libertés de 1982, qui permet aux tribunaux canadiens d'invalider une loi si elle n'est pas conforme à la Charte (17). La solution adoptée par le *Human Rights Act* est donc intermédiaire entre l'expérience néo-zélandaise et l'expérience canadienne, comme l'explique Jack Straw : « Nous avons étudié comment d'autres pays de *common law* ont adopté leur *Bill of Rights*. Nous avons cherché à savoir comment le Canada et la Nouvelle-Zélande — tous deux extérieurs au continent européen — ont résolu des problèmes similaires, et si une déclaration des droits pouvait bénéficier d'un statut renforcé en tant que droit fondamental supérieur aux lois de leurs Parlements. Nous avons décidé de rejeter l'approche canadienne, qui établit un droit fondamental qui prévaut [...] sur les lois parlementaires. Nous avons aussi étudié le modèle néo-zélandais. Nous avons abouti à notre propre approche — c'est une réponse britannique à un problème britannique — qui prend en compte la souveraineté et la suprématie du Parlement » (18).

Par ailleurs, la section 6 du *Human Rights Act* interdit aux « autorités publiques » d'agir de manière incompatible avec les droits de la Convention. Cet article contient une première ébauche de définition de cette catégorie juridique, en excluant le Parlement et toute personne exerçant des fonctions en liaison avec la procédure parlementaire, et en incluant les tribunaux et toute personne exerçant des fonctions de nature publique. Le champ d'application de la section 6 n'est pas défini précisément, et les lobbies apportent leur support à la loi tant qu'elle ne les inclut pas dans la section 6. Parmi eux, la presse (19),

---

(16) Il s'agit d'une forme de législation subordonnée, qui peut amender une norme contenue dans une législation primaire, selon certaines conditions prévues par la section 10 du *Human Rights Act.*

(17) Avec une nuance : la "*notwithstanding* (malgré tout) *clause*", qui permet au Parlement d'adopter des dispositions qui contreviennent à la Charte. Voir Constitution unit, *The Impact of the Human Rights Act : Lessons from Canada and New Zealand*, mai 1999, 49 pages.

(18) *Hansard,* HC, 313, col. 419, (3 juin 1998). Nous pouvons noter qu'à Hong Kong, une voie médiane est aussi préférée : le *Hong Kong Bill of Rights Ordinance 1991* distingue les lois adoptées avant son entrée en vigueur, qui doivent la respecter, et celles qui sont promulguées après son entrée en vigueur, qui prévalent sur la déclaration.

(19) Les sociétés de presse ne sont pas considérées comme des autorités publiques. Voir *Hansard,* HL 582, col. 1310 (3 novembre 1997).

l'armée (20) et l'Église (21) sont les plus concernées. Jack Straw tente de délimiter la notion d'autorité publique lors du débat à la Chambre des Communes (22). Il existe trois catégories d'autorités : « La première comprend les organisations qui sont publiques de manière évidente », comme les départements ministériels, les autorités locales ou la police. La deuxième catégorie comprend « des organisations dont les fonctions sont à la fois publiques et privées », comme les compagnies des eaux, la BBC (23) (*British Broadcasting Company*), la PCC (24) (*Press Complaints Commission*) ou les sociétés privées de gestion des prisons (25). Enfin, la dernière catégorie comprend des entités n'exerçant aucune fonction publique, et qui ne sont pas incluses dans le champ de la section 6.

Néanmoins, la question de l'application des droits de la Convention à certaines personnes privées a été posée par la doctrine. Elle revient à se demander si les droits de la Convention peuvent avoir un effet horizontal. Par « effet vertical » d'un droit, il faut comprendre qu'une personne privée peut agir contre une autorité publique lorsque celle-ci ne respecte pas un droit dont elle est titulaire, ici en vertu du *Human Rights Act.* Si les droits de l'homme ont un effet horizontal, une personne privée peut agir contre une autre personne privée lorsque celle-ci ne respecte pas ses droits.

Cet effet horizontal est dit « direct » lorsque la seule violation du droit est le fondement de l'action contre la personne privée. Il est « indirect » lorsqu'une action sur cette seule base n'est pas possible : une obligation positive pèse alors sur les pouvoirs publics. L'État doit prendre les mesures nécessaires à la réparation de la violation du droit par la personne privée, ou les juges doivent interpréter le droit de telle façon que la personne lésée obtienne réparation.

---

(20) Les forces armées rentrent dans la catégorie des autorités publiques « pures ». Voir *Hansard,* HL 585, col. 766 (5 février 1998).

(21) Les organisations religieuses exerçant une fonction de nature publique (par exemple en matière scolaire) sont incluses dans le champ d'application de la section 6. Voir *Hansard,* HL 583, col. 800 (24 novembre 1997).

(22) *Hansard,* HC 314, col. 409 et s. (17 juin 1998).

(23) Mais pas les sociétés privées de télévision (*Hansard,* HL 307, col. 778 — 16 février 1998).

(24) La PCC est créée en 1991. Il s'agit d'un organisme indépendant qui reçoit les plaintes du public contre le contenu éditorial des journaux et magazines. Elle censure les journalistes peu scrupuleux et les employeurs, et le fait savoir dans les colonnes de ces journaux. Mais elle ne peut imposer de droit de réponse, ni sanctionner financièrement les fautifs.

(25) La fréquentation des prisons est un record en Europe : 65 000 prisonniers en 1998, conséquence de la « tolérance zéro » en matière de petite délinquance. Ceci incite le gouvernement à confier la gestion des institutions pénitentiaires au secteur privé, notamment à la multinationale *Corrections Corporation of America.* La première prison pour enfants est construite dans le Kent en 1998.

Si la Convention européenne des droits de l'homme est considérée comme un traité international comme les autres, elle ne devrait produire des obligations qu'à l'égard des États parties. Son article 34 indique bien que la Cour européenne peut être saisie par une victime d'une violation « par l'une des Hautes Parties contractantes » de ses droits reconnus dans la Convention. Mais son objet et son interprétation par la Cour européenne en font un instrument conventionnel à part. En outre, les dispositions mêmes du *Human Rights Act* entretiennent l'ambiguïté.

Le conflit doctrinal sur l'effet horizontal des droits protégés en vertu du *Human Rights Act* révèle les difficultés d'interprétation de ce texte (I). Toutefois, ni la doctrine, ni les expériences étrangères, ne peuvent être rapprochées de la position des tribunaux britanniques, qui n'ont pas résolu la question de manière définitive (II).

I. — À L'ORIGINE DU DÉBAT : LES AMBIGUÏTÉS TEXTUELLES ET LA JOUTE DOCTRINALE

Les dispositions du *Human Rights Act* sont à l'origine du débat, et notamment ses sections 6 (qui inclut les tribunaux dans la notion d'« autorité publique ») et 3 (qui concerne le devoir d'interprétation des juges) (A). L'interprétation de ces dispositions a fait couler beaucoup d'encre (26), et a donné lieu à une joute doctrinale par revue juridique interposée (B).

A. — *Des dispositions imprécises et ambiguës au sein même du* Human Rights Act

Deux dispositions du *Human Rights Act* sont susceptibles d'être interprétées de manière différente dans le débat sur l'effet horizontal des droits de la Convention.

D'une part, la section 6 du *Human Rights Act* fait obligation aux « autorités publiques » et non aux personnes privées, d'agir de manière compatible avec la Convention. D'un premier abord, donner un effet horizontal direct aux

(26) Voir notamment : N. BAMFORTH, *The True « Horizontal Effect » of the Human Rights Act 1998*, LQR 117 (2001) p. 334 ; R. BUXTON, *The Human Rights Act and Private Law*, LQR 116 (2000) p. 48 ; T. DE LA MARE, K. GALLAFENT, *The Horizontal Effect of the Human Rights Act 1998,* Juridical Review 2001 p. 29 ; M. HUNT, *The "Horizontal Effect" of the Human Rights Act,* PL 1998 p. 423 ; Lord Anthony LESTER OF HERNE HILL, D. PANNICK, *The Impact of the Human Rights Act on Private Law : The Knight's move,* LQR 116 (2000) p. 380 ; T. RAPHAEL, *The Problem of Horizontal Effect*, EHRLR 2000, p. 393 ; W. WADE, *Horizons of Horizontality*, LQR 116 (2000), p. 217.

droits de la Convention reviendrait à ignorer cette disposition. Mais il convient de comprendre ce que signifie l'inclusion, par la section 6, des tribunaux dans la notion d'« autorité publique ». Il y a deux réponses alternatives à cette question.

Selon une première théorie, les tribunaux n'agissent pas de manière compatible avec les droits de la Convention lorsqu'ils ne leur donnent pas effet, même s'ils doivent trancher un litige de droit privé. Il serait donc illégal pour les tribunaux de rendre une décision qui échoue dans la protection des droits d'une partie.

Une seconde interprétation de la section 6 consiste à penser que les tribunaux doivent agir de manière compatible avec les droits de la Convention, mais seulement dans leur sphère d'activité, c'est-à-dire l'administration de la justice. C'est l'opinion de Sidney Kentridge QC : « L'inclusion des tribunaux dans la définition des autorités publiques en a laissé plus d'un perplexe. Certains y voient une application horizontale de la Convention. Selon moi, cela signifie seulement que les tribunaux, dans leur propre sphère d'activité, doivent appliquer des droits fondamentaux tels que le droit au procès équitable » (27).

Le *Lord Chancellor* lui-même entretient la confusion lors des débats parlementaires. Le 3 novembre 1997, il indique que « la section 6 prévoit qu'il est illégal pour une autorité publique d'agir de manière incompatible avec la Convention. Nous avons décidé, en premier lieu, qu'une telle disposition devrait s'appliquer aux seules autorités publiques, quelle qu'en soit la définition, et non aux personnes privées [...]. La Convention trouve son origine dans le désir de protéger les individus contre les abus du pouvoir étatique, plutôt que contre les actions des individus » (28). Le 24 novembre 1997, pourtant, il estime que « les tribunaux doivent agir de manière compatible avec la Convention, non seulement dans les cas impliquant d'autres autorités publiques, mais aussi en développant la *Common law* en tranchant les litiges entre personnes privées » (29).

Par ailleurs, la notion d'autorité publique n'est pas vraiment fixée, malgré les précisions apportées lors des débats parlementaires. Notamment, ce sont les autorités situées dans la « zone grise » qui sont concernées, à savoir celles qui détiennent des fonctions publiques et privées. Ces autorités « hybrides » sont considérées comme des autorités publiques si elles répondent à une définition fonctionnelle. Néanmoins, cette notion n'est pas interprétée de manière claire par les tribunaux. Par exemple, dans la décision *Poplar Housing and Regeneration Community Association v. Donoghue* (30), les juges estiment

---

(27) S. KENTRIDGE, *The Incorporation of the European Convention on Human Rights,* in *Constitutional Reform in the UK : Practise and Principles,* Beatson, Forsyth and Hare (1998), p. 70.

(28) *Hansard,* HL 582, col. 1231 (3 novembre 1997).

(29) *Hansard,* HL 583, col. 783 (24 novembre 1997).

(30) [2001] EWCA Civ 595.

que le fait qu'un organisme privé exerce des fonctions qu'une autorité publique pourrait elle aussi exercer, ne peut justifier qu'on le considère comme une autorité publique. Au contraire, certains indices sont déterminants. Il s'agit notamment du contrôle de l'État sur cet organisme, et de sa proximité avec l'autorité délégante. Cette position n'est pourtant pas unanime, car d'autres juges (31) ont pris en compte la nature des fonctions comme critère déterminant de l'autorité publique.

Le débat est ainsi centré sur le sens de la section 6 du *Human Rights Act*, mais une autre disposition pourrait, selon nous, lever certains doutes.

En effet, la section 3 impose aux tribunaux, « dans la mesure du possible », de lire et d'appliquer la législation primaire et subordonnée d'une manière compatible avec les droits de la Convention. Plusieurs remarques doivent être faites à propos de cette disposition.

Le mot « compatible » peut faire naître quelques difficultés, car ce qui est compatible n'est pas conforme, et plusieurs interprétations peuvent être compatibles avec la Convention. De même, l'expression « *so far as it is possible to do so* » appelle quelques réflexions. Il faut noter que, lors des débats parlementaires, le mot « possible » est préféré à « raisonnable » ou à « possible et raisonnable », car aucun critère ne peut définir ce qu'est une interprétation « raisonnable » (32). Pour Lord Lester, cette disposition implique que lorsque la seule interprétation compatible avec la Convention conduit à une application fantaisiste de la loi ou contraire à son esprit et son but, les juges doivent y renoncer et faire une déclaration d'incompatibilité (33). Mais les limites de l'interprétation peuvent être délicates à apprécier en pratique, comme l'exprime Lord Nicholls, dans l'arrêt de la Chambre des Lords du 14 mars 2002, *In re S (Minors)* (34) : « La portée de [la section 3] n'est pas illimitée. [Elle] concerne l'interprétation [...]. Le *Human Rights Act* réserve les modifications législatives au Parlement. Par ce moyen, la loi cherche à préserver la souveraineté parlementaire [...]. Il est certain de dire qu'une interprétation qui se démarque substantiellement du sens fondamental d'une loi du Parlement a franchi la frontière entre interprétation et amendement. C'est tout particulièrement le cas, lorsque la différence a d'importantes répercussions pratiques que les tribunaux ne sont pas aptes à évaluer ». La Chambre des Lords procède donc au contrôle de l'erreur manifeste d'interprétation par les tribunaux inférieurs.

La section 3 est le noyau dur des dispositions du *Human Rights Act*, mais est à la fois imprécise et difficile à mettre en œuvre, comme le montre une décision importante de la Chambre des Lords, *R. v. A (n° 2)*, du 17 mai

(31) *R. v. Partnerships in Care Ltd*, [2002] 1 WLR 2610.

(32) *Hansard*, HL 583 col. 508 (18 novembre 1997).

(33) Lord Anthony LESTER OF HERNE HILL, *The Magnetism of the Human Rights Act 1998*, JR 2002, p. 179.

(34) *Children Act Case*, [2002] UKHL 10.

2001 (35). Celle-ci révèle les risques encourus par les juges lorsqu'ils font usage de l'interprétation compatible. Il résulte de cette décision que la règle d'interprétation de la section 3 est susceptible d'être elle-même interprétée de plusieurs façons, mais que l'activisme judiciaire trouve sa limite dans le pouvoir législatif du Parlement. Pourtant, cette section pourrait servir d'argu-

---

(35) [2001] 3 All ER 1. Cette décision est l'une des plus controversée rendue en application du *Human Rights Act.* Dans cette espèce, un individu est accusé de viol. Pour sa défense, il invoque le consentement de la victime. La section 41 du *Youth Justice and Criminal Evidence Act 1999* limite les possibilités d'interroger la victime à propos de son comportement sexuel lorsque la défense invoque son consentement (cette mesure est connue sous le nom de *rape shield*). Or, la défense estime que cette disposition contrevient à l'article 6 de la Convention européenne des droits de l'homme, et invite les Lords à interpréter la section 41 de manière compatible avec la Convention. La majorité des Lords approuve cet argument, mais deux visions de l'interprétation peuvent être dégagées. Lord Steyn a une vision très « robuste » de l'interprétation : « L'obligation d'interprétation de la section 3 est une obligation forte. Elle s'applique même s'il n'y a pas d'ambiguïté de langage [...]. Le Livre blanc est clair lorsqu'il indique que l'obligation va au-delà de la règle qui permet aux tribunaux de prendre en compte la Convention pour résoudre une ambiguïté [...]. Les rédacteurs du projet avaient le modèle de la section 6 du *New Zealand Bill of Rights Act 1990,* mais ont préféré un langage plus fort [...]. En vertu des méthodes ordinaires d'interprétation, un tribunal peut se distinguer des termes d'une loi pour éviter des conséquences absurdes ; la section 3 va beaucoup plus loin [...] ». Lord Steyn donne donc aux juges un rôle très important, en dépit des conséquences, comme dans l'affaire *R. v. A.* Lord Hope a une vision plus prudente du rôle du juge : « La compatibilité avec les droits de la Convention est le seul principe directeur. C'est l'objectif majeur de cette règle. Mais il s'agit seulement d'une règle d'interprétation, elle n'habilite pas les juges à légiférer [...]. La compatibilité ne doit être trouvée que lorsque c'est possible, et cela n'est pas possible lorsque la loi contient des dispositions qui contredisent le sens que la loi peut avoir si elle est interprétée de manière compatible ». Cette opinion doit être rapprochée de la position adoptée par les Lords dans l'affaire *Pretty* (*R (Pretty) v. Director of Public Prosecutions,* ([2001] UKHL 61)), qui illustre les limites du pouvoir des juges. Diane Pretty souffre d'une maladie dégénérative incurable du système nerveux. Étant paralysée, elle souhaite que son mari l'assiste dans son suicide, sans encourir la peine de quatorze ans d'emprisonnement prévue par le *Suicide Act 1961.* Le procureur refuse de tenir la promesse de ne pas le poursuivre, et Diane Pretty se tourne vers les tribunaux, en invoquant les articles 2, 3, 8 et 14 de la Convention. Les Lords ne peuvent accueillir la demande. Seule une modification législative autorisant l'euthanasie active, ou consacrant un « droit à mourir », pourrait bénéficier à Diane Pretty, et l'*Appellate Committee* n'est pas un Parlement. Même Lord Steyn considère qu'une telle mesure ne peut être permise par la « créativité judiciaire ». Selon Lord Hobhouse, « la conclusion inévitable est que la nature des questions soulevées par le suicide assisté et la formulation de nouvelles lois doivent, dans notre système de démocratie parlementaire, appartenir au législateur et non au pouvoir judiciaire », qui n'est pas un arbitre en matière éthique. Cette décision de la Chambre des Lords n'est pas remise en cause par la Cour de Strasbourg (arrêt du 25 avril 2002).

ment aux partisans de l'effet horizontal des droits de la Convention. En effet, les juges doivent interpréter la loi de manière compatible avec la Convention, même dans les litiges opposant des personnes privées. Néanmoins, dans ce cas, c'est bien les lois qui gèrent les activités privées, et non les activités privées elles-mêmes, qui doivent respecter les droits de la Convention. Cette thèse justifiant l'effet horizontal ne serait donc pertinente que lorsqu'une loi régit les rapports entre les personnes privées.

Ces dispositions sont donc assez imprécises, et les débats parlementaires suffisamment confus, pour faire naître une querelle doctrinale subtile.

B. — *La multiplication de thèses opposées*

William Wade (36) mène une campagne active en faveur du plein effet horizontal des droits de la Convention. Selon lui, il n'y a pas de distinction pertinente entre effet horizontal direct et indirect, car les tribunaux doivent appliquer les droits de l'homme dans tous les cas. Cette obligation découle directement de la section 6. Ainsi, il est illégal pour un tribunal d'agir de manière incompatible avec la Convention. Il ne peut donc rendre de décision incompatible avec la Convention, il doit appliquer les droits de l'homme dans tous les cas, que le recours soit formé contre une autorité publique ou une personne privée. Il développe un autre argument, moins motivé : certes, la Convention est prévue pour sanctionner les violations des droits de l'homme par les États, mais les droits de l'homme sont aujourd'hui des « principes généraux du droit » qui ont un caractère « universel », et qui sont applicables *erga omnes.*

Richard Buxton (37) défend l'opinion contraire. Selon lui, les droits de la Convention ne sont invocables que contre les gouvernements et les autorités publiques qui en sont l'émanation. Seuls les gouvernements peuvent être attaqués devant la Cour de Strasbourg, et les limitations de certains droits (pour des raisons de sécurité publique, par exemple) ne peuvent s'appliquer qu'à des activités publiques. Puisque le *Human Rights Act* n'altère pas le contenu des droits de la Convention, ils ne peuvent pas être invoqués devant les tribunaux nationaux en vertu de la loi.

Enfin, une thèse intermédiaire est également proposée. Celle-ci est notamment développée par Murray Hunt (38), Lord Lester of Herne Hill et David Pannick (39). Selon eux, les droits de la Convention sont susceptibles d'influencer la *common law.* Ils s'inspirent d'une opinion dissidente du juge Kriegler dans une affaire tranchée par la Cour constitutionnelle sud-africaine en 1996,

---

(36) *Op. cit.*
(37) *Op. cit.*
(38) *Op. cit.*
(39) *Op. cit.*

Du Plessis v. De Klerk (40). Leur position peut être résumée ainsi : la garantie des droits de l'homme ne s'applique pas seulement aux relations entre l'individu et l'État, mais aussi aux relations entre personnes privées, lorsque l'État a un devoir, en vertu de la Convention, de protéger les droits de l'une des parties contre l'autre. Autrement dit, les droits de la Convention sont invocables à l'encontre d'une personne privée, toutes les fois que la loi régit les rapports entre personnes privées. Pour Murray Hunt, « les relations entre personnes privées sont inchangées du moment qu'elles ne sont pas régulées par la loi, mais dès lors que la loi intervient pour régir ces relations, elles ont perdu leur caractère purement privé, et l'État, en tant que législateur, administrateur, interprète et exécutant de la loi, est dans l'obligation d'agir, dans toutes ces fonctions, d'une manière qui protège les droits fondamentaux ».

Cette thèse est séduisante, mais sa justification peut être critiquée. En effet, ce n'est pas parce que la loi intervient pour régir les relations entre personnes privées, que ces rapports perdent leur caractère privé.

Finalement, la plus grande prudence doit guider le juriste qui ne souhaite pas trancher entre les deux pôles extrêmes de la verticalité et de l'horizontalité. La position qu'adoptent les tribunaux retient désormais toute son attention.

II. — La position prudente des tribunaux britanniques

Un aperçu des solutions adoptées par les tribunaux étrangers sur l'effet horizontal des droits de l'homme (A) nous éclaire sur la position de leurs homologues britanniques (B). Il apparaît que la construction d'une théorie est impossible en la matière.

A. — *Une source d'inspiration : la rareté de l'effet vertical exclusif à l'étranger*

Les solutions adoptées par les tribunaux étrangers à propos de l'effet horizontal des droits de l'homme inspirent les juristes et les juges britanniques, malgré les différences entre les systèmes constitutionnels. La Constitution des États-Unis illustre souvent, pour la doctrine (41), le cas d'un instrument de protection des droits de l'homme qui se concentre seulement sur les droits des personnes privées contre l'État. Mais le développement de la théorie de « *state action* » montre que même lorsque les droits constitutionnels sont définis de façon verticale, les tribunaux étendent ces garanties à certaines relations interindividuelles. Dans une décision de 1948, *Shelley v. Krae-*

---

(40) Citée par Murray Hunt, *op. cit.*

(41) R. Clayton, H. Tomlinson, *The Law of Human Rights*, Oxford University Press, 2000, p. 208 ; M. Hunt, *op. cit.*

mer (42), la Cour Suprême censure un jugement, rendu dans un litige entre personnes privées, car il aboutit à refuser à une partie la protection dont elle est titulaire contre toute discrimination, en vertu du XIVe amendement. Cette décision est fortement critiquée, mais prouve la volonté de la Cour de s'émanciper de l'effet vertical des droits de l'homme.

La Cour Suprême du Canada adopte une position intermédiaire entre effet vertical et effet horizontal. Dans l'arrêt *Retail Wholesale & Department Store Union v. Dolphin Delivery* rendu en 1986 (43), elle estime que la Charte canadienne des droits et libertés ne s'applique pas en droit privé, sauf lorsque celui-ci permet d'agir contre le Gouvernement. Il semble que la même approche soit adoptée par la Cour d'appel de Nouvelle-Zélande, dans un arrêt de 1994, *R. v. H,* mais aussi par la Cour constitutionnelle sud-africaine, dans la décision *Du Plessis v. De Klerk* (44).

L'Irlande semble être un cas à part, car la Constitution elle-même impose aux personnes privées de respecter les droits constitutionnels des autres individus. Le juge Walsh J. l'exprime ainsi dans l'affaire *Meskell v. Coras Iompair Eireann,* en 1973 : « Si un individu a souffert de la violation d'un droit constitutionnel dont il est titulaire [...], il est habilité à demander réparation contre la ou les personnes qui n'ont pas respecté ce droit ».

La doctrine britannique se réfère aisément aux jurisprudences des anciens territoires soumis à la Couronne britannique, mais non à celle de la Cour constitutionnelle fédérale allemande. Pourtant, c'est bien cette Cour qui a théorisé de façon rigoureuse le problème de l'effet horizontal des droits fondamentaux (« *Drittwirkung* » ou effet vis-à-vis des tiers) (45).

Ainsi, selon cette théorie, les droits fondamentaux présentent deux aspects.

D'une part, les droits fondamentaux sont des droits subjectifs appartenant à l'individu, invocables devant les tribunaux, c'est-à-dire pourvus de conséquences juridiques garanties par des recours judiciaires. Jellinek (46) distingue trois aspects de cette fonction essentielle. Les droits fondamentaux sont en premier lieu des droits défensifs (« *Abwehrrechte* ») qui permettent de se défendre contre l'État. La Cour constitutionnelle affirme ainsi dans la décision *Lüth* du 15 janvier 1958 que les droits fondamentaux sont d'abord déterminés pour « préserver la sphère de liberté de l'individu contre le pouvoir étati-

---

(42) Voir : R. Clayton et H. Tomlinson, *op. cit.*

(43) [1986] 2 SCR 573. Voir aussi l'arrêt *Hill v. Church of Scientology of Toronto,* de 1995, cité par Lord Anthony Lester of Herne Hill et David Pannick, *op. cit.*

(44) 1996 (3) SA 850. La solution est différente depuis l'entrée en vigueur de la nouvelle Constitution de 1996 : il est admis que la section 8, qui définit le champ d'application du *Bill of Rights,* implique une application horizontale de celui-ci.

(45) Voir R. ALEXY, *Theorie der Grundrechte,* Baden-Baden, Suhrkamp, 1994, 548 pages.

(46) G. JELLINEK, *System der subjktiven öffentlichen Rechte,* Tübingen, J. C. B. Mohr, P. Siebeck, 1905.

que » (47). L'accent est mis sur l'auto-détermination de l'être, ou sa liberté de ne pas être empêché dans ses actions par la puissance étatique (*status negativus*). Ensuite, les droits fondamentaux en tant que prestations (« *Leistungsrechte* ») permettent à l'individu de réclamer une créance de l'État. Il s'agit de la garantie de droits sociaux (*status positivus*). Enfin, le *status activus* de Jellinek correspond aux possibilités offertes à l'individu de participer à la formation de l'État, c'est-à-dire exercer ses droits politiques.

D'autre part, les droits fondamentaux sont une source de droits objectifs, c'est-à-dire qu'ils imposent certaines obligations au législateur, à l'administration et au juge. Pour la Cour constitutionnelle dans l'affaire *Lüth*, le catalogue de droits fondamentaux « exprime aussi un ordre objectif de valeurs, qui s'impose comme choix constitutionnel à toutes les branches du droit ». Aussi, si un effet horizontal peut être reconnu aux droits fondamentaux, ce n'est seulement qu'au titre de leur dimension objective. Cette dimension impose au juge d'interpréter l'ensemble du droit conformément aux droits fondamentaux. Ceux-ci ont un effet « d'irradiation » sur les autres branches du droit (« *Ausstrahlungswirkung* »).

En conséquence, le législateur doit promouvoir les droits fondamentaux, c'est-à-dire prendre les mesures nécessaires à la réalisation pleine et entière des droits fondamentaux. Il s'agit en quelque sorte d'une obligation de protection active des droits fondamentaux à l'égard des tiers (48). Par exemple, la Cour constitutionnelle estime que le devoir du législateur imposé par le droit à la vie implique une protection de l'enfant à naître. Il en résulte que le législateur manque à son devoir de protection lorsqu'il restreint les mesures répressives à l'encontre de l'interruption volontaire de grossesse (49). Une autre décision montre que ce devoir comprend l'obligation de protection contre les dangers de l'emploi pacifique de l'énergie nucléaire (50). Une autorisation de construction de centrale nucléaire peut être prévue. L'obligation de protection concerne le droit à la vie, qui est l'un des plus importants, mais il n'est pas exclu qu'il en concerne d'autres.

Ainsi, cette théorie est étendue à l'égard de certaines catégories de droits, comme la non discrimination et le droit au respect de la vie privée (51), et s'applique dans certains domaines privilégiés comme les relations de travail ou les relations de location (52). La Cour fédérale du travail estime dans un arrêt du 3 décembre 1954 (53) qu'une série de droits fondamentaux importants de la Constitution ne doivent pas seulement garantir les libertés individuelles

---

(47) *BVerfGE* 7, 198 (204).
(48) *BVerfGE* 46, 160 (164).
(49) *BVerfGE* 39, 1.
(50) *BVerfGE* 49, 89 (142).
(51) *BVerfGE* 35, 202 (219).
(52) *BVerfGE* 84, 192.
(53) *NJW*, 1955, p. 606.

à l'encontre du pouvoir étatique ; ils sont plutôt des principes d'ordre de la vie sociale. L'étendue de leur signification directe, pour les relations juridiques des citoyens entre eux, est à déterminer plus précisément pour chacun d'entre eux.

Cette position inspire celle de la Cour européenne des droits de l'homme. Ainsi, dans l'arrêt *X et Y c/ Pays Bas* (54) du 26 mars 1985, la Cour estime que l'article 8 de la Convention, au-delà de l'obligation de non-ingérence étatique qui en découle, peut impliquer l'adoption de mesures positives visant les rapports interindividuels (55). Cette solution concerne non seulement le droit à la vie privée, mais aussi le droit à la vie (56), l'interdiction de la torture (57), le droit à la liberté et à la sûreté (58), la liberté syndicale (59), la liberté d'expression (60) et le droit de manifester (61). Ces décisions doivent être étudiées avec attention par les tribunaux britanniques. D'une part, elles doivent inspirer les juges en vertu de la section 2 du *Human Rights Act.* D'autre part, un individu ayant épuisé les voies de recours internes peut saisir la Cour européenne des droits de l'homme. Celle-ci pourra ainsi condamner le Royaume-Uni, si elle estime que les droits de la Convention trouvaient application dans les rapports interindividuels.

Si l'on excepte le cas irlandais, la position la plus fréquemment adoptée par les tribunaux étrangers sélectionnés par la doctrine britannique est intermédiaire entre l'effet horizontal et l'effet vertical des droits de l'homme. Il est regrettable que la théorie allemande des droits fondamentaux ne soit jamais évoquée pour justifier de manière précise l'effet horizontal des droits et libertés. Malgré ces controverses, il semble que les juges britanniques n'ont pas clairement pris position.

B. — *Un débat toujours ouvert*

Deux décisions relatives au respect du droit à la vie privée suggèrent que les tribunaux ne sont pas hostiles à un effet horizontal des droits protégés par la Convention. L'affaire *Douglas, Zeta-Jones and Northern and Shell plc*

---

(54) Série A, n° 91.

(55) En l'espèce, la victime de violences sexuelles ne peut engager de poursuites contre leur auteur du fait d'une lacune de la loi. La Cour estime insuffisante la protection du droit civil pour de tels méfaits : seule une législation criminelle peut assurer la prévention et infliger la peine.

(56) *Osman c/ Royaume-Uni*, 28 octobre 1998.

(57) *A. c/ Royaume-Uni,* 23 septembre 1998.

(58) *Nielsen*, 28 novembre 1988.

(59) *Young, James and Webster c/ Royaume-Uni,* 13 août 1981.

(60) *Fuentes Bobo c/ Espagne*, 29 février 2000.

(61) *Plattform « Ärzte für das Leben »*, 21 juin 1988.

v. Hello ! Ltd (62) oppose des particuliers à une entreprise de presse privée. Elle concerne le mariage de Catherine Zeta-Jones et Michael Douglas. À cette occasion, ils accordent les droits exclusifs sur les photographies au magazine *OK !*, mais des journalistes de *Hello !* menacent de publier des photographies pirates. La Cour d'appel considère la société comme une entité privée, et non comme une autorité publique qu'elle peut inclure dans le champ d'application de la section 6. Néanmoins, la Cour s'estime compétente pour prononcer une injonction contre l'entreprise de presse, sur la base d'une extension de la doctrine de *breach of confidence,* complétée par le droit au respect de la vie privée de l'article 8 de la Convention.

L'affaire ayant donné lieu à l'arrêt *Venables & Thompson v. News Group Newspapers Ltd* (63) oppose, elle aussi, des individus à des entreprises de presse. Elle implique les auteurs du meurtre d'un enfant. Ceux-ci étaient mineurs à l'époque des faits et leur défense souhaite la prolongation, au-delà de leur majorité, de l'interdiction de révéler des informations sur leur nouvelle identité et apparence physique et sur leur détention. Ces sociétés ne sont pas considérées comme des autorités publiques, mais la Cour estime qu'elle a le devoir, en vertu de la section 6, d'agir de manière compatible avec la Convention lorsqu'elle accorde une réparation. Ici encore, une injonction est prononcée. Pourtant, c'est le droit applicable en matière de confidentialité qui suffit également à justifier la décision, et non l'effet horizontal du droit à la vie privée.

L'interprétation de ces décisions est donc délicate.

D'une part, selon certains auteurs, elles consacrent le droit à la vie privée, peu développé par la *common law*.

Pour Rabinder Singh et James Strachan, « après une longue période d'errance, le droit au respect de la vie privée a désormais trouvé sa place en droit britannique grâce au *Human Rights Act* » (64). L'absence de protection de cette sphère de vie intime, de ce droit d'être à l'abri des regards étrangers, est dénoncée depuis 1890 (65) au Royaume-Uni, et ce n'est qu'en l'an 2000

---

(62) [2001] 2 WLR 992.

(63) [2001] 2 WLR 1038.

(64) R. SINGH, J. STRACHAN, *The Right to Privacy in English Law,* EHRLR 2002, p. 129.

(65) Samuel Warren et Louis Brandeis, deux avocats, publient en 1890 un article dans la *Harvard Law Review* intitulé « *The Right to Privacy* ». Ils dénoncent l'intrusion des photographes et de la presse (qui prend par la suite le nom de *tabloïds* — ce mot est inventé en 1900 par le futur Lord Nothcliffe) dans le domaine sacré de la vie privée et familiale ainsi que ce commerce du ragot entretenu par les journaux. Le premier *Right of Privacy Bill* est introduit à la Chambre des Lords en 1961 par Lord Mancroft. Le texte est retiré en commission du fait de l'hostilité du Gouvernement. Un autre projet est déposé à la Chambre des Communes en 1967 par Alexander Lyon, sans succès. Une commission parlementaire est nommée en 1970, mais elle rejette la reconnaissance d'un droit général à la vie privée, préférant une approche au cas par cas (*Report of the Committee on Privacy,* Cm 5012, 1972).

que les juristes britanniques peuvent se satisfaire d'avoir été entendus. Certes, les individus bénéficient, avant cette date, de certaines voies de recours contre des intrusions intempestives dans leur vie privée, en cas de diffamation, par exemple. Lord Denning considère même le droit à la vie privée comme un droit de l'homme « fondamental » (66). Mais le Royaume-Uni ne connaît pas de droit général au respect de la vie privée, comme celui que reconnaît la loi du 17 juillet 1970 en France (67). La liberté d'expression et le caractère vague que peut revêtir le droit au respect de la vie privée sont invoqués pour justifier cette lacune. Aussi, la *common law* est souvent impuissante devant des intrusions inacceptables dans la vie privée. L'affaire *Kaye,* en 1990, le montre bien (68) : la cour d'appel elle-même regrette de ne pouvoir indemniser la victime, car « il est bien connu qu'en droit anglais il n'y a pas de droit au respect de la vie privée, ni de voie de recours contre les atteintes au droit d'un individu au respect de sa vie privée » (69). En incorporant l'article 8 de la Convention européenne des droits de l'homme en droit britannique, le *Human Rights Act* répond ainsi aux attentes de la doctrine et des organisations non gouvernementales (70).

Néanmoins, il convient de se demander d'autre part si la reconnaissance de ce droit à la vie privée s'accompagne de la consécration de l'effet horizontal des droits de la Convention, ou du moins de celle de l'effet horizontal du droit à la vie privée. Il semble que les tribunaux aient opté en faveur d'un effet horizontal « secondaire » des droits protégés par la Convention. En effet, dans ces deux affaires, les juges n'ont pas décidé que le *Human Rights Act* leur donne une compétence pour autoriser un nouveau recours direct contre les personnes privées. C'est seulement lorsqu'un autre fondement existe (*cause of action*) (71), que le recours peut être accueilli. Ainsi, dans la première affaire, l'action est basée sur la doctrine de *breach of confidence,* et dans l'autre, sur le droit à la confidentialité. Les juges ont donc interprété la *common law* de manière compatible avec la Convention. En l'espèce, cette interprétation conduit à la réparation de la violation, par une personne privée,

---

(66) *Schering Chemicals v. Falkman,* [1982] QB 1. Voir Lord Thomas BINGHAM OF CORNHILL, *Opinion : Should there be a Law to Protect Rights of Personal Privacy ?,* EHRLR 1996, p. 450.

(67) Article 9 du Code civil : « *Chacun a droit au respect de sa vie privée* ».

(68) Monsieur Kaye, acteur à la télévision, est à l'hôpital lorsqu'il est pris en photo et interviewé (alors qu'il est sédaté) par des journalistes peu scrupuleux qui pénètrent frauduleusement dans sa chambre. L'interview est interdite de publication sauf si elle contient la mention « obtenue sans consentement », mais aucune réparation n'est accordée à Monsieur Kaye pour atteinte à sa vie privée.

(69) Citée par Rabinder Singh et James Strachan, *op. cit.*

(70) Il s'agit d'une revendication de *Justice* depuis la publication de son rapport *Privacy and the Law,* en 1970.

(71) Droit à faire valoir par une action en justice.

d'un droit protégé par la Convention. Cette position est novatrice, mais ne répond pas à toutes les questions encore en suspens.

La première est de savoir ce que feront les juges lorsqu'il n'y a pas d'autre droit à faire valoir par l'action en justice. Pour le *Joint Committee on Human Rights* (72), l'effet horizontal des droits de la Convention ne sera d'aucune utilité pour les victimes (73) en l'absence d'autre droit à faire valoir en justice.

De plus, il faut attendre d'autres décisions judiciaires pour savoir si cet effet horizontal s'attache à tous les droits ou seulement au droit au respect de la vie privée.

À ce stade, nous pouvons néanmoins recourir à une explication plus simple et adaptée au système britannique, pour résumer l'attitude des tribunaux. Ainsi, l'effet horizontal des droits de la Convention peut être considéré comme un outil à la disposition des juges pour développer la *common law*.

Cette thèse est pourtant moins attrayante, car elle était déjà avancée avant l'entrée en vigueur du *Human Rights Act*. Elle atténue donc la novation juridique. En effet, en 1993, dans l'affaire *Derbyshire County Council* (74), le conseil de la collectivité du Derbyshire forme un recours devant la Chambre des Lords contre une décision de la cour d'appel. Celle-ci refuse à l'autorité locale la possibilité de demander la condamnation de certains journaux pour diffamation, à propos d'articles dénonçant la mauvaise gestion de la caisse de retraite du conseil. En effet, une autorité locale ne peut agir en justice pour protéger sa réputation quand aucun dommage n'est allégué. Pour arriver à cette conclusion, la cour d'appel se réfère à l'article 10 de la Convention européenne des droits de l'homme qui protège la liberté d'expression, qui peut néanmoins être limitée par des mesures « nécessaires, dans une société démocratique », à la protection de la réputation. La cour d'appel estime qu'en l'espèce, il n'y a pas de motif suffisant pour porter atteinte à la liberté d'expression. C'est cette position qu'adoptent également les Lords, qui censurent pourtant la cour d'appel. Ils ne se basent pas sur l'article 10 de la Convention, mais sur la *common law*, tout en notant l'analogie entre le droit britannique et la Convention. Entre deux bases légales identiques, la Chambre des Lords préfère donc celle qui prend sa source dans la *common law* pour écarter toute référence à la Convention. Néanmoins, la doctrine s'accorde à penser que la solution des Lords a été largement inspirée par une interprétation active de la Convention européenne des droits de l'homme (75), en faveur

---

(72) Commission parlementaire formée de *MPs* et de Lords, chargée d'examiner la compatibilité des projets de loi avec la Convention européenne des droits de l'homme.

(73) *Seventh Report (2003-2004) : The Meaning of Public Authority under the Human Rights Act,* HL 39, HC 382 (3 mars 2004).

(74) Décision de la Chambre des Lords du 18 février 1993 : *Derbyshire County Council v. Times Newspapers Ltd and Others,* [1993] AC 534, qui infirme la décision de la Cour d'appel du 19 février 1992 ([1992] I, QB, 770).

(75) S. GROSZ, J. BEATSON, P. DUFFY, *Human Rights : the 1998 Act and the European Convention,* Sweet and Maxwell, 2000, p. 94.

d'un développement de la *common law*. Nous pouvons estimer que l'entrée en vigueur du *Human Rights Act* peut encourager les tribunaux à continuer dans cette voie.

Pour Dawn Oliver, si la Convention européenne des droits de l'homme sert de base d'interprétation dans d'autres domaines, comme le droit du travail, par exemple, « la distinction entre ce qui est public et ce qui est privé dans le *Human Rights Act* va se désintégrer, car une culture des droits de l'homme fleurit dans le droit privé comme dans le droit public » (76). La querelle de l'effet horizontal des droits de l'homme n'est donc pas apaisée, et l'attitude des juges est fébrilement observée. La querelle laisse ouverte l'option d'un développement exponentiel du champ d'application des droits de la Convention incorporés par le *Human Rights Act*. Cette loi a donc non seulement un impact sur le Gouvernement, le Parlement, et les autorités publiques, mais aussi dans certains cas sur les individus. Ce constat est confirmé par la volonté du gouvernement d'instaurer une nouvelle culture juridique, à travers, notamment, la création d'une commission des droits de l'homme indépendante (77).

Vanessa BARBÉ
ATER à l'Université Paris II
(Panthéon-Assas)

(76) Dawn OLIVER, *The Human Rights Act and Public Law/Private Law Divides,* EHRLR 2000, p. 343.

(77) Cette commission est prévue par l'*Equality Act 2006*.

DOCTRINE

DROIT COMPARÉ

Identité nationale et citoyenneté en Russie aujourd'hui

par Cédric RAUX
Docteur en droit public

SOMMAIRE

Si la fin de l'Union soviétique a constitué un événement extraordinaire au plan international en ouvrant une nouvelle ère des relations entre les États, elle n'en a pas moins produit des bouleversements immenses à l'intérieur même de sociétés obligées de redéfinir une identité que le régime soviétique, en dépit de tous ses vices, avait réussi à engendrer. Naturellement, la Fédération de Russie, sujet privilégié et moteur de l'ancienne Union, ne pouvait échapper au vent du changement radical que les dirigeants soviétiques avaient eux-mêmes initié. La nécessité de construire un régime nouveau fondé sur les principes de la démocratie et de l'État de droit est apparue comme la voie la plus « naturelle » à des responsables politiques pourtant peu accoutumés au droit de choisir, de s'exprimer et de débattre sans entrave dans une arène politique librement organisée. Cependant, aujourd'hui, près de quinze ans après « l'accession » du pays à l'indépendance, ce choix apparaît aux yeux de beaucoup d'observateurs occidentaux comme un leurre qui dissimulerait mal les accents autoritaristes d'un chef et de son appareil d'État. Ainsi, les rares études, dont le système politique et social de la Russie contemporaine fait l'objet, conduisent invariablement au même constat désabusé : le renforcement d'un régime arbitraire sur fond de corruption bureaucratique et de répression à l'égard des oligarques aboutirait au mépris des garanties démocratiques les plus élémentaires dans un État où l'intransigeance du pouvoir répondrait mécaniquement à l'immaturité politique quasi-congénitale de la société (1).

S'il convient d'accorder une importance certaine à l'ensemble de ces critiques, il est aussi nécessaire, pour se donner la vue la plus complète possible, de considérer avec soin la manière dont la société russe se perçoit aujourd'hui. Or, la revendication d'un modèle de développement démocratique propre est devenu l'un des leitmotivs les plus courants du discours de la classe dirigeante russe (2). Cette volonté de réaffirmer le caractère singulier de la Russie s'exerce aussi bien au plan des relations extérieures qu'à l'intérieur de la société russe. Elle manifeste dans le même temps la réitération de la question identitaire qui, à partir de la première moitié du XIXe siècle, n'a cessé de travailler en profondeur la Russie et ses élites (3). Cette interrogation trouve plus que jamais à s'exprimer. La volonté du pouvoir d'intégrer le pays au sein du système mondial s'accompagne d'une tentation tout aussi forte de suivre sa propre voie, en particulier en réanimant la flamme d'une fierté nationale meurtrie par les changements historiques survenus ces quinze dernières années.

Dans ce contexte, la question de la citoyenneté qui met en jeu le problème de la légitimité politique dans un État démocratique revêt une importance toute particulière. Historiquement, « c'est dans le cadre de la nation que se sont construites la légitimité et les pratiques démocratiques » (4). La construction de

(1) M. Mendras, « "Village poutinkine" ou les écueils d'un régime autoritaire », *Esprit*, novembre 2005, p. 22.

(2) Voir par exemple, M. Marguelov, représentant du Comité pour les Affaires internationales du Conseil de la Fédération, « Demokratja nuždaetsa predlagatelnix » [La démocratie a besoin d'adjectifs], *Rossijskaja Gazeta*, 16 novembre 2005, p. 11.

(3) Pour une mise en perspective historique, voir M. Heller, *Histoire de la Russie et de son Empire*, Paris, Champs-Flammarion, 1999, spéc. p. 845 s.

(4) D. SCHNAPPER, *Qu'est-ce que la citoyenneté ?*, Paris, Gallimard, coll. « Folio actuel », p. 231.

l'État de droit démocratique est en effet tributaire du lien qui s'est noué entre l'appartenance nationale et une citoyenneté politique exprimant la souveraineté du peuple. C'est sur ce fondement que s'est développée l'idée selon laquelle il ne saurait exister deux niveaux (ou plus) de pouvoir souverain au sein de l'État, le seul rapport politique acceptable étant celui reliant l'État à ses citoyens-nationaux à l'exclusion de tout autre. Bien entendu la réalité politique et historique n'est pas aussi simple. La formation des États de droit aux États-Unis, en Angleterre ou en Allemagne a ainsi emprunté des chemins très divergents faisant appel à d'autres ressources qu'à un État central dispensateur du bien commun comme le sera l'État républicain en France (5).

L'histoire de la Russie est, elle, marquée d'une hésitation constante entre la « vocation impériale » et une « identité nationale (...) à contenu ethnique » (6). C'est à l'époque de Pierre le Grand que cette ambiguïté commence à apparaître. L'invention de la nation russe — au sens d'État-nation — s'appuya en effet sur une réaffirmation de l'identité impériale de la Russie à travers ses conquêtes militaires et son européanisation. Comme l'a remarqué l'historien Wladimir Berelowitch, c'est « au cours du règne de Pierre [que] le terme « *Rossija* » [Russie] et l'adjectif dérivé « *rossijskij* » [russe] (...) se détachèrent des appellations traditionnelles pour se charger d'un sens étatique et, par conséquent, étant donné l'idéologie pétrovienne, impérial » (7). Cette confusion de la nation et de l'Empire va demeurer présente durant tous le XIXe siècle et, malgré les proclamations des bolcheviks, rejetant dans un même opprobre « l'expansionnisme impérialiste » et le « chauvinisme nationaliste », trouvera paradoxalement son point d'orgue dans la politique nationale initiée par Staline à son arrivée au pouvoir.

La première apparition du terme de « citoyen » (*graždanin*) dans l'ordre politico-juridique russe date d'un décret du Comité exécutif central Panrusse du 23 novembre 1917 supprimant tous les noms et dénominations des rangs et grades civils et « instituant une seule dénomination de caractère général pour toute la population de Russie — Citoyen de la République Russe » (8). Elle fut suivie d'un autre décret du 1er novembre 1918 organisant les conditions d'acquisition de la citoyenneté russe. Les premières déclarations des révolutionnaires laissant entendre que la citoyenneté russe et les droits politiques qui y étaient attachés pourraient être accordés à « tous les travailleurs étrangers vivant sur le territoire de la République de Russie » furent vite battues en

---

(5) Pour une vue comparative Angleterre-Allemagne-France, voir L. HEUSCHLING, *État de droit, Rechtsstaat, Rule of law*, Paris, Dalloz, « Nouvelle bibliothèque de thèses », 2002.

(6) W. Berelowitch, « Empire et nation. La renaissance de l'identité russe sous Pierre le Grand », *La pensée politique*, n° 3, 1995, p. 27.

(7) *Ibid.*, p. 32.

(8) Cité par V. KIKOTIJA, N. SMORODINA, *Rossijskoe graždanstvo* [La citoyenneté russe], Moscou, éd. Unity, 2005, p. 51.

brèche par la volonté des nouvelles autorités d'empêcher la désintégration complète de l'ex-Empire tsariste sous l'influence de la politique d'autodétermination voulue dans un premier temps par les bolcheviks et dont de nombreuses nationalités s'étaient emparées afin de proclamer leur autonomie voire leur indépendance. À cette fin, il fut nécessaire de trouver une solution institutionnelle dans laquelle il était possible de maintenir une certaine liberté politique pour chaque nationalité qui le souhaitait tout en assurant une unité autour du pouvoir central à Moscou. En 1922 était adopté par le premier Congrès des Soviets de l'Union soviétique le Traité sur l'Union des Républiques socialistes soviétiques (URSS) réunissant la République Socialiste Fédérative Soviétique de Russie (RSFSR), les RSS d'Ukraine et de Biélorussie et la République Socialiste Fédérative Soviétique du Caucase. Cette solution fédérale semblait promouvoir un compromis garantissant une égalité entre les Républiques au sein d'une « fédération ». Mais très vite, celles-ci allaient devoir se plier aux exigences du centre, notamment de Staline, pour qui la Russie devait jouer un rôle prépondérant dans la nouvelle entité.

L'article 7 de la Constitution de l'Union soviétique de 1924 établit ainsi une citoyenneté unique de l'Union sur le fondement duquel seront successivement adoptés trois règlements relatifs à la citoyenneté de l'URSS en 1924, 1930 et 1931 (9). Le premier paradoxe de ces dispositions juridiques sera de faire reposer le principe de la citoyenneté soviétique sur la possession de la citoyenneté de l'une des Républiques en accordant, de surcroît, une importance à la nationalité (c'est-à-dire à l'appartenance ethnique) des individus (10). La Constitution de l'URSS de 1936 reconduisit le principe d'une citoyenneté unique pour tous les citoyens soviétiques ouvrant la voie à la première loi sur la citoyenneté de l'Union du 19 août 1938 et restera en vigueur jusqu'en 1978. À la différence des dispositions précédentes, la loi de 1938 établit une norme juridique permettant d'identifier les critères d'appartenance à la citoyenneté soviétique : tous les anciens sujets (*poddanije*) de l'ancien Empire russe à la date du 7 novembre 1917 et qui n'avaient pas perdu la citoyenneté soviétique depuis son instauration ; les personnes ayant acquis cette citoyenneté dans les conditions prévues par les dispositions en vigueur jusqu'alors. Elle ne permettait plus, en outre, une reconnaissance automatique de la qualité de citoyen comme c'était le cas précédemment. La loi avait également introduit pour la première fois la catégorie d'« apatride » (*litso bez graždanstva*). La procédure de retrait et de privation de la citoyenneté fut attribuée au Praesidium du Soviet suprême de l'URSS, plus haute instance exécutive de l'Union, témoignant de l'orientation ouvertement centralisatrice du régime soviéti-

---

(9) Pour toutes les références aux dispositions qui vont suivre, *ibid.*, pp. 52-57.

(10) *Ibid.*, p. 54. Un citoyen disposait en particulier de la faculté de changer de citoyenneté républicaine s'il faisait « la preuve » de son appartenance à une autre nationalité.

que (11). En outre, les compétences reconnues aux organes exécutifs des Républiques pour l'admission à la citoyenneté de l'Union demeuraient sous l'étroit contrôle des instances centrales et apparaissaient davantage comme un moyen de légitimer une politique des nationalités toute orientée vers le rôle dirigeant de la culture nationale majoritaire russe. En 1977 fut adoptée la dernière Constitution soviétique dont l'article 33 rappelait qu'il n'existait en URSS qu'une citoyenneté de l'Union déterminée en référence à la citoyenneté possédée dans le cadre des Républiques fédérées. Les lois du 1er décembre 1978 et du 23 mai 1990 « sur la citoyenneté de l'URSS » prises sur le fondement de cet article confirmèrent la centralisation des compétences en matière de citoyenneté et le rétrécissement des pouvoirs des Républiques fédérées quant aux solutions concrètes apportées à ces questions (12). La référence à la citoyenneté républicaine n'emportera en réalité aucune conséquence juridique effective, le document (passeport) attestant de l'identité des citoyens ne comportant ainsi aucune mention de celle-ci alors qu'il indiquait, en revanche, l'appartenance nationale.

Le renforcement des tendances centrifuges du pouvoir soviétique qui vont aboutir à la désagrégation de l'URSS à partir de 1990 se donne ainsi à voir dans l'évolution des différentes législations relatives à la citoyenneté. Il est d'ailleurs significatif que l'un des tous premiers actes du Soviet suprême de la RSFSR après la Déclaration sur l'indépendance de l'État du 12 juin 1990 ait été consacré à la question. Il atteste de la volonté des dirigeants russes de donner une forme juridique et politique à une identité nationale ébranlée par le vent des changements (I). Cependant, les débats institutionnels et les luttes politiques portant sur l'organisation du nouvel État ont démontré les difficultés à faire émerger des principes communs qui ne font pas fi de la diversité nationale présente sur le territoire (II).

I. — La citoyenneté et la nature du nouvel État russe

La signature, le 8 décembre 1991, de l'accord créant la Communauté des États indépendants, a mis un terme à l'existence de l'Union soviétique. Elle a entraîné subséquemment la formation d'États-nations souverains auxquels il est revenu de définir le lien juridico-politique qui les liaient désormais à leurs concitoyens. Pour la RSFSR, héritière juridique de l'« ex-Empire », la situation était doublement singulière en ce que la Russie constituait l'élément central de l'ancienne Union et que sa composition plurinationale interdisait

(11) C'est cette même loi de 1938 qui introduisit la fameuse disposition relative à la privation de la citoyenneté soviétique pour toute personne déclarée « ennemi du peuple ».

(12) O. Kutafin, *Gosudarstvennoe pravo Rossijskoj Federatsii* [Le droit étatique de la Fédération de Russie], Moscou, 1996, p. 172.

tout recours au concept d'« unité nationale » sur lequel les autres anciennes Républiques soviétiques entreprirent de construire leur nouvelle identité. Pourtant, les organes du pouvoir de la RSFSR avaient anticipé le changement en adoptant le 28 novembre 1991 une nouvelle loi sur la citoyenneté (13). Celle-ci s'appliquera pendant plus de dix ans, jusqu'à l'adoption d'un autre texte le 31 mai 2002, plus en adéquation avec le principe constitutionnel d'une citoyenneté une et égale pour tous les citoyens de la Fédération (B). Pour autant, cette affirmation aura pris forme sur le terrain incertain d'un État peu sûr de lui-même, oscillant entre une définition fédérale encouragée par des revendications indépendantistes, et des solutions centralisatrices, souvent assimilées à un retour à l'époque soviétique (A).

A. — *La question fédérale et l'affirmation de l'unité de l'État*

Si la citoyenneté est au cœur du problème identitaire posé à l'État russe, c'est qu'elle symbolise d'abord les nombreuses incertitudes qui ont surgi au lendemain de la proclamation des indépendances des ex-Républiques soviétiques en décembre 1991. La Fédération de Russie n'est pas épargnée par des tendances autonomistes voire séparatistes de certaines régions, quelques uns de ses sujets faisant montre d'une indépendance à l'égard du centre qui se traduira notamment par l'adoption de constitutions proclamant leur souveraineté. Ce penchant vers une option fédérale sera redoublé par les liens conventionnels noués entre le centre et certains sujets à partir de 1992 et par certaines dispositions de la Constitution adoptée fin 1993. Cette fédéralisation de l'État (1) connaîtra un brusque retournement à partir de 1996 avec une recentralisation du pouvoir et le renforcement concomitant de l'exécutif fédéral (2).

1. *Le fédéralisme et la Constitution de 1993*

La dislocation de l'URSS a suscité de nombreuses questions liées à la continuité juridique de l'entité disparue. Si la Russie proclame son indépendance au moment de la Déclaration du 12 juin 1990, elle ne s'impose pas moins immédiatement comme l'héritière juridique de l'ex-Union. En ce sens, il n'y eut pas de vide juridique au moment où intervint la proclamation du

(13) C'est-à-dire avant la fin officielle de l'Union. Le Conseil Suprême de la RSFSR se contentera d'ajouter le mot « ancien » à l'abréviation « URSS » tout en conservant la date de son adoption. Ce subterfuge a ainsi conduit à l'application d'un texte faisant référence à « l'ancienne URSS » avant même que celle-ci ait disparu officiellement. Sur ce point, voir A. Mečeriakov, « Graždanstvo sovremennoj Rossii : osobennosti pravogo regulirovania » [La citoyenneté de la Russie contemporaine : les particularités de la réglementation juridique], *Pravovaja politika i pravovaja žizn*, n° 2-2005, p. 77-78.

décès de l'ex-empire. Les structures et institutions anciennement « fédérées » (de la RFSFR) accédèrent au rang « fédéral », et la Constitution de 1978 de la République fédérative de Russie devint celle de la nouvelle Fédération de Russie. Il faut dire que le processus de démocratisation engagé dans le cadre de la perestroïka avait largement contribué à ouvrir le pays à un changement politique radical (14). De l'introduction d'une seconde chambre parlementaire au sein du Soviet suprême de la RSFSR (15) à la suppression dans la Constitution de la référence au rôle central du Parti communiste dans le système politique en passant par la reconnaissance des principes de la séparation des pouvoirs ou encore l'établissement des pouvoirs d'auto-administration locale, ces modifications, intervenues au cœur même du système soviétique, auront permis une transition plus paisible que certains observateurs avaient pu le prévoir. Pour autant, les tensions politiques, qui conduisirent à la dissolution du Parlement en octobre 1993 par le Président Boris Elstine, provenaient également des contradictions nombreuses qui émaillaient le texte constitutionnel (16). L'adoption d'une nouvelle constitution capable de stabiliser les forces politiques et sociales et de fonder le nouveau régime politique devint dès lors une priorité.

Celle-ci fut adoptée le 12 décembre 1993 par référendum. Son chapitre Ier, consacré aux « fondements de l'ordre constitutionnel », est très révélateur des grandes difficultés rencontrées par les nouveaux dirigeants afin de concilier les exigences inhérentes à la « conservation de l'unité de l'État historiquement constituée » (17) et de donner corps, dans le même temps, à la diversité culturelle et nationale présente sur son territoire. La dénomination du nouvel État — « Fédération de Russie — Russie » (18) — situe d'emblée la nature du problème à résoudre. Est-on en présence d'un État national, d'un État fédéral, d'une Fédération (19) ou bien encore d'une entité chevauchant des

---

(14) Voir sur ce point en français, les longs développements consacrés par J.-P. MASSIAS *in Droit constitutionnel des États d'Europe de l'Est*, Paris, PUF, coll. « Droit fondamental », 1999, pp. 175-256.

(15) La seconde chambre créée en 1989 à la suite de la transformation du Soviet suprême en un organe bicaméral était précisément un Conseil (*Soviet*) des nationalités afin d'associer les représentants de tous les sujets de la République aux réformes engagées.

(16) *Ibid.*, p. 50. Sur la crise d'octobre 1993, J.-P. Massias, *op. cit.*, p. 265 s.

(17) Le préambule fait du « peuple multinational de la Fédération » le moteur de la renaissance de « l'État souverain de la Russie ».

(18) Le point 2 de l'article 1er précise que ces dénominations « sont équivalentes ».

(19) Pour, l'historien A. Salmin, le vocable « Fédération de Russie » s'est imposé à la suite du discrédit subi par celle de RSFSR après 1991, sans qu'elle résulte d'un choix délibéré des acteurs politiques de l'époque. Il serait le résultat d'une « improvisation » de R. Khasbulatov lors des débats parlementaires du 25 décembre 1991 portant sur un projet de loi au bas duquel le Président Eltsine avait apposé sa signature suivie de la mention « Président de la Fédération de Russie ». En faisant adopter ladite disposition, le Président d'alors du Soviet suprême de la... RSFSR aurait

catégories juridiques trop formelles pour appréhender la complexité des réalités territoriales et culturelles de ce qui apparaît à certains égards comme un « monstre » juridico-politique ? La question fait l'objet de débats très intenses au sein de la doctrine juridique russe et au-delà (20), et ce malgré les tendances politiques récentes qui paraissent avoir réglé le sort (à moyen terme à tout le moins) du fédéralisme russe dans le sens de sa soumission aux impératifs de l'unité de l'État.

La Constitution affirme dans son article 1er que la Russie est un « État démocratique, fédéral, un État de droit, ayant une forme républicaine de gouvernement » tandis que l'article 3 prévoit que « le détenteur de la souveraineté et l'unique source du pouvoir en Fédération de Russie est son peuple multinational ». Quant à l'article 5.3, il indique que « la structure fédérale de la Fédération de Russie est fondée sur son intégrité comme État, l'unité du système du pouvoir d'État, la délimitation des domaines de compétence et des attributions entre les organes du pouvoir d'État de la Fédération de Russie et les organes du pouvoir d'État des sujets de la Fédération de Russie, l'égalité en droits et l'autodétermination des peuples dans la Fédération de Russie ». Tous ces principes forment un ensemble quelque peu hétéroclite à partir duquel il n'est pas aisé de tirer une définition précise de la nature du nouvel État constitutionnellement redéfini. La « collision » (21) la plus sérieuse entre ces dispositions est incontestablement la contradiction entre l'affirmation de l'égalité de tous les sujets de la Fédération de Russie (art. 5.3) et le statut inégalitaire qui résulte de la multiplicité de ces mêmes sujets (les Républiques, les territoires et régions, une région autonome, deux villes d'importance fédérale et enfin les districts autonomes). L'article 5, point 1, caractérise la « République » comme un « État [qui possède] sa constitution et sa législation », alors que les autres sujets apparaissent davantage comme des entités administratives dotées d'un « statut ». À cela, s'ajoute le fait qu'un certain nombre de districts autonomes entrent dans la composition de quelques territoires et régions, ce qui suppose nécessairement une sujétion des premiers aux seconds.

Plus importantes encore sont les difficultés apparues avec les dispositions de l'article 11.3 de la Constitution prévoyant que la délimitation des domaines

---

contribué à imposer la dénomination nouvelle. *Cf.* A. Salmin, « Rossijskoj Federatsii i Federatsija v Rossii [La Fédération de Russie et la Fédération en Russie], *Mirovoja ekonomika i meždunarodnije otnošenie*, 2002, n° 2, p. 42.

(20) Pour le philosophe A. Koliev, « les recherches théoriques [relatives au fédéralisme] (...) sont devenues un élément de la lutte politique » au point que « n'importe quelles relations "verticales" dans le système du pouvoir étatique (...) doivent se métamorphoser en relations "horizontales" » (A. N. KOLIEV, *Natsija i Gosudarstvo. Teoria konservativnoj rekonstruktsii*) [*Nation et État. Théorie pour une reconstruction conservatrice*], Moscou, 2005, éd. « Logos », p. 268).

(21) V. Lysenko, « Razvitije Federatsii i Konstitutsia Rossii » [« Le développement de la Fédération et la Constitution de la Russie »], *Gosudarstvo i Pravo*, 1997, n° 8, p. 14.

de compétence et des attributions des organes du pouvoir fédéral et de ceux des entités fédérées est réalisée (outre les dispositions de la Constitution), par les voies contractuelles du « traité fédéral et autres accords » pouvant être conclus entre les sujets de la Fédération et le pouvoir central. Il convient de rappeler que l'article 11, et plus largement l'ensemble du chapitre Ier, est directement issu des événements qui, entre 1990 et 1993, ont vu le territoire fédéral subir un phénomène de morcellement sous l'effet des revendications autonomistes, voire indépendantistes, d'un très grand nombre de pouvoirs locaux qui entendaient profiter du désordre lié à la dislocation de l'URSS pour accroître leur mainmise sur leur territoire. Cette « parade des souverainetés » (22) fut le résultat de l'instabilité qui suivit la Déclaration du 12 juin 1990. De nombreuses Républiques, s'appuyant sur les dispositions de leur constitution qui fixaient pour certaines d'entre elles un droit à l'autodétermination sur des critères ethno-culturels, proclamèrent leur souveraineté étatique (23). Se dessina une définition de la République comme « État indépendant, fondé sur l'autodétermination de la nation titulaire, qui a librement consenti à entrer dans la composition d'un autre État — la Fédération de Russie » (24). C'est à ce moment là qu'apparurent les premiers textes (constitutions des Républiques) établissant l'appartenance à la Fédération de Russie sur une base contractuelle. Si l'on ajoute à cela les revendications qui commencèrent à surgir au sein des régions dans le sens d'une reconnaissance de leur existence politique (25), l'existence même de la Fédération de Russie comme État était devenue très problématique. Le processus de « souverainisation » n'était ainsi pas seulement le résultat de la volonté indépendantiste des Républi-

---

(22) M. GLIGIČ-ZOLOTAREVA, *Pravovyje osnovy federalizma* [*Les fondements juridiques du fédéralisme*], Moscou, 2006, éd. Yurist, p. 172.

(23) Comme le souligne M. Gligič-Zolotareva, ce phénomène s'appuyait sur « l'idée, très répandue à l'époque, que seuls pouvaient prétendre à un statut étatique les sujets de la Fédération de Russie qui avaient été créés sur un principe national » (*op. cit.*, p. 175).

(24) *Ibid.*, p. 177. Selon l'auteur, l'autonomie des sujets se manifeste dans les textes constitutionnels républicains de plusieurs manières : l'absence de référence à la Constitution fédérale ; l'affirmation de la supériorité des législations républicaines ; la présence de normes relatives à la ratification et à la suspension éventuelle de la législation fédérale ; la délégation sur une base volontaire de certaines compétences à la Fédération ; l'existence d'une citoyenneté républicaine (*ibid.*, pp. 177-190).

(25) C'est ainsi que la région de Sverdlovsk se proclama République d'Oural et adopta sa propre constitution en octobre 1993. De même, après l'oukaz du Président Eltsine apportant son soutien aux cosaques dans le sud du pays, un mouvement de création d'une « région de l'armée du Don » se développa allant jusqu'à réclamer l'institution d'une République de la Russie du sud. De même, le soviet de la région d'Arkhangelsk, dans le nord-ouest, accrut ses pouvoirs à un niveau égal à celui d'une République autonome (dénomination des Républiques composant la RSFSR). L'ensemble de ces phénomènes a parfois été désigné par l'expression de « républicanisation ».

ques, mais aussi, celui de l'activisme de quelques régions, composées majoritairement de populations russes. Le catalyseur des revendications fut, selon les spécialistes (26), l'inégalité grandissante entre les sujets de la Fédération, en particulier la perception négative que certaines grandes régions développèrent à l'égard des droits considérables que s'octroyaient les Républiques. Il devenait dès lors urgent de trouver un compromis permettant de mettre un terme à l'effritement de l'État.

Le Traité fédéral conclu entre les sujets et la Fédération en mars 1992 a tenté de réaliser un tel accommodement. Il aboutit à la création de 57 nouveaux sujets, dont certains n'avaient jamais connu une reconnaissance en tant que telle dans l'histoire de la Russie (27). Six nouveaux territoires (*kraj*) firent leur apparition ainsi que quarante-neuf nouvelles régions (*oblast*), alors que Moscou et Saint-Pétersbourg étaient élevées au rang de « villes d'importance fédérale ». Le Traité se présentait comme une série d'accords « par catégorie » conclus entre le sujet et la Fédération visant à régler les domaines de compétences « délégués » à celle-ci par ceux-là. La doctrine russe demeure encore aujourd'hui partagée sur la nature véritable de ces accords et des conséquences qu'elle comporte pour la qualification de l'entité politique qu'ils ont contribué à remodeler. Certains (28), suivant en cela l'opinion défendue par les Républiques, considèrent que les accords de 1992 emportaient consécration de la souveraineté des Républiques. Cet argument s'appuie, en outre, sur le refus de certains sujets (telle la Tchétchénie) de signer un tel accord. Ce jugement a conduit à l'idée plus radicale que la Fédération serait une émanation du Traité fédéral. Mais, un tel point de vue n'a rencontré que peu de partisans. La plupart des auteurs s'est en effet rangé à l'avis de la Cour constitutionnelle qui, saisie de la constitutionnalité de la Déclaration sur la souveraineté de la République du Tatarstan du 30 août 1990, établit que « cette déclaration ne mentionnait pas l'appartenance de la République à la Fédération de Russie » et que le référendum qui l'avait suivie avait surpassé les pouvoirs dont disposaient le Soviet suprême du Tatarstan (29). Pour la Cour, un tel référendum ne pouvait porter sur des questions non prévues par la législation russe. Plus encore, le juge rappelait que les relations de la Fédération avec ses sujets

---

(26) M. Gligič-Zolotareva, *op. cit.*, p. 191.

(27) S. ČERNOV, *Konstitusionno-pravovoje regulirovanije otnošenij meždu Rossijskoj Federatsej i jejo subjektamy* [La régulation légale-constitutionnelle des relations entre la Fédération de Russie et ses sujets], Saint-Pétersbourg, 2004, éd. Yuridičeski Center Press, p. 33.

(28) Pour une telle vue « fédéraliste », voir avant tout, R. ABDULATIPOV, *O federativnoj i natsionalnoj politike Rossijskogo gosudarstva* [Sur la politique fédérale et nationale de l'État russe], Moscou, 1995.

(29) Arrêt de la Cour constitutionnelle n° R3-1-P du 13 mars 1992, relatif « à la vérification de la constitutionnalité de la Déclaration sur la souveraineté étatique du 30 août 1990, des lois sur les changements et les ajouts à la Constitution du Tatarstan et à la tenue du référendum ».

devaient être établies, non sur un fondement contractuel, mais uniquement sur une base « constitutionnelle ». Le Traité de 1992 apparaît ainsi comme le point culminant de l'idée fédérale dans la Russie postsoviétique tout en amorçant son progressif reflux vers une recentralisation du pouvoir. Il a surtout marqué la consécration d'un « fédéralisme asymétrique » (30) ambigu que la Constitution de 1993 a contribué à concrétiser.

En consacrant, en effet, dans son article 65 l'existence de quatre-vingt neuf sujets (aux statuts différents) au sein de la Fédération, dont les compétences se répartissent entre les organes du pouvoir d'État (organes fédéraux et organes des sujets), non seulement par le biais de la Constitution, mais aussi par le Traité fédéral et les autres accords conclus avec les sujets de la Fédération (art. 11), le texte constitutionnel prenait acte du pouvoir acquis par ces derniers, tout en affirmant sa supériorité sur toute autre norme juridique adoptée sur le territoire de l'État (31). C'est cette supériorité qui ne va cesser dès lors de s'amplifier dans la pratique constitutionnelle et législative des autorités fédérales. En ce sens, les accords conclus à partir de 1994 sur le fondement de l'article 11 seront essentiellement perçus comme un « complément » des dispositions constitutionnelles, lorsque celles-ci n'apparaissaient pas suffisamment explicites pour définir les compétences respectives de la Fédération et de ses sujets (32).

De même, cette sujétion du principe contractuel à l'ordre constitutionnel fédéral apparaît dans les dispositions relatives à la révision constitutionnelle. Si les articles 134 et 135 de la Constitution semblent accorder au Conseil de la Fédération — organe de représentation des sujets — un pouvoir de participation aux révisions pouvant affecter la norme fondamentale, notamment dans ses dispositions les plus importantes (chapitres 1, 2 et 9), celui-ci est en fait très limité puisqu'il manque à cette assemblée 75 voix (33) pour

---

(30) R. Lirou, « La Fédération de Russie entre fédéralisme constitutionnel et fédéralisme contractuel, entre classicisme et asymétrie », *Civitas Europa*, n° 11, sept. 2003, p. 159.

(31) L'article 4. 2 de la Constitution dispose : « La Constitution de la Fédération de Russie et les lois fédérales ont primauté sur tout le territoire de la Fédération de Russie ».

(32) S. AVAKYAN, *Konstitutsija Rossii : priroda, evolutsija, sovremennost* [La Constitution de la Russie : nature, évolution, actualité], Moscou, 1997, p. 204.

(33) Ce chiffre tient compte de la modification constitutionnelle du 25 mars 2004, qui a fait passer à 88 le nombre de sujets de la Fédération du fait de la fusion en un *territoire de Perm* (*Permskij kraj*), du district autonome Komi-Permiak avec la région de Perm. Il est, en outre, en diminution constante en raison de la politique fédérale de réduction du nombre des sujets. Trois autres modifications sont prévues d'ici le 1er janvier 2008 : la fusion des districts autonomes des Taymirs et des Evenks avec le territoire de Krasnoïarsk (1er janvier 2007), puis celle de la région du Kamtchatka avec le district autonome des Koriaks (1er juillet 2007), enfin celle de la région d'Irkoustk avec le district autonome Bouriate d'Oust-Orda (1er janvier 2008). L'influence des pouvoirs des régions dans la détermination de la politique fédérale diminue conséquemment.

provoquer la réunion d'une assemblée constitutionnelle, seule à même d'engager une telle révision (34). Cette absence de pouvoir réel de la chambre haute du Parlement russe est en rupture avec l'ensemble des pays de tradition fédérale dans lesquels toute modification de la norme politique fondamentale requiert, *a minima*, un consentement majoritaire des entités membres de l'État fédéral (Fédération) (35). Certes, le fait que la Constitution de 1993 procède à une répartition des compétences entre la « Fédération » et ses « sujets » est bien un signe des tendances fédérales qui la travaille, mais ce principe de répartition reste subordonné à l'unité du pouvoir d'État énoncé à l'article 5.3. Ainsi que l'a remarqué Olivier Beaud, il serait « illusoire de croire qu'une simple énumération dans la Constitution selon des techniques reconnues (...) peut résoudre le problème de répartition matérielle des compétences » (36). Or, l'évolution politique récente du pays conduit précisément à un jugement qui récuse de plus en plus la nature fédérale de la Russie contemporaine. Plus exactement, à travers le développement, de ce qu'à l'instar d'un auteur américain on pourrait appeler un « fédéralisme national » (37), l'État russe semble avoir mis ses pas dans les sillons d'un État unitaire décentralisé.

2. *La « nationalisation » de la politique fédérale*

Bien que de nature diverse, les changements opérés ces dernières années œuvrent cependant tous dans le sens d'un renforcement du pouvoir fédéral, essentiellement au profit de son organe exécutif suprême, le président de la Fédération. Au demeurant, ce phénomène de recentralisation, que certains auteurs ont aussi désigné du terme de « défédéralisation » (38), participe d'une entreprise de « nationalisation » des politiques conduites, sous l'égide du président, par le gouvernement fédéral. Mais on ne doit pas limiter cette évolution à l'arrivée de Vladimir Poutine au pouvoir. L'expression, désormais

---

(34) L'article 135 prévoit en effet que la révision des chapitres 1, 2 et 9 de la Constitution ne peut intervenir, que si « elle est soutenue par les trois cinquièmes des voix de l'ensemble des membres du Conseil de la Fédération et de la Douma d'État ».

(35) Ainsi aux États-Unis, si l'initiative de la révision émane du Congrès, il revient alors à chacune des chambres de soutenir celle-ci à la majorité des deux tiers. L'autre cas de figure renvoie à une initiative des législatures locales elles-mêmes, qui peuvent provoquer à la majorité des deux tiers, là aussi, la convocation d'une convention nationale *ad hoc* qui rédigera le texte. Voir sur ce point, A. Klebes-Pélissier, « La délimitation des pouvoirs entre l'État fédéral et les États fédérés (À propos de la décision de la Cour Suprême des États-Unis du 27 juin 1997) », *RFDC*, n° 34, 1998, p. 277 s.

(36) O. Beaud, « Fédéralisme et souveraineté. Notes pour une théorie constitutionnelle de la Fédération », cette *Revue*, 1998, p. 108.

(37) S. BEER, *To make a nation. The rediscovery of American Federalism*, Cambridge, Harvard University Press, 1993, cité par O. Beaud *in ibid.*, p. 95.

(38) A. Salmin, art. précité, p. 58.

très répandue, de « verticale du pouvoir » n'est pas apparue avec l'actuel président russe, mais bien avant, et l'on date communément son développement aux années 1998-1999 sous le gouvernement Primakov. Plus encore, pour un certain nombre d'analystes, les réformes engagées par V. Poutine furent pensées sous l'ère de son prédécesseur, Boris Eltsine (39). Toutefois, les « coups » portés aux structures fédérées de l'État vont s'intensifier après l'accession de V. Poutine au pouvoir suprême au début de l'année 2000.

Dès le 13 mai 2000, le Président publie un *oukaz* (40), créant sept grands districts fédéraux sur l'ensemble du territoire de la Fédération à la tête desquels il nomme ses propres représentants. Comme il le fait à chacune de ses initiatives institutionnelles, V. Poutine inscrit sa réforme sous l'égide des articles 80.2 de la Constitution, qui fait du président le garant des droits et libertés des citoyens ainsi que le protecteur de la souveraineté, de l'indépendance, de la sécurité et de l'intégrité de l'État, et 85.3, qui l'autorise à recourir à des « procédures de conciliation pour régler les litiges entre les organes du pouvoir d'État de la Fédération et les organes du pouvoir d'État des sujets ». Ce cadre assez large va lui permettre d'organiser le fonctionnement de ces districts comme il l'entend et de maintenir son emprise sur leur développement. De la sorte, leur nature administrative ne fait guère de doute et aurait pu passer aisément pour une tentative d'amélioration de l'équilibre entre le centre et les régions (41). Mais l'importance des prérogatives conférées aux représentants du Président et les nombreuses interférences avec celles des structures fédérales conduit à une autre analyse (42). Pour certains, les compétences de ces nouveaux représentants en font « un œil du pouvoir dans un système de

---

(39) L. Smirniagin, « Federalism po Putinu ili Putin po federalismu ? » [« Un fédéralisme à la Poutine ou un Poutine à la manière fédérale »], Briefing du Centre Carnégie de Moscou, mars 2001, t. 3, fasc. 3, p. 1-2. Un autre auteur estime que cette évolution date de la « reprise en main » de la politique extérieure des sujets de la Fédération par le pouvoir central qui apparaît dès 1996 avec l'oukaz du Président Elstine « sur le rôle de coordination du ministère des Affaires étrangères de la Fédération de Russie dans la conduite d'une politique extérieure unifiée » (V. Orlov, « Vnešnaja politika i rossijskije regiony » [La politique extérieure et les régions russes], *Meždunarodnaja žizn*, 2000, n° 10, p. 49).

(40) Décret n° 849 du 13 mai 2000 « sur les districts fédéraux et les représentants du Président en leur sein ».

(41) Sur ce point, S. Nekrassov, « Federalnije okruga : pravovaja priroda, stanovlenie, problemy, perspektivy » [Les districts fédéraux : nature juridique, formation, problèmes, perspectives], *in* I. Šulženko, A. LEBEDEVA, *Konstitutsionni stroj Rossii* [L'organisation constitutionnelle de la Russie], Moscou, 2003, p. 99-100.

(42) Voir les prérogatives conférées au Président de la Fédération pour « suspendre l'applicabilité des actes des organes du pouvoir exécutif des sujets de la Fédération de Russie (...) dans le cas d'une contradiction de ces actes avec la constitution, les lois fédérales, les obligations internationales de la Fédération ou la violation des droits et libertés des citoyens » (point 5 du décret du 13 mai 2000).

relations fédérales » (43) où les organes de protection de la sécurité et de l'ordre public sont incités à jouer un rôle croissant. C'est donc davantage à un contrôle renforcé de l'autorité du pouvoir exécutif fédéral qu'à une mutation des structures fédérales de l'État qu'a abouti la réforme. Dans ce contexte, l'idée d'une transformation du modèle fédéral russe sur le fondement de ces sept nouvelles entités administratives semble pour l'instant hors de propos, d'autant que leur métamorphose en nouveaux « sujets fédéraux » risquerait d'aller à l'encontre des intentions que la réforme avait pour but de mettre en œuvre, à savoir un contrôle accru sur les pouvoirs régionaux et une application plus effective de la politique fédérale (44).

La loi adoptée le 11 décembre 2004 sur l'initiative de V. Poutine (45) a confirmé la volonté du pouvoir central de renforcer son contrôle sur les organes exécutifs des sujets mais en modifiant substantiellement l'équilibre fédéral de l'État. Intervenant dans le contexte du choc provoqué par la prise d'otage sanglante dans une école d'Ossétie du Nord au début du mois de septembre, la loi a mis un terme à l'élection au suffrage universel des chefs de l'exécutif des pouvoirs régionaux. Désormais, les gouverneurs sont désignés sur « proposition du président de la Fédération de Russie » (46) par l'assemblée législative de la région. De même, le chef de l'État a reçu le droit de révoquer le gouverneur de ses fonctions (47) et de dissoudre l'organe législatif local si celui-ci refuse à deux reprises la proposition faite par le président (48). Ce droit de dissolution offert au président contredit le principe de séparation des pouvoirs inscrit dans la Constitution (49) de même que celui de la nature fédérale de l'État puisqu'il permet à l'organe exécutif suprême du pouvoir fédéral de s'immiscer dans la désignation de l'organe exécutif des pouvoirs

---

(43) S. Nekrassov, art. précité, p. 104-105.

(44) Pour M. Gligič-Zolotareva, cette évolution serait porteuse de « possibles tendances séparatistes dans la mesure où de tels sujets, grands et puissants politiquement et économiquement, (...) pourraient concurrencer la Fédération elle-même » et désirer s'en affranchir (*op. cit.*, p. 383).

(45) Loi nº 159-FZ du 11 décembre 2004 sur « l'introduction de changements dans les lois fédérales "sur les principes généraux de l'organisation des organes législatifs et exécutifs du pouvoir d'État des sujets de la Fédération de Russie" et sur "les garanties fondamentales des droits électoraux et du droit à participer au référendum du citoyen de la Fédération de Russie" ». Sur cette réforme en français, voir J.-P. Massias, « Jurisprudence constitutionnelle des États d'Europe de l'Est (2004) », cette *Revue* 6-2005, p. 1716.

(46) Article 1-1 b).

(47) Article 5 a).

(48) Article 2 b).

(49) Il ressort en effet de la combinaison des articles 3-2 et 32-2 de la Constitution de 1993 que le droit de tous les citoyens de choisir les organes du pouvoir d'État implique que le titulaire de la fonction exécutive suprême d'un sujet de la Fédération reçoit son mandat directement du peuple.

fédérés. En outre, le droit de destituer le chef de l'exécutif d'un sujet de la Fédération au motif de « la perte de confiance » que ce dernier subirait de la part du chef de l'État possède un contenu juridique plutôt obscur et a été la cible de nombreuses critiques (50). Elle n'en a pas moins fait l'objet d'une application rapide puisque dès le mois de mars 2005, Vladimir Poutine adoptait un décret mettant fin aux fonctions du gouverneur du district autonome des Koriaks. Cette décision a été suivie par d'autres depuis lors, la plupart du temps au motif de la « perte de confiance » invoquée par le Président à l'encontre d'un gouverneur.

La Cour constitutionnelle a confirmé l'évolution que l'on vient d'exposer à grands traits. C'est ainsi que la création des districts fédéraux fut suivie peu de temps après d'un arrêt déniant aux sujets de la Fédération la possession de la souveraineté étatique comme certains d'entre eux le prétendaient (51). Cet arrêt affirme nettement que « l'organisation fédérale est historiquement conditionnée par le fait que les sujets (...) ne possèdent pas la souveraineté [étatique] qui appartient originellement à la Fédération de Russie dans son entier ». De sorte que lesdits sujets ne peuvent se doter des propriétés d'un État souverain même dans des conditions limitées. Plus récemment, la Cour a donné son aval à la réforme du mode de désignation des chefs des exécutifs régionaux (52). Elle témoigne ainsi de l'alignement de ses positions sur l'évolution initiée par l'exécutif. Cependant, alors qu'ils avaient, dans un arrêt de 1996 (53), fortement marqué la nécessité constitutionnelle de choisir les gouverneurs au suffrage universel direct, les juges ont opéré un revirement de jurisprudence dont le fondement apparaît peu convaincant, voire même injustifié (54). En prenant soin de souligner que la fonction de gouverneur implique un « lien de subordination directe au président de la Fédération de Russie », ils vont autoriser la possibilité de recourir à d'autres moyens que l'élection

---

(50) M. Gligič-Zolotareva, *op. cit.*, p. 366.

(51) Arrêt n° 10-P du 7 juin 2000, relatif « à la vérification de la constitutionnalité de certaines dispositions de la constitution de la République d'Altaj et de la loi fédérale "sur les principes d'organisation des organes législatifs et exécutifs du pouvoir d'État des sujets de la Fédération de Russie" ».

(52) Arrêt n° 13-P du 21 décembre 2005, relative « à la vérification de la constitutionnalité de certaines dispositions de la loi fédérale "sur les principes généraux d'organisation des organes législatifs et exécutifs du pouvoir d'État des sujets de la Fédération de Russie" en relation avec les plaintes d'un certain nombre de citoyens ».

(53) Arrêt n° 2-P du 18 janvier 1996.

(54) « Les positions juridiques formulées par le juge constitutionnel peuvent être précisées, ou changées afin de révéler le sens de telles ou telles normes constitutionnelles, leur lettre ou leur esprit, en tenant compte des conditions socio-juridiques concrètes de leur réalisation, y compris les changements dans le système juridique » (arrêt du 21 décembre 2005). Ce qui s'inscrit en faux contre les dispositions de l'arrêt précité qui marquait l'applicabilité *directe* des normes constitutionnelles indépendamment des lois ou règlements intervenant pour leur réalisation.

au suffrage universel direct pour désigner les chefs des exécutifs des sujets de la Fédération. La déclaration selon laquelle « le droit de prendre part et d'être choisi directement aux élections [des exécutifs locaux] n'est pas un droit constitutionnel du citoyen de la Fédération de Russie » atteste d'un certain recul au plan de l'articulation des principes de la démocratie et de l'organisation fédérale que la Constitution de 1993 avait pourtant prévue.

Au total, l'évolution des relations entre pouvoirs constitués tend aujourd'hui à assurer une préséance indiscutable au profit de l'exécutif fédéral dont les interventions dans des domaines pourtant constitutionnellement définis comme revenant aux sujets fédérés se font de plus en plus nombreuses. Il est significatif que cette évolution coïncide avec deux autres traits caractérisant la Russie contemporaine : une « quête d'ordre », marquée par un assentiment au moins implicite de la population au renforcement de la présence des services de sécurité dans la vie publique et un « essor du nationalisme » entretenu et amplifié par une politique gouvernementale dont les plus récents développements s'étendent à tous les domaines de la vie politique, économique et sociale (55). De la sorte, le cours actuel de la politique conduite par les pouvoirs publics russes ne doit pas seulement être perçu comme une crispation identitaire face aux « ennemis » (56) réels ou potentiels de la Russie, mais comme une façon pour ceux-ci de donner consistance à la « formation d'une société politique et civile d'une seule et même nation » (57). Cet effort instaure assurément une certaine « distance » avec l'esprit que la Constitution de 1993 avait entendu donner aux institutions. Elle participe néanmoins d'une certaine façon à la tentative de régénérescence d'une identité nationale au fondement de laquelle se trouve une citoyenneté une et égale.

B. — *Une citoyenneté une et égale au fondement de l'État*

Dès la loi du 28 novembre 1991 (58), la citoyenneté apparaît comme l'un des instruments majeurs de la transition inaugurée par la perestroïka de Mikhail Gorbatchev. Consacrant une nouvelle approche, la loi fait de la volonté conjointe des citoyens l'expression de la souveraineté de l'État. Cependant,

---

(55) Sur le lien entre les « projets nationaux » (développement de la protection sociale, résolution des problèmes du logement, meilleur accès à l'éducation, développement de la propriété agraire) définis par le gouvernement à la fin de l'année 2005 et le développement de l'État, voir S. Markedonov, « Krizis natsionalnovo gosudarstva i puti vyxoda iz nego » [La crise de l'État national et les voies pour en sortir], *Izvestija*, 11 janvier 2005.

(56) K. Rousselet, « Les grandes transformations de la société russe », *Pouvoirs*, n° 112, 2005, p. 32.

(57) S. Markedonov, article précité.

(58) Loi n° 1948-I du 28 novembre 1991 sur « la citoyenneté de la Fédération de Russie ».

le texte est marqué de certaines ambiguïtés dont la principale tient à la volonté du législateur d'inscrire le citoyen russe au fondement de l'ordre constitutionnel de l'État tout en surmontant les difficultés inhérentes à la qualité d'« héritier » juridique de l'Union soviétique que la Russie a endossée à partir de décembre 1991 (59). Les questions les plus délicates se posaient, en particulier, au regard des millions de « nationaux » russes vivant en dehors de la nouvelle Russie, mais sur le territoire de l'une des anciennes Républiques soviétiques (60). L'absence de règlement conventionnel de ces problèmes entre les nouveaux États indépendants entraînera la fragilisation voire la précarisation du statut juridique de milliers de personnes ne voulant pas renoncer au lien politique les rattachant à la Russie tout en continuant à vivre sur le territoire où, pour la plupart, ils avaient vu le jour.

Par ailleurs, l'article 2 de la loi de 1991 avait proclamé, à côté de la citoyenneté fédérale détenue par tous les ressortissants de la Russie (alors « République fédérative » au sein de l'URSS), une « citoyenneté républicaine » au profit des individus résidant de manière permanente dans l'une des Républiques de la Fédération. La consécration d'une citoyenneté « double » (61) n'était pas seulement l'expression des désordres qui avaient sapé peu à peu les fondements de l'Empire soviétique, elle reflétait aussi le rapport de force entre les autorités centrales et les sujets composant la future « Fédération de Russie » qui allaient bientôt devenir des Républiques dotées d'une autonomie politique. Cette reconnaissance s'inscrivait d'une certaine façon dans le prolongement des législations soviétiques qui, depuis le règlement sur la citoyenneté de 1924, liait la citoyenneté de l'Union à celle des quinze Républiques la composant. L'effondrement de l'URSS, fin 1991, ouvrit la boîte de Pandore et les entités fédérées de la RSFSR tentèrent, on l'a vu, d'acquérir un maximum d'autonomie qui conduisit certaines au bord de la sécession. Les dispositions relatives à la citoyenneté servirent de fondement à ces manifestations. Ainsi de nombreuses Constitutions républicaines adoptées à partir de 1992 prévirent-elles la possibilité d'acquérir leur citoyenneté sans considération de la posses-

(59) Les documents attestant de la citoyenneté russe à partir du 8 décembre 1991 seront ceux de l'ancienne Union soviétique. Ainsi tous les citoyens de l'ex-URSS disposant d'un passeport soviétique, pouvaient, en principe, accéder à la nouvelle citoyenneté russe.

(60) Dont le chiffre avoisinait les 25 millions de personnes. Sur ce point, K. Newland, « Citizenship in emerging States : The Russian Federation, the Baltics States and Ukraine, and South Africa », Conference on comparative Citizenship, Carnegie Endowment for International Peace, 4-7 juin 1998.

(61) Il existe deux dénominations en russe pour désigner d'une part la *double citoyenneté* (« dvojnoje ») qui désigne outre la possession de la citoyenneté russe, celle d'un autre État et d'autre part la *citoyenneté double* (dvujenoje ») qui est une reconnaissance à côté de la citoyenneté fédérale d'une citoyenneté des sujets fédérés et notamment des Républiques.

sion de la citoyenneté fédérale (62). Plus encore, certains points de ces Constitutions accordaient un droit au retour à ceux de leur « compatriotes » vivant à l'étranger, et ce, indépendamment de la législation fédérale sur l'entrée et le séjour sur le territoire de la Fédération, mais en reconnaissant en revanche une valeur juridique à l'appartenance ethnique (63).

Très vite donc, la situation devint problématique au regard des ambitions démocratiques du nouveau régime. La distinction entre citoyens russes, plus précisément entre ceux appartenant à une République et ceux n'en faisant pas partie, engendrait une inégalité que la nouvelle Constitution allait remettre en cause du fait précisément de sa prétention à éteindre les revendications indépendantistes des Républiques. Son adoption en 1993 rendit inconstitutionnelle la citoyenneté républicaine au regard des dispositions sur la souveraineté de la Fédération de Russie et la supériorité des lois fédérales (article 4.1 & 2), sur l'égalité des sujets de la Fédération (article 5.1 & 4), sur l'attribution de la compétence relative aux questions de citoyenneté dans la Fédération (article 71 c) et sur la compétence du président de la Fédération pour décider des questions relatives à la citoyenneté. La citoyenneté fédérale instituée par le texte suprême de 1993 apparaît comme l'un des éléments essentiels de l'identité juridico-politique de l'État en reconstruction (64). Elle figure parmi les fondements de l'ordre constitutionnel russe énumérés dans le chapitre Ier de la Constitution. L'article 6 la définit comme « unique et égale indépendamment des motifs de son acquisition » (point 1). Chaque citoyen qui la possède dispose sur le territoire de la Fédération de « tous les droits et libertés et est tenu par des obligations égales, prévues par la Constitution » (point 2). Ce point est important, car le chapitre 2 du texte fondamental qui comporte un catalogue très étendu de droits et libertés, désignant tour à tour l'« homme » (65) et le « citoyen » comme leurs attributaires, pourrait donner l'impression d'un texte très libéral, ouvert à une reconnaissance très large au-delà des seuls ressortissants de la Fédération. En réalité, c'est d'abord au citoyen russe que s'adresse l'ensemble des droits ainsi prévus. L'étranger,

---

(62) Art. 31 de la République des Adygei ; art. 11 de la République du Daghestan.

(63) L'article 10 de la Constitution des Adygei prévoyait « le droit au retour dans la Patrie historique aux compatriotes résidant hors des frontières de la Fédération de Russie ». L'article 60 de la Constitution de Bouriatie renvoyait les changements du « statut étatico-légal de la République » à un vote de plus de la moitié des « citoyens de nationalité bouriate ».

(64) Comme le souligne l'un des plus éminents juristes russes, « la citoyenneté que la Russie avait acquise symboliquement lors de son entrée dans l'Union des républiques soviétiques socialistes s'est transformée de nos jours en l'un de ses caractères les plus importants en tant qu'État souverain » (S. AVAKYAN, *Rossija : graždanstvo, inostrantsy, vnešnaja politika*, [Russie : la citoyenneté, les étrangers et la politique extérieure], Saint-Pétersbourg, éd. Yuridičeski Center Press, 2003, p. 11).

(65) Ou des pronoms indéfinis tels que « chacun », « tous », ou encore « quiconque ».

s'il constitue une catégorie de l'ordre juridique russe, n'en demeure pas moins assigné à un statut très amoindri et à une perception sociale souvent négative.

En dépit des faiblesses évoquées, la loi de 1991 va continuer à s'appliquer pendant plus d'une décennie. Son caractère très libéral au regard des conditions d'acquisition de la citoyenneté et d'obtention de la double citoyenneté (66) va toutefois causer un déséquilibre par rapport aux législations des anciennes Républiques soviétiques devenues des États souverains et qui adopteront des dispositions beaucoup plus strictes à l'égard des millions de « russes » vivant sur leur territoire. Cette question des « compatriotes » va devenir un problème majeur pour les autorités russes du fait de la détérioration des conditions de vie de ces personnes dans leur pays de résidence et de la forte pression migratoire qui va en résulter pour la Russie. C'est d'ailleurs sur ce point que s'opposeront le projet de loi proposé par le Président et la proposition introduite par un groupe de députés en juin 2001 (67). Alors que le premier défendait l'idée que la Russie n'était que l'un des quinze héritiers de l'Union soviétique et qu'elle devait, en conséquence, traiter les anciens citoyens soviétiques vivant en dehors de l'actuel territoire de la Russie comme des étrangers, les députés considéraient que la qualité d'héritière de l'ex-Union, que la Russie assumait selon eux à titre principal, imposait le maintien d'une législation souple, facilitant l'acquisition de la citoyenneté pour l'ensemble des citoyens de l'ex-URSS. Finalement au terme de longues discussions et de l'adoption de nombreux amendements parlementaires, la version présidentielle de la nouvelle loi sera signée par V. Poutine le 31 mai 2002 (68).

On doit noter que la Cour constitutionnelle avait préalablement défini les termes des changements à intervenir en rejetant clairement toute faculté pour les sujets de la Fédération d'instituer une citoyenneté qui leur serait propre et, dans le même temps, en énonçant les principes gouvernant la citoyenneté fédérale. La décision qui fait référence en la matière a été rendue par la Cour à la fin de l'année 2001. Saisie par la République du Bachkortostan aux fins d'interprétation d'un certain nombre de dispositions constitutionnelles à la lumière des arrêts et décisions qu'elle avait rendus précédemment, la Cour a estimé que « le fait (...) que la population de la Fédération de Russie soit répartie" sur les territoires de ses sujets, au nombre desquels figurent les Républiques (...), ne permet en aucune manière de parler de la présence d'un fondement constitutionnel pour l'instauration par les Républiques, agissant

(66) V. Kikotija et N. Smorodina écrivent ainsi qu'une « analyse comparée de la loi russe sur la citoyenneté avec les législations étrangères (...) a mis en évidence sa singularité libérale » (*op. cit.*, p. 60).

(67) *Ibid.*

(68) Loi n° 62-FZ du 31 mai 2002 relative à « la citoyenneté de la Fédération de Russie ».

en tant que sujets de la Fédération de Russie, de leur propre citoyenneté » (69). Et c'est précisément cette interprétation que la nouvelle loi sur la citoyenneté a retenue, fondée sur l'idée qu'il ne saurait exister deux niveaux de pouvoir souverain au sein de la Fédération (70).

Celle-ci a entrepris de donner une définition précise de la notion. L'article 3 de la loi dispose ainsi que la citoyenneté est « un lien juridique stable avec la Fédération de Russie exprimant dans sa totalité leurs droits et obligations réciproques ». Ce lien est exclusif de tout autre et il doit être relevé que la loi ne fait aucune mention d'une quelconque citoyenneté républicaine. Le principe essentiel fixé par la loi est en effet l'égalité et l'unité de la citoyenneté de la Fédération. Ceci va obliger les Républiques à annuler les dispositions qui dans leur propre législation faisaient encore référence à un lien existant entre ces sujets et leurs résidents ou nationaux. Ce point est essentiel pour comprendre la nature du lien que la citoyenneté russe institue entre l'État et ses ressortissants : insistant sur le caractère *juridique* de celle-ci, cette conception a tendance à donner de la citoyenneté une définition très formelle rejetant les identités ethno-culturelles dont certains peuples de la Fédération pourraient se prévaloir.

En promouvant les principes d'unité et d'égalité de tous les citoyens au fondement de l'État, les normes juridiques fédérales ont en effet entendu consacrer une conception formelle à l'image notamment de celle véhiculée par l'idée française d'un groupe politique homogène uni par la grâce d'une loi égale pour tous par-delà « la diversité des statuts sociaux et des particularismes provinciaux » (71). L'expression par l'article 4.1 de la loi de 2002 de l'interdiction d'adopter toute disposition législative qui contiendrait des « limitations aux droits des citoyens en fonction de leurs appartenances sociales, raciales, nationales, linguistiques ou religieuses » conduit à voir en cette législation une version conforme aux réquisits de « l'universalisme national » de ses devancières occidentales. À cet égard, on doit s'arrêter un instant sur la dénomination utilisée par les normes juridiques russes pour désigner le citoyen de la Fédération, car celle-ci montre aussi les difficultés auxquelles se trouve confronté aujourd'hui le pays dans sa quête d'une identité qui n'est ni celle de l'ancien espace soviétique, ni celle, pour autant, d'un État-nation au sens où celui-ci s'est imposé en Europe occidentale.

On sait qu'en France, il n'est pas fait de distinction entre les notions de citoyenneté et de nationalité. Plus précisément, « selon la tradition politique

---

(69) Décision n° 250-P du 6 décembre 2001 sur « la requête de l'assemblée d'État (*Kurultaj*) de la République du Bachkortostan relative à l'interprétation de certaines dispositions de la Constitution de la Fédération de Russie ».

(70) Voir l'arrêt n° 10-P du 7 juin 2000 précité, et les décisions n° 92-0 du 27 juin 2000 et n° 65-0 du 19 avril 2001.

(71) P. Dollat, « La citoyenneté française : une superposition de citoyenneté », *RFDA* 2005, p. 70.

et juridique française, la nationalité embrasse la citoyenneté et la transcende (...). Cette fusion traduit une conception de l'indivisibilité de la République selon laquelle la Nation, elle-même indivisible, reste la source de toute souveraineté » (72). De sorte qu'être français recouvre tout à la fois la qualité attachée au citoyen qu'à celle de national. Cette conception imprègne à tel point notre façon de considérer les structures de l'État et de la société française qu'elle a conduit à utiliser les mêmes mots pour désigner des réalités étrangères auxquelles elle est pourtant difficilement applicable. La Russie contemporaine constitue un bon exemple de cet état de fait. En recourant au substantif « russe » pour qualifier aussi bien le concept politico-juridique (que la langue russe désigne, elle, du terme de « *rossijanin* ») que le groupe humain à connotation ethnique (« *russkii* »), la langue française traduit une confusion qui est plus qu'un simple écart par rapport à un choix linguistique plus ou moins rigoureux.

En réalité, l'adjectif « *rossiiskij* » est un dérivé du substantif « *Rossija* » (« Russie ») apparu, semble-t-il, au début du XVIe siècle et qui va connaître son heure de gloire à l'arrivée de l'Empereur Pierre 1er au début du XVIIIe siècle (73). Se détachant des appellations traditionnelles pour se charger d'un sens étatique, la terminologie va même s'enrichir d'un nouveau terme à la fin du règne de Pierre le Grand, celui de « *rossijane* » qui prenait acte de la transformation de la Russie en Empire en 1722 et allait désigner les sujets de celui-ci « avec une connotation qui les abstrai[yait] dans une certaine mesure de leur attache ethnique ou religieuse » (74). Ce premier pas de la Russie dans son accession à la modernité politique va se révéler décisif même si les phénomènes de sécularisation et de différenciation des sphères temporelle et spirituelle resteront faibles pendant longtemps encore. Mais le plus significatif est la distinction désormais posée entre les deux vocables de « *rossiiskij/rossijanin* » et de « *russkii* », c'est-à-dire entre l'État/Empire et la nation. Cette distinction sera d'une certaine façon reprise par le pouvoir soviétique à partir de 1922 et l'instauration d'une politique des nationalités par Staline qui en promouvant l'*homo sovieticus* reléguera au second plan les revendications autonomistes des peuples, nations et autres ethnies entrant dans le cadre de l'Union. En réalité, au-delà de l'égalité de façade affichée dans les textes constitutionnels de 1924 et de 1936, la politique de centralisation conduite à partir de 1935 va conférer une prédominance évidente à la nationalité russe et aboutir à un affaiblissement concomitant du poids des nations non russes. Le passage généralisé des langues nationales à l'alphabet cyrillique constituera le point d'orgue de cette politique de russification. Elle se traduira notamment par la mention de la nationalité sur le document attestant (passeport) de la

(72) *Ibid.*, p. 72.
(73) Sur ce point W. Berelowitch, « Empire et nation », art. précité, p. 32.
(74) *Ibid.*

citoyenneté soviétique, lui conférant de la sorte une forme de reconnaissance juridique.

On serait tenté de voir dans la situation présente une transposition du schéma qui vient d'être décrit. L'établissement d'une citoyenneté fédérale une et égale pour tous les citoyens de Russie s'apparente en effet à celle que l'Union soviétique octroyait à ses ressortissants. Si la mention de la nationalité a disparu des documents officiels, la politique de nationalisation conduite depuis quelques années par les autorités ainsi que la dynamique du fédéralisme russe à variante asymétrique, dans lequel l'identité nationale des différents sujets n'obtient que peu de reconnaissance, agissent dans le sens d'une restauration d'une identité nationale russe qui s'apparente à une tentative de « synthèse d'une identité communautaire nationale et d'un lien politique à l'État » (75). D'une certaine façon donc, il correspond, dans des termes qui ne sont pas les nôtres (la « citoyenneté fédérale »), à une réalité qui tente de s'en approcher, à savoir celle de la construction d'un État national fondé sur une culture commune, autrement dit, ce qu'Ernest Gellner a pu appeler « la synthèse nationaliste » (76). Cependant, un tel schéma d'interprétation peut difficilement s'appliquer comme tel à la réalité politique de la Russie contemporaine. Par son étendue, sa composition ethno-culturelle, la diversité de ses peuples, celle-ci n'a jamais pu réaliser une combinaison similaire à celle que Gellner a décrite à propos des États européens occidentaux et qu'on pourrait étendre à leurs homologues de l'Est depuis la disparition de l'URSS (77). Aussi, le concept de citoyenneté, tel que l'ont promu les normes juridiques adoptées depuis 1991, traduit-il davantage la persistance d'une certaine nature « impériale » de l'État russe dont le lien juridique avec ses ressortissants demeure marqué du sceau de la protection tutélaire.

II. — UNE CITOYENNETÉ FORMELLE, RÉPONSE AUX PROBLÈMES IDENTITAIRES DE L'ÉTAT ?

La notion de citoyenneté telle qu'elle s'exprime dans l'ordre juridique russe illustre les difficultés pour l'État d'ordonner les divers niveaux d'appartenance de ses ressortissants et témoigne de sa tendance niveleuse de la diversité nationale présente sur son territoire (A). Mais les problèmes ne se limitent pas à des questions internes. Le rôle prédominant que la Russie jouait dans l'Empire soviétique avait conduit à l'installation de millions de nationaux

(75) E. Tassin, « Identités nationales et citoyenneté politique », *Esprit*, 1994, p. 99.

(76) Pour Gellner, le nationalisme se définit comme « un principe politique qui affirme que l'unité politique et l'unité nationale doivent être congruentes » (E. GELLNER, *Nations et nationalisme*, (1983), Paris, Payot, 1989, p. 11).

(77) Sur cette question voir l'ouvrage collectif ss. la direction de J. RUPNIK, *Le déchirement des nations*, Paris, Seuil, 1995.

russes dans les Républiques de l'URSS (78). Avec l'accès aux indépendances, la situation de ces personnes exigera une intervention explicite afin de prendre en charge ceux que l'on désigne comme des « compatriotes » (B).

A. — *La citoyenneté fédérale et la diversité nationale*

Le développement de la démocratie et le renforcement d'une société politique homogène fondée sur des valeurs communes sont aujourd'hui placés par une très grande majorité d'auteurs et d'hommes politiques russes sous l'égide de la nation (79). Comme on l'a souligné précédemment, cette aspiration trouve devant elle de considérables difficultés au moment de sa réalisation en raison du caractère très composite du pays d'ailleurs expressément reconnu par la Constitution dans son article 3. S'appuyant sur près de deux cent peuples et groupes ethniques (80), comprenant notamment sept populations de plus d'un million de personnes (81), le « peuple multinational » de la Russie est ainsi appréhendé dans certaines opérations de recensement à travers les nationalités et les caractères qui le composent et ce, malgré l'absence de valeur juridique officielle reconnue à la nationalité par les différentes normes juridiques qui qualifient l'état civil et civique des personnes (82). Le recensement général opéré en 2002 (83) faisait ainsi état de l'existence de 116 millions de « russes » (« *russkije* ») au sein d'une population de 142 millions de citoyens (*rossijane* ou *rossiiskije gradanina*). En 1996 déjà, un décret du Président

(78) En réalité, cette « présence » relève plus simplement d'un fait « colonial » qui précède de beaucoup l'arrivée des bolchéviks au pouvoir. La politique expansionniste des Tsars avait déjà conduit à l'installation de nationaux russes dans les États sur lesquels elle exerçait son pouvoir.

(79) « L'une des priorités du développement démocratique et juridique de l'État russe à l'époque contemporaine est la fabrication d'une idée nationale commune » (V. Annenkova, « Edinaja natsionalnaja ideja — osnova i smysl edinstva rossijskogo naroda » [Une idée nationale unifiée — fondement et sens de l'unité du peuple russe], *Gosudarstvennaja vlast i mestnoe samoupravlenie*, n° 9, 2005, p. 14).

(80) Dans son rapport présenté au Secrétariat du Conseil de l'Europe le 26 avril 2005, le gouvernement russe faisait état de 160 peuples composant « la population de la Fédération de Russie ». Voir Conseil de l'Europe, ACFC/SR/II (2005) 003.

(81) Russe, tatare, ukrainienne, bachkire, tchouvache, tchétchène et arménienne.

(82) Le rapport devant le secrétariat du Conseil de l'Europe précité soulignait à ce titre que le « droit égal des représentants de toutes les nationalités de la Fédération de Russie à participer à l'administration de l'État ne permet pas d'établir de statistiques de l'administration par origine nationale ». Mais il ajoutait aussitôt de façon un peu énigmatique que « d'après les informations existantes, parmi les députés de la Douma d'État de l'Assemblée fédérale, on compte des Russes, Ukrainiens, (...) ».

(83) *Osnovije itogi Vserossijskoj perepissi nasselenija 2002*, [Résultats généraux du recensement de la population russe en 2002], Moscou, 2003, p. 14-15.

soulignait le « rôle fédérateur du peuple russe [« *russkogo naroda* »] » dans la préservation d'« une unité et [d'] une diversité unique, [d'] une communauté spirituelle et [d'] une union de peuples différents » (84). À sa suite, il est courant aujourd'hui de trouver sous la plume des juristes russes l'affirmation selon laquelle « l'élément russe de la communauté, de l'économie, de la culture, de la psychologie s'avère déterminant pour les autres ethnies [« *ethnos* »] et l'État dans son ensemble » (85). De sorte que l'affirmation constitutionnelle et juridique de la citoyenneté (« *rossijskoje graždanstvo* ») tend à être constamment rapportée à une identité nationale russe (« *russkaja natsionalnaja identičnost* ») fondée sur une « communauté historico-culturelle et une seul langue d'État » (86).

Les multiples conflits qui ont surgi sur le territoire de l'ex-Union soviétique à partir du début des années quatre-vingt-dix constituent la meilleure preuve de l'extrême difficulté à penser et à mettre en œuvre une politique qui soit tout à la fois une expression homogène de la volonté du « peuple multinational » et celle de toutes ses composantes nationales. Faute d'avoir clairement défini les principes qui devaient guider la mise en place de ce fédéralisme asymétrique que le Traité fédéral de 1992 puis la Constitution de 1993 ont contribué à promouvoir, les difficultés nées de la désagrégation de l'Empire soviétique n'ont pas été résolues et continuent aujourd'hui de peser sur la stabilité politique de l'État dans son ensemble. Pour comprendre la nature de ces problèmes, il convient de revenir un instant sur les événements qui se sont produits au début des années quatre-vingt-dix avec l'émergence de nouvelles entités politico-juridiques et l'exaspération des tensions entre les groupes ethniques présents sur les territoires des sujets de la Fédération. Ces problèmes se sont exprimés à travers l'adoption par les républiques fédérées d'actes normatifs ayant pour objet d'affirmer la souveraineté de la nation titulaire sur « son » territoire.

C'est ainsi, par exemple, que l'article 60.1 de la Constitution de Bouriatie faisait référence au droit à l'autodétermination de la « nation bouriate ». Le Conseil suprême de Kabardino-Balkarie avait, lui, considéré que le droit imprescriptible à l'autodétermination des nations kabardes et balkires aboutissait à la réalisation de la souveraineté de la République. En Oudmourtie également, l'article 1.1 de la Constitution affichait le même droit à l'autodéter-

(84) Décret du Président de la Fédération de Russie n° 909 du 15 juin 1996 relatif « à la validation de la conception de la politique nationale d'État de la Fédération de Russie », *Rossijskaja Gazeta*, 10 juillet 1996.

(85) V. Annenkova, article précité, p. 14.

(86) S. Markedonov, « Apologija rossijskoj idiej ili kak nam soxranit Rossiju » [Apologie de l'idée russe ou comment pouvons-nous préserver la Russie], *in Tezisy po rossijskoi natsionalnoj politike*, Moscou, 2004, p. 6.

mination de la nation oudmourte. De même, au Bachkortostan, l'article 69.1 de la Constitution proclama l'autonomie de la République sur le fondement du droit de la nation bachkire à l'autodétermination (87). Puis, les tractations qui s'engagèrent entre les Républiques et le centre à la suite de la signature du traité fédéral du 31 mars 1992 semblèrent marquer une phase d'autonomisation des premières à l'égard du second. Il s'agissait en réalité pour le pouvoir fédéral de maintenir un lien de sujétion non explicitement affirmé (conventionnalisme oblige) avec les Républiques, que certaines à l'image du Tatarstan (88) ou de la Tchétchénie avaient la tentation de rompre définitivement.

C'est la raison pour laquelle la signature d'un traité « sur la délimitation des domaines de compétence entre les organes du pouvoir d'État de la Fédération de Russie et les organes du pouvoir d'État de la République du Tatarstan » (89) le 15 février 1994 constituera un soulagement important pour les autorités fédérales mais aussi un moyen de « canaliser les tendances centrifuges de certains sujets frondeurs » (90) en vue d'endiguer leur orientation vers plus d'autonomie voire d'indépendance. D'autres accords suivront dont la nature et le partage des compétences varieront très sensiblement en fonction des situations (91). Ceux-ci permettront surtout de confier un certain nombre de prérogatives aux républiques en matière budgétaire, commerciale ou encore douanière (92). Cependant, certains accords de délimitation des compétences — tel celui signé avec la république de Kabardino-Balkarie le 1er juillet 1994 — comporteront une mention relative à la citoyenneté du

(87) Pour la consultation de tous ces textes, voir *Konstitutsii respublik v sostave Rossijskoj Federatsi* [Les Constitutions des Républiques membres de la Fédération de Russie], fasc. 1 & 2, Izvestija, Douma d'État, Moscou, 1995.

(88) Sur le mouvement de « souverainisation » au Tatarstan, voir J.-R. Raviot, « Identité régionale et identité nationale : l'émancipation politique du Tatarstan de juin 1988 au 21 mars 1992 », *Revue d'études comparatives est/ ouest*, vol. 24, mars 1993, pp. 101-130.

(89) Voir *Rossijskaja Gazeta*, 18 février 1994, p. 6.

(90) R. Lirou, « La problématique constitutionnelle du fédéralisme : le cas en Russie », *Civitas Europa*, nº 3, sept. 1999, p. 172.

(91) Dans son rapport présenté au nom du Conseil de l'Europe à la Conférence sur le statut constitutionnel des régions de la Fédération de Russie et autres pays européens qui s'est tenue à Kazan en Russie les 11-12 juillet 2003, le Professeur Michel Lesage faisait état de 42 traités signés avec 46 sujets de la Fédération dans la période s'étendant du 15 février 1994 au 16 juin 1998. Pour consulter ce rapport, voir sur le site Internet du Conseil de l'Europe : www.coe.int/T/E/Com/files/CLRAE-Sessions/2003-07-Kazan/rapport_Lesage.asp>

(92) La Tchétchénie qui avait refusé de signer le Traité fédéral de 1992 et provoqué le déclenchement d'un conflit armé avec Moscou est actuellement sur le point de signer un tel traité de délimitation des compétences. Il est assez significatif que celui-ci se limite à prévoir la mise en place d'une zone économique préférentielle afin de promouvoir le développement d'une région dévastée par près de dix années de guerre.

sujet dont le contenu entrera en contradiction ouverte avec la nouvelle constitution fédérale qui venait d'être adoptée en 1993 (93).

En revanche, à partir de 1996, le pouvoir central tentera progressivement d'enserrer les velléités d'affirmation politique et identitaire de ses sujets dans un carcan « protecteur ». Cela n'empêchera pas certaines républiques, tel le Tatarstan, d'adopter des mesures de préservation de leurs propres cultures, mais le lien politique entre les sujets de la Fédération et les individus membres de la « nation titulaire » ne fera plus dés lors partie des éléments que le pouvoir central fédéral acceptera de négocier avec eux. Car l'idée directrice de la politique fédérale est aujourd'hui de développer un concept de nation compris comme « la communauté de tous les russes [« *rossijane* »] indépendamment de leurs appartenances nationales » (94). Autrement dit, il s'agit de répondre à la question de la fondation d'une nation politique qui permette de dépasser les « particularités ethno-nationales » composant l'État russe. L'Union soviétique avait répondu d'une manière assez ambiguë à ce problème en s'efforçant de donner à chaque « grande » nation de l'Union une structure politico-territoriale qui dans le même temps s'appuyait sur un mouvement assez profond de russification de la société soviétique dans son ensemble. La proclamation juridique de l'unité du peuple russe (« *rossiiskij narod* ») par les normes constitutionnelles et les dispositions législatives relatives à la citoyenneté paraissent aujourd'hui, à une échelle plus réduite, reproduire une partie de cette ambiguïté. Mais on peut aussi se demander si les équivoques sises au sein de l'organisation politique et constitutionnelle de la Russie actuelle ne sont pas le reflet d'une certaine impossibilité à résoudre l'équation consistant à faire surgir un « État national » d'une multiplicité d'entités mêlant territoires administratifs historiquement constitués et « nations » ethniques dont l'homogénéité culturelle n'est elle-même pas toujours assurée (95).

Toute considération relative aux rapports entre la diversité nationale et culturelle de la Fédération et la reconstruction de l'État russe doit prendre

---

(93) La Cour constitutionnelle de la république de Kabardino-Balkarie, se fondant sur la loi de ce sujet relative à la citoyenneté, a établi que le citoyen de la république de Kabardino-Balkarie, est un citoyen russe possédant par ailleurs des « droits supplémentaires fixés par la Constitution, les lois et autres actes juridiques de la république » (cité par M. Misrokova, « Kolizij zakonov o gradanstve RF i respubliki v jejo sostave » [Les conflits de lois relatifs à la citoyenneté de la Fédération de Russie et des républiques la composant], *Zakon i pravo*, n° 6, 2005, p. 12).

(94) I. Kravets, « Narodnyi suverenitet, rossiiskii narod i graždanstvo » [La souveraineté du peuple, le peuple russe et la citoyenneté], *in PubliKno i Kastno regulirovanie v Rossii : teoritičeskije i praktičeskije problemy*, Barnaul, éd. de l'Université de l'Altaï, 2003, p. 100.

(95) Ainsi par exemple du « peuple multinational » de la République du Bachkortostan (article 3 de sa constitution), lui-même composante du « peuple multinational » de la Fédération de Russie, qui comprend 22 % de bachkirs, 39 % de russes, 28 % de tatars, 3 % de tchouvaches, 3 % d'ukrainiens et quelques autres représentants de différents peuples.

en compte cette donnée fondamentale. La proclamation de l'égalité des sujets de la Fédération apparaît en effet des plus illusoire dès lors qu'il s'agit d'organiser et de garantir des droits et d'imposer des obligations à des peuples dont la taille, la répartition et l'organisation diffèrent profondément. L'égalité dont il s'agit ne peut être qu'une égalité entre des entités comparables (les Républiques, les peuples autochtones peu nombreux), et non une égalité générale entre les sujets, dont une politique, soucieuse d'assurer une protection adéquate de la grande majorité des cultures et groupes ethniques de la Fédération, ne peut pas se recommander. En 2005, dans son rapport sur la mise en œuvre des dispositions de la Convention-cadre pour la protection des minorités nationales du Conseil de l'Europe, le Gouvernement russe a souligné que « la Russie pluriethnique prête une attention particulière au développement et à l'amélioration de la législation spéciale (axée sur les ethnies) qui garantit une protection juridique des communautés ethnoculturelles les plus vulnérables selon les principes du droit international et russe » (96). Cette considération n'est pas une simple pétition de principe. Comme le souligne ensuite le gouvernement russe, la préservation des droits de ces communautés trouve de nombreux points d'application dans la législation fédérale. La loi sur l'organisation des peuples autochtones numériquement peu importants du Nord, de la Sibérie et de l'Extrême-Orient a précisé le statut juridique de ces peuples (97) ; celle sur la langue des peuples de la Fédération de Russie a permis de garantir l'existence de droits linguistiques au profit de tous les peuples de la Fédération (98) ; la loi sur le recensement a prévu l'utilisation de la langue maternelle « où des minorités nationales vivent de manière groupée » (99) ; quant à celle sur l'autonomie nationale et culturelle (100), elle définit cette dernière comme « une forme d'autodétermination nationale et culturelle (...), une association non gouvernementale de citoyens de la Fédération de Russie s'identifia[nt] avec certaines communautés ethniques et qui est fondée sur la définition volontaire de l'identité en vue de résoudre (...) les problèmes de sauvegarde de l'identité, de développement de la langue,

(96) Rapport précité.

(97) Loi n° 104-FZ du 20 juillet 2000 sur les principes généraux de l'organisation des communautés des peuples autochtones numériquement peu importants du Nord, de la Sibérie et de l'Extrême-Orient de la Fédération de Russie. Ces peuples bénéficient d'une situation tout à fait singulière dans l'ordre juridique fédéral : la loi n° 82-FZ du 30 avril 1999 avait ainsi instauré un système de quotas du nombre de députés les représentant au sein des organes législatifs des sujets de la Fédération.

(98) Loi n° 1807-I du 25 octobre 1991 sur les langues des peuples de la Fédération de Russie, modifiée par la loi n° 126-FZ du 24 juillet 1998 et par la loi 165-FZ du 11 décembre 2002.

(99) Loi n° 8-FZ du 25 janvier 2002 sur le recensement de la population de Russie.

(100) Loi n° 74-FZ du 17 juin 1996 sur l'autonomie nationale et culturelle modifiée par les lois n° 31-FZ du 21 mars 2002, n° 136-FZ du 10 novembre 2003, n° 58-FZ du 29 juin 2004, n° 122-FZ du 22 août 2004 et n° 146-FZ du 30 novembre 2005.

du système d'instruction et de la culture nationale ». L'ensemble de ce dispositif définit une politique ayant pour objet, selon les propres termes des autorités russes, de « développer la législation ethnique fédérale, mais aussi la législation ethnique (...) des régions (sujets) respectives de Russie » (101).

Cette conception n'est évidemment pas sans conséquence sur l'appréhension du lien politique qui rattache l'ensemble des membres individuels de ces peuples à la Russie. Le rapport relatif à la protection des minorités nationales présenté par le gouvernement de la Fédération devant le secrétariat du Conseil de l'Europe en 2005 évoque assez bien le type de contradictions auquel sont exposées les autorités fédérales. On y trouve ainsi cette phrase très ambiguë au moment où le gouvernement expose la place des minorités nationales « dans le système administratif de l'État » : « Toutes les principales minorités nationales de Russie sont élues à l'instance suprême du pouvoir représentatif. Une situation typiquement analogue est observée dans les pouvoirs publics représentatifs des sujets de la Fédération de Russie. Dans les organes du pouvoir exécutif à tous les niveaux, cette statistique ne se pratique pas (...) [afin d'] exclure toute possibilité d'actes de discrimination à cause de la nationalité. On ne peut que supposer que cette situation ne diffère pas beaucoup de celle des pouvoirs publics représentatifs » (102). Ainsi, la nationalité constitue-t-elle une « donnée » dont l'ordre juridique ne doit pas parler car elle est susceptible de conduire à des distinctions injustifiées mais à laquelle il lui arrive cependant de faire quelques références et dont il doit nécessairement tirer des conséquences afin de garantir les droits des minorités qui composent la Fédération. Cette orientation s'intègre assez bien aux dispositions même de la Convention-cadre pour la protection des minorités nationales adoptée par le Comité des ministres du Conseil de l'Europe le 10 novembre 1994 (entrée en vigueur le 1er mars 1998) dans la mesure où cette dernière ne donne aucune définition de la notion (103) et se contente d'énoncer les « droits et libertés des personnes appartenant à une minorité nationale » (art. 1er). De la sorte, l'expression des identités des groupes ethnoculturels qui viendrait contrecarrer l'identité politique nationale ne trouve pas à s'exprimer explicitement sur le terrain d'une confrontation entre des identités collectives mais seulement sous l'angle de droits linguistiques, religieux, culturels dont les sujets ne peuvent se prévaloir que d'un point de vue individuel.

Cependant, le développement des républiques et des autonomies nationales sur le territoire de la Fédération va au-delà de la simple problématique traditionnellement mise en œuvre dans le cadre des institutions de protection des

---

(101) Rapport au secrétariat du Conseil de l'Europe précité.

(102) *Ibid.* (*C'est nous qui soulignons*).

(103) Le rapport explicatif précise à cet égard dans son point 13 qu'« il a été décidé d'adopter une approche pragmatique, fondée sur le constat qu'il n'est pas possible, au stade actuel, de parvenir à une définition susceptible de recueillir le soutien global de tous les États membres du Conseil de l'Europe ». (Doc. H (1995) 010 F FCNM).

droits de l'homme et dans lequel s'inscrit le droit relatif à la protection des minorités nationales. Outre les 32 entités nationales et territoriales, 16 « autonomies culturelles nationales » fédérales et plus de 173 au plan régional ont été créées en Russie entre 2003 et 2004 (104). Ces autonomies ainsi qu'un dense réseau d'associations non gouvernementales participent selon le gouvernement russe à l'institution d'une société civile dont l'objet est « d'unir les efforts pour préserver et développer la langue, la culture authentique et les traditions des peuples, d'établir des liens avec des représentants d'ethnies sur le territoire de la Fédération de Russie, d'éditer des revues et des journaux en russe et dans les langues d'autres peuples » (105). De même, les pratiques de « préservation et de protection de la culture ethnique », notamment par l'enseignement des langues nationales (106) et la promotion des activités d'art populaire des différentes nationalités, contribuent au développement de liens de nature civique avec les identités nationales et territoriales qui n'entrent pas pour autant en confrontation avec la prépondérance du lien politico-juridique prédominant formalisé par la citoyenneté fédérale.

Ainsi, ces différents éléments permettent-ils d'entrevoir la complexité des liens qui unissent les individus aux diverses entités politiques, administratives et culturelles présentes aujourd'hui en Russie. S'il n'est pas douteux que le rapport juridique aujourd'hui privilégié par l'ordre juridique russe est celui de la citoyenneté fédérale, les mesures prises afin d'encourager le développement des cultures ethnonationales contribue à relativiser le caractère formel et abstrait que ce lien pourrait représenter pour la multiplicité des peuples et groupes ethniques. La société civile trouve dans la multiplicité des organisations nationales un terrain favorable à la dynamisation des liens civiques sous l'autorité de l'État fédéral. Cependant ces avancées ne doivent pas faire oublier la problématique question des compatriotes, pour laquelle les autorités russes ont été amenées à modifier à de nombreuses reprises la législation relative à la citoyenneté ces dernières années. Cette question fait apparaître tout à la fois les enjeux internes de la citoyenneté (les problèmes démographiques) que ceux liés à la politique extérieure de « l'étranger proche » (Abkhasic, Ossétie du Sud notamment).

B. — *Les problèmes liés à la présence des compatriotes (« sootečestvenniki ») aux frontières de la Fédération*

Cette question est l'une des plus délicates auxquelles les autorités russes ont été confrontées depuis la fin de l'URSS. Si pour beaucoup, le passage

---

(104) Rapport au secrétariat du Conseil de l'Europe pour 2005, précité.

(105) *Ibid.*

(106) Le même rapport indique que dans les régions du Nord de la Russie, 23 langues sont enseignées dans plus de 19 000 écoles accueillant environ 5 millions d'élèves.

de la citoyenneté soviétique à l'une des citoyennetés des nouveaux États nés du démembrement de l'ex-empire s'est faite automatiquement, pour des centaines de milliers d'autres, il a été nécessaire de déclarer cette dernière. Or, les modalités de cette déclaration ainsi que sa compatibilité avec le statut très spécifique de millions d'individus résidant sur le territoire d'un autre État que celui auquel ils reconnaissaient ainsi faire allégeance ont suscité de grandes difficultés en Russie notamment. Il convient de rappeler que la politique de l'État à l'égard des compatriotes à l'étranger (« *sootečestvenniki za rubežom* ») ne date pas d'hier. Les problèmes apparurent dès la première vague d'émigration durant la guerre civile de 1918. Ils furent amplifiés par la politique des nationalités de Staline à partir de 1922 qui conduisit à la distinction des citoyens soviétiques en fonction de leur origine nationale. Cette identification par la nationalité a perduré jusqu'à la période la plus récente et la consécration par la loi du 31 mai 2002 d'une citoyenneté une et égale indépendante de tous critères ethno-culturels proclamée par la Constitution de 1993 (107). La possibilité ouverte aux compatriotes russes (« *russkije* ») vivant à l'extérieur des frontières de la Fédération de retrouver le lien politico-juridique les rattachant à la Russie fut posée pour la première fois dans l'adresse « sur le renforcement de l'État russe » du Président Elstine au Parlement en 1994. À sa suite, seront pris divers actes juridiques visant à concrétiser les orientations ainsi définies (108), en particulier avec la mise en place d'une commission relative aux compatriotes à l'étranger assurant une fonction de coordination et de contrôle de l'action des ministères fédéraux en charge de ces questions (109).

Mais c'est surtout la loi du 24 mai 1999 » (110) qui s'est attachée à organiser la politique russe à l'égard des compatriotes. L'article 1er de la loi définit ces derniers comme les « personnes nées dans un État, vivant ou ayant vécu dans cet État et possédant les signes d'un héritage de langue, de religion, de culture, de traditions et d'usages communs, ainsi que les descendants en ligne directe de ces personnes ». L'alinéa 2 de l'article 1er détermine lui la notion de « compatriotes à l'étranger » dont elle distingue quatre acceptions possibles :

(107) La nationalité des citoyens soviétiques était indiquée sur le passeport, principal document attestant de l'état civil des citoyens de l'Union soviétique. Cette mention est demeuré jusqu'au renouvellement complet des passeports soviétiques qui n'est intervenu qu'à la fin de l'année 2004.

(108) Décret du Président de la Fédération de Russie du 11 août 1994 « sur les fondements de la politique de la Fédération de Russie à l'égard des compatriotes vivant à l'étranger » ; décision du Gouvernement de la Fédération de Russie du 31 août 1994 « sur les mesures de soutien aux compatriotes à l'étranger ».

(109) Sur ce point, voir V. Mironov, A. Mironov, *Graždanstvo v RF* [La citoyenneté en Fédération de Russie], éd. Norma, Moscou, 2003, p. 57.

(110) Loi nº 99-FZ du 24 mai 1999 « sur la politique étatique de la Fédération de Russie à l'égard des compatriotes à l'étranger » modifiée par la loi 62-FZ du 31 mai 2002.

les citoyens de la Fédération de Russie qui résident de manière permanente à l'étranger ; les personnes qui possédaient la citoyenneté soviétique et qui résident dans un ex-pays de l'URSS (possédant ou non la citoyenneté du nouvel État) ; les émigrants de l'État russe, de la République russe, de la RSFSR, ou de l'URSS qui ont possédé une citoyenneté correspondante mais sont devenus citoyens ou résidents d'un État étranger (citoyens de Russie, citoyens de l'État de résidence et personnes sans citoyenneté) ; enfin, les descendants de l'une de ces catégories à l'exclusion des descendants de personnes appartenant à une nation titulaire d'un État étranger (111). L'article 3 de la loi prévoit que la qualité de « compatriote » est reconnue pour les citoyens russes par la détention d'un document attestant de la citoyenneté russe. Pour les autres catégories, c'est un document délivré par les représentations du gouvernement russe à l'étranger qui confirme le « libre choix » effectué par la personne d'adopter ledit statut. Il a pu être souligné à juste titre l'ambiguité d'un tel document qui tout en contribuant à établir un lien juridique entre l'État russe et ses « compatriotes à l'étranger » ne conduisait pas pour autant à leur accorder la citoyenneté. On a ainsi pu en inférer que « la Russie souhaitait maintenir une certaine tutelle sur ses compatriotes mais sans avoir à s'engager plus avant juridiquement parlant, de sorte qu'elle demeurerait impérialiste par le droit de regard qu'elle s'octroie mais protectionniste par sa politique migratoire » (112).

Les normes juridiques applicables aux compatriotes ont assez rapidement illustré ce constat. On a, en effet, constaté une tendance des autorités en charge de ces questions à faire porter le débat sur la protection des droits fondamentaux de ces personnes par l'utilisation des instruments internationaux de protection des droits de l'homme relative aux minorités nationales et l'octroi d'une série de droits économiques, sociaux, culturels et linguistiques (113) par lesquels l'État peut exercer une pression sur les États étrangers et une influence sur des pays proches, sans pour autant remettre en cause les fondements de sa politique intérieure en matière migratoire. Dans ce contexte, les conditions d'accès à la citoyenneté pour les compatriotes ont pu, dans un premier temps, demeurer relativement restrictives. La loi de 2002 a prévu deux modalités essentielles pour l'établissement de la citoyenneté (art. 5) : d'une part, celle qui résulte de la reconnaissance par la loi au jour de son entrée en vigueur de la possession d'une telle qualité ; d'autre part, la procédure d'acquisition qui comprend elle-même un régime de droit commun (art. 13) et un régime d'exception (art. 14). Le régime de droit commun inclut l'acquisition par la naissance, par la naturalisation et à la suite d'une décoration

(111) L'article 2 de la loi précise que par « nation titulaire », il convient d'entendre « la portion de la population d'un État qui a donné son nom au dit État ».

(112) R. Lirou, « La constitutionnalisation du droit de regard : le cas de la Russie », *Civitas Europa*, n° 13, déc. 2004, p. 47.

(113) *Ibid.*, p. 48.

par l'État. Le régime d'exception comprend, lui, l'octroi (« *predostovlenie* ») collectif de la citoyenneté ou la naturalisation collective, le choix (« *optatsija* ») préférentiel de citoyenneté et la ré-intégration (« *repatriatsija* ») ou la restauration (« *vosstanovlenie* ») de la citoyenneté. C'est à ce régime d'exception comportant une « procédure simplifiée » d'accès à la citoyenneté que les compatriotes sont soumis.

Cette procédure dispense des conditions posées à l'article 13 de la loi, « les citoyens étrangers et les personnes sans citoyenneté qui possédaient la citoyenneté de l'URSS, sont arrivés sur le territoire de la Fédération de Russie de l'un des États qui composaient l'URSS [et] sont enregistrés sur leur lieu de résidence en Fédération de Russie à la date du 1er juillet 2002 ou ont reçu une autorisation temporaire de résider sur le territoire de la Fédération de Russie » (114). Ces exemptions affectent d'abord la possession d'un titre de séjour délivré dans un délai d'au moins cinq années à compter de la demande d'acquisition de la citoyenneté. Elle concerne également la preuve de moyens légaux de subsistance et la maîtrise de la langue russe. Pourtant, ce régime simplifié n'a pas permis de résoudre tous les problèmes liés à la présence massive de compatriotes aux frontières de la Fédération. Les très importants retards liés à la bureaucratie qui continue de peser lourdement sur le travail de l'administration russe (115) ont rendu inefficace la volonté du législateur de permettre à une immigration légale de se constituer. Une première réforme est venue repousser le délai de légalisation prévu à l'article 14 point 4 de la loi jusqu'au 1er janvier 2006 (116). Ceci s'est révélé insuffisant. Le président Poutine a alors pris l'initiative d'une nouvelle modification de la loi qui est entrée en vigueur le 3 janvier dernier (117) et qui a repoussé à nouveau le délai permettant aux compatriotes d'acquérir la citoyenneté russe sous une forme simplifiée. Désormais, ceux-ci ont jusqu'au 1er janvier 2008 pour déposer leur demande. Plus encore la nouvelle loi a étendu le régime simplifié aux personnes ayant reçu un droit de résidence (« *vid na žitelstvo* ») après le 1er juillet 2002, date d'entrée en vigueur de la loi sur la citoyenneté. Cet assouplissement de la législation devrait être accompagnée dans le courant de l'année d'une « amnistie migratoire » à l'égard notamment des travailleurs clandestins arrivés en masse sur le sol russe des ex-pays soviétiques depuis quelques années (118).

---

(114) Art. 14 point 4 de la loi du 31 mai 2002.

(115) T. Škel, « L'gota na graždanstvo » [Ristourne sur la citoyenneté], *Rossijskaja Gazeta*, 9 décembre 2005.

(116) Loi n° 151-FZ du 11 novembre 2003.

(117) Loi n° 5-FZ du 3 janvier 2006 « sur l'introduction d'une modification à l'article 14 de la loi fédérale sur la citoyenneté de la Fédération de Russie », *Rossijskaja Gazeta*, 5 janvier 2006, p. 12.

(118) N. Kozlova, I. Elkov, M. Falaeev, E. Šestakov, « Rossija stanet bolše na milion », [La Russie croît d'un million], *Rossijskaja Gazeta*, 2 décembre 2005,p. 1-2.

Cet ensemble de mesures doit permettre de répondre à deux préoccupations essentielles des autorités russes aujourd'hui : d'une part, l'amélioration de la situation des « minorités nationales russes » dans l'étranger proche (119), en particulier dans les pays baltes ; d'autre part, la création de conditions réellement favorables à l'intégration des immigrants de l'ex-Union soviétique afin que ceux-ci viennent combler le déficit démographique que le pays connaît depuis plusieurs années (120). Selon le service fédéral des migrations, la première modification intervenue à la fin de l'année 2003 a permis une augmentation de la population russe de 323 000 personnes en 2004 et de 343 000 pour les huit premiers mois de 2005 (121). La récente réforme devrait permettre d'aller bien au-delà avec un accroissement démographique estimé à plus d'un million de concitoyens supplémentaires (122). Cette question est l'une des plus importantes qui se pose aujourd'hui à la Russie. Le phénomène de dépopulation qui affecte le pays oblige à considérer l'immigration comme l'une des seules solutions à même de remédier à ce problème (123). En ce sens, l'ouverture actuelle de la législation relative à la citoyenneté semblerait attester de la prise de conscience en Russie de l'ampleur des enjeux en cause. Pour autant, comme l'a souligné le président de la chambre haute du Parlement, Sergueï Mironov, au moment de l'adoption de la dernière modification de la loi de 2002, les autorités russes entendent contrôler l'orientation de la politique migratoire afin que soient attirés primordialement les éléments « russes » (« *russkije* ») des compatriotes, c'est-à-dire ceux qui « parlent la langue russe et partagent les traditions culturelles et les valeurs russes » (124). C'est exactement cette position qu'est venu rappeler Vladimir Poutine dans son discours à la nation prononcé le 10 mai dernier. Évoquant la chute de la démographie comme « le problème le plus grave » auquel la Russie est aujourd'hui confrontée sur le plan intérieur, il a insisté sur le fait que le recours à l'immigration envisagé devait d'abord prendre pour cible les Russes vivant dans les pays de l'ex-URSS. On voit donc que la volonté d'« incarner » l'évolution de la politique migratoire à travers une conception plus ouverte de la citoyenneté

---

(119) Lors des débats parlementaires relatifs à la modification de la loi sur la citoyenneté, c'est d'abord les organes du ministère des Affaires étrangères qui sont intervenus afin d'appuyer la réforme. *Cf.* les déclarations du conseiller du ministre des Affaires étrangères, G. Karasin rapportée par T. Škel, art. précité.

(120) Dans un décret adopté le 1er mars 2003 (n° 256-R), le gouvernement fédéral plaçait « la migration volontaire en Russie des compatriotes des pays de la CEI et des pays baltes » comme l'un de ses axes prioritaires.

(121) Voir les déclarations de K. Romodanovski, *Rossijskaja Gazeta*, 2 décembre 2005, p. 2.

(122) « Rossija stanet bolše na milion », art. précité.

(123) A. Višnevski, « Une superpuissance sous-peuplée. La Russie en 2013 », *Le Débat*, n° 130, 2004, pp. 63-77.

(124) Déclaration à la *Rossijskaja Gazeta* du 5 décembre 2005, p. 2.

demeure cependant étroitement liée à un arrière-fond nationaliste panrusse assumé par ses dirigeants.

Ceci rejoint l'ensemble des remarques formulées précédemment sur le caractère « impérial » du lien politique que l'État russe tend à maintenir dans ses relations avec ses ressortissants. La conception de la citoyenneté russe actuelle assure une prééminence à la nationalité dominante que représente la population ethniquement russe. Mais cette prédominance revêt un caractère profondément ambivalent dans la mesure où elle consacre une double tendance qui renvoie à l'indétermination dans laquelle l'État russe se trouve une nouvelle fois pris : d'une part une égalité juridique de tous les individus devant la loi au sein de l'ordre juridique fédéral ; d'autre part, une inégalité socio-culturelle dans laquelle la culture russe joue le rôle de moteur de la conduite de la politique « nationale ». De la sorte, si l'on peut considérer que la Russie a peut-être dû faire son « deuil de l'Empire » (125), l'immensité de son territoire, la multiplicité des peuples et cultures qui la composent et les incertitudes liées à la transition démocratique, la conduisent aujourd'hui à une redéfinition de son identité nationale qui loin de rompre avec son histoire impériale paraît en réitérer certains de ses traits les plus singuliers.

Cédric Raux
Docteur en droit public

(125) G. Nivat, « Russie : le deuil de l'Empire », *in* J. Rupnik (dir.), *Le déchirement des nations*, *op. cit.*, p. 59.

DOCTRINE

SCIENCE POLITIQUE — LES CANDIDATURES À L'ÉLECTION PRÉSIDENTIELLE

La sélection des présidentiables, une question ancienne et en devenir

par Pascal JAN

Professeur des Universités
Institut d'Études Politiques de Bordeaux (1)

L'élection présidentielle de 2007 voit pour la première fois se généraliser un pré-premier tour électoral organisé par les principales formations politiques. Plus exactement, la sélection des candidats à la magistrature suprême a toujours existé au sein des formations politiques mais désormais cette sélection est strictement organisée, encadrée et opérée par les militants eux-mêmes. Cette nouvelle conception de la candidature à la présidence de la République, observée par certaines formations politiques depuis longtemps (Verts par exemple) est nouvelle pour les deux formations principales de gouvernement, à savoir l'UMP et le Parti Socialiste. Elle ne s'apparente en rien, cependant, au mécanisme de sélection des candidats à la présidentielle américaine.

---

(1) www.droitpublic.net

Il y a là l'émergence d'une procédure peu conforme à la vision gaulliste de l'élection présidentielle qui devait marquer la rencontre directe d'une personnalité avec le peuple, sans emprise partisane. Il est vrai cependant que le premier chef de l'État de la Ve République a lui-même dérogé rapidement à ses principes en instituant une sélection parmi les candidats à la candidature. Le système des parrainages est une première entorse, et de taille sur le plan symbolique, au principe posé en 1958. La réglementation jusqu'en 1981 était, il est vrai, pour le moins libérale. Mais face au doublement des candidats de 1965 à 1974, le législateur sur invitation du Conseil constitutionnel, décida en 1976 de durcir les conditions de présentation en exigeant, comme chacun le sait, 500 signatures provenant d'au moins trente départements ou d'un territoire d'outre-mer sans qu'un dixième d'entre-elles émane d'élus d'une même collectivité territoriale. La réglementation s'est avérée pourtant incapable d'enrayer le nombre de candidatures record en 2002 pour le premier tour (16) même si ce nombre a été ramené à 12 en 2007 (2). Modifier la règle une nouvelle fois fut donc, de nouveau, au menu sur invitation — encore — du juge de l'élection présidentielle. Mais le législateur, cette fois-ci, n'entendit pas les avertissements du Conseil constitutionnel. La haute instance, dans un avis du 7 juillet 2005, pointait du doigt la « législation en vigueur qui n'a pas empêché en 2002 un nombre sans précédent de candidats ». D'une certaine façon le déroulement du second tour de 2002 est la conséquence de la multiplication des candidatures au premier tour. C'est dans ce contexte qu'intervient notamment l'organisation de « primaires » militantes au sein des deux formations qui dominent l'assemblée nationale. Ce système qui confie aux militants de choisir leur candidat est une technique qui non seulement légitime le candidat mais écarte définitivement ceux qui se sont inscrits dans cette compétition à la candidature. Du coup, les personnalités indépendantes qui solliciteraient les maires pour se présenter rencontrent inévitablement des difficultés supplémentaires, le signataire s'inscrivant en rupture avec la base de son parti politique. On peut donc penser qu'avec ce mode de désignation des candidats en interne, les dissidences seront peu nombreuses.

Il semble bien que cet objectif ait été atteint, à l'UMP seul Nicolas Dupont-Aignan entrant en lice contre Nicolas Sarkozy mais échouant dans sa récolte des signatures. Sa candidature repose donc uniquement sur les élus locaux rejetant la prééminence de Nicolas Sarkozy et se ralliant à une certaine conception de la souveraineté nationale étrangère au candidat élu du mouvement. Quant à l'éventualité d'une candidature dissidente de la ministre de la Défense, Michèle Alliot-Marie, elle s'éloigna inévitablement à compter de son acceptation de l'élimination du candidat en interne. Au parti socialiste,

(2) Décision du Conseil constitutionnel du 19 mars 2007 arrêtant la liste des candidats à l'élection présidentielle : Olivier Besancenot, Marie-George Buffet, Gérard Schivardi, François Bayrou, José Bové, Dominique Voynet, Philippe de Villiers, Ségolène Royal, Frédéric Nihous, Jean-Marie Le Pen, Arlette Laguiller, Nicolas Sarkozy.

l'adoubement de Ségolène Royal enterra toute velléité dissidente. À l'extrême gauche, la situation est plus confuse même si la désignation de Marie-George Buffet par soutien des militants anti-libéraux a également conduit certains partenaires du non au Traité « constitutionnel » à s'engager dans la course comme José Bové ou encore Olivier Besancenot, tous deux qualifiés pour le 1er tour de l'élection présidentielle de 2007.

Cela étant dit, l'organisation des primaires au sein des formations politiques réduit-il le risque d'un émiettement des suffrages exprimés au premier tour par pléthore de candidats ? Car tel est bien aussi l'objectif de ces primaires : légitimer par avance un candidat de rassemblement afin de voter utile au premier tour et éviter le 21 mai 2002. La réponse est bien évidemment négative. Si les primaires populaires clarifient le jeu au sein des formations qui les organisent et dotent son compétiteur d'une légitimité indiscutable, elles n'influencent qu'à la marge la carte des candidatures au plan national. Cela ne signifie pas que ces candidats obtiendront les 500 signatures. La raison apparaît assez clairement à l'analyse : elle tient à l'éclatement de l'offre politique conjugué à un système de présentation insuffisamment sélectif. Même si de nombreux maires rechignent à apporter leur soutien en raison de la publicité éventuelle de leur prise de position par le Conseil constitutionnel, sur les 43 000 présentateurs potentiels il n'est pas impossible pour une personnalité à la tête d'un réseau influent de récolter le nombre minimum de signatures. Quand bien même le nombre de candidats finalement retenus par le Conseil est en deçà de celui qu'il fut en 2002, rien ne dit que dans cinq ans, ce nombre ne soit pas égalé voire dépassé. C'est pourquoi nombreux sont ceux qui pensent que les primaires partisanes si elles participent à un certain assainissement des candidatures officielles sont insuffisantes à clarifier le jeu politique au premier tour.

Plusieurs solutions ont été proposées. Des mauvaises pour commencer, comme le durcissement des conditions de parrainages. Pierre Mouzet (3) relève que cette stratégie, déjà utilisée en 1976, est simplement inopportune car ce serait « transformer le sens du suffrage direct », attenterait au pluralisme et rien ne garantirait son efficacité compte tenu du nombre important de présentateurs. Les professeurs Carcassonne et Duhamel (4) ont quant à eux proposé la mise en place d'un tour intermédiaire pour clarifier le jeu politique décisif. Enfin, sur proposition parlementaire communiste, l'idée a été avancée d'abandonner l'exigence d'une majorité absolue au second tour. Mais cette suggestion, fort audacieuse, modifierait radicalement l'esprit de 1962 et, pour cette raison, doit être écartée. En revanche, une autre solution consisterait non pas à réviser une énième fois la Constitution et ajuster le texte fondamental aux circonstances du moment, mais à agir indirectement en assainissant le jeu

---

(3) P. Mouzet, « Les Conseils constitutionnels », *Revue politique et parlementaire,* 2006, n° 1041.

(4) « Éviter un nouvel 21 avril », *Le Monde* du 8 mars 2006.

parlementaire par l'instauration du scrutin majoritaire à un tour. L'intérêt d'un tel mode de scrutin est d'obliger les formations politiques à fusionner tout en respectant en leur sein des sensibilités différentes pour espérer séduire le plus largement possible l'électorat au tour unique. Du coup la question des signatures ne se pose plus et l'intérêt des primaires au sein des formations politiques prend tout son sens.

Pascal JAN

Professeur des Universités
Institut d'Études Politiques de Bordeaux

DOCTRINE

SCIENCE POLITIQUE — LES CANDIDATURES À L'ÉLECTION PRÉSIDENTIELLE

Primaires et nouvel imaginaire démocratique

par Michel HASTINGS

Professeur à l'Institut d'Études Politiques de Lille

Le 16 novembre 2006, les militants socialistes choisissaient leur candidate pour l'élection présidentielle de 2007. Cette modalité de sélection, rare mais pas inédite en France puisque déjà en 1995 Lionel Jospin l'avait emporté face à Henri Emmanuelli dans le cadre d'une désignation interne ouverte aux adhérents, fut spontanément qualifiée de « primaires », en référence au système emblématique en vigueur aux États-Unis. Par un raisonnement de type analogique, plus prompt à miser sur les ressemblances qu'à pointer les différences, le terme s'est depuis lors installé, paresseusement, dans les lexiques médiatiques et académiques. Son succès sémantique doit beaucoup, nous semble-t-il, à l'imaginaire démocratique dont il est porteur. Mot magique, mot plastique, les primaires renvoient à un univers politique débarrassé de la mainmise des élites et des appareils, au mythe d'un citoyen ordinaire capable et désireux de donner son avis, de délibérer, de participer directement aux décisions et au choix de la collectivité. Les primaires parlent aussi d'un temps primordial mais révolu où les militances de proximité dessinaient des communautés partisanes chaleureuses et familiales, où les figures du peuple se déclinaient dans des sociologies de la fidélité et de l'engagement corps et âme, où les exigences de la discipline procuraient encore des gratifications matérielles et symboliques. Ne sous-estimons surtout pas le potentiel onirique des mots. En politique plus qu'ailleurs, ils charrient des nostalgies et des attentes, et mobilisent des ressources performatives insoupçonnées. L'organisation des primaires au sein du parti socialiste, les débats internes et les commentaires divers qu'elles ont suscités s'inscrivent dans une épistémologie beaucoup plus large du désenchantement démocratique (1). Toute une gamme d'« utopies régressives », pour reprendre la formule quelque peu cruelle de Pierre Rosanvallon, déploient aujourd'hui leur séduction en s'efforçant de répondre aux pannes de la démocratie représentative. Les primaires au sein des partis politiques appartiennent en effet à ce répertoire d'expériences censées exprimer une demande critique de démocratie renouvelée dans laquelle le citoyen, la société civile, le militant, entendent se réapproprier les leviers de la discussion, de la sélection, de la décision et du contrôle. Il convient donc de comprendre les enjeux et les logiques de ces primaires partisanes dans le cadre d'une économie de la renégociation du contrat démocratique. Si l'idéal démocratique ne souffre pas ici de remise en cause, c'est en son nom pourtant qu'émergent des dispositifs marqués à la fois par la méfiance dans les institutions et le personnel politiques, et par la volonté de fonder de nouvelles règles du jeu sur l'expertise citoyenne et militante.

I. — Depuis plusieurs années, les symptômes d'un malaise démocratique semblent se multiplier : abstention structurelle, frappant des groupes sociaux hier encore reconnus pour être très participatifs (enseignants, diplômés), faibles scores enregistrés par les grands « partis de Gouvernement », succès accru des formations extrémistes et des candidats hors-système, volatilité croissante des électeurs, fragilité des loyautés politiques, usage sanction du vote et répétition des alternances, etc. Les élections présidentielles de 2002 auront constitué à cet égard le trauma historique qui permit de prendre conscience de l'ampleur du phénomène. Derrière ce rapide inventaire déjà bien connu où se lisent la méfiance, la protestation, le retrait, la déception, la trahison, apparaît la figure d'un nouveau citoyen de plus en plus critique, versé dans un « cynisme croissant » (2), et entré en sécession contre les pratiques démocratiques les plus conventionnelles. Le diagnostic se montre d'autant plus sombre que la plupart des observateurs en déduisent une altération profonde du lien politique ainsi qu'une érosion du rapport à la loi commune et à l'intérêt général. Au-delà de ces indices qui alimentent une idéologie décliniste de la démocratie en péril, il existe d'autres signes qui témoignent au contraire d'un souci réel de redynamiser la démocratie représentative en développant notamment des modalités de participation directe et de délibération collective.

---

(1) P. Perrineau (dir.), *Le désenchantement démocratique*, Éditions de l'Aube, 2003.

(2) P. Norris, *Critical Citizens. Global Support for Democratic Governance,* Oxford University Press, 1999.

Un ressourcement démocratique se réaliserait ainsi aux marges mêmes d'une démocratie en voie d'épuiser son âge de la représentation au profit de nouvelles pratiques permettant à la fois l'expression des intérêts et la prise en compte de la compétence des citoyens. L'organisation des primaires au sein de l'un des principaux partis politiques français, devenu machine à produire des « présidentiables », est donc à ranger dans cette liste d'initiatives nouvelles visant à régénérer non seulement l'intégration des citoyens au système de la compétition politique mais également les frontières de l'espace public : comités de quartier, sondages délibératifs, conférences de consensus, *focus groups*, jurys de citoyens, référendums locaux. Malgré leur évidente diversité, ces projets partagent tous un même air de famille.

Ils enregistrent, tout d'abord, la revanche de l'individu ordinaire. Celui-là même que l'idéal démocratique avait naguère tant chanté et cru trouver dans le citoyen républicain, éduqué et patriote, l'électeur paisible et loyal, mais que plus d'un siècle de fonctionnement démocratique aura naturalisé et relégué au musée des seules incantations. Le retour de l'individu ordinaire, sous les avatars hétéroclites du militant de base, du simple adhérent, des « vrais gens », des oubliés, des silencieux, des ménagères de cinquante ans, des sans-grade, des victimes, des invisibles, accompagne une forme d'insurrection civique menée par tous ceux qui ne veulent plus se contenter de donner leur voix mais de la faire entendre, de sortir des rythmes électoraux ou manifestants pour reconquérir et mettre enfin en pratique une souveraineté fétichisée et vide de toute substance. Il ne s'agit pas d'une révolte populaire mais d'une dynamique menée au nom du peuple, celui une fois encore de l'idéal démocratique mais que les différents régimes ont si souvent relégué au rang d'acteur sans rôle.

Cette revanche de « l'homme sans qualité » repose également sur une revendication de compétence naturelle sans laquelle l'oxymore de la distinction de l'ordinaire ne saurait se résoudre. En effet, ces mesures de démocratisation de la démocratie se font au nom de la redécouverte des savoirs profanes. C'est tout le processus de professionnalisation de la politique qui se trouve ainsi remis en cause, avec ses critiques aux accents parfois populistes dénonçant la distance des institutions, l'arrogance des élites et la suffisance des experts. Le savoir de l'homme ordinaire n'est-il pas le fondement même de l'idéal démocratique ? C'est contre les logiques capacitaires et technocratiques du métier politique que ces différentes initiatives entendent proposer une hybridation des compétences et l'écoute plus assidue de la parole des humbles.

Ces projets de revitalisation démocratique se fondent aussi sur une idéologie partagée du soupçon. La revendication de citoyenneté « par le bas » s'inscrit dans un imaginaire de la résistance, de la rébellion, voire de la désobéissance, que nourrissent les sentiments de défiance menés à l'encontre des élites politiques et des règles du jeu qui tendent à les reproduire et les protéger. La Loi même peut devenir suspecte au nom d'une raison dont le peuple ordinaire serait un utilisateur plus éclairé et vigilant. Faire de la politique autrement c'est bien souvent aujourd'hui endosser la tunique trop large d'Antigone. Ce sont également des mesures de suspicion qui multiplient les contre-pouvoirs et les dispositifs d'une « contre-démocratie (3) » définie non pas comme le contraire de la démocratie mais comme une forme de démocratie qui contrarie l'autre, celle historiquement bâtie sur la représentation et la « ventriloquie usurpatrice » de la délégation. La souveraineté du peuple se manifeste ainsi de plus en plus fréquemment comme une puissance de refus, de rejet et de punition.

Enfin, le ressort de ces initiatives semble tendu par un impératif de démocratie immédiate, avatar postmoderne d'une démocratie directe conjuguée à la pression médiatique de l'urgence et au rêve d'une parole aussitôt incarnée dans la réalité. C'est en effet l'imaginaire dromocratique (du grec *dromos* = la course), bien étudié par Paul Virilio, qui sous-tend cette accélération des temporalités politiques emmenant dans son sillage le retour des impatiences avivées par les logiques tyranniques de l'opinion et de l'émotion.

L'organisation des primaires par le parti socialiste, son succès évident, ne sauraient se comprendre indépendamment de cet « esprit du temps » propice aux retrouvailles entre le peuple, sa souveraineté et une volonté générale trop longtemps tenue pour confisquée. Les critiques de la représentation portent en effet essentiellement sur les dimensions procédurales de la démocratie, sur leur inadaptation face à des attentes plurielles. Cette dynamique à l'intérieur même de la démocratie conduit à une réappropriation civique de certains actes politiques, et à la naissance d'un nouveau citoyen vigilant et surveillant.

II. — Les partis politiques sont devenus aujourd'hui des acteurs indispensables dans les démocraties représentatives en remplissant notamment un certain nombre de fonctions de programmation, de sélection des personnels politiques, de coordination et de contrôle des politiques gouvernementales, et de construction identitaire de groupes sociaux. Néanmoins la question de l'articulation entre la démocratie interne du parti et la démocratie du régime politique n'a cessé de demeurer problématique. Dès les débuts du XXe siècle, Roberto Michels dessinait déjà un tableau pessimiste de l'avenir démocratique des premiers partis de masse, organisations bureaucratisées soumises à une loi d'airain de l'oligarchie. Ce fut ensuite au nom d'un impératif d'efficacité que le problème fut refoulé, autorisant toutes les dissonances entre l'idéal démocratique proclamé et le réalisme du fonctionnement quotidien. L'exercice du pouvoir, la nécessité des compromis, les contraintes du jeu compétitif ont en effet facilité le renoncement des partis, notamment sociaux-démocrates, à se constituer en « déjà-là de la démocratie idéale (4) ». Depuis une douzaine

(3) P. ROSANVALLON, *La contre-démocratie. La politique à l'âge de la défiance*, Seuil, 2006.

(4) J.-M. DONEGANI et M. SADOUN, *La démocratie imparfaite,* Gallimard, Folio, 1994.

d'années, on assiste toutefois, dans la plupart des partis de Gouvernement européens, à une politique d'investissement dans les procédures de démocratisation interne. Le contexte est en effet devenu favorable.

La mise sur pied de mesures et de pratiques approfondissant la démocratie partisane participe du besoin des formations de s'adapter aux nouvelles exigences suscitées par le déclin de l'engagement militant, le renforcement des liens entre les partis et les États, la crise des fonctions idéologiques et intégratrices, mais aussi l'élévation du niveau culturel des militants, le sentiment accru de compétence qui conduisent à remettre en question les formes traditionnelles d'allégeance. La volatilité électorale constitue d'ailleurs un indicateur pertinent de la désaffiliation partisane et de la contestation de la politique menée par les seuls cercles dirigeants. Les partis, de gauche comme de droite, ont été également amenés à redécouvrir l'importance de leur base militante et à inaugurer des réformes de leur fonctionnement interne afin d'ouvrir les espaces de discussion (5). L'organisation de primaires au parti socialiste illustre donc non seulement une revendication plus large de démocratisation à l'intérieur des partis politiques mais témoigne aussi de l'importation au sein des organisations partisanes de cet imaginaire démocratique nouveau qui saisit par ailleurs l'ensemble de la participation politique. Il faut certes convenir qu'il n'y a pas de coïncidence spontanée entre la démocratie au sein des partis et celle de la représentation nationale (6), mais les formations partisanes ne sauraient demeurer étanches aux mutations sociologiques et aux changements dans l'ordre symbolique des représentations.

Désormais toute une ingénierie démocratique renégocie le lien entre le militant et son parti. À l'ancienne logique incarnative et substantialiste d'un peuple militant uni derrière son appareil, soudé par les grammaires identitaires et la routinisation historique des normes et pratiques intériorisées, se substitue progressivement une logique individualisatrice et universaliste qui conduit le parti à rapatrier dans ses procédures internes les principes de la démocratie directe, du débat public et de la consultation institutionnalisée. En France, le parti socialiste a ainsi introduit depuis 1993 non seulement les états généraux, mais aussi les référendums internes comme l'a montré celui organisé en 2005 sur le Traité constitutionnel européen, et multiplie les occasions de vote direct selon le principe atomistique « un homme, une voix ». Le premier secrétaire est élu au suffrage universel des adhérents depuis 1995 (procédure identique pour le président du RPR depuis 1998 et celui de l'UMP depuis 2002). Ces différentes initiatives entendent résoudre la conflictualité apparue entre les adhérents, la base, et les dirigeants, le sommet, et répondre aux signes de désaffection et de défiance qui pénètrent aussi l'univers spécifique de la

(5) S. Scarrow, « Parties and the Expansion of Direct Democracy : Who Benefits ? », *Party Politics*, vol. 5, n° 3, 1999, pp. 341-362.

(6) L. Olivier, « Ambiguïtés de la démocratie partisane en France (PS, RPR, UMP) », *Revue française de science politique*, vol. 54, n° 5, octobre 2003, pp. 761-790.

démocratie militante. Ce mouvement de démocratisation, mené à l'échelle européenne, doit autant à des considérations stratégiques qu'à une sincère conversion aux valeurs nouvelles. Le vote individualiste permet par exemple de court-circuiter le poids des courants et de dissoudre la menace des concurrences au leader dans le flot arithmétique des suffrages. Les partis politiques semblent ainsi redécouvrir les effets pacificateurs du suffrage universel tels qu'ils avaient été utilisés au XIXe siècle pour défendre l'ordre républicain contre les velléités révolutionnaires. Une autre croyance se trouve également réactivée par la mise en place de ces dispositifs de démocratie interne : celle de la « fabrique du bon militant » et de la validation du cercle vertueux selon lequel les partis qui fonctionnent de manière démocratique socialiseraient mieux leurs adhérents à la démocratie du système politique tout entier. L'émergence d'une norme démocratique au sein des partis politiques est redevable de ce « nouvel esprit de l'action publique » qui entend légitimer une gouvernance fondée sur le pouvoir d'attraction de notions au flou angélique : concertation, consultation, débat public, délibération, primaires.

Dans l'eau lustrale des primaires, se donne donc à voir l'émergence probable d'un nouvel âge démocratique. Les primaires constituent assurément l'une des pièces majeures d'un montage démocratique qui se pense et se rêve équitable, durable et citoyen. Pour certains observateurs, l'épuisement de la démocratie représentative est déjà consommé, pour d'autres, plus prudents, nous assisterions à une forme inédite de mutualisation entre les impératifs hier encore jugés contradictoires de la démocratie représentative et de la démocratie directe. Une hybridation dont la fécondité reste encore à prouver mais dont il sera difficile de résister aux sirènes enchanteresses.

Michel HASTINGS
Professeur à l'Institut d'Études Politiques de Lille

DOCTRINE

SCIENCE POLITIQUE — LES CANDIDATURES À L'ÉLECTION PRÉSIDENTIELLE

Les deux ramoneurs et la démocratie partisane

(La désignation interne des candidats à l'élection présidentielle de 2007 : les exemples du PS et de l'UMP)

par Jean PETAUX
HDR science politique
Sciences Po Bordeaux

SOMMAIRE

Il en va des fables comme des détours, les unes et les autres permettent paradoxalement d'aller plus rapidement à l'essentiel. Dans son seul et unique roman, *Maintenant ou jamais*, l'immense Primo Levi rapporte cette histoire entre Piotr et Pavel, le second cherchant à expliquer au premier ce qu'est le *Talmud* :

« Pavel l'interrompit :

— Je vais te l'expliquer par un exemple, moi, ce que c'est que le Talmud. Écoute bien : deux ramoneurs tombent dans le conduit d'une cheminée ; l'un d'eux s'en tire tout couvert de suie, l'autre tout propre. Quel est celui des deux qui va aller se laver ?

Soupçonnant un piège, Piotr regarda autour de lui comme pour chercher de l'aide. Puis il s'arma de courage et répondit :

— Celui qui est couvert de suie.

— Erreur dit Pavel. Celui qui est sale voit le visage de l'autre, qui est tout propre, et croît l'être aussi. Alors que celui qui est propre voit la suie sur le visage de l'autre, croît être sale et va se laver. Tu as compris ?

— Oui j'ai compris, c'est bien raisonné.

— Attends, l'exemple continue. Je vais te poser une deuxième question. Ces deux ramoneurs tombent une seconde fois dans la même cheminée, et une fois encore l'un est sale et pas l'autre. Quel est celui qui va se laver ?

— Je t'ai dit que j'avais compris. C'est le ramoneur qui est propre qui va se laver.

— Erreur, dit Pavel impitoyable. En se lavant après la première chute, celui qui était propre avait remarqué que l'eau de la cuvette ne devenait pas sale, tandis que celui qui était sale avait compris la raison pour laquelle celui qui était propre est allé se laver. Aussi, cette fois, c'est le ramoneur sale qui va se laver.

Piotr écoutait, bouche-bée, mi-effrayé, mi-intrigué.

— Et maintenant la troisième question. Les deux ramoneurs tombent une troisième fois dans la cheminée. Quel est celui des deux qui va se laver ?

— Dorénavant, je dirai que c'est celui qui est sale qui va se laver.

— Encore une erreur. Tu as déjà vu, toi, que deux types tombent dans la même cheminée, et que l'un soit propre et l'autre sale ? » (1).

À ce stade du récit, Primo Levi fait dire à Pavel : *« Voilà, le Talmud, c'est un peu comme ça »*. Transposant cette parabole au processus de désignation de la candidate socialiste et du candidat uèmpiste à l'élection présidentielle de 2007 nous voilà, d'emblée, au cœur du problème en posant cette question forcément ouverte : *« Tu as déjà vu toi, que deux acteurs politiques sortent vainqueurs d'un processus de désignation interne à leur parti et que cela soit une nouvelle forme de l'expression démocratique militante d'un côté et du bonapartisme traditionnel de l'autre ? »*.

---

(1) P. LEVI, *Maintenant ou jamais*, Paris, 10-18, n° 2038, 1997, pp. 200-201.

Une erreur facile à commettre consiste à considérer que plus est grand le degré d'expression de la démocratie au sein des organisations partisanes, plus s'exprime corrélativement l'exigence qualitative dans le choix collectif d'un candidat. C'est là une vieille croyance relevant d'un credo fondateur : « le peuple des votants », qu'il soit tout entier le « peuple en corps » cher à Jean-Jacques Rousseau exprimant sa volonté générale d'une seule voix ou qu'il soit réduit au « peuple des adhérents », ne saurait se tromper. Son jugement est forcément juste, son choix est nécessairement bon et sa décision incontestablement opportune. Dès lors s'opère une distinction naturelle entre ceux qui auront subi avec succès le rite initiatique de la sélection impitoyable des destins soumis au verdict militant et ceux qui, parce qu'ils sont fondamentalement bonapartistes, incorrigiblement monopolistes et/ou malignement charismatiques n'ont pas manqué d'être désignés puisqu'ils étaient seuls candidats dans ces séries qualificatives que certains commentaires nomment « primaires ».

Dans les faits, rien de tout cela ne correspond à la réalité. Les « primaires » dans la France de 2006-2007 n'ont pas existé au sens strict du terme, tel qu'on le connaît dans le processus de sélection interne aux deux grandes machines électorales se partageant les faveurs des électeurs aux États-Unis. Le déroulement du processus de désignation interne aux deux plus grandes formations politiques françaises (le PS et l'UMP) ne fut en rien innovant, en regard des expériences passées ; il procède d'une même logique structurale par-delà l'anecdote des intrigues partisanes et des différenciations symboliques et idéologiques de circonstance ; il révèle la même insuffisance doctrinale et le même souci de complaire.

I. — Rien de nouveau sous le soleil partisan : vaincre et accessoirement convaincre

Qui n'a en mémoire ces conseils que l'on prête, par commodité et sans en être certain, au grand Cardinal Mazarin ? :

« Tu dois tout savoir sans rien dire, être gracieux avec chacun sans donner ta confiance à personne. (...) Garde toujours quelque méfiance à l'égard de chacun et sois convaincu qu'ils n'ont pas de meilleure opinion de toi que d'autres. (...) Aies toujours ces cinq préceptes sous les yeux : 1. Simule ; 2. Dissimule ; 3. Ne fais confiance à personne ; 4. Dis du bien de tout le monde ; 5. Prévois avant d'agir » (2).

Félicité, amabilité, sérénité, magnanimité : toutes qualités essentielles, nécessaires encore que non-suffisantes pour triompher des concurrents habiles dotés d'une égale ambition, engagés, tout comme le futur vainqueur de la compétition

(2) MAZARIN (Cardinal Jules), *Bréviaire des politiciens*, Paris, Café-Clima Éditeurs, 1984, pp. 100-101.

interne à chaque camp politique, dans une lutte sans merci où les « petits meurtres politiques symboliques » sont d'autant plus sauvages qu'ils se commettent « entre amis ». Cette situation est intrinsèque à l'élection présidentielle au suffrage universel telle que la France l'a connaît depuis 1965. Qu'elle ait revêtue, au gré des circonstances et des contextes du moment, des formes plus ou moins publiques, avérées ou feutrées, cela ne change rien à l'affaire : pour être présent dans la compétition ultime, il fallait gagner la course d'obstacles de la sélection préalable.

En 1965, François Mitterrand, plus rusé, plus opportuniste, plus tacticien que ses « partenaires » de la gauche hostile au général de Gaulle, parvient tel un fabuleux joueur de judo à s'appuyer sur la force de ses concurrents (Maurice Faure pour le Parti Radical ; Guy Mollet pour la SFIO et Gaston Defferre — éphémère *« Monsieur X »* — ; Waldeck Rochet pour le PCF) pour les convaincre que, représentant la plus petite des formations de gauche (la Convention des Institutions Républicaines) il était tout naturellement le plus petit dénominateur commun sur lequel tous pouvaient s'entendre. Il n'y eut pas d'élections primaires mobilisant les adhérents, pas de *« Fabrica »* à l'italienne, de « démocratie directe », mais la lutte fut sévère et incertaine en fut l'issue, jusqu'au début de l'automne 1965 et que François Mitterrand incarne l'opposition de gauche rassemblée contre de Gaulle.

Et que dire de mai 1969, au Congrès d'Alfortville, quand s'affrontèrent un Guy Mollet, premier secrétaire usé d'une SFIO qui ne l'était pas moins, tenant d'un soutien à la candidature Poher et un Gaston Defferre soucieux de maintenir vaille que vaille le pavillon socialiste dans la bataille présidentielle ? Defferre emporta la décision interne avant de connaître l'humiliation d'un score de 5,1 % des suffrages exprimés, à moins d'un point et demi devant Michel Rocard, leader parfaitement inconnu du PSU. Une fois encore la compétition qualificative exerça pleinement sa fonction sacrificielle.

Un avant-dernier exemple, et non des moindres : que fut l'intense débat interne qui secoua le Parti socialiste, entre une soirée électorale télévisée célèbre de mars 1978 et un appel prononcé à Conflans-Sainte-Honorine, le 19 octobre 1980 ? Comment ignorer le congrès de Metz en avril 1979, ses envolées lyriques et ses brevets de socialisme, ses coups tordus aussi et un Michel Rocard dont la motion ne dépassera pas les 21 % pour « plafonner » à 38 % avec le renfort de Pierre Mauroy ? Comment considérer que la compétition, ici, ne fut pas totale, politiquement mortelle et désormais irrémédiable entre un Mitterrand impérial et un Rocard humilié ?

Un dernier fait, au déroulement plus conforme au scénario connu en novembre 2006, se doit d'être rappelé ici. En 1995, inaugurant cette pratique parfaitement hétérodoxe pour le parti de Guesde et de Jaures, celle de la consultation des militants non plus sur une motion, portée, signée, défendue par des cadres politiques (ce qui est la règle dans un parti social-démocrate), le PS ouvre grandes les vannes de la compétition pour désigner le candidat aux présidentielles prochaines. La présidente du Conseil national du Parti socialiste, Ségolène

Royal démissionne de ses fonctions, estimant qu'il n'y a rien à gagner à être au milieu d'une compétition consistant à lancer deux trains à toute vitesse l'un contre l'autre. L'un s'appelle Lionel Jospin, l'autre Henri Emmanuelli.

Encore objectera-t-on qu'il s'agit-là d'un tropisme socialiste, où le débat s'inscrit dans une tradition ancienne et où la méfiance à l'égard du chef charismatique est telle qu'il n'existe pas de « candidat naturel ». À droite, au contraire, on pourrait considérer que le leadership s'impose plus aisément. Les sept élections présidentielles de la Vᵉ République vont montrer qu'il n'en est rien. On sait, définitivement, avec René Rémond que les droites en France sont plurielles et typifiées, mais on va les retrouver au sein même de leurs propres familles divisées et morcelées entre des querelles personnelles et des ambitions antagonistes. Avant que l'on ne « chabanise » le maire de Bordeaux, en avril 1974, a-t-on oublié qu'Edgar Faure et Pierre Messmer entamèrent le « processus régulier de leur annonce de candidature » avant de se retirer pour dégager le champ de tir à un Jacques Chirac qui expédia, en guise de missile, l'appel des « 43 parlementaires gaullistes » à la face de Jacques Chaban-Delmas. Il n'est même pas question d'affrontement entre orléanistes et bonapartistes ici, c'est au sein des « Compagnons » que la bataille qualificative fait rage. Dans le même ordre d'idée, pour un Jacques Chirac tout occupé à foudroyer le « président-citoyen » sortant, en 1981, deux autres candidatures issues des rangs « gaullo-pompidoliens » viendront mordre sur le score du président du RPR : Michel Debré et Marie-France Garaud. Et dès que l'on élargit la focale aux autres forces de la droite on relève une succession de duels : Chirac contre Barre (1988) ; Chirac contre Balladur (1995).

Pourtant on entend encore une fois l'objection : en 2002 il n'y eut point d'affrontement interne à la droite comparable à ceux que l'on connut jusqu'alors, y compris quand le président sortant était issu de ses rangs (1981). D'une part il y en eut (Bayrou : 6,94 % ; Madelin : 3,9 % par exemple, voire Christine Boutin et Corinne Lepage) et il manqua de peu qu'il y en eut d'autres qui auraient sérieusement inquiété le président sortant (on ne citera ici que celle de Charles Pasqua que l'Élysée s'employa fortement à « déminer »). Tant et si bien que la mésaventure qui frappa de plein fouet le candidat Jospin (et dont on rappellera ici que le différentiel de voix entre lui et Jean-Marie Le Pen, rapporté au nombre d'urnes installées dans les bureaux de vote français ne dépassait pas... 2 voix par urne...) aurait pu, dans l'hypothèse d'une candidature Pasqua, tout aussi bien atteindre le candidat président-sortant. Et qui peut dire qu'il n'y a pas de combat entre Nicolas Sarkozy et François Bayrou en 2007 ?

Voilà donc l'état des lieux des précampagnes internes aux deux principaux camps politiques français, depuis 1965 : une suite d'affrontements pour ce que F. G. Bailey appelle fort justement la « conquête des trophées » (3), ceux-ci étant d'abord et dans l'ordre logique du processus électoral, des trophées

(3) F.-G. BAILEY, *Les règles du jeu politique*, Paris, PUF, 1971.

partisans avant de prendre la forme magique du trophée suprême, celui de l'élection à l'Elysée.

II. — Le contrôle de l'appareil vaut mieux que force et suffrages

Une première lecture, aussi bien dans le cas de la désignation de la candidate du Parti socialiste que dans celle de celui de l'UMP, tend à convaincre l'observateur que la démocratie directe, à l'intérieur de chaque formation, a fonctionné pleinement et sans hiatus, inaugurant une forme nouvelle d'engagement politique que l'on pourrait qualifier de « militantisme participatif ».

Qu'on en juge : un Parti socialiste où l'on compte 220 000 votants, dont 75 000 nouveaux adhérents « Internet » à 20 euros l'adhésion et une participation massive au scrutin interne de désignation. Résultat : une désignation incontestable de la candidate aux présidentielles qui recueille 60 % des suffrages sur son nom. Dans le camp d'en face, à l'UMP, le vote de janvier 2007 accouche d'un score relativement proche de celui que Maurice Thorez aurait obtenu en 1952 si un tel scrutin avait été organisé dans les rangs du Parti communiste, mais on pourra toujours dire que pour qu'il y ait pluralisme électoral il faut qu'il y ait d'abord pluralisme de candidats... Et que ce n'est pas la faute du favori si aucun challenger n'a osé l'affronter dans la compétition interne. Michèle Alliot-Marie, Nicolas Dupont-Aignan, le Premier ministre lui-même sans omettre d'autres candidats potentiels (4) se seraient bien risqués à l'aventure d'une candidature. Pourquoi ne l'ont-ils pas fait ? Parce que les circonstances, pour les uns, les ont empêchés, parce que (et c'est là l'essentiel) la capacité de dissuasion massive du leader a dissuadé les autres.

On considérera qu'il n'est pas pertinent de comparer une compétition quasi-publique, faite de six « débats » dont trois retransmis en direct à la télévision (Parti socialiste), confrontant les positions des trois candidats à l'investiture, arbitrés par des journalistes professionnels d'une part, et des « forums » sans candidat déclaré, animés par un ancien premier ministre (UMP) d'autre part. Mais l'essentiel n'est pas là car les spectateurs, dans un cas comme dans l'autre, ne votaient pas. Ils étaient au théâtre, ou au cirque, attendant qu'un lion ou qu'un tigre dévore Blandine ou que la ministre de la Défense envoie promener le ministre d'État, ministre de l'Intérieur. Sifflant les uns, applaudis-

(4) Lu sur le blog d'Alain Juppé (9 janvier 2007) : « *Vous êtes nombreux à me dire, par courriel, par lettre, au hasard d'une rencontre : « Il faut vous présenter à la prochaine élection présidentielle ! ». Vous répondre que je n'y ai jamais pensé serait mentir. (...) Les circonstances ne me permettront pas d'entrer dans la course. Écarté,* ***par ma faute****, des premiers rôles de la scène politique nationale depuis plusieurs années, je ne me sens pas en situation de me lancer dans la compétition avec quelque chance de victoire* ». C'est nous qui soulignons.

sant l'autre, comme au cabaret... Mais quittant la salle au moment le plus crucial : celui du choix.

Ce qui caractérise l'élection interne au Parti socialiste, c'est que l'appareil partisan, les cadres départementaux, les principales fédérations, ont, comme par hasard, rallié, au fur et à mesure que le scrutin se rapprochait, la candidate vainqueur. Si le premier secrétaire du PS, pour des raisons évidentes, n'a pas formellement pris parti pour la future candidate, il n'en fut pas de même pour son numéro 2, François Rebsamen, député-maire de Dijon, chargé de l'organisation du parti. Entre les ralliements anciens à la candidate (Ayrault, Bianco, Dray) et plus récents (Mauroy, Montebourg puis Lang), pratiquement tous les rouages stratégiques de l'appareil du PS se sont mis en ordre de marche, à son profit, quelques semaines avant l'élection interne. Au point que l'on vit apparaître, une semaine avant le vote, des anticipations rationnelles qui accentuèrent le « vote utile », les réflexes légitimistes et les pratiques opportunistes. La « culture de parti », celle avec laquelle joua si bien Mitterrand contre Rocard, celle qu'usa jadis Jospin contre Fabius, retrouva son éclat : certaines fédérations départementales socialistes, la Gironde par exemple, huitième de France en nombre d'adhérents, premier département favorable à Laurent Fabius, accorda plus que son soutien à la candidate désignée en la créditant du même score que son résultat national. C'est qu'une semaine auparavant, dans les sections « pleinement fabiusiennes » consigne avait été donnée de partager les voix (5). Fonction fondatrice de l'appareil, rôle des cadres intermédiaires, contrôle des élus : on peut bien dire que les 75 000 nouveaux adhérents ont fait la différence en faveur de la candidate. Outre que cela n'est pas aisément démontrable, ce qui l'est encore moins c'est la nature-même de ces adhésions quand on sait qu'il s'agit pour une part non-négligeable d'anciens militants qui n'avaient pas repris leur carte et qui sont « revenus » mus par un « Désir d'avenir ». Ce retour au bercail aura au moins permis d'inscrire dans le processus de désignation de nouveaux ex-militants rompus aux luttes d'appareil apprises antérieurement... Retour de l'appareil en somme.

Quant à l'UMP, il est inutile de souligner qu'au départ d'Alain Juppé de la présidence du parti dans les semaines qui ont précédé son procès en appel, à l'été 2004, dès lors que le futur candidat présidentiel a manifesté sa volonté d'en devenir le leader, une seule formule s'imposait : *« Ite missa est »*. Il fut triomphalement élu le 28 novembre 2004, ajoutant un épisode grandiose à la geste d'un mouvement qui se ressource à l'aune de ces fusions collectives. L'appareil partisan, rompu aux modes opératoires d'une culture politique puisant ses racines dans le militantisme populaire de l'UDR et du RPR,

(5) On a vu ainsi des sections socialistes où le « Non » au référendum interne du PS sur le Traité constitutionnel européen, en décembre 2005, l'avait emporté avec 98 % des suffrages, voter à 52 % pour Ségolène Royal, en novembre 2006, n'accordant que 40 % à Laurent Fabius.

n'attendait que cela : vibrer avec son héros, s'engager dans une nouvelle épopée, revivre les grands meetings fondateurs, etc.

Dans les deux cas l'homologie structurale relève de l'évidence. Les suffrages sont là pour habiller aux couleurs du rituel démocratique une désignation promue par la « Curie » du parti, laquelle a été composée par le leader lui-même ou ses soutiens profonds. C'est bien la raison pour laquelle, tels les ramoneurs de Primo Levi tombés dans la cheminée, ni l'un ni l'autre des candidats désignés n'est plus propre ou plus sale au regard d'une démocratie qui laverait plus blanc.

III. — Pauvreté du débat et rareté des idées

On aurait pu penser que le processus qualificatif interne aux deux grandes formations politiques, au-delà de sa première dimension de « darwinisme politique » (le ou la plus forte triomphe de tous les autres), allait contribuer à redonner au débat politique ses lettres de noblesse. On pouvait imaginer qu'il allait permettre un véritable échange non plus « bilan contre bilan » (puisque pour la première fois depuis la réforme de 1962 — hormis en 1974 — aucun des principaux compétiteurs déclarés n'a occupé la fonction de président de la République ou de Premier ministre antérieurement) mais « projet contre projet ». Pour l'instant il n'en a rien été. Trois thèmes essentiels pour un tel enjeu sont totalement escamotés, à deux mois de l'élection : la question européenne, la culture et la réforme de l'enseignement supérieur. C'est sans doute que dans tous les cas les coups à prendre sont plus nombreux que le gain immédiat. Que dans un discours politique stéréotypé où les formules toutes faites du « gagnant-gagnant » servent de toge-prétexte à la réflexion au fond, il ne sert à rien de « s'exposer », au double sens du mot : « se montrer » et « se mettre en danger ». Ainsi avance-t-on dans une campagne où les variations quotidiennes des cotations des uns et des autres confèrent aux commentaires « politologiques » la même crédibilité que celle du préposé au CAC 40 se contentant de décrire un marché boursier « haussier » ou « baissier ».

Alors, dans un effort ultime pour réintroduire les « vrais gens » dans une campagne où le mot démocratique est trop souvent utilisé pour ne pas être réduit au registre incantatoire, il est d'usage désormais d'inviter à s'exprimer les Français. Tout y passe : de la e-démocratie à la blogosphère, des forums aux réunions Tupperware... On réinvente l'eau chaude et on s'extasie devant des pratiques militantes nouvelles. Bientôt un conseiller en communication découvrira que l'on peut coller la photo du candidat sur un panneau... d'affichage.

Escamoté, le débat d'idées l'a été jusqu'à maintenant parce que les primaires attendues n'ont pas réellement eu lieu. Cela ne veut pas dire qu'il n'aura pas lieu avant le premier tour du 22 avril 2007. Dans ce cas on retrouverait la fonction primordiale du premier tour qui veut que l'on choisisse avant d'éliminer au second. En 2002, à la suite d'une distribution hasardeuse des cartes au soir du premier tour, la grande masse de ceux qui voulaient éliminer le président sortant s'est retrouvée à voter pour lui. Inaugurant ainsi un nouveau paradigme : « Au premier tour on s'éparpille, au second on se rhabille ». C'est ce que dans un autre temps on nommait les « contradictions secondaires ». On verra, dans les semaines à venir, si celles-ci peuvent encore se manifester. C'est alors que l'on mesurera quelle aura été la fonction exacte du processus de sélection au sein des deux grandes formations politiques françaises dans la compétition électorale en cours : rideau de fumée ou réelle propédeutique élective ?

Jean PETAUX

HDR science politique
Sciences Po Bordeaux

DOCTRINE

SCIENCE POLITIQUE — LES CANDIDATURES À L'ÉLECTION PRÉSIDENTIELLE

Primaires ? Vous avez dit primaires ?

par Daniel-Louis SEILER

Professeur à Sciences Po Aix

Quelque puisse être le résultat des présidentielles de 2007, le PS aura réussi un grand coût médiatique : accréditer dans l'opinion publique l'idée radicalement fausse que sa candidate a été désignée à la suite de « primaires », contribuant ainsi à la diffusion d'un phénomène bien connu des comparatistes, l'étirement des concepts, et y parvint avec le concours enthousiaste de médias où le goût pour le sensationnel et le spectaculaire a remplacé la réflexion politique et où l'hexagonalisme s'est substitué à la connaissance des systèmes politiques étrangers. En effet aucun politologue, aucun publiciste ne confondrait la procédure — au demeurant fort démocratique — de désignation de la candidate socialiste avec des élections primaires.

Car enfin, que se passa-t-il au PS ? Une élection interne. C'est-à-dire pas même des *« Primaries Canada Dry »* comme ce fut le cas pour la désignation, en Italie, du candidat de *l'Unione* pour conduire les listes de cette coalition pour les législatives de 2006. Lors de ce scrutin interne aux partis du centre et de la gauche, Romano Prodi, soutenu par la « Marguerite » et les Démocrates de gauche, l'emporta su Fausto Bertinotti, candidat de l'extrême gauche. Cette élection interne avait l'apparence d'une primaire mais n'en avait pas le goût car si tout citoyen désireux de le faire pouvait voter moyennant un droit de participation, l'organisation en était confiée aux partis membres de la coalition, non aux pouvoirs publics. Toutefois, que je sache, Ségolène Royal l'emporta sur Dominique Strauss-Kahn et Laurent Fabius, non sur Olivier Besancenot et Marie-George Buffet. Et si le PS procéda à une braderie de cartes de membres au prix sacrifié de 20 euros, il s'agissait bel et bien de membres du parti, de membres occasionnels au titre d'un événement unique — participer au choix du candidat — mais de membres quand mêmes, susceptibles de se transformer en membres à part entière. Une campagne de recrutement qui valait bien la caravane balnéaire de l'UMP où toutes les cotisations se souscrivaient à des prix promotionnels.

En procédant à l'élection par la base de sa candidate, le PS n'innovait, ni en Europe, ni davantage au sein de la social-démocratie européenne. L'initiative en revint au SPD qui désigna, le bourgmestre de Berlin, Willy Brandt, comme candidat à la chancellerie en 1961. Une pratique presque constante dont la dernière en l'occurrence fut le scrutin interne de 1998 qui vit Gerhard Schröder l'emporter sur Lafontaine. De même le PSOE a, depuis le retrait de Felipe González, procédé de la sorte en ne choisissant pas forcément son secrétaire général comme candidat du parti à la présidence du Conseil. La plupart des partis, aujourd'hui en Europe, du moins ceux qui possèdent une vocation majoritaire, personnalisent ainsi leur campagne législatives ; le plus souvent c'est le leader de la formation qui en bénéficie mais sa désignation à ce poste s'opère lors d'une élection interne directe. Les membres des partis politiques acceptent, de moins en moins les procédures indirectes par les congrès et, a *fortiori,* par des comités nationaux ou centraux ; cette tendance est d'autant plus forte que les partis se révèlent puissants tant par le nombre de leurs militants que par leurs effectifs parlementaires.

Le PS n'est-il donc que le premier en France à avoir importé une procédure de désignation d'un candidat qui fit recette ailleurs ? La réponse impose la nuance. D'une part les socialistes français se rallièrent les premiers au principe de l'élection interne directe pour les présidentielles, s'alignant ainsi sur leurs camarades des grandes social-démocraties d'Europe. Mais l'innovation eût lieu en... 1995 et non en 2006, lorsque Lionel Jospin l'emporta sur le premier secrétaire Henri Emmanuelli ! En fait la véritable innovation apportée par le PS réside dans la généralisation du *débat* entre les candidats mais s'il s'agissait d'une première, la générale eût lieu en 2005 avec le débat interne et contradictoire afin de définir la position officielle du parti en vue du référendum portant sur la ratification du Traité constitutionnel européen. Le « génie » de François Hollande et de la direction du PS est d'avoir combiné deux pratiques récentes mais déjà utilisées : le choix de son présidentiable par élection interne directe, incontournable dès lors que le Premier secrétaire ne s'impose pas comme *leader* naturel du parti (Henri Emmanuelli en 1994, François Hollande en 2006) lorsqu'il se trouve dans l'opposition, d'une part et, de l'autre, la procédure du débat interne à la base, devenu inévitable après la consultation pré-référendaire de 2005, dans un parti où, contrairement à l'UMP, la volonté des militants compte beaucoup. Quant à la touche finale, l'emballage médiatique, *l'American touch,* elle fut conférée par la grâce de la chaîne parlementaire-public Sénat qui y trouva une occasion de valoriser sa présence sur la TNT, au bénéfice du PS mais aussi de la démocratisation du gouvernement représentatif, l'opinion des sympathisants et des électeurs potentiels pesant sur le choix des militants par le truchement des sondages.

Américanisation de la vie politique française ? Non, mais les mêmes causes produisant des effets analogues, la conjonction entre présidentialisation de la Ve République renforcée par la fâcheuse adoption du quinquennat et de l'explosion médiatique de l'État spectacle pousse à l'adoption de techniques de propagande déjà expérimentées de longue date aux USA et nous ne sommes qu'au début du processus : ainsi la pratique du *Campaign Ue,* dont l'usage fut longuement décrit pour les élections américaines du XIXe siècle par Georges Ostrogorsky, rendu possible chez nous grâce à internet. Quant à conclure que Ségolène Royal remporta des primaires pour accéder à la candidature socialiste pour les présidentielles de 2007... Non ! C'est même le contraire qu'organisa le PS. Étonnant, n'est-ce-pas ? Et pourtant qu'on en juge : primaires et élections internes s'opposent radicalement sur deux points essentiels. En premier lieu, les primaires constituent une procédure de droit public dirigée *contre* les partis politiques. Il s'agissait, en effet, de soustraire le choix des candidats aux mandats publics à l'influence des militants pour l'attribuer directement à l'électorat. La justification était d'éviter les marchandages et les magouilles qui affectaient les conventions. Bien au contraire, l'élection interne est un procédé *du parti* conçue *pour* les militants afin d'associer l'ensemble des adhérents à la désignation de *leur* candidat. C'est le parti qui reste maître du jeu et peut s'en servir comme moyen de mobilisation et de recrutement.

En second lieu et en corollaire, les primaires sont des élections, organisées par les pouvoirs publics ordinairement habilités à cet effet et conformément à la législation de chaque État concerné, suivant ses modalités propres, certains États ayant maintenu le système plus ancien du *Caucus.* Dès lors la procédure la plus proche du système américain est, *mutatis mutandis,* notre premier tour et non pas l'élection interne qui, au PS, résulta d'une décision non pas statutaire mais d'opportunité, émanant de la direction du parti. Comme il constitue une amélioration de la démocratie interne du parti en plus de présenter le caractère dramatique et spectaculaire qui plaît aux médias, le précédent introduit par François Hollande et ses amis devait acquérir un caractère moralement contraignant pour les présidentielles à venir et, comme toute innovation, se voir adoptée par l'autre mammouth de la vie partisane française. Quant aux primaires, à tout seigneur tout honneur, le seul qui y songea vraiment fut Charles Pasqua, *in il/o tempore,* ministre de l'Intérieur...

Daniel-Louis SEILER

Professeur à Sciences Po Aix

JURISPRUDENCE

DROIT CONSTITUTIONNEL

Droit de priorité, irrecevabilité, cavaliers... réflexions sur la rationalisation de la procédure législative

(Note sous Cons. const. nº 2006-544 DC du 14 décembre 2006, loi de financement pour 2007)

par Jean-Pierre CAMBY
Professeur associé à l'Université de Paris I (Panthéon-Sorbonne)

Moins que par le nombre, pourtant élevé, de dispositions déclarées inconstitutionnelles, la décision rendue par le Conseil constitutionnel sur la loi de financement de la Sécurité sociale pour 2007 retiendra l'attention par deux de ses aspects constitutionnels, en apparence distincts l'un de l'autre, et qui pourtant, mis en relation, ont des conséquences évidentes sur la procédure législative. La décision nº 2006-544 DC du 14 décembre 2006 concerne tout d'abord le droit de priorité dévolu par la Constitution en matière de lois de financement — et, par analogie, de lois de finances — à l'Assemblée nationale. Elle concerne ensuite la procédure de contrôle de la recevabilité financière des initiatives parlementaires, c'est-à-dire le respect de l'article 40 de la Constitution, mais aussi des textes organiques régissant le vote et le contenu des lois de finances et des lois de financement de la Sécurité sociale. L'innovation réside moins dans le premier aspect que dans le second, plus lourd de conséquences à terme, mais elle provient surtout de la combinaison de ces deux éléments. En effet, même si elle est rappelée avec force, et si la base de référence à partir de laquelle la « nouveauté » d'un dispositif est appréciée, l'affirmation du droit de priorité relève du constat plutôt que de l'innovation. L'originalité est que les requérants aient invoqué un principe quelque peu oublié ces dernières années, et en aient demandé l'application aux lois de financement. Il n'en va pas de même de l'accent explicitement mis, au moyen d'un *obiter dictum*, sur la méconnaissance de l'article 40 de la Constitution, qui n'était pas soulevée dans la requête. Cet aspect de la décision constitue, lui, une indéniable nouveauté.

I. — Le droit de priorité est explicité

En censurant les articles introduits par le Gouvernement par amendement au Sénat et constituant des dispositions nouvelles, la décision fait preuve d'une apparente exigence nouvelle. En réalité, elle ne fait, à la demande des requérants, que concrétiser une prérogative tout à fait classique de l'Assemblée nationale en matière budgétaire, qui, d'ailleurs ne présente pas pour celle-ci que des avantages, le Sénat disposant de plus de temps pour préparer ses travaux sur les projets en cause. Le droit de priorité en matière budgétaire n'est pas une nouveauté de la Ve République, mais il est, au contraire, apparu dès la naissance du régime parlementaire et rétabli sous la IIIe République. Trotabas (1) y voit *une « conséquence normale du régime parlementaire... la prépondérance de la Chambre basse, c'est-à-dire la Chambre élue au suffrage universel (...) satisfait seule la vieille idée de faire voter l'impôt par ceux qui le payent »*. Cette prépondérance est une constante historique.

« *Quand M. Thiers eut fait triompher ses idées sur la nécessité de la création de deux Assemblées, on fut naturellement porté à reprendre la tradition brusquement interrompue le 24 février 1848. On pensa qu'une Chambre haute ne saurait avoir plus de droits dans une République que dans une monarchie et l'on gratifia la Chambre des députés du droit de priorité. Personne dans l'Assemblée, ni M. Dufaure, ni M. de Broglie, ni M. Wallon ne songèrent à mettre sur le pied de l'égalité la Chambre et le Sénat, et aucun député n'éleva la voix pour protester. Bien au contraire on précisa le texte proposé par la Commission, afin qu'il fût bien établi, qu'en aucun cas, le Sénat ne serait saisi de la loi de finances avant que la Chambre ne se soit prononcée. Les lois de finances, dit l'article 8 (de la loi constitutionnelle du 24 février 1875) doivent être en premier lieu présentées à la Chambre des députés et votées*

---

(1) *Annales de finances publiques*, Sirey, n° III, mai 1936, p. 114.

par elle. Grave prérogative que ce droit de priorité, car celle des deux chambres qui le possède imprime à la loi sa véritable forme ».

Ces lignes, écrites sous la IIIe troisième République (2) laisseraient voir dans la décision du 14 décembre 2006 le rappel de principes depuis longtemps inscrits dans les constitutions plutôt qu'une réelle nouveauté. Le droit de priorité dévolu à la Chambre basse en matière budgétaire est en effet apparu avec la Charte de 1814, dont l'article 17 disposait que : « *la loi d'impôt doit être d'abord adressée à la Chambre des députés* », maintenu en 1830, en 1875, par l'article 16 de la Constitution du 27 octobre 1946, mais aussi, dans sa version résultant de la révision du 7 décembre 1954, par son article 14. L'article 39 de la Constitution de la Ve République, et sa mise en œuvre par l'article 47 de la Constitution et par la LOLF du 1er août 2001, s'inscrivent dans une indéniable continuité lorsqu'ils confèrent à l'Assemblée nationale un droit de priorité en matière budgétaire (3).

Cette continuité se retrouve avec la révision constitutionnelle du 22 février 1996, lorsque le même droit de priorité est prévu s'agissant des lois de financement de la Sécurité sociale, créées par cette révision (4), inscrit aux articles 39 et 47-1 de la Constitution, et dans la loi organique du 2 août 2005, relative au vote de ces lois. Fait donc figure d'exception la révision constitutionnelle du 28 mars 2003, qui reconnaît pour la première fois dans l'histoire constitutionnelle, un droit de priorité au Sénat sur les projets de loi ayant pour « *principal objet l'organisation des collectivités territoriales* » ou ceux relatifs aux instances représentatives des Français de l'étranger. Pour ces textes, une difficulté réside dans le fait qu'à la différence des lois de finances et des lois de financement de la Sécurité sociale, il n'existe pas de texte organique définissant le domaine des lois ayant pour « *principal objet* » l'organisation des collectivités territoriales. Cette absence de définition des textes auxquels le droit de priorité s'applique en l'espèce a été comblée par la jurisprudence. En outre, à la différence des lois de finances et des lois de financement, les textes concernés par ce droit de priorité peuvent faire l'objet, devant l'une ou l'autre des assemblées, de propositions de loi.

---

(2) R. SCHWARTZ, *Étude sur les droits du Sénat français statuant en matière de lois de finances,* Rousseau, 1897, p. 20.

(3) D'ailleurs, sous la Ve République, le débat s'est largement focalisé sur les pouvoirs respectifs de l'exécutif et du législatif en matière budgétaire, tandis que le débat sur le droit de priorité a été « pratiquement mis à l'écart » note G. PEISER, « La priorité de l'Assemblée nationale sur le Sénat en matière de lois de finances », *in Mélanges en l'honneur de P. M. Gaudemet*, Economica, 1984, p. 207.

(4) Avec l'accord du rapporteur de la loi constitutionnelle au Sénat, dès lors que ces lois comportent un volet recettes : « *l'inclusion opérée par l'Assemblée nationale des prévisions de recettes dans les lois de financement est susceptible d'être présentée comme rétablissant la logique de la saisine prioritaire de l'Assemblée élue au suffrage direct* » M. Gélard, doc. Sénat, 1995, n° 188, p. 49.

Le droit de priorité ne laisse pas de place à l'interprétation s'agissant du dépôt du texte : par définition, il impose le dépôt du projet de loi devant la chambre concernée. Mais, en revanche, il pose la question de la latitude des pouvoirs de l'assemblée saisie en second. Le droit de priorité pourrait être aisément contourné par un Gouvernement soucieux de négocier avec cette seconde assemblée saisie, si le débat devant celle-ci aboutissait alors à un nouveau texte. Les innovations apportées par la deuxième assemblée saisie ne doivent donc pas aboutir à dénaturer le droit de priorité. Dans le cas des lois soumises en premier lieu au Sénat, ce problème ne se pose pas puisque le Constituant a pris soin de ménager le droit d'amendement à l'Assemblée nationale en prévoyant que le droit de priorité s'exerce « *sans préjudice de l'article 44 de la Constitution* ». En revanche, s'agissant des lois de finances et des lois de financement de la Sécurité sociale, il se pose d'autant plus que ces textes sont automatiquement examinés selon la procédure d'urgence : un dispositif nouveau adopté, introduit en première lecture au Sénat, fera directement l'objet d'un examen en commission mixte paritaire, et, dans la plupart des cas, si la CMP aboutit, ne fera plus l'objet de débats. C'est ce qui justifie pleinement que le Conseil constitutionnel ait prohibé l'introduction de « dispositions entièrement nouvelles », au stade de la CMP (5), dans tous les textes législatifs.

C'est dans la continuité de cette jurisprudence qu'il faut lire la prohibition des « dispositions nouvelles » introduites au Sénat dans les lois de finances et de financement. Cette interdiction pose deux questions liées l'une à l'autre : la base de référence par rapport à laquelle s'apprécie la nouveauté et l'ampleur des modifications possibles au Sénat. Ces deux questions ne sont pas, elles non plus, nouvelles.

« *Le droit de priorité dévolu à la Chambre des députés n'est pas épuisé par ce fait qu'Elle a voté le budget. Lorsque la loi de finances est arrivée devant le Sénat, celui-ci peut l'amender dans certaines conditions mais il ne peut substituer un budget nouveau à celui dont il a été saisi* » affirme ainsi Eugène Pierre (6), qui cite un débat du 28 décembre 1876, au cours duquel Gambetta dénie au Sénat le droit d'inscrire des crédits qui n'ont pas été votés par la Chambre, tandis que le Président du Conseil, Jules Simon, soutient que le Sénat pouvait rétablir des crédits supprimés par la Chambre ; il s'agissait

---

(5) Décision n° 2004-501, du 5 août 2004 *(Rec.* p. 134), note Schoettl, *LPA,* 19 août 2004, p. 3, depuis lors étendue à la deuxième lecture par la décision n° 2005-532 du 19 janvier 2006, voir une précédente chronique : cette *Revue*, n° 2-2006, p. 293, jurisprudence dont le Conseil vient par exemple de faire application avec la décision n° 2007-553 DC du 3 mars 2007, loi relative à la prévention de la délinquance.

(6) *Traité de droit politique, électoral et parlementaire*, 1902, n° 529. Le même problème se pose à de multiples reprises, notamment en 1910 à propos de l'inscription de chapitres et de crédits nouveaux par le Sénat ; v. dans le supplément de 1919, n° 532. Sur le débat de 1876, v. aussi Schwartz, précité, p. 122 et s.

concrètement des crédits des Cours d'appel, de sous-préfectures, des aumôniers de la flotte, etc. Le problème de la délimitation des pouvoirs d'initiative du Sénat ne sera jamais réellement résolu sous la IIIe République. C. Perreau (7), faisant référence à ces mêmes débats, juge que « *le Sénat ne peut en aucun cas s'occuper le premier d'une question d'impôt* », mais, pour autant, qu'on ne lui a jamais « *sérieusement* » contesté le droit de réduire les crédits budgétaires, les controverses ne portant que sur le fait de relever les crédits et sur l'application de la priorité à des lois financières autres que « *la loi de budget* », tandis que Trotabas estime à l'inverse que la primauté de la Chambre supprime « *tous les droits d'initiative du Sénat en matière financière* » (8). Le problème s'est posé avec moins d'acuité sous la Ve République, mais la présente décision fait coïncider la notion de « nouveauté » prohibée par le droit de priorité, avec celle, de portée générale, qui vise les cavaliers législatifs, dont la base de référence est le projet de loi en discussion.

En effet, la jurisprudence interdisait jusqu'ici l'introduction de « *mesures financières entièrement nouvelles* » pour la première fois devant le Sénat (9). La décision du 14 décembre 2006 ne fait plus référence qu'à l'introduction de « *mesures nouvelles* », et cette inflexion de rédaction n'est pas neutre. La base de référence par rapport à laquelle est appréciée la nouveauté a évolué : il ne s'agit plus du droit financier existant, il s'agit désormais du projet de loi déposé. Cette évolution est en phase avec la jurisprudence générale sur le droit d'amendement, dont on sait qu'elle prohibe l'introduction de « cavaliers législatifs » dans les projets et propositions de loi, dispositions sans lien avec le texte en discussion (10). Ce lien s'apprécie par référence au « cadre » que constitue le texte initialement déposé, c'est-à-dire son contenu concret, éclairé par l'exposé des motifs. Un changement de titre ne suffit pas à modifier le cadre que constitue le texte initial (11). C'est désormais ce même cadre,

---

(7) « Des restrictions au droit d'initiative parlementaire », *Revue de la science et de la législation financière,* 1903, p. 23.

(8) *Op. cit.,* p. 114.

(9) Il s'agit d'une constante, à partir de la décision n° 76-73 DC du 28 décembre 1976 (*Rec.* p. 41) cons. 2, qui censure l'introduction au Sénat d'une taxe sur l'organisation du marché des viandes, « mesure financière entièrement nouvelle », et réaffirmée par la suite : n° 93-320 du 29 décembre 1986 (*Rec.* p. 179), taxe sur les allumettes et les briquets et taxe due par les entreprises de transport aériens, n° 89-268 du 29 décembre 1989 (*Rec.* p. 110), droit de visite domiciliaire et taxes destinées à se substituer à la taxe d'habitation, n° 93-320 du 21 juin 1993 (*Rec.* p. 146), valeur locative des propriétés bâties loi n° 95-369 du 28 décembre 1995, taxes sur les fêtes foraines (*Rec.* p. 257), n° 2002-464 DC du 27 décembre 2002 (*Rec.* p. 583) : rectifications de faible ampleur des évaluations de recettes de deux impôts locaux.

(10) Décision « amendement tour Eiffel » n° 85-198, du 13 décembre 1985, *Rec.* p. 78.

(11) N° 88-251 du 12 janvier 1989, sur les *cavaliers,* V. J.-P. CAMBY, « Cavaliers », *Mélanges en l'honneur de Loïc Philip,* Economica, 2005, p. 319.

constitué par le projet de loi déposé en premier lieu à l'Assemblée nationale, qui sert de référence pour apprécier les mesures nouvelles dont l'introduction est prohibée au Sénat.

Cette décision, qui est donc cohérente avec l'ensemble de la jurisprudence relative au droit d'amendement, laisse en suspens plusieurs questions. Pour cette fois appliquée seulement sur les dispositions soulevées par les requérants, la prohibition liée au droit de priorité pourra-t-elle être soulevée d'office par le Conseil ? Si l'on raisonne par rapport à ce qui se passe en matière de cavaliers budgétaires ou sociaux, la réponse est certainement positive. Cette limite concerne-t-elle le seul Gouvernement, ou est-elle susceptible de toucher aussi des amendements sénatoriaux ? Jusqu'ici, la jurisprudence sur le droit de priorité condamne les nouveautés introduites par les amendements du Gouvernement. La décision n° 95-369 du 28 décembre 1995 a jugé qu'il ne résulte pas de l'article 39 de la Constitution que des mesures financières ne puissent être présentées par voie d'amendement par des sénateurs. Pour autant, l'initiative des sénateurs ne doit pas dénaturer le droit de priorité. Elle doit naturellement respecter le cadre que constitue le projet de loi, mais aussi et surtout, désormais, l'article 40 de la Constitution.

II. — L'IRRECEVABILITÉ FINANCIÈRE DOIT ÊTRE SYSTÉMATIQUEMENT CONTRÔLÉE PAR DES PROCÉDURES INTERNES AUX ASSEMBLÉES

L'article 40 de la Constitution impose un strict régime à l'initiative parlementaire, notamment en empêchant toute augmentation d'une charge publique, ce qui prohibe, en matière de dépense, les amendements de compensations d'une charge publique (12). Si celles-ci demeurent possibles en matière de recettes, encore faut-il que soit respectée la crédibilité du gage qui vient alors compenser une perte de recettes. À ces règles doivent être totalement assimilées celles issues des lois organiques pertinentes, relatives aux lois de finances et de financement de la Sécurité sociale, par exemple, en application de l'arti-

(12) « Généralement, ce qui gênait, notamment dans le texte de la loi des maxima, c'était la pratique de dérogation appelée : "*opération compensée* ". C'est-à-dire qu'un parlementaire proposait, soit une économie en contrepartie d'une dépense, soit une dépense en contrepartie d'une économie ou soi-disant économie, soit une diminution de recettes en contrepartie d'une augmentation de recettes. Le texte que vous avez là empêche les opérations compensées, à tout le moins dans le domaine des dépenses, puisqu'il dit : "*soit la création ou l'aggravation d'une charge publique*". Par conséquent, il atteint vraiment l'initiative parlementaire des dépenses. Par contre, il laisse — et c'est admissible — la possibilité d'une proposition compensée en matière de ressources ». (M. Devaux, Directeur du budget, commission du Conseil d'État chargée de l'examen du projet de réforme constitutionnelle, 25 et 26 août 1958).

cle 47 de la LOLF la nécessité de motiver les amendements transférant des crédits, au sein de la même mission qui constitue, en loi de finances, la charge publique, ou encore la prohibition des cavaliers budgétaires ou sociaux, le respect des deux parties de la loi de finances, celui des domaines obligés des lois de finances et de financement... Cet ensemble constitue un corpus homogène de règles à portée obligatoire.

Dans une décision de 1978 (13), le Conseil constitutionnel avait indiqué que l'irrecevabilité financière avait une portée « *absolue* », devant conduire les assemblées à mettre en place des procédures de contrôle systématique, en amont des initiatives parlementaires, faisant obstacle au dépôt des amendements ou des propositions de loi irrecevables.

Or, sur ce point, il existe une différence sensible entre l'Assemblée nationale, où un tel contrôle existe, et le Sénat, ou ce contrôle ne se fait pas avant que la discussion ne soit engagée en séance publique, et, par convention, toujours sur initiative du Gouvernement (14), même si le Conseil constitutionnel a ménagé la possibilité, inscrite à l'article 45 du Règlement, pour tout sénateur d'évoquer l'irrecevabilité financière (15). La logique de la décision de 1978, sur laquelle la procédure de recevabilité à l'Assemblée nationale est fondée (16), a même été abandonnée par une décision qui a validé le système du contrôle « à la demande » pratiqué au Sénat (17) en application de l'article 45 du Règlement de cette assemblée (18).

Il existe, derrière ces différences de procédure, une différence plus profonde, d'interprétation de la portée de l'article 40. Comme l'a écrit Jean-Louis

---

(13) N° 78-94 DC du 14 juin 1978, *Rec.* p. 145.

(14) V. P. Avril et J. Gicquel, *Droit parlementaire,* Montchrestien, 4e édition, nos 32 et 284, qui citent le Président Poncelet, qui évoque en ce sens, le 9 décembre 2003, la « coutume sénatoriale ».

(15) N° 94-339 DC du 31 mai 1994.

(16) Article 98, alinéa 6 : « *S'il apparaît évident que l'adoption d'un amendement aurait les conséquences prévues par l'article 40 de la Constitution, le Président en refuse le dépôt. En cas de doute, le Président décide, après avoir consulté le président ou le rapporteur général de la commission des Finances, de l'économie générale et du plan ou un membre du bureau désigné à cet effet ; à défaut d'avis, le Président peut saisir le Bureau de l'Assemblée* ». En pratique, c'est le Président de la Commission des finances qui opère le contrôle. V. P. Méhaignerie, Doc AN, n° 3247, juillet 2006.

(17) N° 96-381 DC du 14 octobre 1996.

(18) Article 45, alinéa 1 : « *Tout amendement dont l'adoption aurait pour conséquence, soit la diminution d'une ressource publique non compensée par une autre ressource, soit la création ou l'aggravation d'une charge publique peut faire l'objet d'une exception d'irrecevabilité soulevée par le Gouvernement, la commission des Finances, la commission saisie au fond ou tout sénateur. L'irrecevabilité est admise de droit, sans qu'il y ait lieu à débat, lorsqu'elle est affirmée par la commission des finances. L'amendement est mis en discussion lorsque la commission des finances ne reconnaît pas l'irrecevabilité* ».

Pezant (19) : « *ou bien cette disposition constitutionnelle, considérée en quelque sorte comme "d'ordre public", s'impose à toutes les initiatives... ou bien la disposition n'a qu'une sorte de caractère supplétif et laisse au gouvernement une importante marge de manœuvre, donnant lieu en fait à une sorte de contrôle d'opportunité* ». C'est entre ces deux branches de l'interprétation que la décision du 14 décembre 2006 tranche, en en revenant à la position stricte de la décision du 14 juin 1978, un temps abandonnée pour le Sénat. Cette attitude du Conseil est d'autant plus remarquable que les deux dispositions déclarées contraires à l'article 40 sont déjà censurées à un autre titre : il s'agit de cavaliers sociaux.

Derrière la question de procédure, c'est bien la portée de l'article 40 qui est en cause : l'irrecevabilité est d'ordre public à l'Assemblée, d'opportunité au Sénat. La différence entre la position prise en 1978 par le Conseil constitutionnel et celle prise en 1996 oscillait entre les deux interprétations. Elle aboutissait à un régime d'irrecevabilité *a priori* à l'Assemblée, caractérisé par un contrôle au dépôt, strict en ce qui concerne les amendements, plus souple en ce qui concerne les propositions de loi. À l'Assemblée, ce contrôle *a priori* est confié au Président de la Commission des finances, s'agissant des amendements, et à une délégation du Bureau pour les propositions de loi, tandis que ce contrôle systématique, avant que le débat n'ait lieu, n'existe pas au Sénat. Au fil des débats, on voyait même des initiatives manifestement irrecevables, déclarées telles à l'Assemblée, « reprises » au Sénat. Cette différence ne pouvait qu'accroître l'incompréhension des députés, soumis à un régime où leur amendement, irrecevable, n'est pas appelé en séance, tandis que le même amendement sera débattu, et parfois adopté au Sénat (20).

À deux reprises, récemment, le Conseil constitutionnel avait eu l'occasion d'affirmer la nécessité de faire respecter l'article 40 de la Constitution par le Sénat, en exigeant la mise en place d'un contrôle au dépôt des amendements (21). Si elle constitue bien une décision de principe, cette décision n'était donc pas pour autant inattendue.

Dans l'immédiat, la commission des Finances du Sénat a inversé la pratique antérieure, et se fonde sur la lettre de l'article 45 du Règlement en appliquant l'article 40 de la Constitution au projet de loi de finances rectificative (22), encore que cette application demeure très parcellaire, comme en témoigne le débat sur l'adhésion à la CNRACL des agents intégrés dans la fonction publique territoriale. Ce dispositif est censuré par la présente décision, à

---

(19) « Le contrôle de la recevabilité des initiatives parlementaires », *RFSP* 1981, p. 152.

(20) V. par exemple, la séance AN du 26 octobre 2006, M. Le Fur.

(21) N° 2005-519 DC du 29 juillet 2005, cons. 28 ; n° 2005-526 DC du 13 octobre 2005, cons. 7.

(22) V. 18 décembre 2006, le rappel au règlement de M. Foucaud et la réponse du Président de la Commission, M. Arthuis.

l'article 115 du PLFSS. Mais il a donné lieu à nouveau à une adoption au Sénat (23) dans le cadre de la loi relative au droit opposable au logement, l'auteur de l'amendement interprétant la présente décision comme une censure « *au motif que l'amendement dont il était issu ne prévoyait pas le financement de la mesure* »... et présentant, dans un texte qui ne s'y prête guère, à nouveau le dispositif gagé, alors qu'il s'agit d'une charge, le Gouvernement levant le gage...

Cet exemple traduit l'incompréhension, souvent sincère, des parlementaires face à une règle stricte, alors que tout auteur d'amendement a naturellement tendance à défendre d'abord l'opportunité de son initiative, dont le contrôle de l'irrecevabilité financière ne peut tenir compte comme critère d'appréciation. Une charge, quelle qu'en soit l'utilité ou l'opportunité, qu'elle s'attaque à la souffrance humaine ou à une injustice, qu'elle répare une incohérence de réglementation ou qu'elle vise, *in fine* à une meilleure gestion, par exemple en permettant à terme des recettes supplémentaires, est par nature irrecevable et ne peut être gagée (24). Le contrôle de recevabilité est un travail de type juridictionnel, dont il emprunte les méthodes. Seul un contrôle systématique *a priori* peut atteindre cet objectif, ce qui pose la question de l'introduction d'un tel contrôle dans le Règlement du Sénat, introduction à laquelle incite la décision.

Enfin, la décision du 14 décembre 2006 pose la question du maintien de la règle du préalable. D'essence purement prétorienne (25), celle-ci exige que le Conseil ne puisse être saisi d'une contestation portant sur l'application de l'article 40 de la Constitution, ou, en dehors des cavaliers qu'il peut soulever d'office, de celle des lois organiques pertinentes, que si la question soulevée a d'abord fait l'objet d'une contestation au cours de l'examen parlementaire. Même si elle ne repose sur aucun texte, et si elle est très inhabituelle dans la jurisprudence du Conseil, qui joue alors le rôle de juge de cassation, cette « règle » repose sur une logique, dès lors que le Conseil exige qu'il y ait un examen préalable de l'initiative en cause, au sein des assemblées. À partir du moment où une décision a été explicitement prise au cours du débat, on peut comprendre que le Conseil puisse exiger une contestation préalable de cette décision avant d'être saisi. Mais depuis la décision du 14 octobre 1996, cette règle n'était plus cohérente, puisque le Conseil admettait une absence de décision au Sénat : comment donc exiger la contestation d'une décision qui n'est explicitement pas rendue ? En affirmant à nouveau qu'un contrôle systématique doit être opéré, le Conseil pourra maintenir la logique, fragile,

---

(23) Sénat, 1er février 2007 devenu l'article 65 de cette loi.

(24) À la seule exception des charges de gestion, qui peuvent alourdir un travail de l'administration sans engendrer un nouveau type de dépenses. Longtemps dégagée par la jurisprudence, cette notion a été validée par le Conseil constitutionnel dans la décision no 99-419 du 9 novembre 1999. V. P. Méhaignerie, *op. cit.*, p. 61.

(25) Décision no 77-82 DC du 20 juillet 1977.

de « la règle du préalable », dès lors que ce contrôle sera bien mis en place. Mais en attendant l'introduction du contrôle préalable dans le Règlement du Sénat, il est évident que la règle du préalable ne peut s'y appliquer. Le commentaire à paraître aux Cahiers est parfaitement explicite : « *Désormais, et tant que le Sénat n'aura pas répondu positivement à l'invitation du Conseil, celui-ci pourra donc connaître directement de la méconnaissance, par les amendements sénatoriaux, de l'article 40 de la Constitution (autrement dit comme juge de premier et dernier ressort), alors que l'invocation de l'article 40 de la Constitution à l'encontre des amendements des députés continuera de n'être possible devant le Conseil que si l'irrecevabilité financière a été soulevée à l'Assemblée nationale* ».

***

Incontestablement, la décision du 14 décembre 2006 constitue un réel apport à la procédure législative.

D'abord, cette décision poursuit les exigences, de plus en plus affirmées, relatives à la qualité du travail législatif. Comme l'a noté B. Mathieu (26), « *elle vise à éviter que des décisions ne soient prises dans la précipitation sans réflexion préalable* ». L'affirmation du droit de priorité, qui gêne plus le Gouvernement que le Parlement, la censure toujours aussi nette des cavaliers sociaux, dont témoigne, une fois de plus, la présente décision (27), comme au plan général, les restrictions au droit d'amendement qui font obstacle à l'irruption de dispositions nouvelles ou à la remise en cause de dispositions adoptées conformes par les deux assemblées dans les phases ultérieures à la première lecture, vont dans le sens d'une meilleure organisation des débats. C'est une certaine « improvisation », souvent voulue par le Gouvernement, qui est ainsi condamnée.

En pratique, on remarquera surtout la cohérence de cette décision : il n'aurait servi à rien d'affirmer le droit de priorité si, en laissant intact le droit d'amendement sénatorial sans lui appliquer l'irrecevabilité financière, on permettait ainsi aussitôt au Gouvernement de contourner le droit de priorité en faisant reprendre ses propres initiatives, portées par l'amendement d'un sénateur auquel le droit de priorité n'est pas applicable. L'article 40 de la Constitution limitera ce risque, au moins en matière de charge. Il est paradoxal que cet article, qui constitue l'un des piliers du parlementarisme rationalisé limite ainsi... le Gouvernement.

Jean-Pierre CAMBY

Professeur associé à l'Université de Paris I (Panthéon-Sorbonne)

(26) *Semaine juridique*, p. 3.

(27) Que certains jugent encore insuffisante au regard de la tentation, permanente, d'introduire dans les lois de financement des dispositions qui n'y ont pas leur place : V. M. Disant, *LPA*, 2 mars 2007, p. 3.

ANNEXE

Décision n° 2006-544 DC du 14 décembre 2006 loi de financement de la Sécurité sociale pour 2007 — extraits

Le Conseil constitutionnel a été saisi, dans les conditions prévues à l'article 61, deuxième alinéa, de la Constitution, de la loi de financement de la sécurité sociale pour 2007, le 1er décembre 2006, par M. Jean-Marc Ayrault..., députés,

et le 5 décembre 2006, par M. Jean-Pierre Bel..., sénateurs ;

LE CONSEIL CONSTITUTIONNEL,

1. Considérant que les requérants défèrent au Conseil constitutionnel la loi de financement de la Sécurité sociale pour 2007 ; que les députés auteurs de la première saisine invoquent des griefs de procédure à l'encontre de certaines de ses dispositions et critiquent, sur le fond, ses articles 15, 24, 47, 102 et 134 ; que les sénateurs auteurs de la seconde saisine s'associent au premier recours et contestent en outre l'article 106 ;

— SUR LA PROCÉDURE LÉGISLATIVE :

2. Considérant que les requérants mettent en cause la procédure législative à l'issue de laquelle certains articles de la loi déférée ont été adoptés ; qu'ils dénoncent, en particulier, une méconnaissance du droit de priorité d'examen de l'Assemblée nationale et le vote de nombreuses dispositions étrangères au domaine des lois de financement de la Sécurité sociale ;

En ce qui concerne le droit de priorité d'examen de l'Assemblée nationale :

3. Considérant que l'article 13 de la loi déférée introduit un mécanisme de plafonnement du montant des cotisations et contributions sociales dues par certains non-salariés ; que l'article 23 instaure un abattement sur la contribution sur le chiffre d'affaires de l'industrie pharmaceutique en faveur des entreprises bénéficiant du crédit d'impôt recherche ; que l'article 47 tend à permettre aux médecins relevant de certaines spécialités de pratiquer de manière encadrée des dépassements d'honoraires pour une partie de leur activité ; que l'article 68 prévoit des règles nouvelles en ce qui concerne la transmission des données des assureurs en matière de responsabilité civile médicale ; que l'article 95 renforce les compétences des missions régionales de santé ; que l'article 96 crée un fonds des actions conventionnelles ; que l'article 134 modifie les dispositions relatives au dossier médical personnel et institue un dossier pharmaceutique et un identifiant de santé ;

4. Considérant que les requérants font grief à ces dispositions de résulter d'amendements présentés par le Gouvernement au Sénat ; qu'ils estiment que ce procédé a méconnu le droit de priorité d'examen que la Constitution reconnaît à l'Assemblée nationale en matière de lois de finances et de financement de la Sécurité sociale ;

5. Considérant qu'aux termes de la deuxième phrase du second alinéa de l'article 39 de la Constitution : « *Les projets de loi de finances et de loi de financement de la Sécurité sociale sont soumis en premier lieu à l'Assemblée nationale* » ; qu'aux termes des trois premiers alinéas de son article 47-1 : « *Le Parlement vote les projets de loi de financement de la Sécurité sociale dans les conditions prévues par une loi organique. — Si l'Assemblée nationale ne s'est pas prononcée en première lecture dans le délai de vingt jours après le dépôt d'un projet, le Gouvernement saisit le Sénat qui doit*

statuer dans un délai de quinze jours. Il est ensuite procédé dans les conditions prévues à l'article 45. — Si le Parlement ne s'est pas prononcé dans un délai de cinquante jours, les dispositions du projet peuvent être mises en œuvre par ordonnance » ;

6. Considérant qu'il résulte des obligations particulières de procédure prévues par ces dispositions que les amendements du Gouvernement introduisant des mesures nouvelles dans une loi de financement de la Sécurité sociale doivent en premier lieu être soumis à l'Assemblée nationale ; que cette règle de recevabilité a été méconnue en ce qui concerne les dispositions critiquées ; qu'il y a lieu, en conséquence, de déclarer contraires à la Constitution les articles 13, 23, 47, 68, 95, 96 et 134 de la loi déférée ;

En ce qui concerne le domaine des lois de financement de la sécurité sociale et la recevabilité des amendements parlementaires au regard de l'article 40 de la Constitution :

— *Quant au domaine des lois de financement de la Sécurité sociale :*

7. Considérant que les requérants demandent au Conseil constitutionnel de déclarer contraires à la Constitution les dispositions de la loi déférée « qui dépassent la définition des conditions générales de son équilibre financier et des objectifs de dépenses, telle que prévue par l'article 34 de la Constitution et dont l'adoption nuit à la sincérité des débats parlementaires » ;

8. Considérant qu'aux termes du vingtième alinéa de l'article 34 de la Constitution : « Les lois de financement de la Sécurité sociale déterminent les conditions générales de son équilibre financier et, compte tenu de leurs prévisions de recettes, fixent ses objectifs de dépenses, dans les conditions et sous les réserves prévues par une loi organique » ;

9. Considérant que le I de l'article LO 111-3 du Code de la sécurité sociale détermine l'objet et le contenu de chacune des quatre parties de la loi de financement de la sécurité sociale relatives, respectivement, au dernier exercice clos, à l'année en cours et, en ce qui concerne l'année à venir, aux recettes et à l'équilibre général, d'une part, et aux dépenses, d'autre part ; que les III et IV du même article complètent la liste des dispositions qui ne peuvent être approuvées que dans le cadre des lois de financement ; qu'enfin, le V désigne celles qui peuvent figurer dans une telle loi ;

10. Considérant que l'article 45 modifie les règles de cumuls d'emplois applicables aux directeurs et directeurs adjoints de laboratoires d'analyses de biologie médicale ; que l'article 52 reporte l'entrée en fonction des nouvelles chambres disciplinaires de l'ordre des pharmaciens à la date de désignation de leurs présidents ; que l'article 57 permet à l'accord-cadre conclu entre le comité économique des produits de santé et les laboratoires pharmaceutiques de prévoir, pour ces derniers, des modalités d'information particulières ; que l'article 76 crée un « Centre national de gestion », établissement public national placé sous la tutelle du ministre chargé de la santé, en vue d'assurer la gestion et, le cas échéant, la rémunération des personnels de direction de la fonction publique hospitalière et des praticiens hospitaliers ; que l'article 81 supprime une compétence des sections des assurances sociales pour l'attribuer aux chambres disciplinaires de l'ordre national des médecins ; que l'article 82 tend à informer les assurés sociaux sur l'accès des médecins aux données afférentes aux procédures de remboursement ; que l'article 87 rétablit le droit, pour les établissements publics sociaux et médico-sociaux, d'agir directement contre les obligés alimentaires de leurs pensionnaires ; que l'article 90 autorise le versement de la prestation de compensation du handicap au début de chaque trimestre ; que le V de l'article 104 transfère aux tribunaux des affaires

de Sécurité sociale le contentieux des pénalités financières pour manquement à certaines règles du Code de la sécurité sociale, jusqu'alors dévolu à la juridiction administrative ; que l'article 111 interdit, à compter du 1er janvier 2007, la création de certains régimes de retraite complémentaires facultatifs ; que l'article 115 impose à l'État de prendre en charge l'intégralité des pensions versées, au titre des services accomplis sous le statut de la fonction publique de l'État, aux fonctionnaires demandant leur intégration dans la fonction publique territoriale ; qu'enfin, l'article 117 prévoit, pour les seules années 2008 à 2010, une augmentation de la dotation de l'État au fonds d'indemnisation des victimes de l'amiante ;

11. Considérant que ces mesures figurent « dans la partie de la loi de financement de la Sécurité sociale de l'année comprenant les dispositions relatives aux dépenses pour l'année à venir » ; qu'elles sont dénuées d'effet sur les dépenses de l'année des régimes obligatoires de base au sens de l'article LO 111-3 du Code de la sécurité sociale ; que celles qui touchent aux années ultérieures ne présentent pas « un caractère permanent » ; qu'aucune d'entre elles ne constitue une règle relative à la gestion des risques ayant « pour objet ou pour effet de modifier les conditions générales de l'équilibre financier de la Sécurité sociale » ;

— *Quant à la recevabilité des amendements parlementaires au regard de l'article 40 de la Constitution :*

12. Considérant que les amendements dont sont issus les articles 115 et 117, présentés par des sénateurs, auraient dû, de surcroît, être déclarés irrecevables dès leur dépôt au motif qu'ils avaient pour conséquence l'aggravation d'une charge publique ;

13. Considérant, en effet, qu'aux termes de l'article 40 de la Constitution : *« Les propositions et amendements formulés par les membres du Parlement ne sont pas recevables lorsque leur adoption aurait pour conséquence soit une diminution des ressources publiques, soit la création ou l'aggravation d'une charge publique »* ; que, si la question de la recevabilité financière des amendements d'origine parlementaire doit avoir été soulevée devant la première chambre qui en a été saisie pour que le Conseil constitutionnel puisse en examiner la conformité à l'article 40, cette condition est subordonnée, pour chaque assemblée, à la mise en œuvre d'un contrôle de recevabilité effectif et systématique au moment du dépôt de tels amendements ; qu'une telle procédure n'a pas encore été instaurée au Sénat ;

14. Considérant qu'il résulte de ce qui précède qu'il y a lieu de déclarer contraires à la Constitution les articles 45, 52, 57, 76, 81, 82, 87, 90, 111, 115 et 117 de la loi déférée ainsi que le V de son article 104 ; (...)

DÉCIDE :

Article premier. — Sont déclarées contraires à la Constitution les dispositions suivantes de la loi de financement de la Sécurité sociale pour 2007 :

— les articles 13, 23, 45, 47, 52, 57, 68, 76, 81, 82, 87, 90, 95, 96, 111, 115, 117 et 134 ;

— le V de l'article 104 ; (...)

Délibéré par le Conseil constitutionnel dans sa séance du 14 décembre 2006, où siégeaient : M. Pierre Mazeaud, Président, MM. Jean-Claude Colliard, Olivier Dutheillet de Lamothe et Valéry Giscard d'Estaing, Mme Jacqueline de Guillenchmidt, MM. Pierre Joxe et Jean-Louis Pezant, Mme Dominique Schnapper, M. Pierre Steinmetz et Mme Simone Veil.

CHRONIQUE DE JURISPRUDENCE

Jurisprudence administrative 2006

par Christophe GUETTIER
Agrégé des Facultés de Droit
Professeur à l'Université du Mans
Mis à disposition du Conseil d'État

SOMMAIRE

IV. — LIBERTÉS PUBLIQUES

5. *CE, ass., 7 juillet 2006,* France Nature Environnement — *(Transaction pénale — Mode d'exercice de l'action publique — Séparation des pouvoirs — Garantie des droits — Article 16 de la Déclaration des droits de l'homme et du citoyen de 1789 — Conditions d'homologation de la transaction — Domaine de la loi — Contentieux des ordonnances de l'article 38 de la Constitution).*

V. — MAGISTRATS

6. *CE, sect., 10 mars 2006,* M. Carre-Pierrat — *(Conseil supérieur de la magistrature — Pouvoir de proposition — Candidature aux fonctions de président de tribunal de grande instance — Procédure d'audition des candidats — Critères de sélection — Audition des seuls candidats remplissant les critères de sélection — Candidat écarté car ne remplissant pas les critères — Contrôle de l'erreur manifeste d'appréciation).*

VI. — PROCÉDURE ADMINISTRATIVE

7. *CE, sect., 27 octobre 2006,* M. Parent et autres — *(Autorité des marchés financiers — Sanctions — Accusations en matière pénale au sens des stipulations de la Convention européenne des droits de l'homme — Application du principe des droits de la défense rappelé par l'article 6, § 1 CEDH et précisé par l'article 6, § 3 CEDH — Respect de la conduite contradictoire des débats — Caractère équitable de la procédure).*

VII. — PROCÉDURE CONTENTIEUSE

8. *CE, sect., 10 mars 2006,* Société Leroy-Merlin — *(Urbanisme commercial — Recours préalable obligatoire — Tiers — Saisine directe de la juridiction administrative — Recevabilité du recours contentieux).*

9. *CE, sect., 7 avril 2006,* Centre hospitalier régional de Nice — *(Référé-expertise — Notion de « partie perdante » pour l'application de l'article L. 761-1 du Code de justice administrative — Remboursement des frais exposés et non compris dans les dépens).*

10. *CE, sect., 27 octobre 2006,* Société Techna SA et autres — *(Rejet d'une requête tendant à l'annulation d'un acte dont l'exécution a été suspendue par le juge administratif statuant en référé — Application de l'acte dès le prononcé de cette décision juridictionnelle — Effet de nature à porter atteinte au principe de sécurité juridique — Possibilité pour le juge de décider que sa décision de rejet ne prendra effet qu'à une date ultérieure qu'il détermine).*

11. *CE, sect., 27 octobre 2006,* Département du Morbihan — *(Règle générale de procédure — Prescription quadriennale — Acte interruptif — Plainte contre X).*

VIII. — RESPONSABILITÉ

12. *CE, sect., 1er février 2006,* garde des Sceaux, ministre de la Justice c/ Mutuelle assurance des instituteurs de France (MAIF) — *(Dommages causés aux tiers par un mineur placé sous le régime de la liberté surveillée*

— Responsabilité sans faute du gardien de ce mineur — Responsabilité sans faute de l'État pour risque spécial).

13. *CE, sect., 5 mai 2006,* Mme Bisson *— (Requête introductive d'instance — Conclusions indemnitaires non chiffrées — Demande d'expertise afin d'évaluer le préjudice — Requête regardée comme ne tendant plus à l'octroi d'une somme inférieure au seuil de 8 000 euros (art. R. 222-14, C. just. adm), qui relèverait devant le tribunal administratif de la compétence d'un juge unique (art. R. 222-13, 7°, C. just. adm.), statuant en premier et dernier ressort (art. R. 811-1, C. just. adm.)).*

I. — ACTE ADMINISTRATIF

1. *Note de service — Caractère impératif — Acte susceptible d'être contesté devant le juge de l'excès de pouvoir.* **CE, 4/5 ss. sect. réun., 25 janvier 2006, *Syndicat des agrégés de l'enseignement supérieur (sages) et autres,*** req. n°s 275857, 275858 et 276149.

Observations : En l'espèce, les requêtes étaient dirigées contre la même note de service du 21 octobre 2004 du ministre de l'Éducation nationale, de l'enseignement supérieur et de la recherche. Adressée aux recteurs d'académie, cette circulaire était relative aux règles et procédures du « mouvement national à gestion déconcentrée » des personnels enseignants du second degré et des personnels d'éducation et d'orientation pour la rentrée scolaire de septembre 2005 (elle comportait trois parties : la première partie traitait des « principes et conditions générales » du mouvement national à gestion déconcentrée des personnels enseignants du second degré et des personnels d'éducation et d'orientation ; la deuxième partie exposait « les règles relatives à la phase inter-académique dudit mouvement ; quant à la troisième partie, elle présentait « les indications propres à la phase intra-académique »). La question principale posée dans cette affaire a été de savoir si les conclusions tendant à l'annulation de cette note de service étaient recevables. La décision rendue par le Conseil d'État, le 25 janvier 2006, en sous-sections réunies, vient illustrer la jurisprudence *Mme Duvignères* (CE, sect., 18 décembre 2002, *RFDA* 2003, p. 274, concl. P. Fombeur ; *AJDA* 2003, p. 487, chron. F. Donnat et D. Casas ; *GAJA*, 14e éd., Dalloz, 2003, n° 118).

En effet, après avoir observé que cette note de service énonçait, « notamment, des critères précis à prendre en compte pour le classement des demandes de mutation, assortis d'un barème de points à appliquer, ainsi que des règles permettant de départager des candidats en cas d'égalité de barème », et après avoir relevé également qu'elle prévoyait, « en outre, que certains agents peuvent bénéficier de bonifications de points de barème », le Conseil d'État juge que « cette note de service présente ainsi un caractère impératif ». Aussi, contrairement à ce que soutenait le ministre de l'éducation nationale, elle constituait bien « un acte susceptible d'être contesté devant le juge de l'excès de pouvoir ». Puis, sur le fond, constatant que cette note de service ajoutait illégalement aux dispositions de la loi et qu'elle comportait en outre des aspects à caractère statutaire relevant du décret en Conseil d'État, ce dernier l'a déclarée entachée d'illégalité et l'a annulée pour ce motif.

Or, par une décision de sous-section, en date du 23 février 2005, le Conseil d'État (req. n° 263421) avait jugé, à propos de la note relative à la rentrée scolaire 2004, que « le barème défini à l'annexe I à la note de service attaquée et applicable aux mutations des personnels du second degré n'a d'autre objet que de donner à l'autorité administrative responsable des mutations des indications pour leur préparation » et que « compte tenu du caractère purement indicatif de ce barème », les dispositions de la note de service relatives à la « bonification » du barème accordée dans certaines conditions aux agents sollicitant un rapprochement de conjoint n'étaient pas susceptibles d'être déférées devant le juge de l'excès de pouvoir. Les conclusions du syndicat des agrégés, en tant qu'elles étaient dirigées contre le barème, furent donc déclarées irrecevables, en application de la jurisprudence *Mme Duvignères* précitée. Cette solution se rattachait en fait à toute une lignée jurisprudentielle qui regardait traditionnellement les barèmes de points à prendre en compte pour des décisions intéressant la carrière des enseignants comme revêtant un caractère seulement indicatif (CE, 6 octobre 1976, *Canonne, Leb.*, tables, p. 933 : à propos des barèmes applicables à l'examen des demandes de mutation de professeur, le ministre étant regardé comme se bornant à donner aux inspecteurs d'académie « des indications pour l'établissement du travail de mutation » ; v. égal. CE, 17 décembre 1993, *Confédération nationale des groupes autonomes de l'enseignement public*, req. n° 122796 : même solution s'agissant des propositions d'avancement fondées sur un barème indicatif). Ce n'est pourtant pas la solution retenue présentement par le Conseil d'État dans sa décision commentée rendue le 25 janvier 2006.

1) Il est vrai que la jurisprudence du Conseil d'État n'est pas aussi monolithique qu'on pourrait le penser. — En effet, dans une décision en date du 23 juillet 2003 *Grondin* (req. n° 230119), le Conseil d'État avait déjà jugé que présentait un caractère impératif la note du directeur des ressources humaines de La Poste adressée aux chefs d'établissement leur indiquant qu'ils pouvaient, en cas de recours gracieux des fonctionnaires dirigés contre des notations, attribuer une nouvelle notation en respectant un tableau de correspondance entre l'ancienne et la nouvelle notation. De même, dans une décision en date du 28 avril 2004 (*Syndicat des agrégés*, req. n° 240565), la note de service du 15 octobre 2001 organisant l'accès au grade de professeur agrégé hors-classe a été considérée comme présentant un caractère impératif car chacun des critères à prendre en compte pour le classement des candidatures était assorti d'un barème de points à appliquer. Or, le fait de remplir les conditions énoncées pour chacun de ces critères donnait droit au nombre de points prévus, lequel déterminait le classement. En l'espèce, si la circulaire prévoyait elle-même que l'application du barème pouvait être écartée dans la proportion de 5 %, il s'en déduisait *a contrario* que le barème était impératif pour 95 % des propositions. À l'inverse, pour écarter le caractère impératif d'une note de service relative à la promotion à la hors-classe du corps des professeurs des écoles, alors même que les intéressés devaient être classés en vertu de critères assortis d'un barème, le Conseil d'État a relevé dans sa décision du 30 avril 2004 *Mme Lhomeau-Chartier* (req. n° 253753) que cette note précisait que pouvait être écarté du tableau d'avancement, quel que soit son classement, un enseignant dont la manière de servir ne paraîtrait pas justifier une promotion à la hors-classe.

2) Or, dans notre affaire, la note de service attaquée ne constituait pas un simple guide définissant les orientations que devaient suivre les autorités chargées de statuer sur les demandes de mutation. — À l'examen, il apparaissait qu'elle mettait en fait en place un système de classement obligatoire et automatique ne laissant aucune marge d'appréciation. Il était possible alors d'estimer qu'elle présentait bel et bien un caractère impératif et juger qu'en conséquence il convenait d'écarter la fin de non-recevoir opposée par le ministre de l'Éducation nationale.

En l'espèce, il ressortait effectivement des pièces du dossier que l'agent qui formulait ses vœux grâce à un serveur connaissait son barème de points. Ensuite, les barèmes étaient vérifiés par les recteurs, puis affichés. Les agents pouvaient alors formuler des réclamations auprès du recteur pour obtenir la correction du barème, et ceci afin d'assurer le strict respect du barème — ce qui montre au passage que le barème avait une force contraignante. Les barèmes retenus étaient ensuite transmis à l'administration centrale et aux représentants du personnel.

Il est vrai, la note indiquait que, s'agissant du mouvement intra-académique, le droit du personnel à un traitement équitable était garanti au sein de chaque académie par un « barème indicatif » propre à chaque académie. Or, comme cette précision ne figurait pas s'agissant du barème inter-académique, ne fallait-il pas en conclure que le caractère impératif de la note ne valait que pour la partie correspondant au contenu de la note relatif au seul barème inter-académique ? Cette solution n'a pas été retenue (dans l'état antérieur du droit jurisprudentiel, la distinction de l'interprétatif et du réglementaire traversait les circulaires dont les dispositions pouvaient être les unes seulement interprétatives, les autres réglementaires). Sans doute l'explication tient-elle ici au fait que l'ensemble des dispositions de la note paraissaient bien présenter un caractère indivisible dans la mesure où les personnels retenus au titre du mouvement inter-académique participaient à la phase intra-académique du mouvement. Cette succession des opérations pour décider des mutations imprimait ainsi un caractère indivisible à l'ensemble du contenu de la note de service attaquée (les vices d'incompétence décelés ensuite par le Conseil d'État lors de son examen au fond l'ont conduit alors à annuler l'ensemble de la note ; subsiste toutefois la question de savoir si au sein d'un même document la distinction entre dispositions impératives et dispositions qui ne le sont pas est opérante pour apprécier la recevabilité du recours pour excès de pouvoir dont il peut faire l'objet ; en théorie, une réponse positive devrait s'imposer logiquement).

La décision ainsi rendue fait donc une application de la jurisprudence *Mme Duvignères* (préc.), qui n'a toutefois pas simplifié le droit car l'identification du caractère impératif d'une disposition n'est pas toujours chose aisée. Le partage entre une simple opinion et une véritable prescription peut donner lieu à bien des incertitudes. Par ailleurs, nous voyons bien comment dans notre espèce, si la note a présenté un caractère impératif, cela a tenu au fait que certaines dispositions étaient en réalité de nature réglementaire. De ce point de vue, on constate que le précédent critère de l'objet et le nouveau critère tiré de l'effet du texte peuvent se recouper. Doit-on alors faire reproche au juge d'avoir dégagé des principes pour initiés ? Le juge cherche à s'adapter aux évolutions de la vie administrative qui nourrit parfois son propre contentieux. L'affaire dont il vient d'être question (où étaient en cause les règles et procédures du « mouvement national à gestion déconcentrée » des personnels enseignants du second degré pour une prochaine rentrée scolaire) montre en tout cas que cette jurisprudence sur les circulaires s'applique à des mesures administratives revêtues d'une importance pratique non négligeable dans la gestion de l'administration. On comprend alors les efforts du juge pour ne pas les laisser en dehors de sa sphère d'influence.

2. *Pouvoir réglementaire — Principe de non-rétroactivité des actes administratifs — Sécurité juridique — Mesures transitoires — Réglementation nouvelle — Application immédiate — Atteinte aux intérêts publics ou privés en cause.* **CE, sect., 13 décembre 2006, *Mme Lacroix,*** req. n° 287845.

Observations : Mme Lacroix, commissaire aux comptes inscrite sur la liste de la cour d'appel de Paris, n'avait pas réglé ses cotisations professionnelles au titre des années 2003 et 2004 en dépit de plusieurs rappels successifs. Radiée de la liste d'inscription pour ce fait par la commission régionale d'inscription sur la liste des commissaires aux comptes du ressort de la Cour d'appel de Paris, Mme Lacroix avait saisi le Haut Conseil du commissariat aux comptes qui a confirmé cette radiation par une décision en date du 23 juin 2005 (notons qu'il s'agit là d'une radiation de nature administrative et non disciplinaire). Mme Lacroix a ensuite demandé au Conseil d'État d'annuler cette dernière décision administrative (la décision par laquelle le Haut Conseil prononce la radiation d'un commissaire aux comptes de la liste de ces professionnels pour non-paiement de ses cotisations est effectivement une décision administrative qui est susceptible de recours pour excès de pouvoir devant le Conseil d'État statuant en premier et dernier ressort, le Haut Conseil étant un organisme collégial à compétence nationale ; CE, 19 juin 2006, *Mollet*, req. n° 271723).

En effet, il se trouve qu'entre la date à laquelle le Haut Conseil s'est réuni pour examiner le recours de Mme Lacroix (soit le 26 mai 2005) et la date à laquelle il a finalement pris sa décision (soit le 23 juin 2005), un décret en date du 27 mai 2005 est intervenu pour modifier le décret du 12 août 1969 relatif à l'organisation de la profession et au statut professionnel des commissaires aux comptes (décret publié au *Journal officiel* du 29 mai 2005 et entré en vigueur le lendemain). Toute l'argumentation de Mme Lacroix tourne autour de l'application dans le temps de ces dispositions anciennes et nouvelles. Selon la nouvelle version de la réglementation, l'engagement d'une procédure d'omission de la liste est possible lorsqu'au 31 décembre un commissaire aux comptes n'a pas payé les cotisations professionnelles qu'il devait au titre de la seule année écoulée, et non plus de deux années consécutives comme par le passé. Ce durcissement de la réglementation (destiné à éviter notamment certains comportements d'évasion consistant par exemple à ne payer ses cotisations qu'une année sur deux) est toutefois compensé par un accroissement des garanties de procédure offertes aux intéressés lorsqu'une telle procédure est mise en œuvre, le Haut Conseil ayant désormais la possibilité de convoquer l'intéressé et de procéder à son audition, ce dernier pouvant lui-même se faire assister d'un conseil de son choix.

Or, si le Haut Conseil devait appliquer le droit en vigueur à la date de sa décision, quel était précisément celui-ci ? S'agissait-il des règles nouvelles apportées au décret de 1969 par le décret du 27 mai 2005 ? Mais celles-ci étaient-elles d'application immédiate ? Dans l'affirmative, le décret n'aurait-il pas dû comporter des mesures transitoires, pour des motifs de sécurité juridique ? On le voit, cette affaire se présentait comme un intéressant cas de figure où se mêlait aux questions d'application d'une réglementation dans le temps le délicat problème de la préservation de la sécurité juridique que le Conseil d'État a précisément abordé dans des termes renouvelés au printemps de l'année 2006 (CE, ass., 24 mars 2006, *Société KPMG et autres, Leb.*, p. 154 ; *RFDA* 2006, p. 463, concl. Y. Aguila ; F. Moderne, « Sécurité juridique et sécurité financière », *RFDA* 2006, p. 483 ; v. égal. nos observations sous CE, sect., 27 octobre 2006, *Société Techna SA et autres*, cf. *infra*).

La solution donnée à notre litige par le Conseil d'État consiste à distinguer les règles de fond et les règles de procédure. S'agissant des premières, il est jugé que si les dispositions issues du décret du 27 mai 2005 sont bien entrées en vigueur immédiatement, sans appeler de mesures transitoires, il se trouve que compte tenu des règles d'application de la norme dans le temps, ces dispositions ne régissaient pas la situation de Mme Lacroix. En revanche, s'agissant des règles de procédure, les nouvelles dispositions étaient, elles, applicables sans délai aux procédures en cours devant le Haut Conseil. Comme il ne ressortait pas du dossier que celui-ci en avait fait bénéficier Mme Lacroix, celle-ci a été privée de garanties. La décision la concernant a donc été annulée pour ce motif.

En l'espèce, un régime juridique mixte s'est donc appliqué à la situation de la requérante, comprenant d'anciennes règles de fond et de nouvelles règles de procédure. Cet aspect appelle de notre part les quelques observations qui vont suivre.

1) Les anciennes règles de fond s'appliquaient à la situation de la requérante. — Comme nous l'avons vu au moment de l'évocation des faits de l'espèce, le Haut Conseil du commissariat aux comptes a prononcé la radiation de Mme Lacroix de la liste d'inscription pour non paiement de ses cotisations professionnelles pendant deux années consécutives, au titre des années 2003 et 2004. Il lui a ainsi fait application de la réglementation qui prévalait antérieurement à la réforme introduite par le décret du 27 mai 2005. Or, au 31 décembre 2004, il était bien dû deux années de cotisations. Aussi, le Haut Conseil, par sa décision du 23 juin 2005, a pu valablement prononcer la radiation de Mme Lacroix. Il ne lui a pas fait application du décret du 27 mai 2005 et il a donc bien fait d'agir en ce sens car lors du fait générateur de la possibilité d'engager la procédure de radiation de la liste, à savoir le 31 décembre de l'année au titre de laquelle des cotisations sont dues, la situation constituée de Mme Lacroix (et non en cours de constitution) portait sur l'année 2004. Il n'était pas possible de faire ici application de la nouvelle réglementation, sauf à lui faire produire un effet rétroactif, ce qui aurait été contraire au principe de non-rétroactivité des actes administratifs. Ainsi, donc, l'ancienne réglementation a survécu alors même qu'une nouvelle réglementation est intervenue juste avant la prise de décision par l'autorité administrative. En fait, les nouvelles dispositions issues du décret de 2005 n'auront à s'appliquer qu'au 31 décembre de l'année 2005. À cette date, pourront être radiés de la liste les commissaires aux comptes qui n'auront pas respecté la nouvelle réglementation, à savoir ne pas avoir acquitté leurs cotisations professionnelles au titre de cette année. Il est vrai que le décret de 2005 sera appelé à régir des situations portant sur la période du 1er janvier au 29 mai 2005, c'est-à-dire la période qui a précédé l'entrée en vigueur du décret. Mais comme les situations ne sont pas constituées avant le 31 décembre 2005, ces situations en cours peuvent être régies par le décret de 2005.

Le Conseil d'État a précisé par ailleurs le point de savoir si le décret du 27 mai 2005 appelait des mesures transitoires pour différer ou aménager l'application des nouvelles dispositions qu'il introduit. Ce point n'était pas nécessaire à la résolution de notre affaire puisque le décret de 2005 ne s'appliquait pas en l'espèce à la situation de Mme Lacroix. On voit là le souci du Conseil d'État de faire œuvre pédagogique sur un sujet — la sécurité juridique — promis au contentieux à un riche avenir. Sous la forme d'un considérant de principe, le Conseil d'État rappelle, tout d'abord, que « l'exercice du pouvoir réglementaire implique pour son détenteur la possibilité de modifier à tout moment les normes qu'il définit sans que les personnes auxquelles sont, le cas échéant, imposées de nouvelles contraintes, puissent invoquer un droit au maintien de la réglementation existante ». Il ajoute, ensuite, « qu'en principe, les nouvelles normes ainsi édictées ont vocation à s'appliquer immédiatement, dans le respect des exigences attachées au principe de non-rétroactivité des actes administratifs ». Mais il achève en affirmant que « toutefois, il incombe à l'autorité investie du pouvoir réglementaire, agissant dans les limites de sa compétence et dans le respect des règles qui s'imposent à elle, d'édicter, pour des motifs de sécurité juridique, les mesures transitoires qu'implique, s'il y a lieu, cette réglementation nouvelle », étant précisé « qu'il en va ainsi lorsque l'application immédiate de celle-ci entraîne, au regard de l'objet et des effets de ses dispositions, une atteinte excessive aux intérêts publics ou privés en cause ».

Appliquée au cas d'espèce, cette dernière formule conduit le Conseil d'État à constater que, « compte tenu de la date à laquelle cette règle a été édictée (il s'agit de la nouvelle règle pour permettre l'engagement d'une procédure de radiation de la liste d'un commissaire aux comptes n'ayant pas payé ses cotisations professionnelles au titre de la seule année écoulée, et non plus de deux années consécutives), qui laissait aux personnes intéressées un temps suffisant pour s'acquitter de leurs obligations, le décret du 27 mai 2005 n'appelait pas sur ce point de dispositions transitoires destinées à en différer ou en aménager l'application ». Sept mois pour se mettre en conformité avec la nouvelle réglementation (entre le 30 mai et le 31 décembre 2005), ce délai est jugé ici suffisant. Il est probable que si le décret de 2005 était intervenu beaucoup plus tard dans l'année le problème se serait posé en des termes différents car on se serait rapproché du fait générateur (le 31 décembre). Dans ce cas, il aurait sans doute fallu prévoir un étalement dans le temps de l'application des nouvelles règles, soit, par exemple, en reportant celle-ci à l'année suivante, soit en ouvrant au moins une période après le 31 décembre 2005 pour permettre aux intéressés de régulariser leur situation.

Mais comme nous l'avons dit, ce dispositif de 2005 n'était pas en jeu dans notre affaire puisque Mme Lacroix avait été radiée de la liste des commissaires aux comptes pour non-paiement de ses cotisations professionnelles en 2003 et 2004. C'est l'ancienne réglementation qui avait été mise en œuvre par le Haut Conseil et non celle de 2005. Il l'a fait à bon droit puisque conformément aux règles alors en vigueur le délai de deux années était expiré lorsqu'il a pris sa décision (en revanche, il n'aurait pas été possible de prononcer la radiation du tableau de Mme Lacroix sur le fondement du décret de 2005 si celle-ci s'était abstenue de payer ses cotisations au titre de la seule année 2004, puisque le décret de 2005 ne s'appliquait pas). Toutefois, la décision du Haut Conseil a été annulée pour excès de pouvoir car sur le terrain des règles de procédure, cette fois-ci, le Haut Conseil n'a pas fait application des règles nouvelles posées par le décret du 27 mai 2005. C'est pourtant ce qu'il aurait dû faire.

2) Les nouvelles règles de procédure s'appliquaient devant l'autorité administrative. — Selon les nouvelles dispositions introduites par le décret du 27 mai 2005, lorsque le Haut Conseil est saisi d'un recours dirigé contre une décision d'une commission régionale et qu'il statue sur les questions qui lui sont soumises, il « peut convoquer l'intéressé et procéder à son audition » (notons qu'il ne s'agit donc pas d'une obligation mais d'une simple faculté). Quant à ce dernier, il « peut se faire assister d'un conseil de son choix ». De telles règles avaient-elles été respectées en l'espèce ? Il semble que non. Mais avaient-elles à l'être ? Et dans l'affirmative, des mesures transitoires s'imposaient-elles ?

À la première question, la jurisprudence apporte une réponse positive. Il convient d'appliquer la règle de procédure applicable à la date de signature de la décision. Concrètement, lorsque le Haut Conseil a pris sa décision concernant Mme Lacroix, le 23 juin 2005, il aurait dû faire application des règles de procédure nouvelles applicables depuis le décret du 27 mai 2005 (nous avons certes souligné tout à l'heure que la convocation et l'audition de l'intéressé ne sont que des facultés pour le Haut Conseil ; mais il ressortait du dossier que ce dernier avait exclu par principe ces facultés...), quitte à ce qu'il reprenne la procédure qu'il avait engagée, à l'époque valablement, dans la mesure où il s'était réuni le 26 mai 2005 pour examiner le recours de Mme Lacroix (soit trois jours avant l'entrée en vigueur du décret du 27 mai 2005). Or, le décret du 27 mai 2005 n'avait pas prévu que les nouvelles règles de procédure s'appliqueraient seulement à des actes de procédure postérieurs à son intervention. De même, il aurait pu se produire que les garanties entourant les anciennes règles de procédure fussent suffisantes pour qu'il ne soit pas nécessaire de les accomplir une seconde fois. Tel n'était pas le cas dans notre affaire et le Conseil d'État a donc jugé que la modification du décret de 1969 par celui de 2005 était applicable aux procédures en cours devant le Haut Conseil.

On pouvait se demander toutefois si des mesures transitoires étaient nécessaires en l'espèce ? On peut effectivement imaginer que de nouvelles règles de procédure entraînent des bouleversements tels que leur mise en œuvre soit ainsi cause d'une atteinte excessive aux intérêts publics ou privés en présence. Dans une telle hypothèse, un régime transitoire peut s'imposer. Mais dans notre affaire, il s'agissait de garanties nouvelles édictées au bénéfice des intéressés, destinées à compenser le durcissement de la nouvelle règle de fond sur la radiation de la liste. Tant par leur objet que par leurs effets, les nouvelles règles de procédure (convocation des intéressés ; audition ; possibilité de se faire assister d'un conseil) ne nécessitaient pas de mesures transitoires.

En conséquence, en l'absence de dispositions expresses contraires, ces nouvelles règles avaient vocation à s'appliquer immédiatement. Aussi, le Haut Conseil aurait dû, entre le moment où il a examiné le recours de Mme Lacroix (le 26 mai 2005) et le moment où il a pris sa décision (le 23 juin 2005), réexaminer la situation de l'intéressée (toutefois cette dernière solution ne s'impose pas, précise le Conseil d'État, en matière répressive, où les actes de procédure régulièrement intervenus n'ont pas à être réitérés ; v. CE, sect. 17 novembre 2006, *Société CNP Assurances*, req. n° 276926 ; cette solution semble s'inspirer des dispositions de l'article 112-4 du Code pénal selon lesquelles « l'application immédiate de la loi nouvelle est sans effet sur la validité des actes accomplis conformément à la loi ancienne »). Le Conseil d'État fixe ici une méthode à l'attention de l'administration.

Au regard du principe de sécurité juridique et du recours à un droit transitoire d'ajustement qu'il peut impliquer, cette décision rendue le 13 décembre 2006 retient l'attention par ce qu'elle nous apprend en quelque sorte « en creux » : tant les règles de fond que de procédure n'appelaient pas en l'espèce de mesures transitoires. Au besoin, le Conseil d'État en dit même plus que nécessaire pour la résolution du litige. Nul doute que l'économie de moyens doit être remisée autant que faire se peut si le juge administratif ne veut pas se laisser déborder rapidement par un contentieux riche en potentialités sur le vaste terrain de la sécurité juridique.

II. — ENVIRONNEMENT

3. *Installation classée pour la protection de l'environnement — Autorisation d'exploitation — Caducité partielle.* **CE, sect., 27 septembre 2006, *Communauté d'agglomération de Montpellier,*** req. n° 269553.

Observations : Selon l'article 24 du décret du 21 septembre 1977 pris pour l'application de la loi n° 76-663 du 19 juillet 1976 relative aux installations classées pour la protection de l'environnement : « L'arrêté d'autorisation cesse de produire effet lorsque l'installation classée n'a pas été mise en service dans le délai de trois ans ou n'a pas été exploitée durant deux années consécutives, sauf le cas de force majeure ». Selon le Conseil d'État, « il résulte de ces dispositions que, outre le cas où des travaux seraient entrepris dans le seul but d'échapper à l'application de la règle qu'elles édictent, seul un défaut total d'exploitation est de nature à emporter la caducité d'une autorisation d'exploiter une installation classée ; qu'au regard, notamment, des obligations qui pèsent sur l'exploitant en cas de cessation définitive de l'activité et de la nécessité de mettre à même l'autorité administrative de procéder aux contrôles qui lui incombent, l'interruption du fonctionnement d'une installation classée durant plus de deux ans sur une partie seulement de la zone concernée par l'autorisation n'entraîne pas en principe la caducité partielle de celle-ci ; qu'il ne pourrait en aller autrement que dans l'hypothèse où, par le même acte, aurait été autorisée l'exploitation de plusieurs installations classées distinctes ; (...) ».

Dans cette intéressante affaire était soulevée la question de savoir s'il est possible d'admettre un mécanisme de caducité partielle en matière d'installations classées, lorsqu'une autorisation d'exploitation ayant été donnée, une partie de ses dispositions n'a pas reçu d'application pendant un certain délai.

Le Conseil d'État s'y est refusé. Dans la veine de sa jurisprudence antérieure, il continue de juger que « seul un défaut total d'exploitation ou, le cas échéant, la réalisation de travaux dans le seul but d'échapper aux dispositions de l'article 24 du décret du 21 septembre 1977 sont de nature à emporter la caducité d'une autorisation de carrière » (v. CE, 17 mai 2002, *Société Entreprise Jean Lefèvre*, *Leb.*, tables, p. 817). Sans doute parce que la consécration d'une caducité partielle des autorisations risquerait de porter atteinte à la sécurité juridique de leurs bénéficiaires, le Conseil d'État n'a pas estimé opportun de revenir sur la réserve qu'entoure la caducité des actes administratifs aussi bien en jurisprudence qu'en doctrine (v. notam. G. Gonzalez, « La caducité des actes administratifs unilatéraux », cette *Revue* 1991, p. 1675 ; lorsque la caducité atteint une décision individuelle qui n'a pas reçu de commencement d'exécution, elle provoque alors l'anéantissement rétroactif de la décision ; CE, sect., 17 février 1978, *Syndicat national des établissements de rééducation fonctionnelle,* cette *Revue* 1978, p. 1461, note R. Drago).

1) Les faits de l'espèce. — Il convient de les relater car ils permettent d'éclairer la solution retenue. En 1967, la commune de Montpellier a été autorisée à exploiter un dépôt d'ordures ménagères sur la commune de Lattes. Un arrêté du préfet de l'Hérault, en date du 18 juillet 1967, a autorisé cette installation sur un ensemble de huit parcelles, pour une superficie totale de 52 hectares. En 1983, certaines parcelles ont cessé d'être exploitées, pour 12 de ces 52 hectares, et elles ont été aménagées en espace vert. Mais en 2002, soit près de vingt ans plus tard, la communauté d'agglomération de Montpellier, qui a succédé à la commune dans l'exploitation de cette décharge, a bénéficié d'un nouvel arrêté, en date du 31 décembre, autorisant la poursuite de l'exploitation sur la totalité du site, y compris donc sur les 12 hectares reconvertis en jardin public. C'est alors qu'une association pour la défense de la nature et de l'environnement a attaqué ledit arrêté devant la juridiction administrative. Son recours a d'abord été rejeté devant le Tribunal administratif de Montpellier. Mais il lui a été ensuite donné gain de cause devant la cour administrative d'appel de Marseille, par un arrêt du 3 juin 2004. La communauté d'agglomération de Montpellier s'est alors pourvue en cassation.

Selon la Cour administrative d'appel de Marseille, si l'arrêté préfectoral encourait la censure du juge, c'est en raison du fait que l'autorisation d'exploitation donnée initialement en 1967 était devenue caduque, en application de l'article 24 du décret du 21 septembre 1977 (préc.), du moins en tant que l'arrêté concernait les 12 hectares reconvertis en jardin public. En conséquence, cet arrêté était irrégulier puisqu'il avait étendu le dépôt d'ordures ménagères sans enquête publique préalable. De son côté, la communauté d'agglomération de Montpellier soutenait que la caducité instituée par le décret de 1977 ne pouvait faire l'objet d'une application partielle. Là était donc le nœud du problème. Le Conseil d'État devait trancher. On sait qu'il a refusé de considérer en l'espèce que l'écoulement du temps puisse engendrer une caducité même partielle de l'autorisation accordée.

2) Les cas de figure réservés. — Sans doute le Conseil d'État réserve-t-il un certain nombre de cas de figure, comme le défaut total d'exploitation ou la fraude. Il convient également d'ajouter le cas où, « par le même acte, aurait été autorisée l'exploitation de plusieurs installations classées distinctes ». C'est l'idée ici qu'une autorisation est donnée pour une installation et qu'à cette installation correspond une exploitation qui forme un tout (mais la pluralité éventuelle de « sites » ne peut avoir de portée juridique). Un même acte est donc susceptible d'autoriser plusieurs exploitations, auquel cas il devient possible de concevoir une caducité partielle. En revanche, ce n'est plus concevable lorsque l'autorisation est donnée pour une seule et même installation au sens de la législation sur les installations classées.

Ainsi, dans notre affaire, l'autorisation avait été donnée globalement pour une installation dont l'exploitation unique couvrait les 52 hectares de terrain. Il n'était pas possible de fragmenter ce qui ne faisait qu'un dès le départ. L'exploitation de la décharge peut être échelonnée dans le temps, sans que cette méthode de gestion ait de conséquence juridique en terme de caducité frappant la partie de terrain provisoirement « gelée ». Cette approche n'est bien évidemment pas dépourvue d'une forte rationalité économique. Il serait malvenu que le droit la malmène. Toute autre solution poserait d'ailleurs des difficultés d'application, comme l'a souligné le Conseil d'État. Ainsi, par exemple, *quid* de la déclaration de cessation d'activité prévue à l'article 34-1 du décret du 21 septembre 1977 sur les installations classées pour la protection de l'environnement ?

Il ressort donc de la décision de section du 27 septembre 2006 que la caducité partielle n'est en principe pas admise. Il faut d'ailleurs bien voir que si le décret précité du 21 septembre 1977, en son article 24, a bien prévu un mécanisme de caducité, celui-ci se rattache lui-même à un conception d'ensemble, que l'on retrouve également, par exemple, en matière de permis de construire (v. art. R. 421-32, C. urb.), selon laquelle les péremptions consacrées par le droit viennent sanctionner en quelque sorte la négligence des bénéficiaires d'autorisations administratives (l'accomplissement d'une formalité est nécessaire sans laquelle l'autorisation perd sa validité et sort de l'ordonnancement juridique ; voir, de même, le cas des ordonnances de l'article 38 de la Constitution qui deviennent caduques si le projet de loi de ratification n'est pas déposé devant le Parlement avant la date fixée par la loi d'habilitation). Tel n'était pas le cas en l'espèce, où, comme nous l'avons vu, il s'est agi pour l'exploitant d'échelonner dans le temps et dans l'espace le stockage des déchets ménagers. Dès lors, tirer une conséquence juridique de cette situation en en déduisant une caducité partielle, c'est commettre là une erreur de droit. En effet, ni les textes, ni l'esprit des textes n'autorisaient à aller aussi loin.

III. — FONCTION PUBLIQUE

4. *Emploi à la décision du gouvernement — Ambassadeur — Règles statutaires de nature à faire obstacle à la nomination sur un tel emploi.* **CE, ass., 31 mai 2006, *Syndicat CFDT du ministère des Affaires étrangères,*** req. n° 269635.

Observations : Le Syndicat CFDT du ministère des Affaires étrangères demandait au Conseil d'État d'annuler le décret du 11 mai 2004 portant nomination d'un ambassadeur extraordinaire et plénipotentiaire de la République française auprès de la République azerbaïdjanaise. En effet, selon le syndicat, l'intéressé qui était secrétaire principal des Affaires étrangères ne remplissait pas les conditions requises pour être nommé chef de mission diplomatique. Le Conseil d'État l'a suivi et a annulé le décret attaqué, jugeant ainsi que lorsque des personnes ayant la qualité de fonctionnaires sont nommées à des emplois « à la décision du Gouvernement », l'Exécutif ne saurait les excepter de l'application des dispositions statutaires ou réglementaires fixant des conditions particulières d'accès aux-dits emplois.

La décision rendue par l'Assemblée du contentieux, le 31 mai 2006, retient l'attention dans la mesure où le raisonnement qui a été suivi vaut non seulement pour les ambassadeurs mais également pour l'ensemble des emplois « à la décision du Gouvernement » (cette expression figure à l'article 25 de la loi n° 84-16 du 11 janvier 1984 portant dispositions statutaires relatives à la fonction publique de l'État et s'est alors substituée à celle préexistante d'emploi « à la discrétion du Gouvernement » ; la liste de ces emplois figure principalement dans le décret n° 85-779 du 24 juillet 1985, la jurisprudence ayant admis toutefois que cette liste n'est pas limitative ; v. J.-M. Auby et autres, *Droit de la fonction publique*, 5e éd., Précis Dalloz, 2005, n° 190). En outre, elle souligne au passage que la marge de manœuvre que possède en l'espèce l'Exécutif n'est pas aussi large que ce dernier pourrait l'espérer. Enfin, elle sonne comme un rappel à l'ordre pour le gouvernement qui ne saurait s'affranchir de la règle selon laquelle les mesures individuelles restent subordonnées aux règles statutaires édictées par décret (en Conseil d'État), en application des principes qui gouvernent la hiérarchie des normes, fût-ce dans le domaine politiquement sensible des emplois à la décision du gouvernement.

L'affaire dont avait à connaître le Conseil d'État posait la question de savoir si eu égard aux textes applicables l'intéressé pouvait être nommé ambassadeur, chef de mission diplomatique. Il ne s'agissait pas de vérifier si en le nommant dans cette fonction le gouvernement avait commis une erreur manifeste d'appréciation. La compétence professionnelle de l'intéressé n'était nullement en cause. Cela étant, pour démontrer son bon droit, toute l'argumentation du Gouvernement était fondée sur la nature de l'emploi en cause. Celle-ci l'autorisait-elle à agir sans contrainte ?

1) La position défendue par le Gouvernement. — En l'espèce, le gouvernement a opéré en deux temps. Il a d'abord détaché l'intéressé, qui était, comme l'on sait, secrétaire principal des Affaires étrangères, dans le corps des conseillers des Affaires étrangères, au grade de conseiller hors classe, puis il l'a nommé ambassadeur en Azerbaïdjan. En effet, selon l'article 62 du décret du 6 mars 1969 relatif au statut particulier des agents diplomatiques et consulaires, « les ambassadeurs de France et les ministres plénipotentiaires ont vocation aux emplois de chef de mission diplomatique », étant toutefois précisé qu'« à titre exceptionnel, il peut être fait appel pour occuper ces emplois à des conseillers des Affaires étrangères hors classe (cadre général et cadre d'Orient) ». Pour le Gouvernement, le détachement de l'intéressé dans le corps des conseillers des Affaires étrangères hors classe est donc apparu comme un préalable nécessaire à sa nomination dans un emploi d'ambassadeur, chef de mission diplomatique.

Toutefois, le premier temps de cette opération à double détente était légalement contestable pour la raison que les textes n'autorisaient pas un tel détachement. En effet, aux termes de l'article 51 du décret du 6 mars 1969 précité, « les fonctionnaires appartenant aux corps auxquels prépare l'École nationale d'administration, les fonctionnaires appartenant à d'autres corps homologues ou à des corps recrutés par la voie de l'École polytechnique et les magistrats de l'ordre judiciaire peuvent être détachés dans le corps des conseillers des Affaires étrangères ou, le cas échéant, dans le corps des ministres plénipotentiaires, après consultation de la commission administrative paritaire compétente ». Or, l'intéressé était membre du corps des secrétaires des Affaires étrangères. Il n'appartenait donc à aucun des corps cités dans l'article, son corps d'appartenance n'étant recruté ni par la voie de l'École nationale d'administration, ni par celle de l'École polytechnique. De même, il n'entrait dans le cadre d'aucun « corps homologue », expression qui renvoie ici à des corps tels ceux issus de l'École de la France d'outre-mer. Il apparaissait donc que l'intéressé n'appartenait à aucun des corps mentionnés à l'article 51 du décret de 1969. Il n'était donc pas possible légalement de le détacher dans le corps des conseillers des Affaires étrangères.

Face à cette critique le mettant en difficulté sérieuse, le Gouvernement soutenait que l'illégalité du détachement était de toute façon inopérante au cas d'espèce dès lors que la nomination portait sur un emploi à la décision du Gouvernement. Ce qui revenait à dire que l'Exécutif pouvait toujours nommer qui bon lui semblait dans les fonctions d'ambassadeur. Le Conseil d'État n'a pas suivi.

2) La solution retenue par le Conseil d'État. — Il juge en effet qu'il ressort des articles 62 et 51 précités du décret du 6 mars 1969 que « seuls parmi les fonctionnaires, ceux ayant la dignité d'ambassadeur de France, le grade de ministre plénipotentiaire ou celui de conseiller des Affaires étrangères hors classe ou qui ont été légalement détachés dans ces deux derniers corps, peuvent être nommés chef de mission diplomatique ». Dès lors, la conclusion s'impose : l'intéressé étant secrétaire principal des Affaires étrangères, il ne pouvait être légalement détaché dans le grade de conseiller des Affaires étrangères hors classe faute d'appartenir à l'un des corps mentionnés à l'article 51 du décret de 1969. Par suite, il ne remplissait pas les conditions pour être nommé chef de mission diplomatique. Le décret attaqué, par lequel le président de la République avait nommé l'intéressé ambassadeur extraordinaire et plénipotentiaire de la République française auprès de la République azerbaïdjanaise, était illégal et le syndicat requérant était fondé à en demander l'annulation.

En précisant que pour être nommées chef de mission diplomatique, il est nécessaire que les personnes détachées dans le corps de conseiller des Affaires étrangères hors classe le soient de façon conforme aux textes, le Conseil d'État ruine la démonstration du Gouvernement qui pensait disposer d'une plénitude de compétence eu égard au fait que le poste en question entrait dans la catégorie des emplois à la discrétion du Gouvernement. Il lui est rappelé opportunément que cette référence ne dispense pas de respecter l'état du droit applicable. En l'espèce, l'étroitesse des conditions du détachement dans le corps des conseillers des Affaires étrangères hors classe faisait obstacle à ce que l'intéressé pût être nommé chef de mission diplomatique.

Le Conseil d'État n'ajoute pas de conditions supplémentaires. Il se contente de rappeler celles qui existent en vertu des règlements applicables et que l'administration qui se les ait données à elle-même se doit de respecter. « Patere legem quam ipse fecisti ». Si la marge de manœuvre de l'Exécutif se réduit, ce n'est pas du fait d'une volonté délibérée du Conseil d'État, mais bien par application des dispositions de droit écrit. À l'avenir, le Gouvernement pourra chercher à desserrer le verrou, s'il s'y croit fondé, en modifiant la réglementation. Mais tant que celle-ci est ce qu'elle est, le Gouvernement est tenu de nommer les ambassadeurs, chefs de mission diplomatique, parmi un cercle de personnes plus étroit que ce qu'aurait laissé croire l'appartenance de l'emploi en cause à la catégorie des emplois à la décision du Gouvernement.

L'Exécutif doit désormais savoir que lorsqu'il souhaite nommer un de ses agents sur un tel emploi, il doit respecter les règles statutaires lorsqu'elles fixent elles-mêmes des conditions pour que les agents entrant dans leur champ aient accès à un emploi à la décision du Gouvernement (s'agissant, par exemple, des recteurs, l'article R. 222-13 du Code de l'éducation prévoit que « nul ne peut être nommé recteur s'il n'est pas habilité à diriger des recherches », étant toutefois précisé que pour 10 % de l'effectif de ces emplois le gouvernement peut nommer une personne ne satisfaisant pas à cette condition, pour autant qu'elle dispose d'un doctorat et justifie de dix années au moins d'expérience dans le domaine de la formation).

Tel est l'apport essentiel de cette décision rendue par l'Assemblée du contentieux du Conseil d'État le 31 mai 2006, qui se limite toutefois au cas des fonctionnaires, le choix de non-fonctionnaires restant donc plus ouvert (pour un exemple, v. notam. CE, 20 février 1985, *Syndicat CGT-FO du personnel des Affaires étrangères, Leb.,* tables, p. 675 : à propos d'un décret nommant un non-fonctionnaire en qualité d'ambassadeur de France en Italie). S'agissant des premiers, il convient donc de combiner les dispositions relatives aux emplois à la décision du Gouvernement (loi du 11 juillet 1984 et décret du 24 juillet de 1985, préc.) et les dispositions réglementaires, notamment statutaires (ici décret du 6 mars 1969, préc.), qui limitent ou interdisent l'accès d'un fonctionnaire à un emploi à la décision du Gouvernement.

Cette solution a une portée que l'on peut sans doute qualifier de peu opportune. D'abord, on rappellera qu'à la différence du « tour extérieur », dont l'effet est de permettre à la personne ainsi nommée d'être intégrée dans le corps d'accueil et de lui donner vocation à occuper tous les emplois auxquels ont accès les fonctionnaires dans ce corps, une nomination sur un emploi « à la décision du Gouvernement » n'emporte aucune intégration dans l'administration s'il s'agit d'un non-fonctionnaire, et, s'il s'agit d'un fonctionnaire, aucun accès à un autre corps que celui auquel il appartient (réserve étant toutefois faite des préfets, puisqu'une personne n'ayant pas le grade de préfet, nommée sur un emploi de préfet alors qu'elle n'est pas issue du corps des sous-préfets, voire alors qu'elle est étrangère à la fonction publique, peut au terme d'une année d'exercice des fonctions de préfet demander à être titularisée dans le corps des préfets ; v. à ce propos, concl. R. Schwartz, *AJDA* 1997, p. 297). Ensuite, la solution présentement consacrée peut conduire à écarter de certaines hautes responsabilités des hommes et des femmes dotés d'un professionnalisme certain. On peut le regretter. Mais, en fait, ce n'est pas la solution jurisprudentielle ici retenue qu'il faut mettre en cause, mais une certaine conception corporatiste du cloisonnement dans la fonction publique.

IV. — LIBERTÉS PUBLIQUES

5. *Transaction pénale — Mode d'exercice de l'action publique — Séparation des pouvoirs — Garantie des droits — Article 16 de la Déclaration des droits de l'homme et du citoyen de 1789 — Conditions d'homologation de la transaction — Domaine de la loi — Contentieux des ordonnances de l'article 38 de la Constitution.* **CE, ass., 7 juillet 2006, France Nature Environnement,** req. n° 283178.

Observations : Par l'article 50 de la loi du 9 décembre 2004 de simplification du droit, le législateur a autorisé le Gouvernement, dans les conditions prévues par l'article 38 de la Constitution, à prendre, par ordonnances, un certain nombre de dispositions en matière de police de l'eau et de police de la pêche et du milieu aquatique. Aux termes du 2° de cet article, le Gouvernement a été habilité à prendre les dispositions nécessaires pour « instituer un régime de transaction pénale pour les infractions définies au titre Ier du livre

II » du Code de l'environnement (le livre II de ce Code est relatif aux milieux physiques et son titre Ier à l'eau et aux milieux aquatiques).

Sur le fondement de cette habilitation, l'article 6 de l'ordonnance du 18 juillet 2005 portant simplification, harmonisation et adaptation des polices de l'eau et des milieux aquatiques, de la pêche et de l'immersion des déchets a ainsi créé, à l'article L. 216-14 du Code de l'environnement, une nouvelle procédure de transaction pénale pour les infractions commises dans le domaine de l'eau et des milieux aquatiques s'inspirant du régime déjà existant en matière de pêche en eau douce (art. L. 437-14, C. env.). Soucieux de faire face à l'engorgement des tribunaux répressifs et parfois aux difficultés rencontrées dans l'exercice de l'action publique à propos de certains domaines, le législateur a effectivement eu tendance à multiplier les régimes de transaction pénale ces derniers temps (v., par ex., en matière d'incivilités, art. 44-1, C. pr. pén., introduit par l'article 41 de la loi du 31 mars 2006 pour l'égalité des chances).

Mais ce souci de déjudiciarisation et de dépénalisation n'est pas du goût de tout le monde. C'est ainsi que l'association France Nature Environnement a contesté devant la juridiction administrative ce nouveau régime car il aboutit finalement à faire obstacle à ce qu'elle puisse exercer, devant les juridictions répressives, les droits reconnus à la partie civile, ainsi que la loi l'a prévu pour les associations agréées comme elle (art. L. 142-2, C. env.).

1) La transaction pénale. — Mode d'extinction de l'action publique (selon l'article 6, C. pr. pén.), la transaction pénale permet à l'auteur d'une infraction pénale d'éviter le procès et la sanction pénale. C'est l'autorité administrative qui prend l'initiative de proposer un dispositif transactionnel à l'auteur des faits litigieux qui s'engage à effectuer certaines mesures en guise de réparation (réparation en nature ou en espèces). Il s'agit ainsi d'un « accord » entre ces parties (la transaction est la rencontre de deux volontés, l'auteur des faits n'étant jamais tenu de l'accepter, ni de réaliser les engagements pris puisqu'elle n'est pas exécutoire, auquel cas l'action publique peut reprendre), sachant que lorsque les engagements souscrits ont été tenus, l'autorité judiciaire intervient pour homologuer cet accord et donc éteindre l'action publique (mais l'autorité judiciaire n'est pas liée par la proposition de transaction ou par son acceptation par la personne concernée ; la garantie que suppose le respect de la séparation des pouvoirs requiert en effet que l'homologation repose sur un tel pouvoir d'appréciation de l'autorité judiciaire).

La question posée dans la présente affaire a été de savoir si le régime de la transaction pénale tel qu'il ressortait du dispositif institué était bien conforme aux dispositions constitutionnelles applicables et en particulier à la séparation des pouvoirs et la garantie des droits consacrées par l'article 16 de la Déclaration des droits de l'homme et du citoyen de 1789 (à laquelle renvoie le Préambule de la Constitution de 1958). Le terrain n'était pas vierge.

2) La position récente du Conseil constitutionnel. — En effet, le Conseil constitutionnel avait déjà eu l'occasion, quelques mois auparavant, de connaître de cette question lors du contrôle de constitutionnalité de la loi sur l'égalité des chances, en mars 2006.

L'article 51 de cette dernière loi a inséré dans le Code de procédure pénale un article 44-1 prévoyant que le maire d'une commune peut, tant que l'action publique n'a pas été mise en mouvement, proposer à l'auteur de certaines contraventions ayant causé un préjudice à la commune, une transaction de nature à éteindre l'action publique. Lorsqu'elle a été acceptée par l'auteur des faits, cette transaction doit être homologuée soit par le procureur de la République, si elle consiste en la réparation du préjudice, soit par le tribunal de police ou la juridiction de proximité, s'il s'agit de l'exécution d'un travail non rémunéré. Cet article 51 était contesté par les requérants au motif notamment que la transaction pénale porterait atteinte à la séparation des pouvoirs.

En l'espèce, le Conseil constitutionnel a jugé qu'était infondé le grief tiré de ce que le pouvoir de transiger ne pourrait être confié par la loi à une autorité administrative non juridictionnelle. À cet égard, le Conseil a relevé que le maire ne peut mettre en œuvre une procédure de transaction que si l'action publique n'a pas été mise en mouvement (est-ce à dire que pour le Conseil constitutionnel il ne serait plus possible pour l'autorité administrative de conclure une transaction pénale une fois l'action publique mise en mouvement ? La porte semble ici davantage à moitié ouverte qu'à moitié fermée ; v. à ce sujet J.-E. Schoettl, commentaire de cette décision aux *Petites Affiches* 2006, n° 69). De plus, l'autorité judiciaire, qui homologue l'accord intervenu entre le maire et l'auteur des faits, n'est liée ni par la proposition du maire ni par son acceptation par la personne concernée. En outre, aucune des mesures pouvant faire l'objet de la transaction n'étant de nature à porter atteinte à la liberté individuelle au sens de l'article 66 de la Constitution, il était loisible au législateur de confier ce pouvoir d'homologation à un magistrat du parquet ou à un magistrat du siège. Dans ces conditions, a jugé le Conseil, le législateur n'a pas méconnu le principe de la séparation des pouvoirs (décision n° 2006-535 DC du 30 mars 2006, *Les Cahiers du Conseil constitutionnel*, n° 20).

3) La solution dégagée par le Conseil d'État. — De son côté, le Conseil d'État est venu préciser dans la décision présentement analysée « qu'il appartient au législateur, compétent en vertu de l'article 34 de la Constitution, ou, dans le cas d'une application de l'article 38 de la Constitution, au Gouvernement agissant par voie d'ordonnance, lorsqu'ils créent un régime de transaction pénale, de déterminer les règles qui permettent d'en assurer le respect ; qu'au nombre de ces règles figurent le champ d'application de la transaction pénale (c'est le cas des infractions pour lesquelles l'autorité administrative est investie du pouvoir de transiger et qui doivent être toutes définies dans la loi), la désignation de l'autorité habilitée à transiger, lorsque ce n'est pas une autorité de l'État (en revanche, lorsque l'autorité autorisée à transiger est une autorité de l'État, la répartition des compétences au sein du pouvoir exécutif relève du domaine réglementaire), la nature des mesures qui peuvent être prévues dans la transaction (il s'agit de mesures de restitution ou de réparation, comme le paiement d'une somme d'argent, une obligation de faire, l'accomplissement d'une tâche, etc. — mesures qui constituent des obligations civiles dont la définition relève du domaine de la loi, conformément à l'article 34 de la Constitution) et qui ne sauraient, en tout état de cause, toucher à la liberté individuelle au sens de l'article 66 de la Constitution (ce qui exclut que la transaction pénale comporte des peines d'emprisonnement), ainsi que les conditions de l'homologation de la transaction une fois conclue ; (...) ».

Ici, dans la mesure où il est dérogé au principe de l'indisponibilité de l'action publique, il est clair qu'au titre de la procédure pénale doivent être déterminées de façon précise par la loi les modalités de l'intervention de l'autorité judiciaire pour attacher un effet pénal à la transaction. Deux cas de figure sont alors susceptibles de se présenter. Tout d'abord, le cas où l'action publique n'a pas été mise en mouvement. Comme le précise le Conseil d'État dans notre décision, « l'homologation relève d'un magistrat du parquet », solution qui a sa logique puisque à ce stade de la procédure aucun juge du siège n'est encore saisi (selon le Conseil, il convient de réserver l'hypothèse où la loi a conféré à titre exclusif à une autorité administrative l'initiative des poursuites ; par exemple en matière douanière, v. art. 350, C. douanes ; mais s'il n'y a pas lieu de requérir l'accord d'un magistrat du parquet dans un tel cas de figure, il ne nous semble pas qu'il faille en conclure pour autant que toute intervention de l'autorité judiciaire est définitivement exclue dans le cours aval du processus). Ensuite, le cas où l'action publique a été mise en mouvement. Selon le Conseil d'État, « l'homologation est du seul ressort d'un magistrat du siège ». Cette précision mérite d'être relevée car elle ne figure pas dans la jurisprudence du Conseil constitutionnel. Ainsi, après l'engagement des poursuites, il reste donc possible de transiger, sans qu'y fasse obstacle le principe de séparation des pouvoirs, tant qu'aucune décision ayant autorité de chose jugée n'a été rendue. Mais la transaction ne peut ici avoir d'effet extinctif qu'avec l'intervention d'un magistrat du siège, puisqu'il ne s'agit plus seulement d'éteindre l'action publique mais de dessaisir la juridiction. Le principe de séparation des pouvoirs commande cette solution.

Or, dans notre affaire, c'est précisément là que le bât a blessé car s'il est constitutionnellement possible de transiger après la saisine de la juridiction pénale, il n'était pas possible en revanche de se contenter, comme cela ressortait du dispositif contesté, d'imposer à l'autorité compétente de recueillir l'avis du procureur de la République. La Constitution ayant été ici méconnue, les dispositions attaquées ont été annulées.

Notons qu'au cours de la discussion de la loi sur l'eau et les milieux aquatiques, à l'automne 2006, un amendement du Gouvernement a été présenté ayant pour objet de tenir compte des remarques faites par le Conseil d'État dans sa décision d'Assemblée du 7 juillet 2006 (v. art. 12, loi n° 2006-1772 du 30 décembre 2006 sur l'eau et les milieux aquatiques). Il s'est agi en particulier de préciser que la transaction ne peut avoir lieu que tant que l'action publique n'a pas été mise en mouvement (alors que l'article 6 de l'ordonnance du 18 juillet 2005 attaqué devant le Conseil d'État laissait ouverte la faculté de transiger ultérieurement tout en imposant seulement à l'autorité administrative de recueillir l'accord du procureur de la République). On le voit, cette solution législative ne va pas aussi loin que celle rendue possible par le Conseil d'État, celui-ci, ainsi que nous l'avons vu, n'excluant pas qu'une transaction pénale soit conclue alors même qu'une action publique aurait été mise en mouvement, mais à la condition qu'intervienne alors un magistrat du siège. Le Gouvernement a préféré s'auto-limiter. Mais il a néanmoins profité de l'occasion pour apporter les mêmes précisions à la transaction pénale instituée par l'article L. 331-25 du Code de l'environnement dans le domaine des parcs nationaux et pour celle qui est prévue par l'article L. 437-14 du Code de l'environnement dans le domaine de la police de la pêche en eau douce. Ce qui montre au passage les vertus pédagogiques de la décision du Conseil d'État concernant le régime de la transaction pénale.

Celui-ci s'affine petit à petit au fil des décisions du Conseil constitutionnel et du Conseil d'État, lequel est apparu dans notre affaire comme un juge protecteur finalement du juge judiciaire face à l'administration, au nom de la séparation des pouvoirs et de la garantie des droits consacrées par l'article 16 de la Déclaration de 1789. Voici une autre figure du Conseil d'État dans son rôle de garant des libertés fondamentales.

V. — MAGISTRATS

6. *Conseil supérieur de la magistrature — Pouvoir de proposition — Candidature aux fonctions de président de tribunal de grande instance — Procédure d'audition des candidats — Critères de sélection — Audition des seuls candidats remplissant les critères de sélection — Candidat écarté car ne remplissant pas les critères — Contrôle de l'erreur manifeste d'appréciation.* **CE, sect., 10 mars 2006, M. Carre-Pierrat,** req. n° 272232.

Observations : M. Carre-Pierrat, magistrat de l'ordre judiciaire, est président de chambre à la Cour d'appel de Paris. Il a été également secrétaire général de cette cour. Candidat aux fonctions de président des Tribunaux de grande instance de Nanterre et de Bobigny (qui figurent parmi les plus importants de France après celui de Paris puisqu'ils se situent respectivement en 4ᵉ et 2ᵉ rang), il n'a été ni proposé, ni même auditionné par le Conseil supérieur de la magistrature (CSM). Il a donc demandé l'annulation du décret portant nomination aux fonctions de président des deux TGI concernés auxquelles il était candidat. Il soutient que la proposition du CSM à la suite de laquelle ce décret a été pris est irrégulière. En effet, il fait valoir que le Conseil aurait à tort décidé de n'entendre que certains des candidats aux postes de président à Bobigny et à Nanterre. Or, selon le requérant, cette manière de procéder porterait atteinte au principe d'égalité. En outre, en choisissant de ne pas l'entendre, le Conseil aurait commis une erreur manifeste d'appréciation.

Cette affaire posait deux intéressantes questions : l'une ayant trait à la possibilité pour le CSM, organe constitutionnel (art. 64 et 65, Const.) et autorité administrative indépendante, d'instaurer de sa propre initiative en marge des textes une procédure particulière d'audition des candidats, l'autre touchant aux limites à la possibilité pour le CSM de procéder à une audition partielle des candidats sans rompre l'égalité entre tous.

1) La question de la possibilité pour le CSM d'instaurer de sa propre initiative une procédure d'audition des candidats. — Si l'on se réfère aux différents textes applicables en matière de nomination des magistrats du siège, on constate que ni la Constitution (en son article 65), ni la loi organique du 5 février 1994 sur le CSM, ni même le décret du 9 mars suivant relatif également au CSM, ne précisent dans le détail quelle doit être la procédure à suivre devant le CSM avant que celui arrête la proposition qu'il soumettra ensuite au président de la République. Tout ce que ces textes nous apprennent c'est que s'agissant en particulier des présidents de tribunaux de grande instance, le CSM dispose d'un pouvoir de proposition (soit 350 postes) et que le CSM arrête, « après examen des dossiers des candidats et sur le rapport d'un de ses membres », la proposition que sa formation compétente soumet alors au président de la République. Rien sur la procédure à suivre. Aussi, dans le silence des textes, le CSM a pris l'initiative de mettre en place une procédure d'examen des dossiers afin d'être ainsi en mesure d'exercer concrètement le pouvoir de proposition que la Constitution lui confie. Mais pour cela, le CSM n'a pas établi de règlement intérieur. En effet, ladite procédure relève de la pratique dont les rapports du Conseil rendent compte chaque année. On peut être surpris par une telle absence de formalisme, alors que les modalités de nomination des magistrats doivent être entourées de fortes garanties d'objectivité et de transparence. Tout cela est-il alors bien légal ?

La réponse donnée par le Conseil d'État dans sa décision de section du 10 mars 2006 est positive, sans doute parce que le droit comme la nature a horreur du vide. Ce vide d'ailleurs n'existe pas vraiment puisque selon le Conseil d'État, il existe un « principe d'égalité de traitement des membres d'un même corps », et celui-ci « implique que le Conseil supérieur de la magistrature procède, lorsqu'il établit ses propositions de nomination aux fonctions ici en cause, à un examen particulier et approfondi de la valeur professionnelle de chacun des magistrats candidats à ces fonctions ». L'examen des dossiers des postulants s'impose donc. C'est un préalable non négociable en quelque sorte qui existe là, même sans texte exprès. Ensuite, s'agissant de la procédure particulière d'audition des candidats, qui est au cœur de notre litige, le Conseil d'État n'exige plus qu'elle s'applique à tous. Une sélection devient possible à ce stade. En effet, en l'absence de toute règle spécifique en la matière relative à la procédure que doit suivre le CSM, « il lui est loisible de se fixer, à titre indicatif, des critères de sélection des candidats adaptés à la nature du poste envisagé puis, après avoir étudié les dossiers des postulants, de décider d'entendre, lorsqu'il ne l'a pas déjà fait, ceux d'entre eux qui remplissent ces critères afin de pouvoir formuler ses propositions en pleine connaissance de cause ».

Ainsi, le mécanisme des auditions sélectives est-il validé. Cette approche est sans doute dictée par des impératifs d'ordre matériel dès lors que l'on sait que le nombre de candidats potentiels pour les fonctions concernées peut être de l'ordre de plusieurs centaines (ainsi, par exemple, pour l'année judiciaire 2003-2004, année des faits de l'espèce, le CSM a examiné environ 1 500 candidatures pour 78 postes, il est vrai, candidatures multiples comprises). Toutefois, dans une matière qui relève du domaine statutaire puisque touchant aux conditions de nomination et d'avancement des magistrats, on aurait pu croire qu'en application de l'article 64 de la Constitution seule la loi organique pouvait traiter du sujet. Mais ce n'est pas la solution présentement retenue qui ne met pas en cause ici la compétence du CSM. Si ce dernier est bien compétent pour fixer une procédure d'audition sélective des candidats c'est que cette démarche se rattache à la nécessité pour le CSM de « pouvoir formuler ses propositions en plein connaissance de cause ». Autrement dit, il n'est pas question d'organiser à ce stade un examen avec entretien oral des intéressés, mais de mettre en place une procédure destinée à parfaire l'information du CSM pour le mettre à même d'exercer la mission constitutionnelle qui est la sienne (pour parfaire cette information, le CSM dispose également de la possibilité d'effectuer des visites de juridictions, à l'occasion desquelles les membres du CSM peuvent recevoir certains magistrats). Ainsi, aux pièces écrites figurant dans le dossier des candidats, soumis à l'examen systématique de deux rapporteurs, peuvent s'ajouter des auditions dont la formation du siège du CSM prend librement l'initiative pour compléter son information. On peut donc dire que l'audition des magistrats participe d'une certaine façon des garanties qui leur sont offertes dans la mesure où elle contribue à améliorer la connaissance des dossiers par l'instance chargée du suivi de leurs nominations.

Cela étant, cette procédure est, comme nous l'avons dit, sélective. Tous les candidats à une même fonction n'en bénéficie pas. Il est vrai qu'en pratique une simple faculté s'impose car, compte tenu du nombre de candidats, le CSM ne serait pas en mesure d'y procéder de façon systématique. C'est ainsi que dans notre affaire, le CSM n'avait procédé à l'audition que de 5 candidats pour le TGI de Bobigny et 4 candidats pour celui de Nanterre sur les 38 qui postulaient sur chaque poste. Mais si la pratique peut justifier une audition partielle, le droit l'autorise-t-elle ? Le principe d'égalité des candidats ne la condamne-t-il pas ? C'est là qu'entre en jeu le contrôle du Conseil d'État qui, après avoir reconnu une faculté au CSM (déjà admis dans le cadre du référé ; v. CE, ord., 2 mai 2003, *Gatti*, req. n° 255667), a entendu en marquer les limites.

2) L'encadrement de la possibilité pour le CSM d'instaurer une procédure d'audition partielle des candidats. — Par la présente décision, le Conseil d'État signale qu'il entend contrôler la procédure suivie devant le CSM. Nous ne nous situons donc pas dans le domaine de la mesure d'ordre intérieur, qui comme on le sait est couverte par un régime d'immunité juridictionnelle totale, dans la mesure où, à la différence de l'acte administratif susceptible de recours contentieux, elle est censée ne pas faire grief. Malgré des approximations, il ressort toutefois de la jurisprudence qu'une telle mesure reçoit la qualification de mesure d'ordre intérieur notamment lorsqu'elle ne porte pas atteinte à un droit que le plaignant tiendrait d'un statut (ex. : la répartition des élèves d'une école entre plusieurs classes sans conséquence sur la scolarité des enfants ou encore la nouvelle affectation d'un agent sans modification de sa situation). Or, si le Conseil d'État ne s'oppose pas en l'espèce à la recevabilité de la requête, n'est-ce pas parce qu'il juge que la procédure en cause participe des garanties statutaires essentielles pour les magistrats et qu'elle doit être contrôlée au fond ? Mais alors, si tel est le cas, on peut se demander si le CSM était bien compétent pour prévoir une procédure d'audition puisque, comme nous l'avons vu plus haut, c'est à la loi organique que revient le soin de régler cet aspect (art. 64, al. 3, Const. : « Une loi organique porte statut des magistrats »).

En fait, le Conseil d'État analyse la mesure d'audition comme une mesure d'information — on pourrait dire d'instruction — et non comme une épreuve dans une procédure de sélection. En cela, elle ne s'assimile pas directement à une mesure à caractère statutaire. Cela étant, si l'on va plus loin dans l'analyse, on peut se demander si la réglementation qui l'entoure n'entre pas dans le cadre des « directives » *Crédit foncier de France* (CE, sect. 11 décembre 1970, *Crédit foncier de France*, *Leb.*, p. 750 ; *GAJA*, 14e éd, Dalloz, 2003, no 88). Le Conseil d'État reconnaît effectivement au CSM la faculté « de se fixer, à titre indicatif, des critères de sélection des candidats adaptés à la nature du poste envisagé puis, après avoir étudié les dossiers des postulants, de décider d'entendre, lorsqu'il ne l'a pas déjà fait, ceux d'entre eux qui remplissent ces critères afin de pouvoir formuler ses propositions en pleine connaissance de cause ». Or, avec les « directives », l'administration fixe d'avance et fait connaître aux intéressés les critères objectifs qui vont inspirer ses décisions. Cette construction qui fait des directives une sorte de codification des motifs a alors été justifiée autant pour assurer l'égalité des candidats que pour maintenir la cohérence de l'action administrative, étant précisé que les directives doivent respecter ici le champ de la compétence du législateur organique et pour le reste être conformes aux fins poursuivies par le législateur ou l'autorité réglementaire. En outre, elles ne doivent pas être exclusives de dérogations justifiées par des circonstances particulières dont l'administration reste tenue de rechercher dans chaque cas si elles existent. Mais si l'on s'oriente dans ce sens au cas d'espèce, la publication en bonne et due forme des critères de sélection ne doit-elle pas être faite à l'avance ? Le Conseil d'État n'en souffle mot.

Par ailleurs, n'étant pas un acte administratif faisant grief, puisqu'elle n'a pas de caractère impératif et ne modifie pas la situation juridique des intéressés, la directive n'est pas susceptible de faire l'objet d'un recours pour excès de pouvoir. Toutefois, sa légalité peut être appréciée par voie d'exception, à l'occasion des recours dirigés contre les décisions qui en font application. Appliquée au cas d'espèce, cette ligne jurisprudentielle valable pour les directives a effectivement conduit le Conseil d'État à connaître des critères de sélection des candidats à certaines fonctions dans la magistrature tels qu'ils sont fixés, « à titre indicatif », par le CSM. En effet, après s'être assuré que pour tous les postulants le CSM ne s'est pas abstenu de se livrer à l'examen de leur valeur professionnelle, le Conseil d'État a jugé, dans sa décision du 10 mars 2006, qu'il « n'a pas commis d'erreur de droit en retenant notamment comme critère, pour faire ses propositions de nomination à la présidence de tribunaux de grande instance aussi importants que ceux de Bobigny et de Nanterre, la nécessité d'une expérience de chef de juridiction ».

On le voit, le rapprochement ici avec la jurisprudence sur les directives administratives semble net. On ne s'étonnera pas que, comme l'application des directives est dominée par le principe d'égalité, il en aille de même dans le traitement par le CSM des candidatures aux fonctions de chef de juridiction. Cependant, parce que l'on ne se trouve pas dans une logique de concours ou d'examen, mais d'instruction des dossiers, le respect du principe de l'égalité de traitement ne s'impose pas avec les mêmes exigences. Là où en auditionnant quelques-uns des candidats il aurait fallu les auditionner tous, ici une sélection est possible.

Ensuite, relevant que le requérant ne justifiait pas d'une expérience en tant que chef de juridiction, le Conseil d'État a conclu que le CSM n'avait pas commis en l'espèce d'erreur manifeste d'appréciation en ne procédant pas à l'audition de l'intéressé. Il ménage ainsi une certaine marge de manœuvre au profit de l'institution dont le Conseil d'État s'est plu à rappeler au passage la nature constitutionnelle... Il est vrai qu'en l'espèce le cas de figure était assez simple puisque le candidat ne répondait pas au critère pour être sélectionné (il ne justifiait pas d'une expérience en tant que chef de juridiction, alors que tel sera le cas des deux magistrats finalistes). Mais si l'on peut comprendre que ne soit éventuellement pas auditionné un candidat qui aurait déjà été auditionné par le passé, quel sort serait réservé au candidat, ayant été chef de juridiction, mais que le CSM n'auditionnerait pas ? Sauf à lui imposer de prouver le détournement de pouvoir, il faudrait que d'autres critères objectifs comme l'ancienneté dans la fonction, par exemple, puissent avoir joué en sa défaveur. Placé sous le regard du juge administratif, le CSM n'encourt que la censure de l'erreur manifeste d'appréciation. C'est à la fois peu et beaucoup car si les cas où elle sera établie devraient rester rares, lorsqu'elle le sera l'institution pourra être montrée du doigt. Ce risque invite à la rigueur.

VI. — Procédure administrative

7. *Autorité des marchés financiers — Sanctions — Accusations en matière pénale au sens des stipulations de la Convention européenne des droits de l'homme — Application du principe des droits de la défense rappelé par l'article 6, § 1 CEDH et précisé par l'article 6, § 3 CEDH — Respect de la conduite contradictoire des débats — Caractère équitable de la procédure.* **CE, sect., 27 octobre 2006, M. Parent et autres,** req. n° 276069, 277198, 277460.

Observations : Un recours était dirigé contre la décision en date du 3 novembre 2004, par laquelle la commission des sanctions de l'Autorité des marchés financiers, compétente en vertu de la loi de sécurité financière du 1er août 2003, avait statué sur les poursuites disciplinaires que le conseil de discipline de la gestion financière avait engagées, à raison de faits commis en 2001 et 2002, à l'encontre de la société « Next Up » (anciennement dénommée « Etna Finance » et dont la liquidation judiciaire était assurée par la « Sefala Mandataires Judiciaires Associés »), de M. Parent, son président-directeur général et de certains de ses salariés. Les requérants soutenaient que la procédure avait été irrégulièrement engagée à leur encontre, en méconnaissance tant du principe général des droits de la défense que de certaines des garanties prévues à l'article 6 § 3 de la Convention européenne de sauvegarde des droits de l'homme et des libertés fondamentales — à savoir, le droit d'être informé des griefs dans un délai raisonnable, le droit à l'assistance gratuite d'un avocat et le droit d'interroger ou de faire interroger des témoins. Cette affaire a donné l'occasion au Conseil d'État de prendre position sur le point de savoir si l'article 6 § 3 de la Convention européenne des droits de l'homme est applicable à la commission des sanctions de l'Autorité des marchés financiers (qui n'est pas une juridiction) et, si tel est le cas, ce qu'implique exactement cette application.

Rappelons, tout d'abord, que dès lors qu'est en cause une « accusation en matière pénale » au sens de l'article 6 § 1 CEDH, les § 2 et § 3 de l'article 6 qui sont propres à la matière pénale (§ 2 : présomption d'innocence ; § 3 : droits de la défense), s'appliquent de façon combinée. En effet, selon la Cour de Strasbourg, ces trois paragraphes visent une « situation identique », au-delà des différentes rédactions, le premier paragraphe constituant la norme de base dont les deux suivants représentent des applications particulières (CEDH, 25 août 1987, *Lutz* (§ 52), A.123). Cette précision étant donnée, peut-on dire que l'article 6, § 3 est bien applicable à la procédure disciplinaire suivie devant la commission des sanctions de l'AMF ? Autrement dit, le conseil de discipline de la gestion financière et la commission des sanctions de l'AMF doivent-ils être regardés comme décidant du bien-fondé d'accusations en matière pénale au sens de la convention européenne des droits de l'homme ? Dans l'affirmative, l'ensemble des garanties de procédure prévues au § 3 s'appliquent-elles dès la phase administrative de la procédure ? Sur ces deux points, la section du contentieux du Conseil d'État est venue apporter des réponses qui renforcent singulièrement le phénomène de juridictionnalisation des sanctions administratives.

1) L'article 6 § 3 CEDH s'applique aux procédures devant le conseil de discipline de la gestion financière et la commission des sanctions de l'Autorité des marchés financiers. — Selon la section du contentieux, la raison qui motive cette solution tient au fait que « quand ils sont saisis d'agissements pouvant donner lieu aux sanctions prévues par le Code monétaire et financier, le conseil de discipline de la gestion financière et la commission des sanctions de l'Autorité des marchés financiers doivent être regardés comme décidant du bien-fondé d'accusations en matière pénale au sens des stipulations (de l'article 6 § 1) de la Convention européenne de sauvegarde des droits de l'homme et des libertés fondamentales ». Ainsi, des décisions de nature administrative peuvent être regardées comme constituant de telles « accusations pénales » (cas des sanctions pécuniaires et des amendes, mais non des sanctions morales ou touchant à l'exercice d'une activité ou d'une profession, comme par exemple un retrait d'agrément, qui sont « civiles » au sens de l'article 6 § 1 CEDH). Par le passé, le Conseil d'État a effectivement jugé qu'en raison de la gravité des sanctions, entraient dans le champ du volet pénal de l'article 6 § 1 CEDH des pénalités fiscales (CE, sect., 31 mars 1995, *ministre du Budget c. Auto-Industrie Méric*, *Leb.*, p. 154), des sanctions prononcées par des juridictions administratives comme la Cour de discipline budgétaire et financière (CE, 30 octobre 1998, *Lorenzi*, *Leb.*, p. 374), ou encore par des autorités administratives comme le Conseil des marchés financiers (CE, ass., 3 décembre 1999, *Didier*, *Leb.*, p. 399 ; et s'agissant précisément de la commission des sanctions de l'Autorité des marchés financiers, v. CE, 24 février 2005, *Société GSD gestions et M. Gautier*, *Leb.*, p. 28). Il résulte de cette jurisprudence que les règles du procès équitable peuvent s'appliquer dès la phase administrative d'une procédure.

On savait déjà que si « le principe de la séparation des pouvoirs, non plus qu'aucun principe ou règle de valeur constitutionnelle ne fait obstacle à ce qu'une autorité administrative, agissant dans le cadre de prérogatives de puissance publique, puisse exercer un pouvoir de sanction » (Cons. const., déc. n° 88-248 DC du 17 janvier 1989, *Rec.*, p. 18 ; déc. n° 89-260 DC du 28 juillet 1989, *Rec.* p. 71), ce pouvoir doit néanmoins faire l'objet d'un encadrement (selon le Conseil constitutionnel lui-même, la sanction susceptible d'être infligée doit être exclusive de toute privation de liberté et l'exercice du pouvoir de sanction doit être assorti par la loi de mesures destinées à sauvegarder les droits et libertés constitutionnellement garantis). Désormais, il faut savoir que la procédure touchant à l'élaboration et au prononcé de la sanction tend elle-même progressivement à se juridictionnaliser du fait de la faveur accordée à une extension des garanties du procès équitable hors des juridictions (F. Sudre et C. Picheral (sous la direction de), *La diffusion du modèle européen du procès équitable*, La Documentation française, 2003). Jusqu'où ira-t-on ? Faudra-t-il exiger des autorités administratives le secret du délibéré, l'obligation de mention de leur composition ou encore le principe de la lecture publique de leurs décisions ? Il faut raison garder. Ce n'est pas parce que, par facilité de langage, des autorités administratives sont parfois qualifiées de « tribunal au sens de l'article 6 § 1 CEDH » qu'elles doivent être traitées comme le sont des juridictions au regard des exigences du procès équitable. Une interprétation « intégriste » pourrait ruiner les efforts accomplis en France notamment en faveur du développement de certains modes alternatifs de règlement des litiges.

On retient pour l'heure que si les autorités administratives concernées n'ont pas à être soumises à l'article 6 CEDH dans leur intégralité, il n'en demeure pas moins qu'il résulte de la jurisprudence tant européenne que française que les exigences du « procès équitable » s'imposent dès l'origine de la procédure, sans attendre la phase strictement juridictionnelle du contrôle par le juge de l'exercice du pouvoir de sanction par l'administration. Encore que cette solution doive être entendue de façon restrictive. En effet, un « tri » est effectué parmi les décisions en cause. Comme l'a précisé le Conseil d'État dans sa décision d'Assemblée *Didier* (préc.), « compte tenu du fait que sa décision peut faire l'objet d'un recours de plein contentieux devant le Conseil d'État, la circonstance que la procédure suivie devant le Conseil des marchés financiers ne serait pas en tous points conformes aux prescriptions de l'article 6, § 1 (...) n'est pas de nature à entraîner dans tous les cas une méconnaissance du droit à un procès équitable ». C'est ici l'idée que l'intervention du juge peut suffire à assurer le respect du caractère équitable du procès, si du moins son contrôle présente les garanties de l'article 6 § 1. On peut effectivement soutenir que si le juge dispose d'une compétence de pleine juridiction, il a la faculté d'effacer un vice commis dans la phase administrative de la procédure (v., par ex., CE, 10 mai 2004, *Crédit du Nord*, *Leb.*, tables, p. 593). Dans ce cas, la garantie peut être différée.

Seulement, il est certaines garanties qui ne sauraient attendre car « leur inobservation initiale risque de compromettre gravement le caractère équitable du procès » (CEDH, 24 novembre 1993, *Imbrioscia c. Suisse* (§ 36), A. 275). Il en va ainsi de l'exigence d'impartialité qui s'impose dès la phase administrative et dont la méconnaissance est irrémédiable (pour le respect du principe des droits de la défense, v. CE, 2 novembre 2005, *Société banque privée Fideuram Wargny*, *Leb.*, tables, p. 707). Mais comment faire alors le partage entre les différentes garanties dont les unes doivent jouer dès la séquence administrative de la chaîne répressive, tandis que les autres peuvent attendre la séquence juridictionnelle ? Selon le Conseil d'État, il convient de s'attacher ici à « la nature, à la composition et aux attributions » de l'organisme en cause (décision *Didier*, préc.), ce qui renvoie notamment à son caractère collégial.

Il ressort ainsi des développements qui précèdent que lorsque des autorités administratives entrent dans le champ du volet pénal de l'article 6 § 1 CEDH, elles n'ont pas nécessairement à respecter les exigences qui en découlent (dont celles qui figurent au § 3 sur les droits de la défense). Mais lorsque tel est le cas, quelles sont précisément les garanties de procédure qui s'imposent à elles ? Il résulte de la décision présentement commentée que ces garanties sont entendues largement.

2) Une large partie des garanties de procédure prévues à l'article 6 § 3 CEDH s'applique dès la phase administrative de la procédure. — Selon l'article 6 § 3 CEDH, « Tout accusé a droit notamment à : /a. être informé, dans le plus court délai, dans une langue qu'il comprend et d'une manière détaillée, de la nature et de la cause de l'accusation portée contre lui ; /b. disposer du temps et des facilités nécessaires à la préparation de sa défense ; /c. se défendre lui-même ou avoir l'assistance d'un défenseur de son choix et, s'il n'a pas les moyens de rémunérer un défenseur, pouvoir être assisté gratuitement par un avocat d'office, lorsque les intérêts de la justice l'exigent ; /d. interroger ou faire interroger les témoins à charge et obtenir la convocation et l'interrogation des témoins à décharge dans les mêmes conditions que les témoins à charge ; /e. se faire assister gratuitement d'un interprète, s'il ne comprend pas ou ne parle pas la langue employée à l'audience. »

Le Conseil d'État relève, d'abord, dans sa décision de section du 27 octobre 2006, que « compte tenu du fait que les décisions susceptibles d'être prises successivement par le conseil de discipline de la gestion financière puis par la commission des sanctions de l'Autorité des marchés financiers sont soumises au contrôle de pleine juridiction du Conseil d'État, la circonstance que la procédure suivie devant eux ne serait pas en tous points conforme aux prescriptions de l'article 6 § 3, n'est pas de nature à entraîner dans tous les cas une méconnaissance du droit à un procès équitable ». Mais il ajoute, ensuite, « que cependant — et alors même que le conseil de discipline de la gestion financière et la commission des sanctions de l'Autorité des marchés financiers ne sont pas des juridictions au regard du droit interne —, l'application du principe des droits de la défense, rappelé par l'article 6 § 1, de la convention européenne et précisé par le a. du § 3 de l'article 6, qui exige la communication préalable des griefs, par le b. qui impose que la personne poursuivie dispose de temps pour se défendre, le c. en tant qu'il lui donne droit de se défendre elle-même ou de recourir à l'assistance d'une personne de son choix, le d. qui garantit l'égalité des droits pour l'audition des témoins et le e. qui prévoit la possibilité d'une assistance gratuite d'un interprète, est requise pour garantir, dès l'origine de la procédure, son caractère équitable par le respect de la conduite contradictoire des débats ; (...) ». Et de conclure : « que, dès lors, la méconnaissance de cette exigence peut, eu égard à la nature, à la composition et aux attributions des organismes en cause, être utilement invoquée à l'appui d'un recours formé, devant le Conseil d'État, à l'encontre d'une de leurs décisions ». En revanche, est-il précisé, « le droit à l'assistance gratuite d'un avocat relève des modalités particulières propres à l'exercice de procédures juridictionnelles (et), par suite, sa méconnaissance ne peut utilement être invoquée par des requérants à l'encontre d'une décision de ces organismes » (mais un procès en inconventionnalité de la loi française relative à l'aide juridique pourra peut-être en décider autrement plus tard...).

Vision plutôt maximaliste ! Le moment « procès équitable » commence tôt et la marge de manœuvre procédurale se réduit singulièrement pour les autorités administratives concernées. La pratique et, si nécessaire les textes, devront être mis à l'avenir au diapason, s'ils ne le sont déjà.

Or, alors que les organismes ici en cause (conseil de discipline et commission des sanctions) sont soumis au contrôle de pleine juridiction du Conseil d'État, ce dernier n'a pas hésité à faire entrer dans la catégorie des garanties immédiatement applicables, dès la phase administrative, un grand nombre d'exigences, comme en ce qui concerne les témoins (pourtant, l'intervention des garanties relatives au choix des témoins par les parties et aux conditions de leur audition auraient pu être reportées à la phase juridictionnelle (v. à ce sujet les dispositions du Code de justice administrative qui en traitent : art. R. 623-1 à R. 623-8, C. just. adm.) ou, en tout cas, laissées à l'initiative de l'administration). Crainte d'être désavoué ultérieurement par la Cour de Strasbourg ? « Syndrome de Stockholm » au Palais-Royal ? Force est de constater que le Conseil d'État n'a pas fait dans la demi-mesure. En contrepartie, le respect des droits de la défense en bénéficie et prend ainsi de l'épaisseur. Mais en chargeant de la sorte certains régimes de sanction administrative ne risque-t-on pas d'aligner la procédure qui leur est applicable sur celle en vigueur dans la procédure juridictionnelle ? Et ce faisant, ne nuit-on pas à la recherche d'efficacité de la répression administrative ? On entend déjà les arguments plaidant en ce sens ! Mais en matière de sanction administrative, recherche de l'équité et recherche de l'efficacité se contrediraient-elles ? Sans doute moins que l'on pourrait le penser si on les place toutes deux sous l'égide du principe de légitimité de la sanction. Celle-ci n'est-elle pas d'autant plus efficace qu'elle est légitime et n'est-elle pas d'autant plus légitime qu'elle est équitable ? Il y a là peut-être le non-dit de la décision rendue par le Conseil d'État, le 27 octobre 2006, qui donnerait sa cohérence au dispositif retenu.

Cette affaire retient en tout cas d'autant plus l'attention que le principe de l'économie des moyens aurait pu fort bien conduire le Conseil d'État à se contenter d'annuler la décision attaquée pour violation du principe d'impartialité (ce principe général du droit qui régit le fonctionnement de l'administration et gouverne en particulier le prononcé des sanctions administratives avait été effectivement méconnu de façon peu discutable en l'espèce), sans avoir à prendre position sur le moyen tiré de la violation de l'article 6 § 3 CEDH (précisons que si le moyen tiré de la méconnaissance de cette dernière disposition avait été accueilli, il aurait eu pour conséquence d'imposer de reprendre la procédure au commencement, tandis qu'une annulation en raison du vice de partialité autorisera la commission des sanctions à statuer à nouveau sur le cas des personnes poursuivies sans avoir à relancer la procédure dans son ensemble). Si le Conseil d'État ne s'est pas contenté d'un service minimum, c'est qu'il a entendu vouloir faire œuvre de pédagogie et éclairer l'organisme administratif en cause sur ce que doivent être ses méthodes de travail eu égard aux exigences tirées du droit de la convention européenne des droits de l'homme. Au-delà du cas d'espèce, il a également cherché à indiquer aux autorités administratives qui entrent dans le champ d'application de l'article 6 § 3 CEDH dans quelle mesure elles doivent en assurer le respect.

Cet effort doit être salué car il est non seulement conforme à l'idée que l'on peut se faire d'une bonne administration de la justice, mais il est également de nature à mieux asseoir le principe de sécurité juridique en renforçant dans le domaine considéré le degré de prévisibilité de la règle de droit. Faut-il ajouter comme pendant à ce côté « lumière » de la décision commentée un côté « ombre » qui nous ferait regretter une certaine propension du droit administratif procédural à prendre ces derniers temps un peu trop d'embonpoint ?

VII. — PROCÉDURE CONTENTIEUSE

8. *Urbanisme commercial — Recours préalable obligatoire — Tiers — Saisine directe de la juridiction administrative — Recevabilité du recours contentieux.* **CE, sect., 10 mars 2006, Société Leroy-Merlin,** req. n° 278220.

Observations : Par une décision du 28 septembre 1999, la commission départementale d'équipement commercial de la Dordogne a autorisé la société Leroy-Merlin à créer un magasin de bricolage d'une surface de vente de 5 990 m^2. À la demande de tiers, justifiant d'un intérêt leur donnant qualité pour agir, le tribunal administratif de Bordeaux a annulé la décision d'autorisation. Par un arrêt du 3 décembre 1994, la Cour administrative d'appel de Bordeaux a rejeté l'appel formé contre ce jugement par la société Leroy-Merlin. La cour a estimé que l'espace dénommé « stockage matériaux » devait être regardé comme une surface de vente. Elle en a déduit que cette dernière dépassait le seuil de 6 000 m^2, seuil au-delà duquel, en vertu des dispositions de l'article 28 de la loi du 27 décembre 1973 (codifiées au VIII de l'article L. 720-3, C. com.), une enquête publique doit être organisée par le pétitionnaire. Faute pour ce dernier d'avoir organisé cette enquête, la cour en a déduit que la décision d'autorisation était entachée d'illégalité. La société Leroy-Merlin s'est alors pourvue en cassation en soulevant un moyen tiré de ce que la cour aurait commis une erreur de droit en ne relevant pas d'office l'irrecevabilité du recours présenté par les tiers devant le tribunal en l'absence de recours administratif préalable.

Voici la réponse apportée par le Conseil d'État dans cette affaire : « Considérant que les dispositions de l'article 32 modifié de la loi du 27 décembre 1973, reprises à l'article L. 720-10 du Code de commerce, prévoient, qu'à l'initiative du préfet, de deux membres de la commission ou du demandeur, la décision de la commission départementale d'urbanisme commercial peut faire l'objet d'un recours auprès de la commission nationale d'équipement commercial ; que le législateur a ainsi entendu réserver la saisine de la commission nationale d'équipement commercial aux seules personnes énumérées par les dispositions mentionnées ci-dessus ; qu'il suit de là que les tiers qui sont susceptibles de contester la décision de la commission départementale d'équipement commercial sont recevables à saisir directement la juridiction administrative ; que, par suite, la société Leroy-Merlin n'est pas fondée à soutenir que la cour administrative d'appel de Bordeaux aurait commis une erreur de droit en ne relevant pas d'office le moyen tiré de l'irrecevabilité de la demande dirigée contre la décision de la commission départementale d'équipement commercial du 28 septembre 1999 formée directement devant la juridiction administrative par la société d'Aquitaine de loisirs et d'artisanat (et autres) ; (...) ».

Mais pour en arriver à ce résultat, le Conseil d'État a dû au préalable formuler dans un considérant de principe sa politique jurisprudentielle sur le sujet. Il a en effet estimé que « sous réserve du cas où, en raison tant des missions conférées à un ordre professionnel qu'à son organisation à l'échelon local et au plan national, les dispositions législatives ou réglementaires prévoyant devant les instances ordinales une procédure obligatoire de recours administratif préalablement à l'intervention d'une juridiction doivent être interprétées comme s'imposant alors à peine d'irrecevabilité du recours contentieux à toute personne justifiant d'un intérêt lui donnant qualité pour introduire ce recours contentieux, une procédure de recours administratif préalable n'est susceptible de s'appliquer qu'aux personnes qui sont expressément énumérées par les dispositions qui en organisent l'exercice ».

Ainsi, en ce qui concerne l'articulation entre le recours administratif préalable et le recours contentieux, il faut considérer que lorsque les textes organisent une procédure obligatoire de recours administratif préalable à l'intervention d'une juridiction, le respect de cette procédure s'impose à peine d'irrecevabilité du recours contentieux à toute personne justifiant d'un intérêt lui donnant qualité pour introduire ce recours contentieux. En revanche, il n'en va plus ainsi dans le cas où les dispositions régissant la procédure de recours administratif préalable, dans l'énumération qu'elles donnent des personnes susceptibles de le former, auraient omis de faire figurer toute autre personne justifiant d'un intérêt suffisant pour l'exercer. Autrement dit, et sous réserve du cas particulier du contentieux ordinal, le Conseil d'État entend définir restrictivement le champ du recours administratif obligatoire au regard des personnes qui y sont soumises.

Cette solution est de nature à provoquer l'étonnement car elle n'est finalement guère dans l'air du temps, plutôt à la recherche de voies non contentieuses pour le règlement des litiges administratifs (B. Pacteau, *Contentieux administratif*, 7e éd., PUF, coll. Droit fondamental, 2005, n° 407 et s. ; J.-M. Auby, « Les recours administratifs préalables », *AJDA* 1997, p. 10). Aussi, on aurait pu s'attendre à ce que le Conseil d'État consacre la règle inverse consistant à affirmer que dès lors qu'un recours préalable présente un caractère obligatoire pour un pétitionnaire, il présente également un caractère obligatoire pour les tiers intéressés, alors même que les tiers ne sont pas au nombre des personnes énumérées par les dispositions en cause comme pouvant saisir l'instance ayant compétence pour statuer sur le recours préalable. La généralisation de la jurisprudence élaborée pour les ordres professionnels en matière d'inscription, de refus d'inscription ou de radiation des tableaux professionnels aurait pu ainsi être envisagée. C'est le contraire qui a prévalu. Il faut en rechercher les raisons.

1) Les sinuosités de la jurisprudence relative à l'obligation de recours administratif préalable. — En 2005, le Conseil d'État avait opéré un revirement de jurisprudence qui concernait le contentieux ordinal. Dans une décision *Louis*, rendue le 28 septembre 2005 (CE, 28 septembre 2005, *Louis*, *AJDA* 2006, p. 103, note A.-M. Mazetier), il avait décidé d'étendre l'obligation de recours administratif préalable à tous les requérants, qu'ils soient ou non au nombre des personnes énumérées par le texte institutif. Ainsi, l'obligation de recours préalable s'impose désormais non seulement au candidat à l'inscription au tableau, mais aussi aux tiers lésés par la décision d'inscription, même si les textes organisant la procédure ne le prévoient pas.

Cette solution est évidemment particulièrement rigoureuse pour ces tiers, quand on sait que le recours administratif préalable obligatoire emporte des effets radicaux : seul l'exercice du recours administratif obligatoire, à l'exclusion de tout autre, conserve le délai du recours contentieux ; irrecevabilité du recours direct devant le juge administratif ; caractère d'ordre public du moyen tiré de l'inobservation de cette procédure ; possibilité de le soulever d'office, y compris pour la première fois en cassation ; caractère irrégularisable en cours d'instance de l'irrecevabilité constituée par l'absence de réclamation préalable... On comprend que la solution inverse ait prévalu, le Conseil retenant effectivement avant son revirement de jurisprudence de 2005 que l'exigence d'un recours préalable ne pouvait être opposée au requérant qui ne faisait pas partie des personnes énumérées. Cela ménageait le cas de ces dernières qui étaient donc recevables à saisir directement le juge administratif (v. CE, 25 avril 1875, *Bierge*, *Leb.*, p. 266 : en matière d'inscription au tableau de l'ordre des experts-comptables lorsque le requérant n'est pas lui-même le candidat à l'inscription ; CE, 7 avril 1995, *Confédération nationale des syndicats dentaires*, req. n° 89157 : en matière d'agrément d'établissements privés de cure, s'agissant d'un recours formé par un syndicat professionnel). Cette solution était retenue en particulier en matière d'autorisation d'urbanisme commercial, lorsque le requérant n'est ni membre de la commission départementale, ni le pétitionnaire (CE, 6 janvier 1989, *SCI Aménagement Ajaccio-*

Mezzavia, *Leb.*, tables, p. 498). Inverser la règle, cela aurait alors signifié en matière d'urbanisme commercial que le recours préalable devant la commission nationale d'équipement commercial, organisé par l'article L. 720-10 du Code de commerce, s'impose désormais également au commerçant ayant déposé une demande concurrente à celle autorisée, aux unions de consommateurs, ou encore, en cas de refus d'autorisation, à la commune du lieu d'implantation du projet de grande surface. On le sait, il n'en sera pas ainsi, comme cela ressort de la décision présentement commentée. Au regard de l'obligation de recours administratif préalable, les tiers intéressés ne sont donc pas tous logés ici à la même enseigne puisque selon le contentieux en cause on n'exige pas d'eux le même degré de connaissance de la procédure précontentieuse applicable.

Un esprit cartésien peut être troublé par ce désordre apparent. Dans la décision *Louis* (préc.), le Conseil d'État n'avait-il pas pris soin de rédiger en des termes généraux la solution qu'il a appliquée à un litige relatif à une inscription au tableau de l'ordre des médecins ? Pourtant, moins de six mois plus tard, ce qui semblait devenir le droit commun applicable redevient l'exception. Notre juge administratif suprême n'a sans doute pas pu bien mesurer en temps utile toute la portée de sa décision *Louis* qui appartient ainsi à la catégorie des revirements marqués mais non transformés. On revient donc largement au point de départ : mis à part le cas particulier du contentieux ordinal, le caractère obligatoire du recours administratif préalable ne s'impose pas aux tiers intéressés dès lors que les dispositions législatives ou réglementaires organisant cette procédure ont omis de les y assujettir. Ces tiers restent alors recevables à saisir directement la juridiction administrative.

2) Le retour au *statu quo ante*. — Par le passé, il faut reconnaître que le Conseil d'État n'avait guère été favorable à la généralisation de l'obligation du recours administratif préalable au recours contentieux (voir en ce sens son rapport de l'année 1988 consacré à la « prévention du contentieux administratif », ainsi que le rapport adopté par son Assemblée générale en 1993 intitulé « Régler autrement les conflits »). Il est vrai qu'à l'époque, le souci d'éviter qu'une telle mesure n'engage des moyens trop importants avait, semble-t-il, justifié la réserve. Quant au contentieux ordinal, on a pu noter l'évolution de la jurisprudence en faveur de l'irrecevabilité du recours juridictionnel direct, celle-ci étant essentiellement motivée par le fait que dans ce contentieux professionnel il est jugé souhaitable de laisser autant que faire se peut à l'instance nationale de l'ordre considéré le soin de donner le ton, c'est-à-dire d'arrêter les positions de principe, sous le contrôle ensuite du juge administratif, en matière d'inscription, de refus d'inscription ou de radiations des tableaux professionnels.

En revanche, s'agissant de l'urbanisme commercial, prévalait en jurisprudence la règle que la juridiction administrative pouvait être saisie directement par une personne qui n'est ni l'auteur de la demande, ni membre de la commission départementale (CE, 6 janvier 1989, *SCI Aménagement Ajaccio-*

Mezzavia, Leb., tables, p. 498). D'ailleurs, en l'espèce, il avait été reconnu que si la commission départementale avait la possibilité de retirer une décision implicite d'autorisation tant que le délai de recours contentieux n'était pas expiré ou tant que le juge saisi n'avait pas statué, c'est parce que les tiers s'étaient vu reconnaître le droit de saisir directement la juridiction administrative (CE, 20 mars 1987, *Soradis*, *Leb.*, tables, p. 576). Quant au législateur, le Conseil d'État note lui-même dans la décision commentée qu'il a « entendu réserver » la saisine de la commission nationale d'équipement commercial aux seules personnes énumérées par les dispositions de l'article 32 modifié de la loi du 27 décembre 1973, reprises à l'article L. 720-10 du Code de commerce. Il est vrai que les parlementaires ont pu craindre qu'une généralisation du recours administratif préalable obligatoire n'entraîne un engorgement de la commission nationale du fait notamment d'une multiplication des recours de tiers opposés aux autorisations délivrées par les commissions départementales. Quitte à céder au sacrifice, mieux valait désigner le juge plutôt que l'instance administrative d'appel.

La solution retenue par le Conseil d'État est donc simple. En effet, la « procédure de recours administratif préalable n'est susceptible de s'appliquer qu'aux personnes qui sont expressément énumérées par les dispositions qui en organisent l'exercice ». En l'espèce, en reprenant les textes de référence, le Conseil d'État a pu juger que seuls le préfet, deux membres de la commission et le demandeur pouvaient saisir la commission nationale d'équipement commercial d'un recours contre la décision prise par une commission départementale. Comme les tiers intéressés ne sont pas visés, ils sont donc recevables à saisir directement le juge administratif. On peut toutefois regretter au passage la rédaction maladroite du Conseil d'État qui souligne que « le législateur a ainsi entendu réserver la saisine de la commission nationale d'équipement commercial aux seules personnes énumérées par les dispositions (textuelles citées en référence) ». En effet, cette formulation laisse penser que les textes nécessitaient une interprétation sur le sens à donner à l'énumération de ces personnes : devait-elle être lue comme se suffisant à elle-même ou bien fallait-il y ajouter d'autres personnes ? Or cela nous semble en contradiction avec ce que le Conseil d'État affirme dans le considérant précédent dont il ressort que la procédure de recours administratif préalable ne s'applique qu'aux personnes qui sont « expressément énumérées » par les textes qui en organisent l'exercice. En bonne logique, il faut s'en tenir à l'énumération et ne pas solliciter davantage les textes. En décider autrement, c'est laisser place à l'interprétation et donc au risque de donner une lecture controversée des textes. On voit alors comment cette solution présenterait le grave danger d'introduire de l'insécurité juridique puisque certains requérants n'appartenant pourtant pas à une catégorie mentionnée expressément dans les textes découvriraient *a posteriori* et donc trop tard que l'interprétation de ces derniers conduit à les inclure dans la liste des assujettis au recours administratif préalable obligatoire. Cela nous semble devoir être banni, d'autant plus que la Cour européenne des droits de l'homme pourrait déceler dans ce droit hésitant une possible violation des stipulations de l'article 6, § 1 de la convention européenne (v., par ex., CEDH, 24 novembre 1992, *Geouffre de La Pradelle c. France*, A.253-B ; *D.* 1993, 561, note F. Benoit-Rohmer : le droit d'accès à un juge ne doit pas être confronté à des difficultés concrètes tenant notamment à la complexité de la procédure).

En tout cas, la solution présentement consacrée par le Conseil d'État a permis d'éviter une forme de déni de justice car si les tiers intéressés dans l'affaire s'étaient vu opposer l'irrecevabilité de leur recours direct devant la juridiction administrative faute de recours administratif préalable, il est clair qu'ils perdaient tout accès au juge puisque dans leur cas il était désormais trop tard pour envisager un tel recours administratif susceptible de conserver le délai de recours contentieux. Erreur fatale aux conséquences radicales débouchant sur une atteinte substantielle au droit des personnes intéressées d'exercer un recours effectif devant une juridiction. Voici donc bafouée une garantie des droits proclamée par l'article 16 de la Déclaration des droits de l'homme et du citoyen de 1789 (Cons. const., déc. n° 96-373 DC du 9 avril 1996, *Loi organique portant statut d'autonomie de la Polynésie française, Rec.* p. 43 ; CE, 21 décembre 2001, *Hofmann*, *Leb.*, p. 653).

On aurait pu alors chercher à s'en sortir en mettant en place toute une ingénierie juridique destinée à renforcer l'office du juge dans un tel cas de figure. Dans cette affaire, le commissaire du Gouvernement, M. Struillou, s'y est employé, mais sans succès auprès de la section du contentieux du Conseil d'État qui ne l'a pas suivi sur ce point, sans doute parce qu'au-delà du cas d'espèce il y avait le risque d'ouvrir la boîte de Pandore.

En effet, comme nous l'avons vu, appliquer aux instances en cours la règle nouvelle selon laquelle les tiers intéressés sont irrecevables à saisir directement le juge administratif lorsqu'il existe une procédure de recours administratif préalable, alors même que les textes l'organisant ne les visaient pas expressément, c'est leur fermer définitivement la porte de la juridiction administrative : leur recours contentieux est effectivement irrecevable, faute d'avoir été précédé d'un recours administratif devant l'instance compétente ; or, l'absence de recours administratif préalable n'est pas régularisable ; donc le rejet de leur recours directement formé devant le juge s'impose et cela leur ferme irrémédiablement l'accès au juge puisqu'ils sont désormais hors délai pour saisir l'instance administrative compétente dans le temps nécessaire pour conserver le délai de recours contentieux. Pour éviter qu'il en soit ainsi dans les instances en cours, il convient alors de se pencher sur la délicate question de la limitation de l'effet rétroactif de la jurisprudence (v. N. Molfessis, *Les revirements de jurisprudence* (rapport remis au Premier Président de la Cour de cassation), Lexisnexis Litec, 2005). Le commissaire du Gouvernement Struillou proposait de différer dans le temps l'application de la nouvelle règle du recours obligatoire pour les tiers en décidant que la nouvelle interprétation qui efface la précédente sera rendue opposable à compter de la publication au *Journal officiel* de la décision à laquelle va donner lieu la présente affaire. Pour l'ensemble des litiges entrant dans le champ d'application de la nouvelle règle, cette date ferait ainsi le départ entre, d'une part, les décisions demeurant susceptibles d'être directement contestées devant la juridiction administrative et, d'autre part, celles prises après cette date pour lesquelles le recours administratif s'imposerait. Le commissaire du Gouvernement prenait toutefois soin de préciser que cette solution ne devait conduire à limiter l'effet du principe de rétroactivité de la jurisprudence que dans la mesure où le droit constitutionnel du citoyen à saisir le juge était en cause.

Malgré cette dernière touche, la section du contentieux n'a pas suivi son commissaire du Gouvernement. Elle est restée prudente et a préféré finalement reprendre la solution antérieure qui préexistait à la décision *Louis* (préc.). Puisque le recours direct est possible pour les tiers intéressés, la question de leur droit à l'accès au juge ne se pose plus. Faute de sujet, le débat cesse.

Cette décision montre en creux que l'institution par voie jurisprudentielle d'un recours administratif préalable obligatoire peut être lourde de sens (par ailleurs, sur certaines difficultés liées à l'existence d'un tel recours et à son articulation avec le recours contentieux, v. notam. CE, sect., 18 novembre 2005, *M. Houlbreque*, cette *Revue* 2005, p. 520, note C. Guettier) et qu'il est sans doute bien préférable de laisser au législateur et au pouvoir réglementaire le soin d'y pourvoir. De quoi refroidir quelques ardeurs !

9. *Référé-expertise — Notion de « partie perdante » pour l'application de l'article L. 761-1 du Code de justice administrative — Remboursement des frais exposés et non compris dans les dépens.* **CE, sect., 7 avril 2006, Centre hospitalier régional de Nice,** req. n° 249848.

Observations : Les dispositions de l'article L. 761-1 du Code de justice administrative ont notamment pour objet de permettre l'indemnisation de la personne qui a dû s'adresser à une juridiction pour faire valoir ses droits, dès lors qu'elle a obtenu que soit prescrite une mesure utile pour y parvenir. Le Conseil d'État juge en l'espèce qu'il en est ainsi d'une demande d'expertise formée devant le juge des référés, laquelle est à elle seule de nature à ouvrir une instance au sens de ces mêmes dispositions.

1) Il résulte, en premier lieu, de cette décision de section rendue le 7 avril 2006 que le référé-expertise constitue une « instance » au sens de l'article L. 761-1 du Code de justice administrative. — Déjà auparavant, le Conseil d'État a jugé que le juge du référé-provision (art. R. 541-1 et s., C. just. adm.) peut, sans attendre l'issue de la procédure engagée au fond, condamner l'une des parties à payer à l'autre partie les sommes exposées par elle dans le cadre de l'instance de référé et non comprises dans les dépens (CE, 10 février 1997, *Société d'économie mixte d'équipement et d'aménagement de l'Aude, Leb.*, tables, p. 999). Cette solution est-elle transposable au cas du référé-expertise ? Il est vrai que l'office du juge du référé-provision est sans commune mesure avec celui du juge du référé-expertise dans la mesure où dans le premier cas le juge prend, à propos du litige, un parti quant à l'existence ou à l'absence d'une obligation non sérieusement contestable. Toutefois, dans la décision précitée *Société d'économie mixte d'équipement et d'aménagement de l'Aude*, du 10 février 1997, le Conseil d'État avait écarté toute subordination de la faculté de condamner au remboursement des frais irrépétibles à l'issue du litige au fond.

En fait, les dispositions relatives aux frais irrépétibles visant « toutes les instances », il n'y a pas lieu d'en exclure en particulier l'instance de référé-expertise (R. Chapus, *Droit du contentieux administratif*, 12e éd., Montchrestien, 2006, n° 1184). De plus, comme chaque instance engendre ses frais propres, une demande en remboursement de frais doit pouvoir être présentée à l'occasion de tout procès au cours duquel des frais ont été engagés (c'est d'ailleurs la solution retenue par la Cour de cassation qui juge que s'agissant des instances civiles de référé, la juridiction des référés a le pouvoir de prononcer une condamnation en application de l'article 700 du Nouveau Code de procédure civile — qui concerne le mécanisme équivalent de celui de l'article L. 761-1 du Code de justice administrative). C'est en ce sens qu'a statué le Conseil d'État dans la décision *Centre hospitalier régional de Nice*, du 7 avril 2006, dans laquelle il a admis qu'un litige ouvert devant le juge des référés qui s'est clos par la prescription d'une expertise constitue une instance juridictionnelle à l'occasion de laquelle le juge peut décider de mettre à la charge d'une des parties les frais irrépétibles.

2) Il résulte, en deuxième lieu, de la décision de section *Centre hospitalier régional de Nice,* du 7 avril 2006, qu'un défendeur peut être considéré comme la « partie perdante », alors même qu'il ne s'est pas opposé devant le juge à l'expertise demandée par la victime. — Après avoir admis, comme nous venons de le voir, qu'une demande d'expertise formée devant une juridiction est à elle seule de nature à ouvrir une instance, le Conseil d'État (qui contrôle en cassation la qualification juridique de la notion de « partie perdante » au sens de l'article L. 761-1 du Code de justice administrative ; v. CE, 5 mai 1999, *Société Groupe maritime et commercial du Pacifique*, *Leb.*, tables, p. 963 ; CE, 21 novembre 2001, *Commune de Bernolsheim*, *Leb.*, p. 1139) s'est demandé si l'on peut qualifier de « partie perdante » dans un référé-expertise l'une ou l'autre des parties en procès. Le problème se corse en effet lorsque le défendeur ne s'est pas opposé à l'expertise sollicitée par le demandeur et acceptée par le juge (alors que si les conclusions à fin d'expertise sont rejetées, on peut dire que le demandeur doit être regardé comme la « partie perdante », et si le juge ordonne une expertise à laquelle le défendeur s'est opposé, c'est ce dernier qui le sera).

Pour trancher cette difficulté, la section du contentieux du Conseil d'État a admis que les dispositions de l'article L. 761-1 du Code de justice administrative « ont notamment pour objet de permettre l'indemnisation de la personne qui a dû s'adresser à une juridiction pour faire valoir ses droits, dès lors qu'elle a obtenu que soit prescrite une mesure utile pour y parvenir ». En matière de responsabilité, par exemple, il se peut que pour le juge la responsabilité de l'administration ne puisse être établie, le cas échéant, qu'au vu d'un rapport d'expertise. La prescription d'une telle expertise revêtira alors pour la victime un caractère substantiel. Ainsi, peu importe que le défendeur ne se soit pas opposé à la demande d'expertise. Cet aspect doit demeurer indifférent pour qualifier une partie de « partie perdante » au sens de l'article L. 761-1 du Code de justice administrative. Ce qui compte, c'est de savoir quel a été dans chaque cas d'espèce l'indice de satisfaction obtenu par le requérant.

Or, dans l'affaire *Centre hospitalier régional de Nice*, du 7 avril 2006, l'expertise sollicitée constituait une étape procédurale préalable indispensable puisqu'il ressortait des pièces du dossier que pendant plusieurs années le centre hospitalier avait témoigné d'une attitude très réticente à la perspective d'informer de manière suffisante la victime sur l'origine du dommage qu'elle avait subi. Ainsi, la demande de l'intéressé tendant à ce que soit prescrite une expertise médicale contradictoire à l'effet de déterminer les causes de l'accident revêtait bien un caractère utile. Dans ces conditions, la « partie perdante » ne pouvait être la victime et c'est le centre hospitalier qui a été regardé comme tel. Il est vrai que pour arriver à ce résultat, le Conseil d'État a dû auparavant déterminer quel poids il convenait d'accorder au fait que la victime n'avait pas obtenu satisfaction sur le tout puisque ses conclusions à fin de provision avaient été rejetées par le juge des référés, l'existence d'une obligation non sérieusement contestable n'étant pas établie en l'espèce (comme l'exige l'article R. 541-1, C. just. adm.). Pour effectuer la pesée, le Conseil d'État s'en est tenu à la circonstance qu'en l'espèce, l'expertise conditionnait le reste. Comme la victime avait obtenu satisfaction sur ce point, il était dès lors possible de considérer qu'elle ne pouvait être regardée comme la partie perdante. Le bilan des plus et des moins restait donc pour elle positif.

Cette solution n'est pas sans logique. Elle tient toutefois aux circonstances de l'espèce. Aussi, il y a fort à parier que l'application qui sera faite à l'avenir de cette ligne jurisprudentielle sera sans doute très impressionniste. Elle devra cependant contribuer à faire réfléchir l'administration parfois encline à penser qu'un (bon) procès vaut mieux qu'un (mauvais) arrangement...

10. *Rejet d'une requête tendant à l'annulation d'un acte dont l'exécution a été suspendue par le juge administratif statuant en référé — Application de l'acte dès le prononcé de cette décision juridictionnelle — Effet de nature à porter atteinte au principe de sécurité juridique — Possibilité pour le juge de décider que sa décision de rejet ne prendra effet qu'à une date ultérieure qu'il détermine.* **CE, sect., 27 octobre 2006, Société Techna SA et autres,** req. n° 260767, 260791, 260792.

Observations : À l'origine de cette affaire se trouve un décret de 1986 dont l'une des dispositions déterminait les mentions qui devaient figurer sur les emballages utilisés pour la commercialisation des aliments composés pour bétail. Mais à la faveur de plusieurs crises sanitaires causées par des aliments pour le bétail, la réglementation communautaire a évolué en l'espèce dans un sens plus contraignant. Une directive en date du 28 janvier 2002 est ainsi venue imposer aux États de nouveaux objectifs visant notamment à faire apparaître sur les étiquettes les matières premières entrant dans la composition de ces produits, tout en tolérant une petite marge d'imprécision afin de préserver les secrets de fabrication. Le décret de 1986 a donc été modifié en conséquence par un décret en date du 1er août 2003. Celui-ci ménageait toutefois quelque peu les fabricants en leur donnant un délai pour se mettre en conformité avec la nouvelle réglementation. En effet, afin de permettre, jusqu'à épuisement des stocks, la commercialisation des produits étiquetés selon les règles précédemment applicables, le décret fixait au 6 novembre 2003 le terme de la période transitoire.

Mais, entre temps, certaines sociétés concernées par cette nouvelle réglementation ont saisi le juge des référés du Conseil d'État, sur la base de l'article L. 521-1 du Code de justice administrative, afin qu'il prononce la suspension de l'article du décret relatif aux aliments composés pour bétail. Ces sociétés ont obtenu satisfaction car le juge des référés a estimé qu'il y avait un doute sérieux sur la conformité de la directive au traité instituant la Communauté européenne ainsi qu'aux principes généraux du droit communautaire (CE, ord., 29 octobre 2003, req. n° 260768, 261033 et 261034, *Leb.*, p. 422). Mais elles ont également introduit devant le Conseil d'État un recours pour excès de pouvoir contre les dispositions litigieuses du décret de 2003. L'instruction de ce dernier recours a été toutefois ralentie par l'attente de l'arrêt de la Cour de Luxembourg saisie à titre préjudiciel de ces questions de conformité. L'arrêt attendu a été finalement rendu le 6 décembre 2005. La Cour a jugé alors que l'objectif contesté de la directive de janvier 2002 est conforme au traité comme aux principes généraux du droit communautaire en ce qu'il impose un étiquetage plus précis s'agissant de la pondération précise des matières premières. Cette réponse a vidé ainsi le contentieux d'excès de pouvoir d'une partie importante de sa substance dès lors qu'effectivement le point central de la directive a été déclaré conforme au droit communautaire de référence. Mais cette réponse a également eu pour conséquence logique de lever le doute qui avait justifié la suspension des dispositions contestées du décret. Or, si la mesure de suspension a pris fin et si les conclusions en annulation sont rejetées, l'acte en cause ne doit-il pas (re)trouver application dès le prononcé de cette dernière décision juridictionnelle ? C'est bien en ce sens que le Conseil d'État a statué par sa décision de section en date du 27 octobre 2006 dans la présente affaire.

C'est alors qu'une difficulté a surgi : en effet, comme on s'en souvient, le décret avait prévu une période transitoire pour que les fabricants puissent s'organiser afin de respecter la nouvelle réglementation relative aux règles d'étiquetage de leurs produits. Cette période prenait fin le 6 novembre 2003.

Il est clair qu'au jour où le Conseil d'État a rejeté les conclusions aux fins d'annulation présentées par ces sociétés ledit délai est expiré depuis longtemps. Cette nouvelle réglementation leur est donc applicable immédiatement, sous peine d'ailleurs de poursuites pénales... Pour brutale qu'elle soit, cette solution est néanmoins logique. Mais la plus grande sensibilité du Conseil d'État à la nécessité d'assurer la sécurité juridique des acteurs économiques (CE, ass., 24 mars 2006, *KPMG, Leb.,* p. 154 ; *RFDA* 2006, p. 463, concl. Y. Aguila ; égal. J.-M. Woehrling, « L'obligation d'édicter des mesures transitoires comme instrument de la protection des situations juridiques constituées », cette *Revue* 2007, p. 285) l'a conduit à consacrer une solution inédite consistant à reporter de trois mois la date d'effet de sa propre décision rendue le 27 octobre 2006. C'est cet aspect qui retient ici particulièrement l'attention.

1) La présente affaire pose de façon inédite le délicat problème des changements brutaux de réglementation qu'entraînent indirectement les effets juridiques d'une décision juridictionnelle de rejet d'une demande d'annulation. — On a bien vu comment dans cette affaire, le rejet des conclusions tendant à l'annulation des dispositions du décret qui étaient contestées par les sociétés requérantes a eu pour conséquence indirecte de mettre fin à la suspension de l'application desdites dispositions qui avait été prononcée par le juge des référés le 29 octobre 2003. Or, la directive communautaire du 28 janvier 2002 avait fixé au 6 novembre 2003 la date d'entrée en vigueur des mesures de transposition de ses objectifs et le décret attaqué avait jusqu'à cette date prévu une mesure transitoire permettant aux fabricants de commercialiser jusqu'à épuisement des stocks les produits étiquetés avant le 6 novembre 2003 et répondant aux exigences de l'état antérieur de la réglementation. Seulement, il a fallu attendre l'arrêt de la Cour de Luxembourg et lorsque celui-ci est intervenu la période transitoire était déjà terminée depuis longtemps. S'imposait donc désormais en principe l'obligation d'appliquer la nouvelle réglementation à la lettre. Pour la filière professionnelle concernée, ce changement pouvait apparaître comme particulièrement brutal et avoir des conséquences économiques susceptibles d'être graves, sachant toutefois que l'application illégale des règles antérieures en matière d'étiquetage constitue comme autant de manquements passibles de sanctions pénales prévues par le Code de la consommation.

Certes, le doute sérieux sur la conformité de la directive de 2002 au traité instituant la Communauté européenne ainsi qu'aux principes généraux du droit communautaire avait conduit le juge des référés du Conseil d'État à prononcer la suspension des dispositions du décret relatives aux aliments composés pour le bétail. Et jusqu'à ce que la Cour de justice des Communautés européennes, saisie à titre préjudiciel de cette question, rende son arrêt en décembre 2005, les sociétés en cause pouvaient légitimement espérer une invalidation des nouvelles règles. Elles n'avaient donc pas mis à profit ce temps écoulé pour se mettre elles-mêmes en conformité avec une réglementation qu'elles contestaient et dont la légalité était douteuse. Mais entre décembre 2005 et octobre

2006, n'auraient-elles pas dû faire cette fois-ci le nécessaire ? La filière n'a-t-elle pas disposé là d'un temps suffisant pour s'adapter ? En fait, l'examen du dossier montre que les sociétés contestaient également le décret en soulevant d'autres moyens de légalité tirés de l'irrégularité de la procédure au terme de laquelle le décret attaqué a été examiné et de l'incompétence du pouvoir réglementaire pour prendre de telles mesures. Elles nourrissaient ainsi l'espoir de voir le décret du 1er août 2003 invalidé sur ces autres terrains. Cet espoir est désormais ruiné depuis que le Conseil d'État par la présente décision en date du 27 octobre 2006 n'a pas fait droit à leur argumentation sur ces moyens (dont il n'est pas nécessaire de faire état ici plus en détail dans notre commentaire).

À la date de cette décision sur le fond du droit nous nous trouvons donc pratiquement trois ans après la fin de la période transitoire laissée aux professionnels pour se mettre en conformité avec la réglementation communautaire. Et, situation peu fréquente au Palais-Royal, le Conseil d'État n'a pas annulé le décret sur la légalité duquel son juge des référés avait eu des doutes sérieux justifiant sa suspension trois ans auparavant... Si l'on ne peut pas faire reproche à la juridiction administrative d'avoir délibérément tardé à régler le litige, il n'en demeure pas moins que l'on arrive au final à une situation peu satisfaisante pour le justiciable. Faut-il pour autant lui accorder un nouveau délai pour s'adapter, alors que devrait s'appliquer désormais pleinement la réglementation communautaire ?

2) Le Conseil d'État admet en l'espèce que les effets d'une décision de rejet de conclusions à fins d'annulation puissent être décalés dans le temps. — Voici comment la section du contentieux du Conseil d'État a décidé de dénouer l'affaire. Tout d'abord, il est rappelé que « le rejet d'une requête tendant à l'annulation d'un acte dont l'exécution a été suspendue par le juge administratif statuant en référé a en principe pour effet que cet acte trouve ou retrouve application dès le prononcé de cette décision juridictionnelle » (effectivement, selon l'article L. 521-1 du Code de justice administrative, « *la suspension prend fin au plus tard lorsqu'il est statué sur la requête en annulation* »). Ensuite, et c'est là l'aspect novateur, « s'il apparaît que cet effet est de nature, compte tenu des difficultés de tous ordres qui peuvent en résulter et auxquelles l'administration ne serait pas en état de parer immédiatement elle-même, à porter atteinte au principe de sécurité juridique, notamment dans le cas où, comme en l'espèce, la suspension a été prononcée avant tout début d'exécution d'un acte prévoyant une période transitoire dont le terme est depuis écoulé, il appartient au juge administratif, le cas échéant d'office, d'apprécier, en prenant en compte tant les difficultés susmentionnées que l'intérêt général qui s'attache à l'entrée en vigueur des nouvelles dispositions, s'il y a lieu de décider que sa décision de rejet, en tant qu'elle met fin à la suspension précédemment prononcée, ne prendra effet qu'à une date ultérieure qu'il détermine et, en ce cas, de precrire la publication de sa décision au *Journal officiel* de la République française » (en l'espèce, un sursis de trois mois a été ainsi accordé).

Ce ne sont pas là exactement les principes de la jurisprudence *Association AC ! et autres* qui s'appliquent (CE, ass., 11 mai 2004, cette *Revue* 2005, p. 536, obs. C. Guettier), puisque ces derniers concernent les conséquences d'une annulation contentieuse, alors que dans notre affaire il s'agit des conséquences d'un rejet d'une demande d'annulation. Mais l'inspiration est bien la même et l'office du juge administratif s'en trouve enrichi une nouvelle fois. En l'espèce, le juge ne revient pas sur le passé puisqu'il n'y a pas d'effet rétroactif qui s'attache à sa décision de rejet ; mais il décide de statuer sur l'avenir dès lors que sa décision de rejet a pour effet de faire revivre une réglementation, qui avait été suspendue par ailleurs, et dont l'application immédiate, pour justifié que cela soit, peut se révéler gravement déstabilisatrice pour les personnes qui y sont assujetties. L'idée est donc, de façon toute prétorienne, de décaler dans le temps la date à laquelle la décision de rejet prendra effet. Autrement dit, le juge aménage de sa propre initiative une nouvelle période transitoire, qui au départ avait été le fait de l'administration. On aurait pu penser que c'est à l'administration qu'aurait dû revenir le soin de tirer les conséquences d'une telle décision de rejet. Mais ne se serait-elle pas mise frontalement en infraction avec le droit communautaire désormais applicable ? Le moindre mal a donc paru de laisser faire le juge. Au nom de quoi ? Au nom d'une sorte de principe supérieur : le principe de sécurité juridique, dont on sait qu'il est reconnu tant en droit interne que par l'ordre juridique communautaire. Mais l'administration ne pouvait-elle pas, elle aussi, le revendiquer pour établir un nouveau régime transitoire, si elle avait souhaité agir en ce sens ? Cette immixtion du juge peut donc paraître peu légitime. Mais le Conseil d'État a sans doute estimé que la neutralisation du régime transitoire initial trouvant sa cause dans le déroulement de la procédure juridictionnelle, c'est le juge qui est en première ligne et non l'administration. Mission de sacrifice assumée, puisque la directive communautaire sur les nouvelles règles de l'étiquetage s'applique. Mission contre nature également puisqu'elle conduit à faire prévaloir au moins temporairement les intérêts propres d'une filière professionnelle sur l'intérêt général des consommateurs.

Certes, le cas de figure présentement rencontré n'est pas pour l'heure des plus fréquents. Mais il pourrait fort bien le devenir. Il pourrait même être instrumentalisé pour retarder la date d'application de dispositions communautaires. Il resterait alors à envisager, au besoin, la mise en jeu de la responsabilité de l'État pour mauvaise application du droit communautaire par le juge national (v. CJCE, 30 septembre 2003, *Gerhard Köbler c. Republik Österreich*, aff. C-224/01 : le principe selon lequel les États membres sont obligés de réparer les dommages causés aux particuliers par les violations du droit communautaire qui leur sont imputables est également applicable lorsque la violation en cause découle d'une décision d'une juridiction statuant en dernier ressort, dès lors que la règle de droit communautaire violée a pour objet de conférer des droits aux particuliers, que la violation est suffisamment caractérisée et qu'il existe un lien de causalité direct entre cette violation et le préjudice subi par les personnes lésées ; afin de déterminer si la violation est suffisamment caractérisée lorsque la violation en cause découle d'une telle décision, le juge national compétent doit, en tenant compte de la spécificité de la fonction juridictionnelle, rechercher si cette violation présente un caractère manifeste ; c'est à l'ordre juridique de chaque État membre qu'il appartient de désigner la juridiction compétente pour trancher les litiges relatifs à ladite réparation). Soyons certains que le juge administratif français ne fera application de cette nouvelle jurisprudence que d'une main tremblante.

11. *Règle générale de procédure — Prescription quadriennale — Acte interruptif — Plainte contre X.* **CE, sect., 27 octobre 2006, Département du Morbihan,** n° 246931.

Observations : Revenant sur une jurisprudence sévère fixée en 1977 (CE, sect., 24 juin 1977, *Commune de Férel, Leb.*, p. 291, concl. R. Denoix de Saint Marc ; *AJDA* 1978, p. 205, chron. M. Nauwelaers et O. Dutheillet de Lamothe), selon laquelle seule une action dirigée contre une collectivité publique peut interrompre le cours de la prescription, la section du contentieux du Conseil d'État a jugé dans la décision référencée ci-dessus qu'une plainte contre X avec constitution de partie civile a désormais le caractère d'un acte interruptif de la prescription quadriennale.

1) Les faits de l'espèce. — Ils étaient dramatiques. En effet, à la suite de son accouchement, en mars 1989, Mme W. a été victime d'une hémorragie très importante dont les conséquences ont été fort graves puisque, après avoir été plongée dans le coma pendant près de deux mois, elle a conservé à son réveil de profondes séquelles neurologiques qui ne se sont que très partiellement atténuées ultérieurement. En juillet 1989, des membres de sa famille ont alors déposé entre les mains du doyen des juges d'instruction du tribunal correctionnel de Quimper une plainte contre X pour blessures involontaires et se sont constitués partie civile. À l'issue de l'instruction pénale, le praticien hospitalier qui avait pratiqué l'intervention a été renvoyé devant le tribunal correctionnel pour blessures par imprudence. Relaxé par le tribunal correctionnel de Quimper, il a été finalement déclaré coupable de blessures par imprudence par la cour d'appel de Rennes statuant en matière correctionnelle qui l'a condamné à une peine de prison avec sursis.

Toutefois, la juridiction pénale n'étant pas compétente pour connaître de l'action civile en ce qu'elle se trouvait dirigée contre un agent public, auteur d'une faute de service dommageable, et contre la personne publique dont il dépendait, le juge correctionnel statuant sur l'action civile s'est déclaré incompétent. C'est alors qu'en octobre 1996, les consorts W. ont saisi la direction du centre hospitalier d'une demande tendant à l'indemnisation des conséquences dommageables des fautes commises par le médecin. Leur demande ayant été rejetée, ils ont alors saisi le tribunal administratif de Rennes (le département du Morbihan, la caisse primaire d'assurance maladie du sud Finistère et la Caisse des dépôts et consignations se sont joints à l'instance, le premier en qualité d'employeur de Mme W., la deuxième parce qu'elle avait pris en charge des frais médicaux et pharmaceutiques et la dernière en raison du versement par elle d'une pension d'invalidité). Cependant, le centre hospitalier a opposé la prescription quadriennale à leurs prétentions. Or, si le tribunal administratif de Rennes a bien retenu en l'espèce la responsabilité du centre hospitalier, il a revanche considéré que la prescription avait été régulièrement opposée, la plainte contre X n'ayant pu interrompre le délai faute d'avoir été dirigée contre une collectivité publique (ici l'hôpital). En appel, le cour administrative d'appel de Nantes a également jugé que les créances étaient éteintes par la prescription. C'est ainsi que les époux W., le département du Morbihan et la Caisse des dépôts et consignations se sont pourvus en cassation contre cet arrêt.

2) Une solution jurisprudentielle nouvelle. — Rappelons tout d'abord qu'aux termes de l'article 1er de la loi du 31 décembre 1968 relative à la prescription des créances sur l'État, les départements, les communes et les établissements publics, alors applicable aux créances détenues sur les établissements publics hospitaliers en matière de responsabilité médicale : « Sont prescrites, au profit de l'État, des départements et des communes, sans préjudice des déchéances particulières édictées par la loi et sous réserve des dispositions de la présente loi, toutes créances qui n'ont pas été payées dans un délai de quatre ans à partir du premier jour de l'année suivant celle au cours de laquelle les droits ont été acquis. Sont prescrites, dans le même délai et sous la même réserve, les créances sur les établissements publics dotés d'un comptable public ». Toutefois, aux termes de l'article 2 de la même loi : « La prescription est interrompue par (...) / Tout recours formé devant une juridiction relatif au fait générateur, à l'existence, au montant ou au paiement de la créance, quel que soit l'auteur du recours et même si la juridiction saisie est incompétente pour en connaître et si l'administration qui aura finalement la charge du règlement n'est pas partie à l'instance. Un nouveau délai de quatre ans court à compter du premier jour de l'année suivant celle au cours de laquelle a eu lieu l'interruption. Toutefois, si l'interruption résulte d'un recours juridictionnel, le nouveau délai court à partir du premier jour de l'année suivant celle au cours de laquelle la décision est passée en force de chose jugée ». Or, selon le Conseil d'État, « en vertu de ce dernier article, une plainte contre X avec constitution de partie civile interrompt le cours de la prescription quadriennale dès lors qu'elle porte sur le fait générateur, l'existence, le montant ou le paiement d'une créance sur une collectivité publique ». Ce point est nouveau.

L'appliquant aux faits de l'espèce, il décide alors « qu'il ressort des pièces soumises aux juges du fond que, à la suite de l'accident survenu à Mme W., le 28 mars 1989, les consorts W. ont déposé, le 3 juillet 1989, une plainte contre X avec constitution de partie civile afin de rechercher les auteurs des blessures infligées à Mme W. lors de son accouchement au centre hospitalier de Quimper ; que cette plainte, alors même que le juge judiciaire n'était pas compétent pour statuer sur des conclusions indemnitaires dirigées contre l'établissement public hospitalier, doit être regardée comme relative à la créance de Mme W. sur cet établissement ; qu'elle a, de ce fait, interrompu le cours de la prescription quadriennale en vertu des dispositions précitées de l'article 2 de la loi du 31 décembre 1968 ; qu'ainsi, la cour administrative d'appel de Nantes a commis une erreur de droit en retenant que la plainte déposée le 3 juillet 1989 n'avait pas eu pour effet d'interrompre la prescription quadriennale à l'encontre du centre hospitalier de Quimper ; que, dès lors, les requérants sont fondés à demander l'annulation de l'arrêt attaqué ; (...) ». On voit là tout l'intérêt de cette solution pour les victimes.

3) Portée de la solution nouvellement consacrée. — Jusqu'alors, malgré le caractère inconditionnel que semblait revêtir le 2e alinéa de l'article 2 de la loi du 31 décembre 1968 (préc. : la prescription est interrompue par « tout recours formé devant une juridiction »), la section du contentieux du Conseil d'État estimait, depuis une décision *Commune de Férel* (24 juin 1977, préc.), que ces dispositions subordonnaient l'interruption du délai de prescription qu'elles prévoient en cas de recours juridictionnel à la mise en cause d'une collectivité publique (dans cette affaire jugée en 1977, cette solution était bien rigoureuse : en effet, la victime s'était vu opposer la prescription quadriennale car, à l'occasion d'un dommage de travaux publics, elle n'avait mis en cause, devant le juge, que l'entrepreneur et non la personne publique pour le compte de laquelle les travaux avaient été effectués ; or, pourtant, selon la jurisprudence, s'agissant de ce type de dommages, la victime peut indifféremment demander réparation à l'entrepreneur ou à la collectivité publique maître de l'ouvrage). Une décision du 16 mars 1983, *Gilbin* (req. n° 27993), avait tiré de cette affirmation la conséquence logique qu'une plainte contre X, qui n'est dirigée contre personne expressément, ne pouvait être interprétée comme mettant en cause une collectivité publique et ne pouvait donc être regardée comme une cause interruptive de prescription (v. égal. CE, 10 octobre 2005, *Époux Haudry, Leb.*, tables, p. 816).

La décision *Département du Morbihan*, rendue le 27 octobre 2006, opère donc un revirement sur ce dernier point. Désormais, une plainte contre X avec constitution de partie civile interrompt le cours de la prescription quadriennale dès lors qu'elle porte, conformément aux conditions matérielles fixées par la loi, sur le fait générateur, l'existence, le montant ou le paiement d'une « créance sur une collectivité publique ». Précisons qu'en matière de responsabilité médicale, le législateur a institué une prescription décennale (introduit par la loi du 4 mars 2002 sur les droits des malades, l'article L. 1142-28 du Code de la santé publique dispose que « *Les actions tendant à mettre en cause la responsabilité des professionnels de santé ou des établisse-*

ments de santé publics ou privés à l'occasion d'actes de prévention, de diagnostic ou de soins se prescrivent par dix ans à compter de la consolidation du dommage » ; v. E. Landros-Fournalès, « La prescription décennale des actions en responsabilité des établissements publics de santé depuis la loi du 4 mars 2002 », cette *Revue* 2003, p. 833). Le délai de prescription est donc passé de quatre à dix ans pour les actions engagées devant l'administration ou le juge administratif (sous réserve toutefois que le délai de quatre ans ne soit pas définitivement épuisé à la date d'entrée en vigueur de la loi du 4 mars 2002 — soit le 6 mars 2002 ; v. CE, avis, 19 mars 2003, *M. et Mme Haddad*, *Resp. civ. et assur.* 2003, comm. n° 209, note C. Guettier). Or, faute pour le législateur d'avoir précisé les causes interruptives inhérentes au nouveau régime de prescription qu'il a institué, les dispositions de l'article L. 1142-28 du Code de la santé publique doivent s'entendre comme ne modifiant pas, pour les créances sur les collectivités publiques, les causes interruptives prévues par la loi du 31 décembre 1968.

La solution nouvellement consacrée par le Conseil d'État présente à nos yeux plusieurs intérêts. Tout d'abord, elle a le mérite de la simplicité. En effet, sans interpréter aucunement les termes de la plainte, le Conseil d'État se contente de prendre acte de son existence et de son objet pour en tirer la conséquence qu'une telle plainte doit nécessairement être regardée comme relative à la créance possiblement détenue par le requérant sur l'établissement et en déduire le caractère interruptif d'un tel recours juridictionnel. Ainsi, une plainte contre X déposée afin de faire surgir les responsabilités engagées à l'occasion d'une prestation de service public aura désormais pour effet systématique d'interrompre le cours de la prescription à l'encontre des personnes publiques concourant à cette prestation. Certes, on peut craindre qu'une telle solution fasse courir le risque de susciter devant le juge pénal le dépôt de plaintes par simple précaution, lorsque le débiteur prévisible de la créance est une collectivité publique. Mais entre la victime et l'administration il a fallu choisir (les assureurs des hôpitaux apprécieront sans doute moins cette solution, mais l'allongement de quatre à dix ans de la durée de la prescription pouvait déjà être interprété comme la marque d'un souci d'effectivité de l'indemnisation des victimes). Les temps changent...

Et c'est là un deuxième mérite qui s'attache à la solution retenue désormais par le Conseil d'État : elle est plus juste. En effet, l'évolution du droit de la responsabilité de la puissance publique a tendu notamment vers une interprétation de plus en plus large de la faute de service afin, d'une part, de protéger l'agent, dont la responsabilité n'est pas engagée en cas de faute de service, mais également de procurer un débiteur solvable à la victime. Or, dans la mesure où il est admis que la faute pénale d'un agent public peut néanmoins être une faute de service (jurisprudence *Thépaz* ; TC 14 janvier 1935, *GAJA*, 14e éd., Dalloz, 2003, n° 49), la succession dans le temps d'un contentieux pénal puis d'un contentieux administratif dans une même affaire peut aboutir à cette solution défavorable et finalement paradoxale pour la victime que la prescription fait obstacle à son indemnisation devant le juge administratif compétent. Il devenait donc souhaitable de faire en sorte qu'une plainte avec constitution de partie civile déposée à raison de faits commis par un agent public dans le cadre du service public interrompe le cours de la prescription à l'égard des collectivités publiques. La prescription continuera à jouer mais au détriment des requérants négligents, ce qui est conforme à l'esprit qui a présidé à son institution.

Enfin, un dernier intérêt s'attache à la solution nouvellement consacrée qui tient au rapprochement que le Conseil d'État opère de la sorte par rapport aux solutions dégagées par le juge judiciaire. En effet, jusqu'ici la jurisprudence du Conseil d'État n'était pas en phase avec celle de la Cour de cassation. L'article 2244 du Code civil, qui s'intéresse aux causes d'interruption civile de la prescription, dispose qu'une « *citation en justice, même en référé, un commandement ou une saisie, signifiés à celui qu'on veut empêcher de prescrire, interrompent la prescription ainsi que les délais pour agir* ». Une approche littérale de ces dispositions aurait pu conduire à exiger que l'acte interruptif de la prescription soit porté à la connaissance du débiteur dans le délai de celle-ci, et donc, en donnant toute sa portée au terme de « citation », à exiger que le débiteur soit désigné dans la demande en justice. Mais la Cour de cassation ne fait pas une telle interprétation restrictive : elle juge que la constitution de partie civile dans le cadre d'une information ouverte contre une personne non dénommée (c'est-à-dire une plainte contre X) manifeste de la part de la victime l'intention de mettre en cause l'auteur du dommage (Cass. com., 28 avril 1998, *Société Paris Sud transport industrie c/ Société de constructions mécaniques Panhard et Levassor et autres, Bull.* n° 142 ; Cass. civ. 2e, 12 décembre 2002, *Société des pétroles Shell c/ M. Casas Miguel et autres, Bull.* n° 284). Le maintien d'une différence de traitement sur ce point entre les deux ordres de juridiction aurait pu être mal compris des victimes.

La décision *Département du Morbihan*, se rattache ainsi à une ligne jurisprudentielle qui, dans le contentieux de la responsabilité administrative, prend davantage en compte les attentes des victimes. Au-delà de ce contentieux, elle rend compte de la tendance du Conseil d'État à chercher à mieux équilibrer aujourd'hui les rapports entre l'administration et les administrés dans un sens plus conforme à l'équité.

VIII. Responsabilité

12. *Dommages causés aux tiers par un mineur placé sous le régime de la liberté surveillée — Responsabilité sans faute du gardien de ce mineur — Responsabilité sans faute de l'État pour risque spécial.* **CE, sect., 1er février 2006,** *garde des Sceaux, ministre de la Justice c/ Mutuelle assurance des instituteurs de France (MAIF),* req. n° 268147.

Observations : Il résulte de la décision commentée « que la décision par laquelle une juridiction des mineurs confie la garde d'un mineur, dans le cadre d'une mesure prise en vertu de l'ordonnance du 2 février 1945 (relative à l'enfance délinquante), à l'une des personnes mentionnées par cette ordonnance transfère à la personne qui en est chargée la responsabilité d'organiser, diriger et contrôler la vie du mineur ; qu'en raison des pouvoirs dont elle se trouve ainsi investie lorsque le mineur lui a été confié, sa responsabilité peut être engagée, même sans faute, pour les dommages causés aux tiers par ce mineur ; que l'action ainsi ouverte ne fait pas obstacle à ce que soit également recherchée, devant la juridiction administrative, la responsabilité de l'État en raison du risque spécial créé pour les tiers du fait de la mise en œuvre d'une des mesures de liberté surveillée prévues par l'ordonnance du 2 février 1945 ; (...) ».

L'impression qui domine ici en ce qui concerne le contentieux de la responsabilité de l'administration en cas de dommages causés aux tiers par des mineurs faisant l'objet d'une mesure de placement auprès de l'administration en vertu d'une décision du juge des enfants, c'est que le juge administratif cherche sa voie pour essayer de trouver le point d'équilibre s'agissant du régime de réparation applicable.

1) Solutions présentes. — Il y a un peu moins d'un an, le Conseil d'État rendait une décision *GIE AXA Courtage* (CE, sect., 11 février 2005, cette *Revue* 2006, p. 523, note C. Guettier) dans laquelle il consacrait un nouveau régime de responsabilité sans faute pour les dommages causés par des mineurs en danger confiés par le juge des enfants à une personne publique en application des articles 375 et suivants du Code civil. En raison des pouvoirs d'organisation, de direction et de contrôle de la vie du mineur en cause, dont l'État se trouve investi lorsque l'intéressé a été confié à un service ou un établissement qui relève de son autorité, sa responsabilité est engagée, même sans faute, pour les dommages causés aux tiers par ce mineur. Cette solution concernant les mineurs en danger est nouvelle dans le contentieux administratif. En effet, la responsabilité de l'administration a été au départ une responsabilité pour faute prouvée (TC, 20 janvier 1945, *Du Verne c. Département de la Nièvre*, *Leb.*, p. 274), qui a évolué, à l'initiative de certaines cours administratives d'appel, d'abord vers une responsabilité pour faute présumée (CAA Bordeaux, 2 février 1997, *Fraticola, JCP* 1998, 10041, note D. Peano), puis une responsabilité sans faute fondée sur... l'article 1384, al. 1er, du Code civil (CAA Douai, 8 juillet 2003, *Département de la Seine-Maritime, Resp. civ. et assur.* 2004, comm. n° 232, note C. Guettier). Finalement, le Conseil d'État a confirmé cette dernière solution et a consacré en l'espèce un régime inédit de responsabilité sans faute de l'administration, reposant sur la notion de « garde », mais en prenant soin de ne pas le placer expressément dans le cadre de l'article 1384 du Code civil. Malgré ces précautions, il n'en demeure pas moins que le Conseil d'État s'est finalement rapproché des solutions adoptées en la matière par le juge judiciaire (v. Cass. crim., 10 octobre 1996, *Association Le Foyer Saint-Joseph, Bull. crim.*, n° 357 ; Cass. civ. 2e, 6 juin 2002, (2 arrêts), *Resp. civ. et assur.* 2002, n° 283). Il faut dire que les victimes des dommages causés par les mineurs en question n'auraient pas bien compris pourquoi devant le juge judiciaire elles bénéficient d'un régime de responsabilité sans faute et pas devant le juge administratif.

Mais avec cette première acclimatation de la notion de « garde » dans le contentieux de la responsabilité de la puissance publique, on sent bien qu'il est possible d'aller plus loin et de ne pas limiter cette solution au seul cas des mineurs en assistance éducative. Ainsi, par exemple, la jurisprudence administrative relative aux dommages causés par des pupilles de l'État devrait logiquement être à son tour infléchie et l'on passerait alors d'un régime de responsabilité pour faute présumée actuellement en vigueur (CE, sect., 19 octobre 1990, *Ingremeau, Leb.*, p. 284) à un régime de responsabilité sans faute fondé sur la garde du mineur (les pupilles de l'État sont effectivement des mineurs placés eux aussi sous l'autorité de l'administration ; art. L. 224-1 s., CASF). Reste le cas des mineurs délinquants auteurs de dommages causés aux tiers. Jusqu'à présent, lorsque ces mineurs sont placés sous l'autorité de l'administration, la responsabilité de celle-ci est susceptible d'être engagée sur le fondement du risque, selon les principes dégagés en 1956 par la décision *Thouzellier* (CE, sect., 3 février 1956, *Leb.*, p. 49), dont il résulte que l'État peut être déclaré responsable de plein droit en raison du « risque spécial » que font courir aux tiers les méthodes particulières de réinsertion mises en œuvre en application de l'ordonnance du 2 février 1945 sur l'enfance délinquante. Cette jurisprudence doit-elle être maintenue ? Afin de permettre un traitement unitaire des cas de responsabilité sans faute de l'administration pour les dommages causés aux tiers par des mineurs dont elle a la charge, ne convient-il pas de substituer la garde au risque ? Cette solution serait sans incidence sur le régime de responsabilité dont bénéficient les victimes puisqu'il demeurerait un régime de responsabilité sans faute. Mais, au moins, les juges tant administratif que judiciaire aborderaient le sujet sous le même angle.

Force est de constater à la lecture de la décision placée sous commentaire que le Conseil d'État ne s'est guère préoccupé d'esthétique puisque tout en introduisant la « garde » dans le contentieux des dommages causés aux tiers par des mineurs délinquants, placés en application de l'ordonnance du 2 février 1945 dans un établissement d'éducation surveillée, il a également laissé subsister la référence au « risque spécial » (de son côté, la 2e chambre civile de la Cour de cassation a admis que l'existence d'une action possible en responsabilité contre l'État, en cas de dommages causés par un mineur accueilli dans un cadre pénal, ne s'opposait pas à une action civile à l'encontre du service d'accueil en application de l'article 1384 du Code civil ; Cass. civ. 2e, 7 mai 2003, *D.* 2003, p. 2256, note M. Huyette).

S'agissant donc spécifiquement des dommages causés par des mineurs délinquants, on se retrouve en présence de deux régimes de responsabilité, tous deux de plein droit, mais l'un est fondé sur la garde, tandis que l'autre repose sur le risque spécial. Comment comprendre cette solution ? L'idée directrice semble la suivante : le tiers victime de dommages causés par un mineur délinquant s'adressera en premier lieu à l'organisme d'accueil dont il engagera la responsabilité, soit devant le juge judiciaire s'il s'agit d'un organisme de droit privé, soit devant le juge administratif s'il s'agit d'une personne publique. Mais ensuite, ce responsable « primaire » pourra engager à son tour la responsabilité de l'État, qui jouera en l'espèce le rôle de responsable « secondaire » dans le cadre d'une action récursoire. Cette responsabilité de l'État reste, comme en 1956, fondée sur le risque et joue comme garantie. On le voit, l'intérêt principal de la décision rendue en 2006 concerne essentiellement les « gardiens », c'est-à-dire les organismes privés mais également publics (lorsqu'ils sont dotés d'une personnalité morale distincte de celle de l'État), dont la responsabilité aura été mise en cause du fait précisément de leur qualité de gardiens. Il leur est indiqué qu'ils peuvent ensuite reporter sur l'État la charge de l'indemnité qu'ils ont dû verser à la victime des dommages causés par le mineur délinquant dont la garde leur avait été confiée. Leurs compagnies d'assurances apprécieront !

2) Question d'avenir. — La question qui se pose est de savoir si cette solution ne pourrait pas être étendue au cas des dommages causés à des tiers par des mineurs en assistance éducative. Autrement dit, la garantie de l'État ne pourrait-elle pas jouer là aussi au stade de la contribution à la dette ? Après tout, dans le cadre de l'assistance éducative, les méthodes mises en œuvre par l'administration pour retisser une toile qui s'effiloche ne sont pas sans faire courir elles aussi des risques aux tiers (en particulier les mesures d'action éducative en milieu ouvert), car si le mineur en danger n'est pas un mineur nécessairement dangereux, il lui arrive parfois d'être placé dans un contexte qui peut être source de violence mal contenue. Les tentatives de réinsertion sont susceptibles de se solder par des échecs. Dans ces conditions, chercher à rapprocher les régimes de responsabilité administrative en cas de dommages causés à des tiers par des mineurs délinquants ou des mineurs en assistance éducative ne manquerait pas de pertinence. Dans les deux cas, ce sont bien les méthodes utilisées en vue de permettre une réinsertion de mineurs en situation de rupture sociale ou familiale qui sont à l'origine des faits dommageables.

Pour l'heure, le Conseil d'État a préféré cantonner la responsabilité pour risque spécial au domaine des dommages subis par des tiers en raison du choix légal d'un régime d'exécution des peines qui aboutit à la liberté presque totale de la personne condamnée. Il n'a donc pas procédé à un alignement des régimes de responsabilité applicables en cas de dommages causés à des tiers par des mineurs délinquants ou des mineurs en assistance éducative. Dans le premier cas, la garde et le risque se cumulent dans l'intérêt des victimes et des responsables « primaires » ; dans le second cas, la garde sans le risque laisse la victime face à un seul débiteur dont la solvabilité n'est peut-être pas assurée. De plus, les règles de la contribution à la dette font apparaître les mineurs délinquants comme une « affaire d'État », mais pas les mineurs en assistance éducative. Il est vrai que les lois de décentralisation en France depuis plus de vingt ans ont tendu à confier la protection de l'enfance aux départements et l'aide sociale à l'enfance (ASE) est devenue le premier poste de dépenses de ces derniers en matière d'action sociale (avec un budget de 5,4 milliards d'euros en 2005). L'État a transféré là une charge financière qu'il n'aurait pu assumer seul. Ce transfert doit-il s'accompagner d'un transfert de responsabilité ?

Il ne faut pas oublier que seul le juge des enfants peut imposer des mesures d'assistance éducative si, aux termes de l'article 375 du Code civil, « *la santé, la sécurité ou la moralité d'un mineur non émancipé sont en danger, ou si les conditions de son éducation sont gravement compromises* ». Dans ce cadre, il a ainsi la faculté d'ordonner à l'égard des mineurs des mesures d'investigation, des mesures d'action éducative en milieu ouvert (AEMO) ainsi que des mesures de placement, qui sont en fait à la charge du département et le président du conseil général a compétence liée pour mettre en œuvre les décisions d'admission prises par le juge (qui notamment choisit la personne auquel le mineur sera confié s'il est nécessaire de le retirer de son milieu actuel ; art. 375-3, C. civ.).

En cas d'actes de délinquance, le juge tranche au pénal. Sur le fondement de l'ordonnance du 2 février 1945, il peut alors prendre deux types de mesures : soit des mesures « éducatives » (de protection, d'assistance, de surveillance et d'éducation) qui sont sensiblement les mêmes que celles prévues au titre de l'assistance éducative, et qui sont assurées et financées en pratique par le service départemental de l'ASE ; soit des mesures de placement du mineur délinquant dans un établissement ou une structure appropriée financée alors par le budget de l'État au titre de la protection judiciaire de la jeunesse.

On le voit, au-delà des règles de répartition des compétences entre l'État et les départements, fruit de lois de décentralisation occasionnelles, la forte présence de l'institution judiciaire conçue comme une garantie des droits et libertés des intéressés place l'État au cœur d'un dispositif éminemment régalien. Dans ces conditions, ne pourrait-on pas imaginer un régime de responsabilité unique qui, quel que soit le statut dans lequel se trouverait le mineur au moment de la réalisation du dommage causé au tiers, ferait de l'État le responsable primaire à l'égard des victimes ? Il disposerait toutefois d'une action récursoire contre les collectivités et organismes de natures diverses susceptibles d'accueillir des mineurs délinquants ou en assistance éducative. Cette action au stade de la contribution à la dette reposerait sur la faute dans la mise en œuvre par ces responsables secondaires de leurs compétences, cette exigence étant souhaitable car de nature à faire apparaître des franchises de responsabilité destinées à tenir compte des efforts accomplis par ces différents acteurs confrontés à des situations difficiles. Une telle architecture mérite réflexion.

13. *Requête introductive d'instance — Conclusions indemnitaires non chiffrées — Demande d'expertise afin d'évaluer le préjudice — Requête regardée comme ne tendant plus à l'octroi d'une somme inférieure au seuil de 8 000 euros (art. R. 222-14, C. just. adm.), qui relèverait devant le tribunal administratif de la compétence d'un juge unique (art. R. 222-13, 7°, C. just. adm.), statuant en premier et dernier ressort (art. R. 811-1, C. just. adm.).* **CE, sect., 5 mai 2006, Mme Bisson,** req. n° 280223.

Observations : Une requête contenant des conclusions indemnitaires non chiffrées, mais assortie d'une demande d'expertise afin d'évaluer le préjudice, n'est plus regardée comme tendant à l'octroi d'une somme inférieure au seuil de 8 000 euros (art. R. 222-14, C. just. adm.), qui relèverait devant le tribunal administratif de la compétence d'un juge unique (art. R. 222-13, 7°, C. just. adm.), statuant en premier et dernier ressort (art. R. 811-1, C. just. adm.).

En vertu de l'article R. 222-13 du Code de justice administrative, neuf catégories de litiges, qui ne présentent pas une complexité juridique particulière et dont l'enjeu est limité, relèvent devant le tribunal administratif de la compétence d'un juge statuant seul (soit le président de la juridiction, soit un magistrat désigné par lui). En outre, il est précisé à l'article R. 811-1 du Code de justice administrative que le tribunal statue en premier et dernier ressort sur les litiges relevant des catégories ainsi mentionnées à l'article R. 222-13 précité, ce qui signifie que la voie de l'appel est fermée et que le jugement ne peut faire l'objet que d'un recours en cassation.

Ce dispositif s'applique en particulier aux actions indemnitaires lorsque le montant des indemnités demandées est inférieur au montant déterminé par les articles R. 222-14 et R. 222-15 du Code de justice administrative. L'article R. 222-14 a fixé le seuil à 8 000 euros et l'article R. 222-15 précise que le montant à prendre en considération « *est déterminé par la valeur totale des sommes demandées dans la requête introductive d'instance* », sans qu'il y ait lieu de tenir compte des conclusions tendant au versement des intérêts ou au remboursement des frais irrépétibles.

1) Que se passe-t-il alors lorsqu'un requérant n'a pas précisé dans sa requête introductive d'instance le montant des indemnités sollicitées ? — En principe, une telle requête est irrecevable (C. Guettier, « La responsabilité en droit administratif », *in* Ph. le Tourneau, *Droit de la responsabilité et des contrats*, Dalloz Action 2006/2007, n° 355). Toutefois, elle peut être régularisée en cours d'instance si des conclusions chiffrées sont présentées (il semble même que le juge soit en principe tenu, avant d'opposer l'irrecevabilité, d'inviter le requérant à préciser le montant qu'il demande : v. CE, 22 octobre 2003, *Mme Desodt*, req. n° 247058 ; de plus, dans l'hypothèse où une demande d'expertise a été présentée, et où elle a été refusée, le juge ne peut sanctionner le défaut de chiffrage des conclusions sans au préalable inviter le requérant à régulariser la requête : v. CE, sect., 6 janvier 1989, *Guerrault, Leb.*, p. 1 ; *AJDA* 1989, p. 327, concl. Daël ; *JCP* 1989, 21314, note C. Gabolde).

Mais il se peut que le requérant ne soit pas en mesure de chiffrer de telles conclusions indemnitaires et qu'il préfère demander au juge d'ordonner une expertise pour déterminer l'étendue exacte des dommages subis, en se réservant de chiffrer plus tard ses prétentions une fois que l'expert aura déposé son rapport. Or, un tel choix n'est pas sans conséquence au regard de la question qui nous retient : en effet, il résulte jusqu'ici de la jurisprudence administrative qu'une requête contenant des conclusions indemnitaires non chiffrées ne peut être regardée comme tendant à l'octroi d'une somme supérieure au seuil précité de 8 000 euros, et ce quel que soit le montant sollicité dans les mémoires produits ensuite en cours d'instance. En conséquence, l'affaire relève de la compétence du « juge unique », lequel statue en premier et dernier ressort (CE, 20 octobre 2004, *Chalot, Leb.*, tables, p. 639 : à propos d'un litige en matière de pension).

Autrement dit, on l'aura compris, la solution ainsi retenue conduit à considérer qu'une telle requête introductive non chiffrée doit être regardée comme tendant à l'octroi d'une indemnité inférieure à 8 000 euros, car le statut du litige a été cristallisé dès l'introduction de l'instance en ce qui concerne aussi bien la formation compétente que l'exercice des voies de recours (notons toutefois qu'il est de principe devant la juridiction administrative qu'une compétence juridictionnelle dévolue à un juge unique peut toujours être renvoyée par ce dernier à une formation collégiale de la juridiction à laquelle il appartient sans qu'il soit nécessaire qu'un texte le prévoie ; R. Chapus, *Droit du contentieux administratif*, 12e éd., Montchrestien, 2006, no 53-3o). Voici une solution pour le moins radicale qui conduit à priver le requérant de la possibilité de soumettre son affaire à une formation collégiale se prononçant sous réserve d'appel, alors même que les dommages peuvent être graves et de montant élevé, comme l'expertise le révèle parfois ultérieurement. C'est ainsi que dans notre affaire, au vu du rapport de l'expert, l'intéressée a déposé un mémoire dans lequel elle sollicitait une indemnité de 51 470 euros.

On le voit, même si l'absence de chiffrage de sa requête introductive d'instance n'est la traduction ni d'un manque de sérieux de sa demande ni de sa modicité, le requérant en agissant de la sorte se prive du bénéfice du double degré de juridiction, alors qu'il lui aurait suffi d'avancer un montant même fantaisiste supérieur à 8 000 euros pour éviter une telle issue. Quant au défendeur lui-même, il se trouve également privé de la garantie que constitue le double degré de juridiction par le fait du requérant.

On peut donc estimer l'application de cette règle de procédure plutôt bien rigoureuse. Elle s'explique car le juge doit se déterminer très tôt pour apprécier si le seuil des 8 000 euros est ou non dépassé. En effet, selon l'article R. 222-15 du Code de justice administrative, il se base sur le chiffre avancé dès le stade de la requête introductive d'instance. Or, à l'issue de l'instruction, il se peut fort bien que le chiffre des prétentions en cause soit revu à la baisse ou à la hausse. Il n'en sera pourtant pas tenu compte ni pour la répartition des affaires au sein de la juridiction (juge unique ou formation collégiale) ni pour la détermination des voies de recours ultérieures (appel ou cassation). La situation est déjà devenue irréversible.

2) Évolution jurisprudentielle. — Si au départ, on a voulu faire simple en considérant que dans tous les cas une requête introductive non chiffrée doit être regardée comme tendant à l'octroi d'une indemnité inférieure à 8 000 euros, la question qui se pose aujourd'hui à la lumière de l'expérience est de savoir s'il ne faut pas réserver le cas où le requérant sollicite une expertise relative à l'étendue de son préjudice. Mais alors, il faut admettre que le litige dans un tel cas de figure doit être assimilé à une action portant sur une somme supérieure à 8 000 euros. Or, ce n'est pas toujours vrai. En outre, on voit poindre une dérive possible puisqu'il suffira de solliciter une expertise d'évaluation pour échapper au couperet des articles R. 222-13 du Code de justice administrative (juge unique) et R. 811-1 du Code de justice administrative (voie de l'appel fermée), même si plus tard les sommes en jeu s'avèrent inférieures au seuil des 8 000 euros. Il n'y a pas de solution parfaite. Laquelle toutefois faire prévaloir ?

Le Conseil d'État, il y a encore peu, privilégiait la solution qui consistait à estimer que si les conclusions dans un litige indemnitaire n'ont donné lieu à aucune évaluation chiffrée dans la requête introductive d'instance, le requérant se bornant à demander que soit ordonnée une expertise en vue d'évaluer le montant de son préjudice, dans ce cas de telles conclusions « ne sauraient être regardées comme tendant au versement d'une somme supérieure à 8 000 euros ». Et peu importe que des conclusions soient présentées devant le même tribunal par une caisse de sécurité sociale après qu'elle a été appelée à l'instance et qu'elles tendent au remboursement de ses débours. En effet, dans la mesure où de telles conclusions ont été présentées seulement en cours d'instance, elles ne sauraient être prises en compte pour la détermination du seuil (CE, 8 mars 2006, *M. Marlas*, req. nº 267873).

Cette solution vient toutefois d'être abandonnée puisque dans son arrêt de section du 5 mai 2006 présentement rapporté le Conseil d'État juge que lorsque « le requérant, dans sa requête introductive d'instance, a expressément demandé qu'une expertise soit ordonnée afin de déterminer l'étendue de son préjudice, en se réservant de fixer le montant de sa demande au vu du rapport de l'expert (...), le jugement rendu sur une telle requête, qui doit l'être par une formation collégiale, est susceptible d'appel quel que soit le montant de la provision que le demandeur a, le cas échéant, sollicitée dans sa requête introductive d'instance comme celui de l'indemnité qu'il a chiffrée à l'issue de l'expertise ». Le double degré de juridiction est ainsi rétabli dès lors que la requête indemnitaire, bien que non chiffrée, comporte une demande d'expertise relative à l'étendue du préjudice. Peu importe l'existence d'une éventuelle demande de provision. Peu importe également que le montant demandé après expertise n'excède pas le seuil.

Cette solution présente notamment l'avantage que lorsque la requête associe des conclusions d'excès de pouvoir et des conclusions indemnitaires non chiffrées mais assorties d'une demande d'expertise aux fins d'évaluation du préjudice, on évite que les premières puissent emprunter la voie de l'appel alors que seule la voie de la cassation serait possible pour les secondes, la connexité ne pouvant effectivement jouer entre des demandes distinctes relevant de voies de recours différentes (CE, 16 juin 2004, *Bianchin, Leb.,* tables, p. 639). Il restera au pouvoir réglementaire le soin de faire prévaloir tout autre choix, s'il s'y croit fondé. En attendant, le Conseil d'État vient de fixer une ligne jurisprudentielle qui ménage les intérêts du justiciable. On ne peut que s'en féliciter.

Christophe GUETTIER

Agrégé des Facultés de droit
Professeur à l'Université du Mans
Mis à disposition du Conseil d'État

Le directeur de la publication : LIONEL GUERIN

DÉPÔT LÉGAL : 2007, N° 4171 — 1er trimestre 2007 — AUT. DE 4-4-1945
LIBRAIRIE GÉNÉRALE DE DROIT ET DE JURISPRUDENCE - E.J.A. PARIS
CPI. IMPRIMERIE FRANCE QUERCY. ZA Des Grands Camps. 46090 MERCUÈS, N° 70636 — 1-2007
Commission paritaire : n° 0707T81972

Imprimé en France